法兰西学院课程系列

MICHEL FOUCAULT

La Société punitive

惩罚的社会

[法]米歇尔·福柯 著

陈雪杰 译

Cours au Collège de France, 1972–1973

上海人民出版社

COURS AU COLLÈGE DE FRANCE, 1972—1973

译者的话

　　法国哲学家、社会思想家和"思想体系的历史学家"米歇尔·福柯对文学评论及其理论、哲学、批评理论、历史学、科学史、批评教育学和知识社会学都有很大的影响。《惩罚的社会》是福柯于1972—1973年所授课程的全译本。

　　福柯对于法国刑事问题的探究，继1971—1972年刑罚方面课程之后，在1973年1月转向了更大的目标，他不但致力于刑罚的产生方面，而且还专心于惩罚性权力的产生，即"规训的"问题。而后，福柯于1975年出版了著作《规训与惩罚》(*Surveiller et punir: naissance de la prison*)，该作品讨论了现代化前公开的、残酷的统治渐渐转变为隐藏的、心理的统治的过程。福柯提到自从监狱被发明以来，它被看作是唯一的对犯罪行径的解决方式。福柯在这部书中的主要观点是对罪犯的惩罚与犯罪是一个相互关系——两者互为前提条件。于《规训与惩罚》出版之前，福柯在1973年的《惩罚的社会》课程中，首次着手研究监狱形式的司法和社会特征，从长期以来不作为刑罚而是作为惩罚的监禁如何在社会中迅速转为刑罚这一问题开始深入，并指出，在过去监狱并没有被包含在刑法理论中，它在别处产生，为了其他的原因而形成，在某种意义上，对监狱的接受过程是从外部过渡到刑法理论的，而事后刑法理论有责任使监狱成为正当合法的。在 18 世纪和 19 世纪之交，法典定义的违法的本质基本没有发生变化，但惩罚体系有了明显的缓和，时代更新的是行业和物质性的问题，是一个实体的问题：生产机器带来的新形式的物质、机器和机器操纵者之间联系的新类型、作为生产力强加给个人的新要求。监狱作为社会形式，也就是说，作为一种权力在社会内部运用的形式——提取所需要的知识加以运用，并依据这种知识发布命令、指示的方式。由于之后出版了《规训与惩罚》一书，他先前在法兰西学院的课程或许会被反复阅读。因此，本书作为法兰西学院课程的一部分，作为福柯研究社会规则与惩罚关系过程中重要的一个部分，作为译者，内心感到非常荣幸。

福柯的课程讲义系列，原本是先经课程录音而后整理成打字文稿，但由于 1973 年课程的录音资料遗失，本课程的原稿依据机打文稿并按福柯的手写稿校对并修改，两稿之间的差异导致原书采用了大量注释。这种情况无疑给翻译工作增加了不少难度和工作量。最大程度保持作者的原意是最为重要的，并且为了方便读者寻找第一手的原始资料，我在文中尽可能对人名和专有名词等保留了法语原文的标注，并在后面附上了术语和人名对照表，以便阅读。当完成本书的翻译工作再回首翻译过程中点滴，每一个单词的斟酌，每一个句子的推敲，每一个难题的解决还都历历在目，如今想来，不论是对于个人翻译技巧的磨砺还是学术素养的提升，这次经历都给我留下了深刻的印象以及宝贵的经验。

最后，在本书的翻译过程中，对于屠玮涓编辑所给予的建议和指正，以及华东政法大学外语学院副院长屈文生教授所给予的帮助，本人发自内心表示感谢。由于本人水平有限，翻译过程中难免出现疏漏，还望各位读者指正。

陈雪杰

于华东政法大学

目录

社会的分类：火葬型（incinérante）和埋葬型（inhumante）；同化型（assimilantes）和排斥型（excluante）。社会排斥（exclusion）这一概念的不足之处。精神病院。违抗（transgression）这一概念的不足之处。——教学目的：对社会排斥和违抗这两个概念的批判，并分析惩罚的策略。（Ⅰ）四种刑罚策略：1.驱逐；2.强制赔偿；3.标记；4.监禁。——假设：把社会分为排斥型、赎罪型、标记型和监禁型。——可能产生的异议及答复：在这四种刑罚策略中，特定的刑罚会产生不同的作用。罚金的情况。死刑的情况。达米安和君主权力（pouvoir de souverain）。死刑如同现今加强版的监禁。（Ⅱ）使得刑罚策略层面享有自主：1.置其于权力的范围内；2.对围绕权力展开的抗争和异议进行审查。——内战如同权力斗争的模板：斗争的策略和刑罚；监禁的战略。

28   **1973 年 1 月 10 日**

四个分析要点：1. 持续的（constante）战争、大范围的普遍的（universelle）战争、内战；2. 既非普遍也非单义的（univoque）刑事体系，是一些人为另一些人准备的；3. 普遍监管机制；4. 监禁体系（Ⅰ）内战概念的内涵（A）依据霍布斯，内战是一切人反对一切人的战争的复现。（B）内战和一切人反对一切人的战争的区别。新的地方行政单位；赤脚党和卢德运动的例子。（C）作为内战延续的政治。（Ⅱ）作为社会敌人的罪犯的地位——作为掀起公共战争的司法活动。——知识的效用：精神病理学或精神病学对于罪犯和偏常。——认识论的影响：作为社会病理学的犯罪社会学。作为连接器（connecteur）、转换器（transcripteur）、交换器（échangeur）的罪犯。

56   **1973 年 1 月 17 日**

罪犯作为社会敌人出现。首次表现出的历史标记。（Ⅰ）重农主义者对 18 世纪的犯罪经济学的分析。勒特罗涅，《游民问题论集》(1764 年）：不只是心理学上的倾向例如懒惰，也不只是社会现象例如乞讨，流浪是犯罪的模型，对于经济是一场灾难；流浪引发劳动力不足、工资上涨、生产下降等问题。——不适合的法律；勒特罗涅宣扬的措施：1.实行奴隶制度；2.法律以外的安排；3.农民的自卫（autodéfense）；4.民众起义。——游民和贵族的相同性。（Ⅱ）文学主题中的罪犯—社会敌人。《吉尔·布拉斯》（Gil Blas）和18世纪初：犯罪的连续体（continuum）和普遍存在（omniprésence）。18世纪末的恐怖小说：能够确定位置的、社会以外的犯罪。犯罪—无辜，坏—好的二元性的产生。

79　**1973 年 1 月 24 日**

（Ⅲ）罪犯—社会敌人产生的其他标志。1791年关于死刑的辩论。（Ⅳ）政治理论与新惩罚方式——监禁的关系。惩罚的基本体系：英国于1790—1800年确立监狱体系；法国于1791—1820年确立监狱体系。罪犯—社会敌人与监狱的异质性：刑事与监狱的断层。——根据刑事理论，惩罚犹如社会防卫；三条原则：相对性、分度性（graduation）、公共严密的监管；三种惩罚模式：羞辱（infamie）、同态报复法（talion）、奴隶制度（esclavage）。——在监狱中：时间，唯一分度的变量。监狱—形式和工资—形式：在历史上两种形式是孪生子。资本主义权力和刑罚体系：权力对时间的掌控。

107 **1973 年 1 月 31 日**

监狱—形式和工资—形式（续）。权力对时间的控制：资本主义体系和监禁成为可能性的条件。——从考古学到谱系学。——宗教模式的反对意见和回应。（A）修道院单人小室（cellule monastique）：与世界隔离，而不是惩罚。（B）贵格会：反对英国刑法典和死刑。——在犯法和过错方面反对贝卡里亚；罪恶（péché）的观念。（C）费城核桃街（Walnut street）的监狱：第一次提到教养所。（D）后果：1. 基督教道德移植到刑事司法之上；2. 了解犯人：知识（savoir）变成了可能的事；3. 监狱得到了宗教的投入。——逐渐重新信奉基督教。

129 **1973 年 2 月 7 日**

教养所，现代社会的控制举措。（Ⅰ）监狱—形式的普及和其可接受性（acceptabilité）的条件。（A）英国。为维持秩序而自发成立的组织：1. 贵格会和卫理公会（méthodiste）；2. 消除恶习协会（Société pour la suppression du vice）；3. 自卫团体；4. 私人治安组织。——新控制体系：对底层阶级反复教导、教化和控制。考尔克洪（Colquhoun），《论城市的治安组织》(*Traité sur la police de la métropole*)（1797）。三条原则：1. 道德作为刑事体系的基础；2. 国家治安的必要性；3. 治安以底层阶级为目标。——结论：1. 国家是道德的代理人；2. 与资本主义发展的联系；3. 强制力作为监狱可接受性的条件。——当前的道德分歧的运动：瓦解了刑罚—道德之间的关系。

158 **1973 年 2 月 14 日**

（A）英国（续）。道德的提高。（B）法国。提取和监禁新技术，以及新治安工具的产生。两种机制使得人们能够容许惩罚。在法国，国家机构通过侧面的社会利益体现出来：国王封印密札，以及 19 世纪使刑罚道德化和心理学化的社会控制办法。协会、家庭和行会精密的反填充（contre-investissement）。——认知领域，生平档案：19 世纪对精神病学、社会学和犯罪学的认知的影响。——替代了国王封印密札的国家集权机制：教养所。

178 **1973 年 2 月 21 日**

（B）法国（续）。概述和结果：惩罚的社会。机制：掌控民众非法活动。1.18 世纪的民众非法活动。曼恩省织布工人的情况。商人和织布工人操纵规则。非法活动的积极作用。2.18 世纪末的颠覆。资产阶级夺取了司法机构，希望能清除"侵吞"（déprédation）式的民众非法活动。工人的侵吞；伦敦港口工人的掠夺。3.刑事和惩治体系的确立。工具：社会敌人的概念；对工人阶级的惩治；监狱、殖民地、军队、治安组织。——19 世纪工人的非法活动，是资产阶级整个惩治体系的目标。

197　**1973 年 2 月 28 日**

（B）法国（续）。道德和刑法的结合。4.农民的掠夺：在 18 世纪，非法活动是农民生活的机能要素；在 18 世纪末，废除封建权利；在 19 世纪，加紧剥削。森林开发的例子。反抗契约的新非法活动；抗议（contestation）和诉讼（litige civil）。5.后果：1/ 军队是非法活动的策源地和交换器（échangeur）；2/ 非法活动是大革命的关键之所在；3/ 资产阶级有计划地大量回应："底层阶级"（basse classe）是"堕落的阶层"（race abâtardie）。罪犯的新形象：野蛮、不道德、但是可以通过监管重生。——反思：资产阶级的智慧；知识分子的愚蠢；斗争的严峻性。

1973 年 3 月 7 日

塔尔热和贵格会的相似之处。（Ⅰ）19 世纪初的恐慌：1. 与新的生产方式相关的恐慌；工人的恐慌，以及他们的欲望和身体；2. 建立在事实基础上的恐慌；3. 工人阶级的恐慌；4. 由于"他们"工作不够努力引发的恐慌。对资本主义机制的威胁。刑事体系瞄准工人的身体、欲望和需求。双重要求：自由市场和规训。工人履历书（Le livret ouvrier）。（Ⅱ）刑事的二元论：刑罚的双重阵线。1. 对轻罪和惩罚的矫正（recodification）：同质、实证、有强制力、有代表性并且有效。2. 道德条件的纳入：加重处罚情节（circonstance aggravante）和减轻处罚情节（circonstance atténuante）；监视；教养所；再教育。——法律—矫正的二元性。犯罪学：保障二元性转化的学说。偏执（monomanie）。——犯罪学和刑事体系的紧密结合（symbiose）。

1973 年 3 月 14 日

（Ⅰ）新的非法活动：从侵吞（déprédation）到不守纪律（dissipation）。窃取劳动的力量。工人的身体是其主导性因素：懒惰（oisiveté）；拒绝劳动；不遵守规定；游牧生活；玩乐；不接受家庭；荒淫放荡（débauche）。（A）懒惰的历史。17 世纪至 18 世纪传统的懒惰；19 世纪集体有组织的拒绝。（B）不守纪律的特征：非法活动相互促进；集体性并容易散播；在合法层面之下；对资产阶级有利；谴责的目标。不守纪律的三种形式：放肆无度，缺乏远见，混乱无序。表现为三种惯例：玩乐、赌博、同居。（Ⅱ）掌控不守纪律。类似于刑法的机制；储蓄存折；工作履历书。渐进的、持续的、累积的体系。（Ⅲ）司法在日常生活中的连续性和毛细血管化（capillarisation）。普遍监督。检查（examen）的形式。规训—惩罚（surveiller-punir）组合。规训的社会。

258　**1973 年 3 月 21 日**

瑞瑞里厄的工厂—兵营—修道院—监狱。详细的规章。（Ⅰ）监禁机构：教育的、惩戒的、治疗的。建筑学方面的研究和微观社会学。（Ⅱ）对这些机构的分析。（A）监禁—托管新形式。与古典时期的三个区别。1.超权力（sur-pouvoir）形式。2.规范化。3.国家内部体系。（B）托管（séquestration）的作用。1.时间的托管。生活时间服从于生产时间。2.对整个的生活直接或间接的控制。3.持续不间断的评判。4.新形式话语性的产生：整体生活的日常道德核算；对正常的人和不正常的人的要求。

课程主题: 监狱形式犹如社会形式; 知识—权力。(Ⅰ) 对权力的概括分析。四种应该摒弃的方案。1. 占有 (appropriation): 权力不是用来被占有的, 而是被行使的。工人储蓄的情况。2. 局限化 (localisation): 权力并没有严格地局限于国家机器之中, 扎根更为深远。18 世纪的治安情况和 19 世纪的刑事情况。3. 服从 (subordination): 权力不保障生产模式, 而是生产模式的组成部分。托管的情况。4. 意识形态: 权力的行使不是意识形态形成的地方, 而是知识形成的地方: 一切知识都容许权力的行使。行政监督的情况。(Ⅱ) 纪律性权力 (pouvoir disciplinaire) 的分析: 规范化、习惯、纪律。——比较 "习惯" (habitude) 这个词语在 18 世纪和 19 世纪哲学中的不同。比较 18 世纪的权力—统治权 (pouvoir-souveraineté) 和 19 世纪的权力—规范化 (pouvoir-normalisation)。——托管制造规范和正常的人。新类型的话语: 人类科学。

前　言

　　除了休假的 1977 年，米歇尔·福柯从 1970 年 12 月至 1984 年 6 月去世，一直在法兰西学院授课。其教席名为："思想体系史"（Histoire des systèmes de pensée）。

　　这一教席由法兰西学院教授委员会根据于勒·于伊曼（Jules Vuillemin）的建议，创立于 1969 年 11 月 30 日，以替代让·伊波利特（Jean Hyppolite）直到其辞世所担任的"哲学思想史"教席。1970 年 4 月 12 日，该委员会选举米歇尔·福柯持有这一新教席。[①] 当时他 43 岁。

　　1970 年 12 月 2 日，米歇尔·福柯讲授第一堂课。[②]

　　法兰西学院的教学要遵守一些特别规定。教师们每年必须

---

① 在为其候选资格所编写的小册子中，米歇尔·福柯用这样一句话总结道："应当开始研究思想体系史"（《职衔与业绩》，载于《言与文》，1954—1988，D. 德福尔（D.Defert）和 F. 艾华德（F.Ewald）主编，与 J. 拉格朗吉（J.Lagrange）合作，巴黎，伽利玛出版社，1994，四卷本；参见第 1 卷，第 846 页）。

② 1971 年 3 月，伽利玛出版社将以《话语的秩序》为书名出版该堂课内容。

教授 26 个小时课程（其中最多一半可以是研讨班形式 ①）。他们每年都须展示一个新的研究，以迫使他们每次都更新其教学内容。课程和研讨班的参与完全是自由的，既不需要学籍注册，也不颁发文凭证书。并且教授什么都不管。② 在法兰西学院的用语中，人们说教授们没有学生只有听众。

米歇尔·福柯的课程开设在一月初到五月末的每个星期三。众多的听课者动用了法兰西学院的两个阶梯教室，他们包括学生、教师、研究人员，好奇者，其中还有许多外国人。米歇尔·福柯曾经常抱怨他和"听众"之间的距离以及课程形式所导致的交流很少。③ 他渴望研讨班这种真正集体工作的场合。他为此做过不同的尝试。最后几年，在课程结束后，他花费很长的时间来回答听众的问题。

1975 年，《新观察家》周刊的记者热拉尔·帕迪让（Gérard Petitjean）这样描述课堂气氛："当福柯快速走入教室，雷厉风行，就像某人一头扎入水里，他挤过人群，坐到椅子上，推开录音机，放下讲稿，脱下外套，打开台灯开始讲课，一秒也不耽误。扩音器传出响亮、有力的声音，这是大厅里唯一的现代工具，从仿大理石的灯罩发出的光使教室不太明

---

① 福柯的研讨班一直开到 20 世纪 80 年代。

② 在法兰西学院的范围内。

③ 1976 年，福柯希望（但无效）减少听众人数，曾经把上课时间从下午的 17:45 改为上午 9:00（见《必须保卫社会》第一课 [1976 年 1 月 7 日] 的开头，《必须保卫社会》[法兰西学院课程：1976 年]，M. 贝尔塔尼&A. 冯塔纳主编，巴黎，伽利玛与瑟依出版社，1997 年）。

亮。教室有 300 个座位，挤了 500 人，没有一点空地……没有任何演说效果，（授课）清晰并且效率高。没有一点即兴发挥。福柯每年有 12 个小时在公共课堂上解释他在上一年研究工作的意义。因此他精炼到最大程度并且加以补充，就像写信之人到稿纸最后一页时仍意犹未尽。19 时 15 分，福柯结束讲课。学生们匆忙走向讲台。不是为了与其交流，而是关掉各自的录音机。没有提问，在嘈杂的人群中，福柯是孤独的。"对此，福柯谈道："应当能够探讨我所讲的。有几次，当课讲得不太好时，不需要太多，只需一个问题就可以重新改变状况。但是这样的问题从没有出现过。在法国，群体效应使一切真正的探讨变得不可能。因为没有反馈渠道，授课被戏剧化了。我和那里的人们是表演者或杂技演员与观众的关系。当我讲话完毕，就有一种完全的孤独感……"①

米歇尔·福柯像一名研究者一样从事教学：探索未来的著作，开拓诸多问题化领域，这更像是对将来可能的研究者发出的邀请。因此，法兰西学院的课程并不复述已出版的著作。这些课程并不是初稿，尽管著作和课程的论题可能是相同的。这些课程有自己的地位，属于在福柯实施的全部"哲学活动"中的一个特殊话语机制。福柯在其中特别地展开了一种知识／权力关系谱系学的提纲，并依据这个提纲，从 1970 年起，他开

————————

① 热拉尔·帕迪让：《法国大学中的伟大布道者》，刊于《新观察家》1975年 4 月 7 日。

始思考其工作——这与之前他所掌控的诸话语形态之考古学的提纲相对照。[1]

课程在现实中同样具有作用。来上课的听众并不仅仅被一周接一周建立起来的叙事所吸引，也不仅仅因为受到严密阐述的诱惑，他们同样可以从中找到对现实的想法。米歇尔·福柯的艺术在于用历史诊断现实。他会讲到尼采或者亚里士多德，讲到19世纪的精神病学鉴定或者基督教牧师守则，听众总能从中得到关于当下现实和同时代事件的阐发。福柯在课堂上的特有能力在于博学、个人介入和对事件研究这三者之间精妙的交错呼应。

*

20世纪70年代，磁带录音技术得到发展和完善，米歇尔·福柯的教室很快采用它。课程（以及一些研讨课）的内容因此被保存下来。

这次出版采用米歇尔·福柯公开的讲授内容作为参照，并最大可能地将其逐字记录。我们希望可以按照原样成书。但是从口头到书面的转换需要编者的介入，至少需要标点和分段。原则一直都是最大可能地与实际所讲课程一致。

当有必要时，重复和反复讲述部分会被删除，断裂的句子会被重新连上，并且错误的句法结构会被修正。

---

[1]　尤为参见《尼采·谱系学·历史》，载于《言与文》第2卷，第137页。

省略号表示录音无法听认。当句子模糊不清时,在括号( )中用连接词或附加成分表示。

页脚的星号表示米歇尔·福柯所采用的注释与课上所讲的相比有含义上的差别。

全部引用都被核对过,所涉及的参考文献也已标明。校勘仅局限于澄清含混之处,阐明暗示和确定校勘之处。

为了方便阅读,每课之前都配有简短的提要来指出重要关联。

对于1972—1973年的课程,我们没有吉尔贝尔·布尔莱(Gilbert Burlet)对米歇尔·福柯课程的录音,然而我们拥有杰奎琳·热尔梅(Jacqueline Germé)的打字文稿。该打字文稿以及手写稿是本书的依据。贝尔纳·哈考特(Bernard E.Harcourt)在"授课情况简介"中对其规则做出了准确的说明。*

课程内容之后附有曾在《法兰西学院年鉴》发表过的课程概要。米歇尔·福柯通常在6月份编写,即在课程结束之前的某段时间。对他来说,这是回顾式地指出"课程"意图和目的的机会。它构成了最好的"课程"简介。

每本书结束时都有编者负责说明"授课情况简介":其目的是介绍给读者一些作者生平、思想和政治上的背景基础知识,将本课程置于已出版著作中并且指出其所使用的资料汇编

---

* 参见本书第314—315页。

（corpus）中的地位，以利于理解和避免由于遗忘授课情境所可能导致的误解。 ·

《惩罚的社会》这门课程讲授于 1972 年至 1973 年，由贝尔纳·哈考特编辑。

*

通过法兰西学院的这次编辑出版，米歇尔·福柯"工作"新的一面得以面世。

确切地说，这并不是未发表作品的出版，因为这次出版再现了米歇尔·福柯公开的讲话。在其所用的书写载体之外，这个讲话很值得研究。

这次法兰西学院课程的出版经由米歇尔·福柯的继承人授权，他们希望此次出版能够在无可争议的严肃性中满足法国和国外的苛刻要求。编者们努力不辜负他们给予的信任。

弗朗索瓦·艾华德（François Ewald）

阿莱桑德罗·冯塔纳（Alessandro Fontana）

阿莱桑德罗·冯塔纳于 2013 年 2 月 17 日逝世，作为米歇尔·福柯法兰西学院课程出版的倡导者之一，他没能够看到本套丛书的出版完成。本套丛书的出版将继续沿用他所熟悉的风格和要求，仍然在他的职权之下。

1972—1973年

课程

1973 年 1 月 3 日

社会的分类：火葬型（incinérante）和埋葬型（inhumante）；同化型（assimilantes）和排斥型（excluante）。社会排斥（exclusion）这一概念的不足之处。精神病院。违抗（transgression）这一概念的不足之处。——教学目的：对社会排斥和违抗这两个概念的批判，并分析惩罚的策略。（I）四种刑罚策略：1. 驱逐；2. 强制赔偿；3. 标记；4. 监禁。——假设：把社会分为排斥型、赎罪型、标记型和监禁型。——可能产生的异议及答复：在这四种刑罚策略中，特定的刑罚会产生不同的作用。罚金的情况。死刑的情况。达米安和君主权力（pouvoir de souverain）。死刑如同现今加强版的监禁。（II）使得刑罚策略层面享有自主：1. 置其于权力的范围内；2. 对围绕权力展开的抗争和异议进行审查。——内战如同权力斗争的模板：斗争的策略和刑罚；监禁的战略。

我将从一种有趣的假设开始。你们知道，在 19 世纪和 20 世纪，人们热衷于把社会分成两种，其划分标准就是社会处理死亡的方式。由此可分为火葬型社会和埋葬型社会 [1]。我在想是否能试着这样划分社会——不是依据社会对尸体的处置方式，而是依据社会为其想要摆脱的人安排的命运来划分，其方法是社会控制试图躲避权力的人，控制以这样或那样的方式僭越、打破、逃避法律[*]的人。

列维－施特劳斯（Lévi-Strauss）在《忧郁的热带》(Tristes tropiques) 中有一段话，为了摆脱一个带有可怕敌对力量的危险人物，社会最终只能找到两种解决办法[2]：一种在于通过中和一切可能的危险、敌对的力量来同化其实体；这种是食人（anthropophagique）的方式，吸收这种力量同时能够将其同化与中和。[**] 另一种方式在于通过使其自身可能带有的力量失去作用，来试图战胜这种力量的敌对行为；这是与先前一种相反的解决方式，所以，这里不是同化其力量，而是抵消，抵消的不是敌意，而是战胜这种力量并确保将其控制住。"通过把这些危险人物暂时或永久地隔离在预留的场所中的方式[3]，把他们驱逐出社会，切断他们与人类的联系。" 这种社会排斥行为，被列维－施特劳斯称为"人类学吐出"（l'anthropémie，希腊语 emein，意味喷出，吐出）[4]：掌控我们社会中的危险力量，不是将其同化，而是使其被排除。[***]

---

[*]　手写稿："规则"。

[**]　手写稿添加："即吃掉它"。

[***]　手写稿添加："我们的社会属于第二种模式，驱除疯癫或犯罪这些危险的力量。通过死亡、流放或拘禁的方式将其驱逐。"

1973年1月3日

我不想探讨这种假设，它本身就是滑稽的。当涉及对食人肉或替罪羊的习俗等事情的辨别或分析时 5，一个这样相反的想法很可能会产生描述性的价值。但是如果出于众多原因，想要进行历史类型的分析，我不认为它会具有可操作性。

　　首先社会排斥的概念在我看来太过宽泛，特别是人工拼凑太明显。我自己来阐述更好，我已经在使用这个概念，甚至很有可能已经滥用了。6 事实上在一个如同我们所处的社会中，社会排斥这个词用于描绘或指明一些人的地位，广义上包括罪犯，民族、宗教、性别上的少部分人，精神病人，脱离生产或消费流通的个人，总而言之，涵盖一切被认为是异常的或偏常的人。我不认为社会排斥这个概念是无用的，在某一特定时段，它可以起到批判的作用，当转向到心理学、社会学或社会心理学概念时，它曾在人类科学中的如偏常、不适应、异常等领域占有一席之地。其中心理学内容隐藏着一个精密的作用：对社会为排斥某一部分个人而采用的技术、程序和机关加以粉饰，然后给这部分人冠以异常或偏常的名号。在此范围内，与偏常或不适应的社会心理学概念相比，社会排斥概念的颠倒批判功能曾起到了重要的作用。但是在我看来，如果想要进一步分析，这个概念是不够的，事实上，社会排斥的概念为我们提供的是社会表象（représentation sociale）范围以外的个人 * 地位。被排斥的人是在社会表象范围内才会表现如此：在

_5_

---

* 　手写稿："一些个人（或团体）[……]"。

表象体系层面上，他不再与其他人进行交流，正因如此，他表现出了偏常。所以我认为社会排斥的概念停留在表象范围内，并且不考虑——因此不能考虑——也不分析确切制造出社会排斥的权力指定的［斗争的，］关系和活动。社会排斥是一些权力战略、策略的普遍代表效应，这是社会排斥这一概念本身所不能达到的。除此以外，一般来说，这个概念让社会承担着排斥机制的责任。换句话说，我们不但缺少历史、政治、权力机制，而且排斥的决策机构很有可能会被诱导犯错，因为社会排斥［看起来］会参考某些东西，例如一个社会共识所排斥的，然而在这背后可能有一些权力指定的特殊的决策机构，它们是能够被确定的，因此是它们来对社会排斥机构负责。

我不能赞同列维-施特劳斯的第二个理由如下：实际上，他将两种完全相反的方法对立起来，一种是排斥，一种是同化。我思忖着他是否曾是食人概念下的消化的隐喻（métaphore digestive）受害者，因为当我们近距离观察这些社会排斥的程序是怎样进行的时候，我们注意到它们与同化的方法完全不是对立的。除了普遍以驱逐为特点以外，没有一种流放和监禁[*]不会涉及强制、约束、驱逐的权力。

由此，精神病院是对疯癫的人采用驱逐制度的场所；与此同时，通过同样的驱逐规则，它是合理性构成和重新构成[**]的

---

[*]　手写稿添加"或者处死"。
[**]　手写稿添加"永久的"。

发源地，这种合理性是在精神病院内部的权力关系范围内被专制地创立起来的，它将被吸收到精神病院的外部，以关于疯癫知识的科学话语（discours）的形式在外面流传，其中的合理实现条件确切来说就是医院。* 在医院内部，疯子是某些权威力量下达决定、命令，进行规训的对象。这种权威关系建立在一定的权力之上，这种权力在上一段情节中是政治的，但是它自我证明合法并宣布是从一些所谓的合理性条件出发的，而且这种在医院中持久应对疯子的关系，通过医生的言论和角色在科学组织和社会中运用的方法，调整成为合理的信息要素，将被再次使用于社会特有的权力关系。监控在医院内部权力关系方面，将成为医生话语中的科学观察，事实上医生一方面在医院内部占据着权力的一个位置，另一方面在医院外部掌握并拥有发表科学话语的权利。在医院内部权威关系方面，曾经的分级、命令将会被转换成诊断、预后，以及医生用语中疾病的分类；在医院外部，这些将会如同一段科学话语的主题一样被使用。

由此，人们看到一段组织整个精神病医院命运的政治关系是怎样转换为合理性的话语，确切地说是从政治权威开始——从此医院的运转成为可能——并将会得以巩固。医院内部转移到医院外部，并且政治关系颠覆成知识联系，二者同时存在。病人在医院内部被视为政治权力关系的对象，但是在普

---

* 手写稿："在监禁中占优势的（理智—疯癫）权力关系移动、转向——在监禁外部——如同一个客体的关系：在此精神病如同合理知识的客体。从这种关系出发，不疯癫可以在疯癫之上巩固自身的权力"。

遍合理性体系中就变成了知识的客体、科学话语的客体。这一体系因此得以巩固，因为合理性也不仅获得知晓自然、人类发生了什么的权力，而且获得了解疯子发生了什么的权力。这种转移和摄食，使我们联想到列维-施特劳斯所称的食人（anthropophagique）：为了巩固而摄食的过程。*

　　同时，本课程侧面的连续目的将会是对社会排斥这一概念的批判，更准确地来说，是它的制定，根据一些这样的措施：同时既允许将其分解成它的组成要素，又允许找回权力关系，而后者作为社会排斥的基础，使它的实现成为可能。

　　也许将需要以同样的方式对一个境况与此相关的概念进行批判：这个概念是违犯[7]（transgression）。在一个时期，违犯这个概念扮演着可与社会排斥这个概念相提并论的角色。违犯这个概念在能绕过一些如反常、差错和法律等概念的范围内，也使一种关键的倒置成为可能。它准许否定颠倒成为肯定，肯定颠倒成为否定。它允许命令一切概念不再属于法律，而是属于限度。**

　　但是我相信，社会排斥和违犯的概念现在应该被视为历史上重要的工具。它们在特定的时期，曾经在司法、政治和道德表象领域内是批判的转换器；但是这些转换器仍然听命于表象普遍体

---

*　手写稿添加："但是这种食人，只有在这几种条件下才会出现：转移分析的条件；不停留在社会排斥的普遍层面上的条件；标明权力的基础策略。"

**　手写稿添加："谈到违犯，指的并不是从合法到不合法的过渡（禁止超出），而是指过渡到界限，在界限外面，过渡到无规则，因此也就无表象。"[8]

系，而不是被理解的表象。在我看来，关于社会排斥和违犯的分析所做出的指导应该在新的领域里被跟从，那里将不再是法律、规则、表象的问题，而是权力超越了法律，知识超越了表象。

我想解释一下课程的标题，并谈论惩罚这个概念。[9] 如果我曾明确地把这个概念看作是平凡的、天真的、微弱的、不成熟的，只是因为我想把事情带回到它们的历史发展层面上，从所谓的"惩罚的精细策略"的分析开始。我将从几个区别开始。在我看来，惩罚的策略[10]可以被分为四大类型，我将用动词而不是名词对其定义。

1. 驱逐。在这里，这个词是按照严格意义来使用的，与列维-施特劳斯文中[11]监禁的涵义不同，而是表示放逐、驱逐、使其到外面去。这种惩罚策略，在于禁止某个人出现在集体场所或神圣场合，免除、禁止一切接待。夺去他的房屋、拆除他的家庭实体，例如对于被驱逐的人，烧毁他的房子，甚至——根据沿用至法国大革命时期的中世纪法律——对于想要驱逐的对象，点燃其屋顶。*在古希腊**刑罚中，这种策略以一

---

* 手写稿添加："以便能成就可见的毁灭：迫使此人去边境或者把他驱逐到边境；把他遗弃或丢弃到特殊的船上（某个人失去土地、栖身之所、食物和曾经权力的支持）。"
** 手写稿添加："以及在古典时期。"[12]

种极为特权的方式被使用。

2. 安排赎罪，强制赔偿。[13] 在这种策略中，规则被打破，犯罪引发两个步骤：一方面，出现某个人或团体，构成受害人，可以根据损害要求赔偿；另一方面，过错产生一些义务，与欠下的债或要求赔偿的损害相类似。[*] 达成协议的人受到契约的约束[**]。这里有一条不同于先前的策略：在前面第一种策略中，我们切断个人的一切联系，而他只有通过这些联系才能留在权力内部；但在这里，我们把违犯者置于众多义务网络的内部，这比他先前所处的传统网络更加活跃。

3. 标记：制造一个疤痕，在肉体留下一个印记，总而言之，以潜在的或可见的方式削弱人的肉体。倘若不触及个人的肉体，那么就在他的姓氏上冠以象征性的侮辱，来羞辱他的人格，动摇他的地位。无论如何，在他身上留下某种痕迹——可见的或象征性的、肉体方面的或社会方面的、解剖学意义上的或法律意义上的。犯罪个体也将留下记忆和能够被认出的标识。在这种体系中，犯罪不再被赎罪、补偿、抵消，直到在某种程度上被抹去；相反需要被突出的个人、不允许逃避记忆的个人被固定在一种"纪念碑"上——疤痕、截肢以及某些关于

---

[*] 手写稿添加："有时是要停止复仇，有时是要通过赎罪防止战争，有时是要通过赎金恢复自由。"

[**] 手写稿添加："除非他逃脱或者犯下新的罪。似乎这种赔偿赎罪体系曾在古代的日耳曼社会[14]占据着主导地位。"

羞愧和耻辱的东西[*]；可能是在示众柱前被围观的面容，也可能是小偷被砍断的手。肉体应该体现在该惩罚体系中，这反映出两件事：一个是过错，应该可见并且立刻能被辨认出痕迹：我知道你是小偷因为你没有手；另一个是强制惩罚的权力，权力通过刑罚在受刑者肉体上留下统治权的标识。通过疤痕或截肢，不仅使过错可见，而且统治权也可见。这种标记策略从中世纪末到18世纪在西方国家都占有主导地位。

4. 监禁。这是我们所使用的策略，运用的时间是在18世纪和19世纪之交。我们将谈论到最普遍形式监禁的政治条件，并了解监禁的效应。

开篇时的假设是这样的：把社会或刑罚¹⁵分为排斥类型、赎罪类型、标记类型和监禁类型。该第一种研究角度有依据吗？我承认自己对此还一无所知。不管怎样，我想就一些异议发表看法。比如说这一个：关于社会排斥的概念存在一种笼统的、抽象的批判，在某种意义上，认为这是一个在普遍性方面过于高端的概念，在历史层面没有可操作性，但这就是我们致力于研究的刑罚策略。总之，无论是标记类型还是监禁类型，这些策略都有可能遭到同样的批评。不管怎样，这里涉及的是完全抽象的模式，鉴于汇编资料和足够稳定的惩罚。如果遵循历史进程，我们知道刑罚的字母表是相对有限的、确定的，相

10

---

* 手写稿添加"疤痕和羞愧"，然后是"截肢和耻辱"。

比诸如监禁、标记等概念的引入，谈论实在的惩罚可能会更加合理，这些刑罚已经在社会实践中被采用，例如罚金、死刑等。

然而我想说明，既是法定的、似乎又是恒定不变的刑罚，在不同的体系中不完全扮演同样的角色，事实上也不满足于同样的权力管理。[首先以] 罚金的情况 [为例]。在一切刑事体系中，无论社会排斥、标记、监禁是否占主导地位，扣取财产是一种不变的刑罚。然而我认为，这种惩罚策略的用途在不同的体系中是迥异的。

在社会排斥类型的策略中，什么是没收财产？这是某种取消居留权或危及居留权、中止政治特权、撤销附在所有权上的公民权利的方式。这是某种抹除违犯者公民身份的方式。强制他去别处的阳光下找一个自己的位置。不允许他在离开后或去世后留下财产。[*] 罚金策略在社会排斥体系内部起到就地驱逐或间接驱逐的作用。

在赎罪策略中，也可看到罚金的影子，但是它起着完全不同的作用；在这里，涉及的是因造成的损害从违犯者那里得到补偿，违犯者交付给受害人一笔赎金[**]，同时也是作为一种赔偿金，或者是放在作评判的仲裁人[***]那里的抵押，由此，仲裁人冒着人们是否承认其权力的风险。[16] 所以罚金在这个体系中具

11

---

 * 手写稿写下"一幢房子、一些财产、一个姓氏"。

 ** 手写稿添加"为了使受害人不针对违反者发起一场过于棘手的私人冲突"。

*** 手写稿添加："其判决将可能中止复仇循环。"

有双重作用：对受害人的赔偿，以及给仲裁人的抵押。[17]

在标记体系中，罚金有着除赔偿以外的其他用途；事实上在该体系中，罚金经常是象征性的，并不会真正地影响到个人的经济地位，不会危及公民资格权利。它更多的是具有指明罪犯的象征作用，用于标记罪犯，尤其是把最高权力的可见标志强加于人。在标记体系中支付罚金，就是屈从于权力机关，事实上是能够强制付款的权力关系，即便[*]这部分金钱与其所拥有的财产相比微不足道。所以相比起任何其他体系，罚金并不是同等的惩罚。依据罚金在其内部代表的惩罚体系，该程序策略的作用是完全不同的。

对于死刑我们也可以做同样的探讨，毕竟死刑的执行方式并不多。然而，仅仅在用权力应对抗拒程序的范围内，就有一些种类的死刑。在驱逐策略中，例如在古希腊，只有涉及特别过错的极少的情况下，才会直接执行死刑。其实曾经有一些特殊的程序，不是把人处死，而是把人置于死亡的危险中，其方式如下：例如把他赶出领土，剥夺其财物并把他丢弃，留给公共审判，在某种意义上置人于法律之外以便任何人都可以杀掉他，即便并没人被任命为行刑者。[18]此外，还有把人从悬崖高

---

* 手写句子："即使对罪犯没有造成金钱上的影响，它仍然显示出权力作用于违犯者的标记作用。"关于监禁的补充段落："最终，在监禁体系中，罚金起着对等或缓和监禁的作用。监禁，意味着许多强制的劳动日，意味着许多无薪的劳动日。罚金，也是关乎着如此之多的劳动日，或者这段时间中的一部分。这两种情况中都涉及'剥夺（privation）'。"

处丢入大海的情况，也就是说，使他跌落在领土边缘的外侧，在严格意义上把他剥离"故土"，使其孤立无援、无依无靠，突如其来地被暴露于神的权力之下。这就是粗暴形式的放逐。

在赎罪体系中 *，死刑惩罚在本质上曾经是债务的偿还：这是凶杀被抵偿的方式。最好的证明就是以死刑来惩罚凶杀的事实，在这里不是让罪犯死亡，而是让罪犯的一个亲属死亡。行刑要等同于债务的偿还，而不是对所谓罪犯的个人的惩罚。[19]

在标记实践中，很容易看到死刑是一种合乎标准的对肉体的操作，是对身体的行为，是一种把权力的烙印铭刻在个人肉体、罪犯的身份上的仪式化的方式，或者至少在旁观者的恐惧中铭刻下对过错的记忆。在 18 世纪也就是中世纪末期有着如此花样繁多的酷刑，确切地说，要考虑一系列的变数：罪犯的身份，例如，斩首是贵族死刑的标志，绞刑是平民的标志。火刑处死用于针对异端教徒，车裂是针对叛徒，截耳是针对小偷，凿穿舌头是针对出言亵渎神明的人，等等。[20]

我们可以回想起这种标记式死刑里最惊人的场面之一：1757 年处死达米安（Damiens）。[21] 首先，达米安被判处罚金，然后他被关在囚车上，人们用铁杠敲碎他的肢体，撕开他的胸膛并在伤口上浇入滚烫的蜡，割开他的关节，四马分肢，最后焚尸扬灰。这所有的一切，在时间的记忆中成为酷刑的最

---

* 手写稿添加："古日耳曼法律中的。"

　　　　　　　　　　　　　1973年1月3日

后一幕。统治者被人群中的一个异端派弄伤，对于该行为，政治权力以刑事烙印最全面的展览做出回应。它展示出最残酷的伤痕，同时展示出最仪式化的司法权力。统治者展示了他对人身能做出什么。[*]

如果在我们的刑法中重新找到死刑，它在本质上是监禁惩罚，会发现死刑不再在人体上起到展示权力标志的作用，而是极端的最终形式的监禁，是完美的不可逾越形式的监禁：这种重叠的监禁可以确保一劳永逸。死刑[**]不再是酷刑，而是最终的封闭，绝对的保障。[22]

我在四种惩罚策略中区分死刑和罚金的不同作用，是因为我想指明确切的层面；该层面既不像驱逐或食人那些的机能，也不像法典或习俗规定的惩罚。我认为，其中的持久性隐藏了各种作用的不同之处。在这些普遍机能和这些刑罚的各种作用之间，存在一个非常值得探索的层面：刑罚策略。[***]

关于这些刑罚策略，我想要指明一些事情。首先，我谈论到操作，我曾试着通过驱逐、监禁等词描绘其特点，就是说，既然操作在权力和权力作用对象之间找到自己的位置——这些是在权力范围内部的完整操作。至此，作为分析的第一个层

———————

[*]　手写稿添加："当他在人的身体上留下标记时。达米安的酷刑是 1793 年之前国王和民众在断头台上最后的一场大型对抗，在这一年 1 月 21 日的对抗是与之前相反方向的：那一天，被剥离统治权的国王同样遭受到了刑罚的标记，斩首——曾经专属贵族的惩罚变成了面向所有人的惩罚。"

[**]　手写稿添加："不是往复地进监狱。"

[***]　手写稿："操作、策略、刑事战略层面。"

1973年1月3日

面，我不愿意从某些过错或犯罪的司法或道德表现中推断出刑罚体系。我不会如此提出问题：人们互相残害或犯下过错是出于何种原因，为了用这样或那样的方式进行回答，我们以驱除或监禁为例？我要以另外的方式提出问题。在开始的时候谈论到这些策略，是因为我想要解释清楚下面的问题：面对触犯权力下的法律、规则和违犯权力行使的活动，哪些形式的权力对此行之有效，权力是通过诸如排斥、标记、赎罪或监禁等方式作出反应吗？如果说我致力于研究这些策略，特别是监禁，那么并不是为了试图重建所谓的支撑刑事实践并使其合法化的司法和道德表象；而是我想要从这里出发，通过这些策略来定义运作的权力之间的关系。[*] 换种说法，我想要提及的策略，如同权力关系的"分析仪"，而不是像意识形态的"显影剂"。刑罚就像权力的分析仪，这就是本课程的主题。

这同时意味着，如果刑事策略体系真可以被视为权力关系的分析仪，那么被看作是中心的要素将会是权力周围的政治斗争要素，以对抗权力。这就是在社会中行使的权力以及个人或团体之中的冲突、斗争，这些个人或团体通过这样或那样的方式寻求逃脱此权力，在地方或全国对权力提出异议，并且违犯

14

---

[*] 手写稿："就是说在此分析中，将会被放在首要计划之中的，是社会中的政治权力与个人或团体之间的斗争形式，那些个人或团体寻求逃脱此权力，在地方或全国对权力提出异议，以及违犯权力秩序和权力下的规章。"接下来的内容没有出现在手写稿里，然而却包含了四页笔记（机打转录），涉及此理论包括的方法论的结论，以及社会学功能主义的种种困境。

1973年1月3日

权力秩序和权力下的规章。我不想说我将会把普通法中犯罪和政治犯罪视为等同。我想说为了分析刑事体系，首先要知道的就是在一个社会中权力周围展开的斗争的本质。

所以说，内战的概念要被置于这些关于刑罚分析的中心地位。[23] 在我看来，内战这个概念在哲学上、政治上、历史上都被起草得很糟糕。我认为理由有很多，掩盖、否认内战，断言内战不存在是权力行使的公理之一。这个公理带来了巨大的理论影响，因为根据霍布斯或卢梭的观点，不管怎样，内战从未被视为是积极的、中心的，或其自身可成为分析的出发点。或者我们说到一切人反对一切人的战争，如同在社会契约存在之前，此时，这已经不再是内战了，而是天然的战争（guerre naturelle）；自从有了契约，内战只能是一切人反对一切人的战争，在一个通常由契约控制的社会结构里的残酷的延续。或者相反，人们把内战构想成是外部战争对城市自身某种追溯性的影响，是在国界内战争的变迁：所以这就是外部战争对国家的恐怖的投影。在这几种分析中，内战是事故、是异常，在此范围内需要避免的是理论和实践的妖魔化。

然而，我想要把分析引导到相反的方向，即内战是永久的状态，以此可以并且必须理解一系列斗争策略，确切来说，其中的刑罚可作为优先的例子。内战是一切权力斗争的模板，是一切权力战略的模板，由此也是一切关于权力和反对权力的模板。这是一个普遍的模板，能有助于理解刑罚特殊战略的实施和操作：就是监禁。我试着想要表明的就是这个规则，在19

15

世纪的社会里，在持久的内战和权力对立的策略之中。[*]

————————

* 手写稿的结尾处有四页笔记，在上课时没有被讲到，关于："将被放在首要方面的，就是斗争——反对权力的斗争，或和权力一起的斗争、或为了权力的斗争。这就意味着，作为方法的结果，需要剥离社会学的功能主义（fonctionnalisme sociologique）。摆脱以下观念：

——是整个社会，在模模糊糊的共识中对犯罪或过错做出的反应；

——这种反应在明确刑罚的法规、法律、惯例法中成形；

——权力以一种基本规律的方式（以某些扭曲、滥用或违反规定的优待为代价）实施这种刑罚。

剥离这种功能主义，是把权力的斗争放在刑事实践的中心，而不是社会反应。剥离这种功能主义[24]，同时也是指明它是怎样形成的；在 19 世纪初期一种奇怪的责任转移是怎样施行的，经过这几点：

——看起来社会产生犯罪（根据一定的统计数字，以及社会学法律）

——看起来社会被非法活动所伤害、所损害。社会产生自身的危害，惹来自己的敌人。

——看起来社会要求权力，出于道德大抉择的原因惩罚犯罪。

这种责任转移掩盖了这一事实：犯罪不是社会的问题，惩罚不是社会的关系，而是权力。

在刑事理论层面表达的理念是这样的，是社会首先关系到惩罚，惩罚应该担负着保护社会的作用（贝卡里亚，边沁）。

在陪审团扩大的实践层面：如果社会被损害了，不是权力或权力的代表有发言权，而是社会本身。

在犯罪或违法社会学创立的思辨层面，即关于以犯罪和对其惩罚需求为基础的社会机制的研究。

这种在社会机制下的权力关系的掩蔽，是权力在工业资本主义的行使方式的特有现象之一。

作为掩蔽的象征，我们提取了两个场景：

——群众参与对罪犯的行刑：即权力符号的施展。他们簇拥在断头台周围观看展示和酷刑。

——在夜里私下行刑，但是权力的行使隐蔽在意见调查后面。

同样可以指明从酷刑到监禁的过渡，是怎样与这种从权力关系到社会机制的滑动相符合的。"

16

注释

1. 根据社会对死亡的处理方式把社会分类，这经常出现在 19 世纪 30 年代到 20 世纪 60 年代的历史学、人类学和考古学著作中，尤其是欧洲史前学考古学。可以参见戈登·柴尔德（Vere Gordon Childe）在 1945 年发表的文章，《5 万年的丧葬惯例方向性的变化》(*Directional Changes In Funerary Practices During 50000 Years*)，第 45 卷，第 13—19 页，从中可以更详细地了解欧洲火葬社会和埋葬社会相交的轨道，其术语是"土葬论者"(inhumationists) 和"火葬论者"(cremationists)。在《临床医学的诞生》(*Naissance de la Clinique*)，Paris，PUF，1963 年，第 170 页（描述了这种文明的重大变革"同样的顺序，埋葬文明向火葬文明转变"），福柯曾经提到可以把社会分为埋葬型的社会和火葬型的社会。在 1963 年，这段引文用于表示病理解剖学和医疗望诊（regard médical）的发明所带来的社会变革的程度，一方面是关于医生与尸体的交流方式（过去"不死的大空想"，从此以后成了医疗望诊），另一方面，是那些文明对尸体的处理方式（参见同上）。

2. 见列维-施特劳斯（Lévi-Strauss），《忧郁的热带》(*Tristes tropiques*)，Paris，Plon，（"人类的地球"系列），1955 年，第 448 页："我想到我们的司法和监狱习俗。从外部对其进行研究，人们试着划分两种相反的社会：一个是食人（anthropophagique）的方式，对具有危险力量的某些个体进行消化吸收，这是对此力量唯一的中和方式，甚至能够变害为利；而我们的社会采用的所谓的'人类学吐出'（l'anthropémie）的方式；在同样的问题面前，这是一种相反的解决方式，在于把这些危险的力量从社会体中驱逐出去，把他们暂时或永久地孤立在为其预留的场所中，切断其与人类的联系。在大多数所谓的原始社会中，这种习俗唤起了深层的恐惧；这种恐惧让我们察觉到，在他们眼中，我们出于他们对应的习俗而归罪于他们，是同样的野蛮行为。"

结合同化和排斥的社会分类，食人（anthropophagique）的人类学分析法，是由阿尔弗雷德·梅特罗（Alfred Métraux, 1902—1963）制定的，特别是在《图皮南巴的宗教，及与图皮—瓜拉尼其他部落宗教的关系》(*La Religion des Tupinamba et ses rapports avec celle des autres tribus Tupi-Guarani*)，Paris，Ernest Leroux，1928 年，第 124—169 页：图皮南巴（巴西海岸森林地带已经绝种的图皮印第安人部族）的食人习俗；《南美印第安人的宗教和巫术》(*Religions et Magies indiennes d'Amérique du Sud*), 作者去世后由西蒙娜·德雷福斯 (Simone Dreyfus) 整理, Paris, Gallimard, ("人类学丛书"), 1967 年, 第 45—78 页, 其中梅特罗记述的关于食人肉行为当然是古老的。我们也可以引用《在巴西土地上的旅行故事》(*l'Histoire d'un voyage fait en la terre du Brésil*) (1578), 让·德·勒维 (Jean de Léry, 1534—1611), 16 世纪加尔文派, 介绍了他在图皮南巴部落对食人习俗的见闻 (出版在 "口袋书", 1994 年, 15 章, 美洲人怎样处理战俘, 杀死并吃掉战俘的仪式, 第 354—377 页); 根据安德烈·特韦 (André Thevet, 1516—1590), 探险者、地理学家, 曾在 1555 年至 1556 年在巴西旅行:《安德烈·特韦, 两次在印度南部和西部的故事》(*Histoire d'André Thevet, Angoumoisin, cosmographe du roy, de deux voyages par luy faits aux Indes australes et occidentales*), 法国国家丛书, 法国库藏, 第 15454 号, 由苏珊娜·吕萨盖 (Suzanne Lussagnet) 推荐到 "古典主义殖民" (les Classique de la colonisation) 丛书中, 第二卷:《十六世纪下半叶法国人在美洲》, Paris, Perrin, 1953。参见库姆斯 (I.Combès),《在图皮—瓜拉尼古老的吃人悲剧》(*La tragédie cannibale chez les anciens Tupi-guarani*), 皮埃尔肖努 (Pierre Chaunu) 作序, Paris, PUF ("人种学" 丛书), 1992; 莱斯特兰冈 (F.Lestringant),《食人族的兴与衰》(*le Cannibale: grandeur et décadence*), Paris, Perrin ("历史和衰落" 丛书) 1994。在《不正常的人》(*Les Anormaux*) 一书中, 福柯分析怪人的形象时又回到食人肉的概念, 这是法兰西学院 1974—1975 年的课程, V.Marchetti 和 A.Salomoni 主编, Paris, Gallimard-Seuil,《高等研究》丛书 (Hautes Études), 1999, 第 94—97 页, 在书中他展开双重写照:人们极端残酷的吃人肉, 以及国王可怕的乱伦; 所以是联系罪犯的形象和 19 世纪罪犯的活动, 精神病学和刑罚的交叉点的讨论。

3. 列维-施特劳斯,《忧郁的热带》, 第 448 页。两年之后, 在 1975 年 1月 29 日《不正常的人》课程中, 第 96 页, 福柯坚持列维-施特劳斯的结构主义语言学的研究角度, 尽管这与之前的研究角度是不同的, 例如路先·列维-布留尔 (Lucien Lévy-Bruhl) (参见《原始思维》*La mentalité primitive*, Paris, F.Alcan, "社会学工作" Travaux de l'année sociologique 丛书, 1922), 列维-施特劳斯的研究角度能够 "重新鉴定所谓的未开化的人" (requalification du soi-disant sauvage), 对我们在 18 世纪各种怪人身

1973年1月3日

上见到的食人—乱伦（cannibalisme-inceste）的二元论造成挫伤。

4. 列维-施特劳斯，见上述引文。

5. 福柯无疑在此处影射了勒内·吉拉尔（René Girard）的作品，在此之前，后者的《暴力与神圣》（*La violence et le Sacré*）刚刚出版（Paris, Grasset, 1972），并在福柯感兴趣的俄狄浦斯背景（参见尾注11）下详述了替罪羊（Le Bouc Emissaire）这一概念，而且涉及关于食人的战俘牺牲品；参看勒内·吉拉尔，第139—140页："同样在法国，众多研究者在俄狄浦斯神话，在索福克勒斯（Sophocle）的神话中［……］看到了'替罪羊'。根据玛丽·德尔古（Marie Delcourt），替罪羊的习俗能够解释俄狄浦斯童年的遭遇，解释他父母对他的遗弃"（参看 p.139 n.1）；同样涉及巴西图皮南巴人对待战俘的方式："侵害的目的是把战俘变为'替罪羊'（参看 p.381）"。10年之后，勒内·吉拉尔在《替罪羊》（*Le Bouc Emissaire*）中阐述了该主题（Paris, Grasset & Frasquelle, 1982）。20世纪70年代初，勒内·吉拉尔在纽约州立大学（State University of New York）布法罗分校教书；他是乔恩·西蒙（Jon Simon）和福柯在布法罗期间的中间人。福柯在布法罗的授课，主要集中于1970年3月；参见德福尔（D.Defert），《年代学》（Chronologie），载于《言与文》（*Dits et Écrits*），1954—1988，德福尔（D.Defert）& 埃瓦尔德（F.Ewald）主编，Collb.J.Lagrange, Paris, Gallimard, 1994年，第4卷，DE，第1卷，第35页；再版第2卷，Quarto：第1卷，第47页。在《规训与惩罚：监狱的诞生》（Paris, Gallimard, "bibliothèque des histoires", 1975, 第263页）一书中，福柯通过对19世纪初苦役犯的描写再次讲到该主题。

6. 先前福柯曾用过排斥这一概念；见其在法兰西学院1972年的课程《刑事理论与刑事制度》，第9课（比较中世纪刑事实践中的交换和赎回与现代刑事实践中的排斥）；见《我感到忍无可忍》（*Je perçois l'intolérable*）（与 G.Armleder 的会谈，《日内瓦日报：文艺星期六》（《135手册》，第170期，1971年7月24—25日），DE, II, 94号，1994年版，第204页/Quarto，第2卷，第1072页："我们的社会开始采用排斥和投入体系——拘禁或监禁——反对一切不符合标准的个人。自此，一些人被排斥在群体之外，并同时被投入监狱中"；《大监禁》（*Le grand emfermement*），（与 N.Meienberg 的会谈，Tages Anzeiger Magazin，第12期，1972年3月25日）同上，第105期，1994年，第306页/Quarto，第1卷，第1174页，"问题如下：对于一个体系批判，而该体系用于解释当今社会把部分人推向边缘的进程。就是这样。"在法兰西学院初期的课程《话语的秩序》(Paris, Gallimard, 1971)，1970年12月2日的课程中，福柯使用了排斥概念的外延，从第11页开始用于指明"程序，这些程序的作用在于消除话语的力量和危险、控制其偶发事件、躲避其沉重而可怕的物质性"。福柯区分三种"排斥程序"(在文中第11页强调指出)，也被称为"排斥原则"(第12页)或"排斥体系"(第15页)，包括禁律(第11页)，理性和疯狂的对立(第12页)，真理和谬误之分(第15页)。也可以认为排斥的观念——或者至少福柯的"驱逐"(见《米歇尔·福柯先生的信》Ⅱ，第96号，1994年版，第210页/Quarto，第1卷，第1078页)——是对15、16世纪疯癫的分析基础；见《疯癫与文明：古典时期疯癫历史》，Paris, Plon, 1961年，第10—13页。

排斥的概念也足够接近"镇压"(répression)的概念，此概念是福柯先前在《刑事理论与刑事制度》课程中阐述的(例如第1课开篇提出了其方法：把刑事理论与刑事制度重新置于"其共同运转之中，也就是说置于镇压体系之中"；第5课是关于国家税收机器，"只有在镇压机器的保护下才能运转"；或者第6课描述国家镇压机器的确立。同样在后面的作品中，福柯以相似的方式，并没有远离"镇压"的概念，参见《规训与惩罚》，第28页)。

7. 参见福柯《违犯之序言》(Preface à la transgression)(《评论家》第195—196号：向乔治·巴塔耶(G.Bataille)致敬，1963年8—9月，第751—769页)，DE，Ⅰ，第13页起，1994年版，第233—250页/Quarto，第1卷，第261—278页。"违犯"(transgression)这一概念是福柯曾使用过的重要概念；见"有一个问题长久以来引起我的兴趣，那就是刑事体系的问题"[与J.Hafsia的访谈，《突尼斯新闻》(la Presse de Tunisie)，1971年8月12日，p.5]，DE，Ⅱ，第95号，1994年版，第206页，Quarto，第1卷，第1074页，"这就是我所担忧的：法律违犯的问题和镇压非法活动的问题。"

8. 关于界限(limite)的概念，必然要参见乔治·巴塔耶关于"极限体验"(experience limite)的作品；见《违犯之序言》，第236—239页/第264—267页(评论巴塔耶的作品时，福柯写道"界限和违犯对彼此的存在密度承担责任"，同上，第237/265页)。另外，他曾写到巴塔耶的作品"使得思想进入到竞赛中——冒险的竞赛——关于界限、极端、顶峰、违犯"(乔治·巴塔耶，《全集》，Paris, Gallimard/nrf, 1970, t.I：第一作品，

1922—1940，第 5—6 [5] 页，DE，Ⅱ，74 号，1994 年版，第 25 页 / Quarto，第 1 卷，第 893 页）。福柯心甘情愿地承认巴塔耶的影响力：“是我逐步进展中的参考点”；“我想到一些作家，如布朗肖（Blanchot）、阿尔多（Arthaud）、巴塔耶，我认为，他们对我们这一代人都非常重要。”福柯提到“极限体验的问题。这些形式的体验不被看作是核心的，社会也没有确切地看重其价值，而是认为极限体验，边界体验，普通体验也是可接受的。”[“与安德烈·贝尔腾（André Berten）的会谈”，福柯《做错事，说真话：司法供认的作用》(*Mal faire, dire vrai. Fonction de l'aveu en justice*)，F.Brion，B.E.Harcourt 主编，Louvain，Presses universitaires de Louvain，2012，第 238 页]。1970 年，福柯再次表明：“今天我们知道：巴塔耶是他所在那个世纪里最伟大的作家之一”（参见同上）。

9. 根据丹尼尔·德福尔所述，很多听众没听清课程的题目，听成了《原始社会》，而不是《惩罚的社会》。

10. 几个月之后，1973 年 5 月，在里约热内卢大学的会议上，福柯提出一个与“四种可能的惩罚”略微不同的版本，名为《真理与司法形式》，DE，Ⅱ，第 139 期，1994 年版，第 538—623 页，第 590—591 页 /Quarto，第 1 卷，第 1406—1591 页，第 1458—1459 页（流放；就地排斥；强制劳动赔偿；同态报复刑罚）。

20

11. 参见列维-施特劳斯，《忧郁的热带》，第 448 页：“如果一个土著违犯部落法律，他的所有的财产都会被销毁：帐篷、马匹，作为对他的惩罚。”

12. 关于古希腊刑罚中的流放，参见索福克勒斯（Sophocle），《俄狄浦斯王》(*Œdiperoi*)。福柯在法兰西学院先前的课程中曾对此做过分析（参见《知识意志讲稿》，法兰西学院课程 1970—1971，丹尼尔·德福尔主编，Paris，Gallimard-Seuil，“高等研究”丛书，2011 年版，第 177—192 页）。参见 1972 年 3 月他在纽约州立大学（State University of New York）布法罗分校的讲座，及之后 1972 年 10 月在康奈尔大学的讲座（见《俄狄浦斯的知识》，同上，第 223—253 页）。丹尼尔·德福尔在授课背景（同上，第 277—278 页）中写道，我们在福柯的作品中一共可以找到对俄狄浦斯王的 7 种不同版本的分析。4 个月之后，福柯在一个名为《真理与司法形式》的讲座中讲到了 7 个版本中的一个版本，参见同上，第 553—570 页 / 第 1421—1438 页；他在 1980 年、1981 年和 1983 年也谈到了这个问题。见米歇尔·福柯，《做错事，说真话》，同上，第 73 页，第 1 段。

13. 赎罪和赔偿的概念——在这种情况下意为"补偿"——曾出现在 1970—1971 年的课程中，关于希腊司法实践背景的部分；参见《知识意志讲稿》，1971 年 2 月 3 日课程，第 90—91 页。参见《真理与司法形式》第 572—574 页 / 第 1440—1441 页。

关于前面提到的"中世纪法律"，参见约瑟夫·斯特雷耶（Joseph Strayer）的讲座，刑事司法的概念与罚款和增加收入（la collecte des revenus）紧密相连；参见约瑟夫·斯特雷耶，《现代国家的起源》（*On the Medieval Origins of the Modern State*），普林斯顿，普林斯顿大学出版社（"Princeton classic"），1970/*Les Origines médiévales de l'État moderne*，米歇尔·克雷芒（Michèle Clément）译，Paris, Payot（"Critique de la politique"），1979 年，第 48 页："这种司法管理和增加收入之间的紧密联系贯穿于整个中世纪，即便是第一批专业法官出现之后，他们也肩负着增加收入的任务，而此时曾经的募集者继续对一些轻罪做出裁决。"关于 17 世纪的内容，参见《刑事理论与刑事制度》，第五课（关于作为国家机器的税收机关）。

14. 参见列维-施特劳斯，《忧郁的热带》，第 448 页："罪犯做出的这种补偿使他变成受恩人，需要通过礼物来表达他的感恩之情。"

有意思的是，福柯在口述中似乎并没有对其关于社会、道德、古代日耳曼法律的手写稿做出表述，而 1972 年的《刑事理论与刑事制度》是以日耳曼法律为核心的。

15. 福柯曾根据不同的惩罚提出几种更初级的社会分类的建议。在 1971 年 7 月，他建议把社会分为流放社会、谋杀社会（或折磨社会或涤除社会）和监禁社会；参见《我感到忍无可忍》，参见第 203 页 / 第 1071 页。在 1972 年，福柯提议几种"文明类型"："流放文明"，"残杀文明"或"折磨文明"，然后是"监禁社会"；见《大监禁》第 297 页 / 第 1165 页。

16. 这一主题在手写稿中被阐述得更加明确，关于停止复仇循环的主题两年前就在《知识意志讲稿》中被阐述过，参见 1971 年 2 月 3 日的课程，第 90—91 页，在本课程中将被再次讲述：参见下文 1 月 10 日的课程；2 月 7 日的课程。关于平息复仇情绪，参见阿尔弗雷德·梅特罗，《南美印第安人的宗教和巫术》（*Religions et Magies indiennes d'Amerique du Sud*），第 59 页；"受害者仍然有机会在一定限度内实施报复行为，以平息自己的愤怒。交出俘虏的'也许是出于安抚受害者情绪的要求'"；第 70 页，处决一名罪犯是为了

"安抚亲属的灵魂";第73—78页,一切为避免报仇和为了"提防受害者恼怒情绪"而采取的措施。

17. 福柯在之前一年的课程中曾探讨过日耳曼法律中的赎罪和罚金,见《刑事理论与刑事制度》,第8课和第9课;见第9课中的和解费(wehrgeld)、和平金(fredus)。法兰克人曾从古代日耳曼法中汲取灵感,使用过和解费,这是合法的金钱补偿,在受伤或死亡的情况下交付给受害者或受害者家属,以避免私人报仇。和解费的金额是以受害者的社会地位为依据;参见奥利维尔·马丁(F.Olivier Martin),《法国法律史:从起源到大革命》(*Histoire du droit français des origines à la Révolution*),巴黎,法国国家科学研究中心出版,1984 [1950],第68页。和平金,是和解费的三分之一,是为了重建和平另外给出的;参见 C.Debuyst,F.Digneffe,A.P.Pires,《关于犯罪与和平认知的历史》(*Histoire des savoirs sur le crime et la paix*),2008,第2卷,第44页。

18. 关于古代法律中的"牲人"(homo sacer)——"这种可以被杀死而不会触犯到谋杀罪的人物,然而不能被正式处死",乔治·阿甘本(Giorgio Agamben)在他的著作中作出了阐述,见《牲人:主权权力与赤裸生命》(*Homo Sacer I: Le pouvoir souverain et la vie nue*),Marlière Raiola 译,Paris, Seuil ("L'ordre philosophique"),1997。阿甘本的该作品以福柯在1980年的权力分析为出发点,更确切地说是一个交叉点:一方面是个人屈服于外部控制方式的研究(对自身的研究),另一方面是对于使生命和人口成为目标和忧虑的国家手段的研究——"主观个体化技巧和客观合计程序"的交叉点(同上,第13页),完全是"司法制度模式和权力的生命政治模式的隐秘结合"(同上,第14页);阿甘本认为,其结合点在福柯的作品里,"古怪地在黑暗处",或者仍然是"视野范围内的盲点"(同上,第13、14页)。我们可以在福柯的本课程,尤其是在1973年1月3日的课程中看见——对惩罚策略在权力关系中运行方式的分析(例如"牲人"),或者正如阿甘本所说的,"权力由此进入国民身体和生命形式中"(第13页)——本文的先驱作品。

19. 参见福柯,《刑事理论和刑事制度》,第8课和第9课。

20. 参见福柯,《规训与惩罚》,第107页。为了反对这个分化,勒佩尔蒂埃(Le Peletier)提出断头台的平等是"所有人平等的死亡"(参见第18页)。

21.《规训与惩罚》将展开这个场面。第9—11页。

22

22. 在 1972 年，蓬皮杜总统驳回死囚比费和邦唐的特赦请求，对此，福柯已经对监禁和死刑的连续性做出了明确的阐述："实际上断头台只是引人注目的凯旋顶峰，一个高高金字塔的红与黑的尖峰。一切的刑法制度其实都被导向死刑，并由死刑支配"，参见福柯，《蓬皮杜的两个死刑》(*Les deux morts de Pompidou*)(《新观察家》，第 421 期，1972 年 12 月 4—10 日，第 56—57 页，Ⅱ，第 114 期，1994 年版，第 386—389 页 /Quarto，第 1 卷，第 1254—1257 页)。1981 年法国废除死刑，为了庆祝"世界上最古老的刑罚"的消失，福柯重新思考整个刑法体系，并再次提到了这一点；参见《"死刑"卷宗——他们写下反对》(《新文学》，第 59 周年，第 2783 期，1981 年第 16—23 期，第 17 页)，Ⅳ，第 294 期，第 168 页 /Quarto，第 2 卷，第 987 页；《反对替代刑罚》(《解放报》，第 108 期，1981 年 7 月 18 日，第 5 页)，Ⅳ，300，第 206 页 /Quarto，第 2 卷，第 1025 页。福柯将多次强调死刑作为司法主权标志的重要性，参见《柠檬与牛奶》(《世界报》，第 10490 期，1978 年 10 月 21—22 日，第 14 页)Ⅲ，246 号，1994 年版，第 695—698 页 /Quarto，第 2 卷，第 695—698 页，和《司法方式》(《新观察家》，第 743 期，1979 年 2 月 5—11 日，第 20—21 页)，Ⅲ，第 260 期，1994 年版，第 755—759 页 /Quarto，第 2 卷，第 755—759 页。此主题参见《审判的焦虑》(*L'angoisse de juger*)(与 R.Badinter 和 J.Laplanche 的会谈，《新观察家》，第 655 期，1977 年 5 月 30 日—6 月 6 日，第 92—96、101、104、112、120、125—126 页)，Ⅲ，第 205 期，1994 年版，第 282—297 页 /Quarto，第 2 卷，第 282—297 页；《罪犯的正确用途》(*Du bon usage du criminel*)，(《新观察家》，第 722 期，1978 年 9 月 11 日，第 40—42 页)，Ⅲ，第 240 期，1994 年版，第 657—622 页 /Quarto，第 2 卷，第 657—622 页；《惩罚是最困难的事情》，与 A.Spire 的会谈，《基督教见证》(*Témoignage chrétien*)，1942 号，1981 年 9 月 28 日，第 30 页，DE，Ⅳ，第 301 期，第 208—210 页 /Quarto，第 2 卷，第 1027—1029 页。

在 1981 年废除死刑的时候，福柯说"在法国最古老的刑罚正在消亡。要感到欢欣鼓舞；然而也不需要处在赞美之中"(《反对替代刑罚》，同上)。想要进一步探讨福柯反对死刑的态度，参见基弗 (A.Kiéfer)，《米歇尔·福柯：监狱信息小组，历史和行动》(*Michel Foucault: le GIP, l'histoire et l'action*)，哲学论文 (2006 年 11 月)，皮卡第儒勒·凡尔纳大学 (亚眠大学)，2009 年，第 169—172 页。

1973年1月3日

23. 在接下来的几年，福柯继续此项研究，参见 1976 年法兰西学院的课程，《必须保卫社会》(*Il faut défendre la société*)，贝尔塔尼（M.Bertani）和冯塔纳（A.Fontana）主编，Paris, Gallimard-seuil（"高等研究"丛书），1997，1976 年 2 月 4 日课程，第 77 页。

24. 关于社会学的功能主义，参见《规训与惩罚》，特别是第 28 页对涂尔干（Durkheim）的批判。

1973 年 1 月 10 日

　　四个分析要点：1. 持续的（constante）战争、大范围的普遍的（universelle）战争、内战；2. 既非普遍也非单义的（univoque）刑事体系，是一些人为另一些人准备的；3. 普遍监管机制；4. 监禁体系（Ⅰ）内战概念的内涵（A）依据霍布斯，内战是一切人反对一切人的战争的复现。（B）内战和一切人反对一切人的战争的区别。新的地方行政单位；赤脚党和卢德运动的例子。（C）作为内战延续的政治。（Ⅱ）作为社会敌人的罪犯的地位——作为掀起公共战争的司法活动。——知识的效用：精神病理学或精神病学对于罪犯和偏常。——认识论的影响：作为社会病理学的犯罪社会学。作为连接器（connecteur）、转换器（transcripteur）、交换器（échangeur）的罪犯。

　　我想明确分析的要点。*第一点，我所探讨的时间段是

---

　　*　课程手写稿是这样开始的：
（转下页）

1825 年至 1848 年之间。这段时间，正是 1808 年的《拿破仑治罪法典》(*Code d'instruction criminelle*，即旧刑事诉讼法典）和 1810 年的《刑法典》为刑法大体系的设立和运转确立基本框架的时候。有一件事是显而易见的：我们处于社会的战争中——不是一切人反对一切人的战争，而是富人与穷人对抗的战争，所有者和一无所有者对抗的战争，雇主和无产者对抗的战争。

24

第二点，在当时的话语中，明确表达出来的思想是这样的：社会法律不是为了适用于立法者，而是适用于没有参与制定法律的人。在立法者或参与讨论者的思想中，刑法只具有表面上的普遍性。1831 年 11 月 23 日，议会在探讨刑法典的修订并设立减轻处罚情节时，一位来自瓦尔省的议员说："适用于社会一个阶层的刑法，很大程度上是由另一个阶层制定的。我承认，刑法影响到整个社会；没人能确保逃脱刑法的严厉性；然而几乎所有的犯罪，尤其是某些特定的犯罪，确实都是由社会中的某一部分人犯下的，在这些人中并没有立法者。然

（接上页）"要点：

分析策略层面的刑罚，而不是：

——刑罚以何种名义、以何种价值尺度进行惩罚，而是：

——刑罚怎样进行惩罚；是谁来惩罚，采用的是何种办法。

所以：

——不要以过错、罪孽、腐化等民族和宗教概念为出发点；

——也不要以如排斥、驱逐、抛弃等大的社会机能为出发点，而是：

——要把内战当作起点，这是刑罚策略的普遍模板。"

1973年1月10日

而这部分人和立法者之间的精神、道德、生活方式几乎是毫不相同的。在我看来，为了制定合适的法律，立法者首先必须要尽力忘掉自我，[……] 努力认真地进行研究，不是研究法律对于自身的影响，而是研究法律对民众不同的精神面貌所带来的影响，而立法者就要为民众而工作。"[1] 在工人文学中能找到相应的肯定，但是恰恰相反，刑法的制定并不是为了起到普遍的作用。

第三点，在这一时期，司法、刑法机构的设立完全受普遍恒定的监管原则所支配。我们可以援引柏林大学刑法教授朱利尤（Julius）的《监狱的教训》（*Leçons sur les prisons*）[1827] 中的内容："这是一件值得更高关注的事情，不仅仅是在建筑史上，一般来说也体现在人类精神上：在更早前的时代，我所说的不是古典时代，包括在东方，天才想出并乐于用一切珍宝来装饰人类的辉煌建筑，以便能够让大批人进入其中观赏景观或些许物品，例如庙宇、剧院、圆形剧场，在那里人们看着鲜血从人和动物的体内流淌出来 [……]"[2] 换句话说，在环形建筑和表演风俗中，人们聚集起来观看中间的某个物品、物体或景观。朱利尤继续说："然而似乎人类的想象力从未用于以少量人或一个人去看一大群人或物体。"[3]

然而这正是在现代发生的情况：景观翻转成监管[4]。朱利尤说，我们正在创造的，不只是一座建筑，不只是城市规划，而是对精神进行总体设计，如同人们表演给一小部分人看，在最不得已的情况下，表演给一个负责监管的人看。景观转向了

1973年1月10日

监管，市民围观景观的圆圈被翻转了。我们有了一个完全不同的机构，人们被一个个分散在平面空间里，在上面有一种人以全面的视野进行监管："这是在现代［……］，在国家不断增长的影响下，在国家日渐增强的介入下，在社会生活的一切关系与全部细节里，通过建设和布局能够同时监管大批人的建筑物，是为了增强并完善保障，其使用将导向更大的目标。"[5]

可见朱利尤把这种景观到监管的翻转归于国家监管机构的建立和发展，这些机构用于控制、观测并介入到社会生活关系中的各个细节。朱利尤所写的这些只不过是把拿破仑所述或命人所述的内容改写了一遍，因为在《拿破仑治罪法典》的导论中能够看到："可以认为帝国的任何地方都不会是脱离监管的，任何重罪、轻罪、违警罪都不会逃脱诉究，博爱的神明掌握着一切巨大的机器，最小的细节也无法逃脱其法眼。"[6] 当提到检察官的具体职能时，法典里写道：检察官是"总检察长的眼睛，如同总检察长是政府的眼睛一样，具备了御用检察官（procureur impérial）与总检察长之间有效准确的交流结果，以及总检察长与国王大臣的沟通结果，才能确认机构中的僭越、某些人的不作为、宽恕某人的鲁莽，但对于官员来说这是一种腐化；倘若总检察长和御用检察官之间的交流是懈怠的、微弱的或隐瞒的，邪恶在显露之前就会取得巨大的进展，还没有任何危机出现，人们就会突然置身于一种严峻、颓丧甚至接近于衰败的状态。"[7] 同样，朱利尤的普遍监管理论准确地反映出 1808 年帝国管理已经确立。

第四点是监禁，朱利尤在关于监管的文章末尾提道："这种基本思想的效用"，意思是监管对于监狱的用途更大。[8]

为了构建分析框架，我们设置了四个要点：社会内部持续普遍的战争；一些人为另一些人设立既不普遍、也不单义的刑法体系；普遍的监管机制；监禁体系。

* * *

我想回到第一点：内战的问题，以及内战与一切人反对一切人的战争之间没有关联的问题。事实上如果承认这种安排，我们会发现主要的因素是战争。我想要澄清一切人反对一切人的战争和内战的问题，并且想要思考犯罪在某一特定时期是通过何种方式与这些概念产生关系的。[我将从最接近] 内战这一概念 [的内涵的地方开始分析]。

首先我相信存在某种政治理论传统，这种传统使得内战和一切人反对一切人的战争对等，并使二者以直接、有组织的方式相交流。这种传统在霍布斯的著作中显示出最具特点的一个形象。*在文章中他说，内战是某种回到一切人反对一切人的战争方式，或者不管怎样，如果想要形成一切人反对一切人的战争思想，必须要以内战为例。阐述完一部分个人反对另一部分个人的普遍战争之后，霍布斯写道："人们将会想到这样的

---

*　手写稿："即使不算是霍布斯奠定的传统，也是他表明的传统。"

　　　　　　　　　　　　　　　　　　1973年1月10日

时刻从来都不存在，类似的战争状态也从来都不存在"（我刚刚提到的）。"事实上，我相信一般来说在全世界从来都不是这样的。"[9]

所以说，一切人反对一切人的战争状态不是一种绝对原始的状态，在绝对原始的状态中存在于历史古老阶段的人性全部都成为过去；这种战争没有普遍性的历史地位，但是对于［霍布斯，有一些］有限的、历史决定的例子：在这种战争状态中"有很多地方，那里人们如同现在一样生活"；在美洲的许多地方，野人［……］。不管怎样，我们可以辨认出一种不存在对公共权力的恐惧的生活方式，以及另一种在内战中的人们生活在和平政府下的更普遍的生活方式，其中前者优胜。"[10]

所以内战是一切人反对一切人的战争的再现，这是历史决定的。这是一种认识论模式，我们需要由此了解一切人反对一切人的战争状态，这对于理解统治者的建立和统治机能是必要的。所以对于霍布斯来说，这两种概念是相近的，另外有一个特点值得注意，在接下来的一个世纪里，即便是对一切人反对一切人的战争的概念持批判态度的人，也不会质疑内战和一切人反对一切人的战争两个概念的同化。我们不会否认存在着以原始的或古老的状态为名义的类似一切人反对一切人的战争。人们指责霍布斯把战争变为自然状态的一种模型。*

然而恰恰相反，我想指出这种同化是没有依据的，其后果

_____

* 手写稿添加："很少有对同化的批评：内战＝一切人反对一切人的战争。"

如何，其背景又如何。不可能持续地混淆内战和一切人反对一切人的战争，这种不可能在我看来［表现出］[*]霍布斯对这种一切人反对一切人的战争理念的担忧。

首先是个人之间自然的、普遍的关系方面。作为个体的个人与他人之间的关系，成为这种一切人反对一切人的战争得以持续的载体。^{**}其实如果存在一切人反对一切人的战争，本质上人们追求的目标和意图是平等的，他们为获得追求的东西而采用的方式是同等的。在某种意义上他们之间是可以相互替代的，因此他们寻求的恰恰就是相互替代，一旦某种东西能够满足一个人的愿望，而另一个人总是能够替代这个人，想要代替这个人并占有他追求的东西。[11]这种人们之间的替代性，这种愿望的趋同性能表现出原始的对抗特点。[12]即便这种对抗不起作用，即便世界上有足够的东西能满足每个人，即便某人能提前攫取某物，却永远都不能确保不会有别人来代替他：使用权、所有权都是不确定的，确切来说，要视这种大致的平等而定。另外，不包含不信任方面的所有权和使用权从来就不存在，人人都知道他人要来代替自己。

不信任加在对抗之上，于是我们就有了这种一切人反对一切人的战争的第二方面。[13]忽然间，只剩下一种方式能使不信任和对抗停止，就是在永恒的战争之中出现一个人，通过力量

---

*　手写稿添加："显露出。"
**　手写稿添加："内战可能性的。"

　　　　　　　　　　　　　　　　1973年1月10日

的增加等方式来战胜他人，就是说他不但占有某物的使用权，而且还能赢得这个东西的工具，因此他具有比他人更多的力量，从最初每个人都被赋予的简单的平等中挣脱出来；他增添了力量，人们便不再试图替代他，他就可以平静地享用自己的东西，也就是说获得了人们的尊重。

力量的增加使人们进入到符号、标志体系，力量增加的部分基本上用于在人与人的关系中设立［其中一人的］权力可见的标志。*霍布斯就是把这种强制尊重的意愿称为"荣耀"（la gloire）：通过一些外部符号使一切怀有代替他的意图的人保持尊重的能力。[14]

荣耀、不信任、对抗，完全是个体的三个方面，组成了一切人反对一切人的普遍战争。霍布斯明确地表达：一切人反对一切人的战争是"人类自然情绪必然的结果"[15]。战争状态本质上属于个人**，倘若如此，这意味着不会因为人们聚集在一起的事实，个人就能逃脱战争；为此，团体是不够的。霍布斯说人们拥有家庭是徒劳的，家庭并不能在圈子内部阻止一切人反对一切人的战争继续发生："这种事情到处都有，人们组成小家庭，相互偷窃相互掠夺成了习惯。"[16]即便是从小团体变成大团体，也不足以防止战争的发生：即便是人们聚集成许

29

---

* 打字文稿添加："权力中。"
** 手写稿添加："比起市民社会，这种本质上是个人的战争状态处在一种相互排斥的关系中。没有市民社会的地方，都有一切人反对一切人的战争。小团体不能够有区别地领导个体［……］"

多团体，"即便如此他们的行动受到自身的判断和私人欲望的驱使，他们不能期盼着以数量进行防御或自我保护，无论是在对抗共同敌人的时候还是在涉及过错的时候，他们都会相互惩罚。"[17] 所以，团体或暂时的相互的利益并不是人们所期待的某些能够摆脱战争的东西[*]。

只能是公民秩序，意思是说只有统治者的出现才能停止一切人反对一切人的战争。必须有这样一种过程：一切人的权力都被移交给一个人或一个大会，这样所有人的意愿都被缩减为一个意愿。[18] 一切人反对一切人的战争只有在统治者通过这种权力的移交而真正确立的时刻才会停止。倘若相反，权力开始削减、瓦解，人们便慢慢地又回到了这种战争状态："人们不再期待他们的忠君所提供的保护，共和国便解散了，每个人根据自身的判断力进行不受约束的自我保护。"[19]

所以说，内战是某种废除统治者的最后状态，就如同一切人反对一切人的战争是统治者能够建立的初始状态一样。只要有统治者，就不会有一切人反对一切人的战争，内战只能在统治者消亡的最后一段进程中再次出现。

第二点，对于内战是一切人反对一切人战争的再现这一观念，我认为需要用另一种观念进行比照，就是内战与一切人反对一切人的战争之间存在着很大的不同，原因有很多。在我看来，首先内战完全不具备对个人之间关系起到重要作用的潜在

---

[*] 手写稿添加："而是创立崭新类型的秩序。"

性，这与霍布斯的观点相反。事实上，内战无一不是集体因素的冲突：亲缘关系、主顾、宗教、种族、语言群、阶级等。内战总是从群体、集体因素中同时产生、发展、进行。所以说，内战绝对不是个人之间的关系形成的自然方面：内战的重要参与者总是群体。内战不但使集体因素发生，而且使其延续。经历内战，这是能够建立一批新的地方行政单位的程序；而且只有建立起来的时候才能知晓，内战远远不是从共和国到个人的过程，不是从统治者到自然状态的过程，更不是从集体秩序到一切人反对一切人的战争的过程。农民作为意识形态、利益和社会阶层群体，如果不是经过内战，怎么能够在中世纪末期组织起从 15 世纪延续到 18 世纪中期的民众起义，震动了欧洲并形成了农民阶层，其中的统一也是从内战过程中取得的吗？同样震撼 18 世纪的市场骚乱，一方面带来多重性，另一方面带来政治和经济的发展——骚乱逐步演变成薪酬骚动，然后演变成政治暴动——这一切赋予了民众*凝聚力，形成了一致的集体力量，使他们成了法国大革命的重要角色：激进的共和主义（sans-culottisme）经过内战这一过程建立起来。

　　因此，完全不能把内战看作是某种对个人生活的集体因素进行分解、并把人们拖回到初始个体化的东西。相反，内战是一个过程，在这个过程中人们是集体，从中更会产生新的集

---

* 手写稿添加："平民百姓：成了后来的无套裤汉（sans-culottes，18 世纪末法国资产阶级大革命时期对广大革命群众流行的称呼——译注）。"

体。另外，与政治理论普遍相反，内战不是先于权力的建立；内战也不一定标志着权力的消失或减弱。内战不是权力的一种反命题。内战与权力并不是一种排斥的关系。内战在权力的剧场展开。只有在确立的政治权力因素中才会有内战；内战的发生是为了保留或夺取权力，为了占有或改造权力。内战不是无视或简单地摧毁权力，而总是倚靠权力要素。*

正因如此，我们可以根据内战与权力之间的运动，试着描绘出内战本身的一些程序。第一点**：在内战中，某些集体夺取了部分权力，不是为了将其废除并回到一切人反对一切人的战争中，而是要将这部分权力激活。[例如]18世纪的市场骚乱[20]：由于一种谷物的稀缺性，该谷物和由该谷物做成的面包价格上涨，引发人民的反抗，骚乱爆发，这并不是个人尽其所能地暴力占有。这些骚乱与一种几乎是恒定的方案相符合。这是从一部分人那里的占有，不是直接占有麦子，而是占有权力的一些形式、过程和习俗。在英国，闹事者重新采用16世纪末的一些规则，只有小客户购买之后，才能把谷物卖给大客户，小客户以一定的价格购买足够维持生计数量的谷物。这种对小客户的优先权是在16世纪末英国君主制度下建立起来的规范

---

* 手写稿添加："倚靠权力的一些要素、符号、工具；内战在攻击另一个权力的范围内重组权力或催生权力。内战增殖权力：使权力倍增、（在一种危险的对称中）反射，或者相反刺激产生出一种完全不同的权力。"

** 手写稿在空白处的笔记："1. 内战夺取部分权力（骚乱）2. 内战倒置了权力机制（司法）3. 内战重新激活了权力的一些古老形式 4. 内战激活了权力的标志 5. 内战实现了一些权力的虚拟。"

1973年1月10日

形式。[21] 骚乱在于夺取权力并重新激活权力。同样，面包店、磨坊、农场里对谷物的检查，本属于权力机关的工作，但是后者出于政治权力与经济利益之间的关系等一系列原因不能保障，于是在骚乱期间人们自己做检查。所以，与其说一场骚乱运动在于摧毁权力要素，还不如说骚乱运动在于夺取权力并使用权力。

第二点：我们也可以说在暴动中，这些权力关系不但被重新使用，而且被颠覆，也就是说权力反向运行。在法国大革命期间，一场发生在 9 月的残杀就是一种反面的司法，即法院的重新组建。

第三点：我们有了重新激活的方案，因为涉及反对几周前刚刚建立的所谓的革命法院的惰性。颠覆，是因为之前注定逃脱法院的政治决定，从此要经过人民法院。所以我们要审判监狱里所有的犯人，以及贵族、神甫等为了逃避革命法院而躲在监狱里的人。于是我们便有了权力的适应、重新激活和转化方案。

第四点：在这些起义的现象中，我们也可以找到一些被称为权力象征的实现、激活的东西。同样赤脚[22]农民延续了诺曼底的起义显示了最正当的权力的明确标志，因为他们有了印章、旗帜、象征，并且自称拥有合法的君主制度。

第五点：在某些情况下，我们实现了权力的虚拟。很多时候内战主要是集体模式的，而不是中央集权，不是权力统一组织的。经常看到这些运动在［他们自身的］梦想层面上实行政治集中。*赤脚农民的运动是自发性的、没有统一指挥，即使村庄之间相互联络，推举出领袖，也只是一个虚拟的组织。**但这些在人民运动内部发挥了作用：赤脚约翰、他身边的顾问、运动的真正发起者认为自己正是虚拟首领的代表。[23] 在卢德分子（luddite）的运动中可以找到同样的模式***，这是在 19 世纪初，一次虚拟权力的实现。[24] 这个运动发生在工人世界和农民世界的交替时期，是工人阶级正在形成的时候。然而在整个运动期间有一个虚拟人物：卢德（Ludd），他是运动集权的首领，是具有组织力的虚拟人物。[25] 这里便有了空缺的权力，虚拟的权力，贯穿于整个话语。

内战也不能在任何情况下被看作是权力之外的东西。****内战会被权力中断，但是内战是一个矩阵，在此之中，权力的要素相互较量、相互活化、相互分化，朝着相互脱离的方向发展，却并没有失去活力，其中权力在重新转化中，在其虚构的形式之下还保留着旧形式。没有权力作用，没有关于权力的作用，就没有内战。

第三方面，至少有一个地区承认权力和内战是相反的：新建的权力把内战从权力内部赶出去。内战从外部威胁到权

---

 * 打字文稿："他们自身运动的政治集中。"
 ** 手写稿添加："他们有一个'类似的国王'——有时是另一个国王，有时是国王的使徒，有旗帜、印章、将军和法令。"
 *** 手写稿添加："卢德分子的例子：两名工人伪装成女人并自称是'虚拟的'约翰·卢德（John Ludd）的妻子。"
 **** 手写稿添加："内战既不是权力之前的东西，也不是权力之外的东西。"

1973年1月10日

力。[*]事实上，我们可以证明反而是内战缠住权力，不是出于恐惧而纠缠，而是内战停留、贯穿、推动、注入权力的每一个部分。确实有一些迹象是以这种监管、威胁、持有武力的形式而存在的，总之是一切权力确立并运用强制权工具。对权力的日常行使必须能被看作是一场内战：行使权力在某种程度上威胁到内战和一切强制权工具、威胁到我们区分的策略，这应该是可以用内战的术语进行解析。^{**}

力。[*]事实上，我们可以证明反而是内战缠住权力，不是出于恐惧而纠缠，而是内战停留、贯穿、推动、注入权力的每一个部分。确实有一些迹象是以这种监管、威胁、持有武力的形式而存在的，总之是一切权力确立并运用强制权工具。对权力的日常行使必须能被看作是一场内战：行使权力在某种程度上威胁到内战和一切强制权工具、威胁到我们区分的策略，这应该是可以用内战的术语进行解析。[**]

力。[*]事实上，我们可以证明反而是内战缠住权力，不是出于恐惧而纠缠，而是内战停留、贯穿、推动、注入权力的每一个部分。确实有一些迹象是以这种监管、威胁、持有武力的形式而存在的，总之是一切权力确立并运用强制权工具。对权力的日常行使必须能被看作是一场内战：行使权力在某种程度上威胁到内战和一切强制权工具、威胁到我们区分的策略，这应该是可以用内战的术语进行解析。[**]

刑罚分析的重要性在于看到权力并不是在消除内战，而是权力带来内战并使之持续。如果承认外部战争是政治的延伸，必须也要承认反之亦然，政治是内战的延续。[26]所以必须摒弃霍布斯［所建议的］意象：随着统治者［权力］的行使，战争被权力从地盘上赶了出去。[***]

------

[*] 手写稿是以这样的方式开始的："内战不是与一切建立起来的权力相对立吗？内战对权力有威胁吗？其公开辩论是令人生畏的吗？外部的东西有可能给权力带来绝对的危机。"

[**] 手写稿添加："权力团体之间的联盟，或者权力受益者之间的联盟。"

[***] 在这里福柯简述了手写稿中长长的一个段落："霍布斯（从市民社会中赶走的战争只支配边境，如同一把指向国家敌人的双刃剑）的意象将被丢弃。内战也被导向权力周围（及权力工具），反对、逃避、推翻或占有权力；使用权力、更好地征服权力、使权力发挥作用、建立一种政治权力只能占据一方面或只能充当一种工具的统治。

暂且把另一个问题抛开：

——权力 / 国家

——内战 / 阶级斗争

计划意味着什么：分析刑罚吗，不是

——在一切人反对一切人的符号下，而是

——在内战的符号下。"

［现在我想从内战概念的内涵讲到］罪犯的地位。18 世纪以来逐步形成了这样的观念，犯罪不仅仅是一种对他人造成损失的过错，犯罪还危害到社会，就是说，犯罪是一种个人打破连接自己与他人的社会契约并对自己所在的社会宣战的举动。犯罪无疑是一种暂时的、在瞬间激活一切人反对一切人的战争的行为，在这里是一个人反对一切人。罪犯是社会的敌人*，惩罚不应该是对他人的损害赔偿，也不应该是对错误进行处罚，而是一种保护措施，是社会对罪犯采取的反战措施。[27] 参考18 世纪的理论学家的著作，可以看到犯罪的概念在这种社会敌对的周围实现的重新平衡。他们认为惩罚的概念不应该以过错或损失的严重程度来衡量，而是应该以对社会的益处来进行衡量。对于社会来说，对敌人的控制很重要，使敌人的数量不再增加。所以需要制服他们，阻止他们进行破坏。这是我们在贝卡里亚（Beccaria）[28] 的著作中找到的观点。类似的观点也可以在英国的佩利（Paley）的著作中找到："如果对罪犯免于处罚不会威胁到社会，那么惩罚就没有任何存在的理由了。"[29] 惩罚从罪犯的定义出发，就如同战争从社会的定义出发。**

35

---

*   手写稿添加："外国的敌人，而不是外部的敌人。"
**   手写稿添加："贯穿直至 20 世纪的整个刑法理论的主题。打破契约犯罪主题、与社会宣战的罪犯主题、社会敌人等已经被载入霍布斯的政治理论的词汇中，这是真的。我们说，不管怎样，关于犯罪是对整个市民社会的攻击的阐述，是可以从社会契约论的政治理论中推导出来的。"

         1973年1月10日

然而，老实说，这种理论主题与一种古老得多的司法实践相关。

事实上，如果说 18 世纪的理论家从严密的政治理论出发，偏离了罪犯有害于社会的概念，相反从中世纪以来，从制度中衍生出了某种先于理论主题的实践：公诉（action publique）——罪犯可以被权力的代理人起诉，即使受害者没有提出控告——这种诉讼壮大、接管最终代替了报仇或受害人要求赔偿的私人诉讼，赔偿曾在中世纪的日耳曼体系中占有重要地位。[30] 这种公诉由体制中的检察官或者国王律师提起，这些人以统治者的名义要求惩罚。从中世纪以来，统治者不再作为司法领域中的最高审判者，在终审时可以向统治者上诉，但是此时统治者是秩序的负责人，因为其权力受到了无秩序或犯罪的损害，而他作为受到侵害的统治者，可以提起控诉。[31] 在刑法中，长久以来统治者代替原告，亲自与罪犯面对面。统治者理应以秩序与和平的名义进行统治，他宣告说罪犯触犯法律并对某个人开启了"野蛮"战争的状态，基于这一事实罪犯触犯到了统治者。*

所以，基于一定层面的分析我们能辨别出两个过程：第一个是理论的推导过程，按照霍布斯的方式，从一切人反对一切人的战争观念、从社会契约论引到内战，最终推导到犯罪；第二个过程是制度的派生过程，由君主制权力控制的古老的（16

36

---

* 手写稿添加："所以，统治者要以提起公诉的形式宣告公共的、司法的战争。"

世纪至 18 世纪）司法诉讼制度，导向人员的制度化以及某些使罪犯成为社会统治者敌人的法律规章。*

另外还有一种"要素"——犯罪—社会敌对，罪犯—公共敌人——，这既不是理论要素也不是制度或实践要素，而是两个过程中的交换要素、结合要素，一个过程让人想到罪犯对社会宣战，另一个过程是君主制权力没收了刑事司法。这个要素在两个系列中起到了交换的作用，将成为贯穿整个 19 世纪的一系列影响的关键点，其中一些是理论的影响，一些是实践的影响，还有一些是认识论的影响。其实从 18 世纪末开始，我们就创立了一系列机构，设立了一些职位用于管理罪犯——社会敌人，在实践中规则如下**：检察官机制、预审机制、起诉机制、司法治安的组织机制都能让公诉恰到好处地启动；已经在英国存在的陪审团，起初涉及的是被同僚裁定的权利，而到 19 世纪，陪审团标志着社会自身（或由其代理人）审判与社会发生冲突的个人的权利机制。被陪审团审判，不再意味着被同僚裁定***，而是被社会的代理人以社会的名义审判。

37　　还有一系列效应是关于"与社会决裂****"的罪犯的出现，法

---

　　* 手写稿添加："两个过程在特定的一点相遇。它们的结合确定了一种既不是纯制度的，也不是纯理论的'要素'。"

　 ** 手写稿添加："建立能保障公诉的启动和进行的工具，是为了使公诉不跟从私人诉讼，并确保公诉的有效性；这样就需要公共治安机构，或者是类似陪审团的机构的确立。"

　*** 手写稿添加："或者被仲裁人裁定。"

**** 手写稿添加："与社会决裂的个人""与社会斗争的个人""社会的敌人"。

　　　　　　　　　　　　　　　　1973年1月10日

律和普遍规则已经无法将其制服。我们还要探讨罪犯在精神病理学、精神病学上的可能性。[*]这样的人实际上是社会无法制服的，他也无法适应社会，他对社会具有持续的攻击性，对于社会准则、社会价值都是陌生的。对于这种犯罪性的现象，一些以偏常的精神病理学为名义的论述或机构开始产生。^{**}

在这些认识论的影响中，可能还有社会制造自身敌人的分析^{***}：社会是怎样达到这种犯罪程度、瓦解程度的，是怎样制造出大量的社会敌人的？在这里，我们看到犯罪社会学处于社会病理学中的可能性。^{****}

在现实中，这种把罪犯定为社会敌人的结合器（connecteur）是一种工具，当权阶级借用这种工具或者以陪审团的形式向社会转移排斥罪犯的职责，或者通过一切

---

* 手写稿添加："用无法适应社会分析犯罪个人的可能性；他不能达到社会和集体的理性要求，或处于理性要求之外。罪犯对于社会、社会准则、社会价值、社会体系等如同异类。"

** 手写稿添加："同样还有关于偏常的精神病理学、精神病学、心理学类的惩罚的话语。"

*** 手写稿添加："相反，（并且与此相关），社会对一些个人的出现进行分析，这些人既是社会的异类又是社会的敌人。"

**** 手写稿添加："社会病犯罪，会瓦解社会，罪犯对社会进行反抗和攻击。或者相反，犯罪性的层面可以被分析成是一个很低的容忍限度³²：一个非常模糊的敏感度。
从该认识论的影响出发，还有其他的实践影响：
——回归社会的治疗学；
——对潜在犯罪的监管。
简而言之，犯罪认识论和实践领域的一切构成。"

认识论向社会意识转移排斥罪犯的职责。我并不认为自己说的这种社会排斥是基本职责，而是当权阶级想要得到的东西促成了审判和惩罚职能，无论他们表面上的举动和转移的意识是怎样的。我想分析评论这种把罪犯当社会敌人的社会化（sociologisation），该社会化的影响目前主导了刑法的适用、犯罪精神病理学和犯罪社会学。*

---

* 打字文稿在这里结束。手写稿还有另外 5 页纸，内容如下：
"首先要阐述的不是如此一个关于罪犯的理论，说罪犯是社会敌人，罪犯是一个自发回到一切人反对一切人的战争的个人，此后产生诸多新机构、新法律、新法典、新科学或新认识论主题。
1- 罪犯—敌人，这不是理论原则，不是言论形成的公理，也不是实践的先决条件。
这是我们在任何地方都不能准确定位的要素。
但这是流动的。
这不是理论公理，也不是实践原则。
这是一个转换器、交换器。
证据如下：这能让（出于政治或税收原因的）公诉等机制以准则的形式迁移到刑法理论中：犯罪侵害到受害者也侵害了社会；这里社会的利益在于诉讼中被代理，并获得诉讼主动权。
就是检察官（王室税务官）这个转换器在刑事理论中作为社会的代理人。
把法典规定的惩罚变为社会（刑法理论中）的保护措施的仍然是这个转换器。
同样是这个转换器，能够让反社会个人（精神病理学、精神病）的词汇描述（由社会代理人起诉、并以社会的名义惩罚的）罪犯。
这个转换器能让一个登记簿换到另一个登记簿，能让一个体系换到另一个体系；这个要素能让一个法规应用在另一个（实践的、理论的、认识论的）法规中。它允许这些段落和复本的重复效应。它是居间的万能的。
2- 关于交换器的几点注意。
总是这样说。
——经常说：明确地在文本中、在法律中、在理论中叙述。（转下页）

1973年1月10日

注释

1. 博纳德（M.Bernard），《国民议会讲话》，1831 年 11 月 23 日，《1787 年至 1860 年议会档案》，第二季，第 72 卷（1831 年 11 月 23 日至 1831 年 12 月 22 日），Paris，Paul Dupond，1889 年，第 5 页。这一段反映出福柯的一个重要原则，特别是没有隐藏的意识形态，而且总是保留作者们自己叙述的内容。在 2 月 28 日的课程中，福柯批判"隐言"（non-dit）和'言外之意'（hors-texte）时会再次讲到这个主题；参见同上，第 169—170 页，注释 a。

（接上页）交换器是实践、决定、机构的前提。被写在文学中。不是不说，而是说得过多。说得过度。

——但是这种过度从来都不是固定的：这不是一个能推导出其他准则的原则；这不是一个结论。它扮演着这样或那样的角色：或是代理，或是一个实践原则。

这是永久肯定的。

这不是在一个话语中特定的论点。交换器保证了异质要素的协调性和相对系统性（例如：

· 刑法的适用
· 刑法的理论
· 法典
· 精神病学、社会学话语）。

但是这些巩固、稳定效应是与一些限制、关闭机制相连的。

当这些检察官代表社会进入到（刑法理论关系中）时，他们不能再被解读成集权寻求利益而课税的代理人。

检察官也不能被解读为当权阶级的代理人。

同样，犯罪社会学用自己的词汇描述从交换器（罪犯—敌人）开始的公诉，而精神病理论从来都不能从下至上对刑法的适用进行再次评估，无论它对此怎样评论。

所以说交换器是

——实践内在的隐晦采用的形式，对所谓的理论依据和科学解释的话语无动于衷。

——无能力、无效力和不适应力采用的形式，简而言之，是知识和理论的无能为力，它们的中止和思辨停滞的状态。"

2. 朱利尤（N.H.Julius），《监狱的教训》Vorlesungen über die Gefängniskunde…, Berlin, Stuhr, 1828 年。 第 2 卷 / (*Leçons sur les prisons*, présentées en forme de cours au public de Berlin, en l'année 1827), H.Lagarmitte 译, Paris, Levrault, 1831 年, 第 384 页。

尼古拉斯·海因里希·朱利尤（Nicolas Heinrich Julius, 1783—1862），医学博士，监狱改革者，设计了因斯特堡监狱的平面图，该监狱于1830年在普鲁士王国建造。1827年他在英格兰、威尔士、苏格兰学习；1834年至1836年他在美国，成了费城体系的欣赏者，意思是，根据他自己的话语，成为"在整个监禁期间连贯的孤独原则"的欣赏者（朱利尤，Nord-amerikas sittliche Zustande, nach eigenen Anschauungen in den Jahren 1834 und 1836, Leipzig, F.A.Brockhaus, 1839/《1836 年美国教养所制度》(*Du système pénitentiaire américain en 1836*), Victor Foucher 译, Paris, Joubert, 1837 年, 第 6 页。 朱利尤把博蒙（G. de Beaumont）和托克维尔（A.de Tocqueville）的作品《美国教养所制度与其在法国的适用》(*Du système pénitentiaire aux États-Unis et son application en France*, suivi d'un appendice sur les colonies pénales et de notes statistiques) 译成了德语版, Paris, H.Fournier Jeune, 1833 年, 第 3 版，增加了《托克维尔先生对监狱改革法草案的报告……》, Paris, Librairie de Charles Gosselin, 1845 年。参见克雷布斯（A.Krebs），《朱利尤·尼古拉斯·海因里希》(*Julius Nicolas Heinrich*) in Neue Deutsche Biographie, Bd.10, 1974 年, 第 656—658 页。

在《规训与惩罚》的"全景敞视主义"(le panoptisme) 这一章节中，福柯会重述朱利尤的这段文章节选，他写道："继边沁之后不久，朱利尤就给这种社会颁发了出生证。"（参见第 218 页）。对此，福柯补充说：在边沁第一个版本的环形敞视监狱（Panopticon）中，他曾设想过依靠从单人牢房通向中心塔台的管道进行监听。[……] 朱利尤试着创建一种不对称的监听体制（《监狱的教训》法语版, 1831 年, 第 18 页）（同上，第 203 页, 2)；参见《真理与司法形式》(*La vérité et les formes juridiques*), 第 607—609 页 / 第 1475—1477 页。

3. 朱利尤，《监狱的教训》，第 384—385 页。福柯的全景敞视主义和广义监控有两种由来（监狱和医院），这里有必要辨别其中的由来之一和起源（朱

1973年1月10日

利尤和边沁）之一。福柯在研究临床医学（médecine clinique）和医疗望诊（regard médical）的由来的时候迸发出全景敞视主义的思想；参见福柯，《权力的眼睛》（L'œil du pouvoir），与让-皮埃尔·巴罗（Jean-Pierre Barou）和米歇尔·佩罗特（Michelle Perrot）的访谈录，全景敞视监狱（Le Panoptique，让-皮埃尔·巴罗主编，Paris, Pierre Belfond, 1977年，第9页）DE, III, 第195期, 1994年版, 第190—207页/Quarto, 第2卷, 第190—207页。布鲁诺·佛提埃（Bruno Fortier），建筑师、教师、建筑图书馆的负责人，为福柯提供了18世纪70年代主宫医院（Hôtel-Dieu）的圆形医院建筑图纸——福柯在1973—1974年法兰西学院"18世纪医院建筑和创立史"（L'histoire de l'institution et de l'architecture hospitalières au XVIII e siècle）的研讨会上对正多边形的设计图做出了探讨（《精神病学的权力》，法兰西学院1973—1974年课程，J.Lagrange主编，Paris, Gallimard-Seuil, Hautes Études, 2003: 课程概要，第352页）；研讨会内容随即出版：巴瑞特-克里格尔（B.Barret-Kriegel），塔拉米（A.Thalamy），贝甘（F.Beguin），佛提埃（B.Fortier），《治愈机器——现代医院的起源》（Les machines à guérir. Aux origines de l'hôpital moderne），Bruxelles, Pierre Mardaga, 1979年。正如佛提埃的资料上的内容，"巨大的辐射状哥特式医院"能确保"持续并绝对的监管"，这种图纸先于边沁的环形敞视监狱（同上，第48页）而存在。关于边沁和环形敞视监狱，参见下文，边码第78—79页，注16。福柯描写了1751年巴黎军事学校宿舍里这种"孤立的能见范围"（参见《权力的眼睛》，同上，第191页）。在此，我们同朱利尤一起处于刑法背景中，福柯说："此后，在研究刑法问题的时候，我发觉所有对监狱的大型调整计划（追溯到19世纪上半叶，有一点晚）都采用了相同的［对身体的完整能见］主题，但是这一次是边沁反复提醒的特征。边沁提到的关于监狱计划的'东西'并不是文章，而是'环形敞视监狱'。"（同上）

4. 参见福柯《规训与惩罚》，第218—219页。关于福柯对"景观"（spectacle）的引文，参见居伊·德波（G.Debord）《景观社会》（La société du spectacle），Paris, Buchet/Chastel, 1967年。在此，可以读到居伊·德波的某些置景观的概念于现代化观念中心的批判，福柯认为，朱利尤强调说，景观源自古代，标志现代的并不是景观的产生，而是景观的消失，并转化为监管。朱利尤的先前所述正是这种批判。

41

5. 朱利尤《监狱的教训》，第 385 页。

6. 特莱拉尔（J.B.Trelhard），《拿破仑治罪法典》第一卷第一章至第三章的主题，由国家议员特莱拉尔先生在 1808 年 11 月 7 日的议会上递交给立法议会，《拿破仑治罪法典》，初版，Paris, Le Prieur, 1811, 第 5—32 页，第 20 页。福柯在介绍全景敞式主义时再次摘取了这一段落，参见《规训与惩罚》，第 219 页；参见《真理与司法形式》，第 608—609 页 / 第 1476—1477 页。关于刑事诉讼法典主题的报告主要由参与法典编纂的让-巴蒂斯特·特莱拉尔伯爵（Jean-Baptiste Trelhard, 1742—1810）完成。特莱拉尔，法学家、政治家，先后就任三级会议（États généraux）主席，国民议会（Assemblée nationale）主席，（路易十六诉讼期间）国民公会（Convention nationale）主席，公共安全委员会（Comité de salut public）主席，五百人院（Conseil des cinq-cents）主席，督政府（Directoire）主席。参见特莱拉尔《让-巴蒂斯特·特莱拉尔，共和国在拉施塔特议会的全权公使》(Jean-Baptiste Trelhard, *ministre plénipotentiaire de la République au Congrès de Rastadt*), Paris, Gaillon, 1939。福柯还会在访谈中提到特莱拉尔；参见《关于惩治监禁 》(À propos de l'enfermement pénitentiaire)（与 A.Krywin 和 F.Ringelheim 的访谈，Pro Justitia., Revue politique du droit, 第 1 卷，注 3—4: 监狱，1973 年 8 月，第 5—14 页），DE，Ⅱ，注 127, 1994 年版，第 437 页 /Quarto, 第 1 卷，第 1305 页（重要影响：特莱拉尔象征着全景敞视主义从建筑形式到政府形式的扩张："特莱拉尔表明政治权力犹如在机构中实现的环形敞视监狱。"）；参见《规训与惩罚》，第 143、219、237 页。

7. 特莱拉尔《〈拿破仑治罪法典〉的主题》(*Motifs du code d'instruction criminelle*)，同上，第 23 页。

8. 朱利尤《监狱的教训》，第 385 页。朱利尤强调说："然而，关于基本思想的用途以及其改进之处的高度，没有任何一种建筑物能比监狱表现出更快速有力的效果。"（第 385—386 页）

9. 霍布斯（T.Hobbes）《利维坦，教会国家和市民国家的实质、形式和权力》(*Le Léviathan. Traité de la manière, de la frome et du pouvoir de la république ecclésiastique et civile*)，François Tricaud 译，Paris, Sirey, 1971 [原版: *Leviathan*, printed for Andrew Crooke,

at the Green Gragon in St. Paul's Churchyard, 1651] 第 8 章, 第 125 页。福柯使用的是注释的版本, 并在《必须保卫社会》(*Il faut défendre la société*) 展开分析, 参见 1976 年 1 月 14 日课程, 第 26—27 页, 特别是 1976 年 2 月 4 日的课程, 第 77 页。

10. 霍布斯《利维坦》, 同上, 第 8 章, 第 125—126 页。

11. 参见同上, 第 121—122 页:"自然让人们在身体和精神官能上如此的平等 [……] 从这种禀赋的平等中, 我们期望能够平等地实现目标。这就是为什么在两个人寻求同一个东西时, 一旦他们不能都享有到东西, 两个人便成了敌人。"

12. 参见同上, 第 123 页:"这样我们可以在人类自然中找到三种发生纠纷的主要原因: 第一是对抗, 第二是不信任, 第三是自尊 (fierté)[荣耀 glory]。"

13. 在探讨过"一个人对另一个人的怀疑"(同上, 第 122 页) 之后, 霍布斯把一切人反对一切人的战争的第二种原因归于"不信任"(méfiance)(同上, 第 123 页)。在手写稿中, 福柯开始写的是"不信任", 后来改为"怀疑"(défiance)。

42

14. 霍布斯, 参见同上, 第 123 页。

15. 参见同上, 第 7 章, 第 173 页。

16. 参见同上。

17. 参见同上, 第 174—175 页。

18. 福柯在手写稿中引用了这一段落:"只有权力才能建立并同时维持这种公民秩序, 通过个人权力的移交, 把'他们全部的权力和力量'交给'一个人', 或者给'一个大会, 可以把所有的意愿 [……] 缩减为一个意愿。'"(参见同上, 第 177 页)

19. 参见同上, 第 29 章, 第 355 页。

20. 打字文稿上有这段资料:"参见汤普森 (Thompson)《在过去和现在》(*in Past and Present*), 1971。"福柯参阅了英国著名马克思主义历史学家爱德华·汤普森 (Edward P.Thompson) 刚出版的文章:《18 世纪英国民众的道德经济学》(The Moral Economy of the English Crowd in the Eighteenth Century), Past Present, 第 50 期, 1971 年 2 月, 第 76—136 页。根据丹尼尔·德福尔所述, 福柯对汤普森的作品有着深入的研究, 特别是《英国工人阶级的形成》, Londres, Victor Gollancs, 1963 (关于

1780 年至 1832 年的手工业者和英国工人阶级）/*La formation de la classe ouvrière anglaise*, Miguel Abensour 译, Paris, Gallimard-Seuil, 1988 年; 关于这些主题, 福柯也参考了保罗·伍德（Paul Bois）的著作: 《西方农民——大革命时期以来在萨尔特省政治选择下的经济与社会结构》（*Paysans de l'Ouest, Des structures économiques et sociales aux options politiques depuis l'époque revolutionnaire dans le Sarthe*）, Le Mans, Mouton, 1960。

21. 福柯把关于谷物的公共管理问题当作在法国背景下的规训模型进行研究; 参见《安全、领土与人口》, 法兰西学院课程 1977—1978, M.Senellart 主编, Paris, Gallimard-Seuil, 2004, 1978 年 4 月 5 日的课程, 第 343—351 页。关于谷物的公共管理, 福柯写道（参见同上, 第 33—34 页）: "这种超越规章制度性的公共管理"（参见同上, 第 361 页）, 将会成为规训的近义词, 也会成为"安全"的反义词。当阐述到 Delamare 和 Fréminville 记录的关于谷物公共管理的规章制度时, 福柯写道: "我们处于规章制度的世界, 我们处在规训的世界"（参见同上, 第 348 页）, 并在手写稿补充说: "事实上, 那些公共管理实践合同是规章制度的汇编。"（参见同上, 第 348 页, 注释部分）

22. "赤脚汉"（Nu-pieds）（有时也被称为"赤脚党"）暴动于 1639 年的夏天发生在诺曼底。福柯在《刑事理论与刑事制度》中用 6 次课程阐述该暴动。这是一次反抗税务和行政体系的暴动, 其爆发是由于路易十三在外省多个地区设立间接税（gabelle）（对盐征税）。暴动在 1640 年受到了严厉的镇压; 参见波尔舍内（Boris Porchnev）, 《法国 1623 年至 1648 年期间的人民起义》（*Les soulèvements populaires en France de 1623 à 1648*）, Paris, SEVPEN（"EPHE, 第 5 节 /CRH. 外国著作" 4）, 1963, 第 303—502 页。福柯在《规训与惩罚》第 87 页阐述了农民犯罪和民众非法活动的问题, 参见费斯蒂（O.Festy）《大革命与执政府时期的农村犯罪与镇压》（*Les délits ruraux et leur répression sous la Révolution et le Consulat*）, 《经济历史研究》, Paris, Librairie M.Rivière, 1956; 参见阿居隆（M.Agulhon）, 《大革命后普罗旺斯的社会生活》（*La vie sociale en Provence intérieur au lendemain de la Révolution*）, Paris, Société des études robespierristes, 1970; 参见贝尔赛（Y.-M.Bercé）《乡下佬和赤脚汉——法国 16 世纪至 18 世纪的农民起义（*Croquants et nu-pieds,*

43

Les soulèvements paysans en France du XVIe au XIXe siècle），Paris，Gallimard（coll. Archive 55），1974，第 161 页。也可以参考较为近期的著作，梅纳德（J.-L. Ménard），《赤脚汉在 17 世纪诺曼底的反抗》（*La révolte des nu-pieds en Normandie au XVIIe siècle*），Paris，Ed Dittmar，2005。

23. 有很多下达到诺曼底的命令都是以"赤脚将军"的名义签署的，然而此人是否存在还有很多争议，争议的来源是相互矛盾的。波尔舍内认真研究了不同的假说，得出结论："没有足够的证据证明约翰·卢德是一个虚拟人物。"无论真实的抑或是虚拟的，和他一起的是一个印章——两只光脚在一个十字架上——以及一个抵抗地，在阿夫朗什（Avranches）的城墙脚下。参见波尔舍内，《法国 1623 年至 1648 年期间的人民起义》，同上，第 320—327 页。

24. 卢德运动是以破坏纺织业的机器——织布机为主要形式，发生于 1811 年至 1813 年之间英格兰中部地区、约克郡和兰开夏郡。参见汤普森（E.P.Thompson）《英国工人阶级的形成》（*La formation de la classe ouvrière anglaise*）；霍布斯鲍姆（E.J.Hobsbawm），《机器破坏者》（*Les briseurs de machine*），现代与当代历史期刊，vol.53—4bis，2006 年增刊，第 13—28 页。关于对卢德运动的描写，参见宾菲尔德（K.Binfield）《卢德分子的作品》（*Writings of the Luddites*），Baltimore，Md.，Johns Hopkins University Press，2004 年。

25. 卢德运动的统一性很大程度上出于不同地区对"卢德将军"这一人物的共同需求。"卢德将军"有时也被称为卢德王或者卢德队长，可能是某一地区方言里机器破坏者的意思，参照了 1779 年在莱斯特郡一个名为内德·卢德（Ned Ludd）的人破坏雇主的织布机。参见纳维茨卡斯（K.Navickas），《寻找"卢德将军"：卢德运动的神话》（*The search for "General Ludd": the mythology of Luddism*），刊于《历史社会》，第 30（3）卷，2005 年，第 28—295 页；米纳德（P.Minard），《内德·卢德归来，卢德运动及其解读》（*Le retour de Ned Ludd. Le luddisme et ses interprétation*），《刊于现代与当代历史期刊》，第 54 卷，2007 年 1—3 月，第 242—257 页。

26. 参见福柯《规训与惩罚》，第 170 页；《必须保卫社会》，1976 年 1 月 7 日的课程，第 16 页，1976 年 1 月 21 日的课程，第 41 页。

27. 参见福柯《真理与司法形式》（*La vérité et les formes juridiques*），第 590 页／第 1458 页。

28. 参见贝卡里亚（Beccaria）《论犯罪与刑罚》(*Dei delitti e delle pene*)，Livourne，[s.n.，] 1764/ (*Traité des délits et des peines*)，根据第三版译成法语，由作者本人修改增补，安德烈·莫雷莱（André Morellet）神甫译，Lausanne，[s.n.，] 1766；另一个版本《论犯罪与刑罚》(*Des délits et des peines*)，莫里斯·舍瓦里耶（Maurice Chevallier）译，罗贝尔·巴丹戴尔（Robert Badinter）作序，Paris，Flammarion，1991 [日内瓦，Droz，1965]。莫雷莱神甫翻译的第一个版本任意改变了章节和段落的顺序；1991 年的再版与第 5 版和第 6 版同样忠于贝卡里亚的原版。参见哈考特（B.E.Harcourt），《贝卡里亚，论犯罪与刑罚》(Beccaria, Dei delitti e delle pene)，刊登在《法律著作大辞典》(*Dictionnaire des grandes œuvres juridiques*)，s.dir. 奥利维尔·凯拉（Olivier Cayla）和让-路易·霍尔珀林（Jean-Louis Halpérin）主编，Paris，Dalloz，2008 年，第 39—46 页。福柯在手写稿中添加："贝卡里亚：惩罚应该从对社会有用的角度来衡量（对保卫社会有用），// 为了不让敌人卷土重来，要制服他们；// 为了不刺激到其他的敌人。"参见贝卡里亚，《论犯罪与刑罚》(*Des délits et des peines*)，1991，《致读者》，第 57 页（从"对社会有益还是有害"方面定义正义和非正义），第 2 章，第 63—65 页："统治者拥有的惩罚犯罪权利是建立在防止个人侵占的必要性上的，拘留所是为了公共安全而建立的"；第 7 章，第 86—87 页，"惩罚的目的只能是阻止罪犯对他的同胞造成新的损失，并劝阻他人做出类似的事情。"

29. 佩利（W.Paley）《犯罪和惩罚》(Of crimes and punishments)，第 4 卷，第 9 章，刊登在《道德和政治哲学的原则》(*The principles of Moral and Political Philosophy*)，Londres，R.Faulder，1785 年，第 526 页："如果免于惩罚不会对公共财产造成危险或损害，一切犯罪都免于惩罚，这对法官意味着什么？"威廉姆·佩利（William.Paley，1743—1805），大不列颠神学家，刑罚功利主义思想家，与贝卡里亚的观点非常接近，在刑法方面是边沁的先驱者。佩利的代表作是《基督教的历史证据》(*Preuves historiques en faveur de la Chrétienté*) /A view of the Evidence of Christianity (Londre，1794)，和《自然神学》(*Théologie naturelle*) /Nature Theology (Londre，1802)，把世界类比为钟表，必须有一个钟表匠对其管理。在佩利的名字后面，福柯的手写稿添加："严守戒规的人"；无疑是暗示刑罚严格按照其对社会的用途而存在，拉吉诺维兹（L.Radzinowicz）称其是

1973年1月10日

"最严格的学说"；参见拉吉诺维兹（L.Radzinowicz），《1750年以来英国的刑法及实施史》（*A history of English criminal law and its administration from 1750*），第1卷：改革时期，Londres, Stevens and Sons, 1948，第231页："最严格的学说"。

30. 参见同上，第21页，注17。

31. 参见斯特雷耶（J.R.Strayer）《现代国家的起源》（*On the medieval origins of the modern state*），第27—31页 / 《现代国家的起源》（*Les origines médiévales de l'État moderne*），第46—50页。手写稿添加："不再是由受害方负责确保惩罚，而是由国家权力负责。"在这一时期的统治权是与司法适用紧密相连的。参见斯特雷耶，同上，第36—44页，第53—55页 / 法文版翻译版同上，第57—68页，第80—82页。

32. 文中提到的"很低的容忍限度"是从福柯1971年成立的监狱信息小组（Groupe d'information sur les prisons）"无法容忍"的调研得出的。参见 P.Artière, L.Quéro, M.Zancarini-Fournel,《监狱信息小组》（Groupe d'information sur les prisons），斗争档案（Archives d'une lutte），1970—1972, Paris, Institut Mémoires de l'édition contemporaine/IMEC, 2003；福柯，《我感到忍无可忍》（Je perçois l'intolérable），第204页 / 第1072页。

45

1973年1月17日

罪犯作为社会敌人出现。首次表现出的历史标记。（Ⅰ）重农主义者对18世纪的犯罪经济学的分析。勒特罗涅，《游民问题论集》（1764年）：不只是心理学上的倾向例如懒惰，也不只是社会现象例如乞讨，流浪是犯罪的模型，对于经济是一场灾难；流浪引发劳动力不足、工资上涨、生产下降等问题。——不适合的法律；勒特罗涅宣扬的措施：1. 实行奴隶制度；2. 法律以外的安排；3. 农民的自卫（autodéfense）；4. 民众起义。——游民和贵族的相同性。（Ⅱ）文学主题中的罪犯—社会敌人。《吉尔·布拉斯》（*Gil Blas*）和18世纪初：犯罪的连续体（continuum）和普遍存在（omniprésence）。18世纪末的恐怖小说：能够确定位置的、社会以外的犯罪。犯罪—无辜，坏—好的二元性的产生。

我本想要解释罪犯与义务体系或私人诉讼脱离的情况，在中世纪，它们是相连的，罪犯是作为社会敌人、作为与整个社会对抗的个人而出现的。这种转变，可以用一个在制度上和政治上都非常重要的文本作为象征。这就是在 1789 年 10 月制宪大会（Assemblée constituante）的一段话语，此时正是法国刑事组织重整旗鼓的时候，更确切地说是刑事诉讼制度改革的时期，草案的报告人博梅斯 [1]（Beaumetz），就旧制度（Ancien Régime）刑事诉讼程序的机制和论证想法进行了阐述。他很愿意将旧制度的刑法实践重新纳入贝卡里亚的新词汇中，从这种重新写入公共敌人的角度出发，博梅斯对刑事诉讼程序的改革提出一些建议："当犯下一宗罪时，社会中的一员受到损害，从而整个社会受到损害，对犯罪的仇恨或私人利益的原因会引发检举，或者起诉；公共部门从受害人或普遍舆论处得知后，查明犯罪、获取行迹、辨认踪迹。必须让公共秩序报仇 ［……］"[2] 同时博梅斯根据刑事诉讼程序的旧规章，修改了私人诉讼程序和公诉。就是说，既可以由个人出于私人利益而提起诉讼，也可以由检举启动诉讼程序，意思是某人与他人犯下的过错及其引发的私人案件并无关系，但是可以借助公共利益的（intérêt public）的名义向检察官告发犯罪。维护公共利益的行政官员与法官交流并要求寻求证人、掌握证据。检察官被任命为维护公共利益的官员。这样就构成了对贝卡里亚的旧刑事实践的重新诠释。

"出现"（apparition）的这种罪犯是怎样成为社会敌人的？我想从确定这个主题的最早迹象开始，然后谈谈最终能在某种程度上把罪犯定为社会敌人的一切政治经济过程是怎样的，以及把罪犯作为社会敌人进行描述、审判、排除的活动背

46

后隐藏着什么。*

* * *

[所以我想这样从] 衍生出的一些分析开始。这种"出现"
最引人注意的表现是从对 18 世纪的犯罪的首次经济分析中得
来的。当时已经存在对"小偷"（voleur）等群体的描述，以
及对贫穷和乞讨问题的分析，还有对中世纪以来为缓解贫困、
减少乞讨现象而采用的救济办法的批判：私人的办法、教会的
方法或立法举措。但是这并不能构成我们所说的严格意义上
的政治经济学的分析。然而我们看到在 18 世纪 [下半叶] 第
一次出现了对犯罪的分析，这是重农主义者[3]以分析经济过程
的方式进行的。特别是这种分析确定了罪犯的地位、角色和作
用，不是就罪犯与消费、可支配物的关系而言，而是就其与生
产机制和过程的关系而言；另外一方面，当重农主义者 [从]

47

---

* 课程的手写稿是这样开始的：
   "众多现象：
   ——犯罪与过错、罪恶的脱离；
   ——罪犯与义务、私人诉讼的脱离；
   罪犯作为社会敌人出现，作为反抗整个社会的个人，与整个社会处于一种
   抗议、敌对的关系中。
   由博梅斯象征
   学习：
   ——这种产生的几个表现，
   ——这种'出现'的本质。"

1973年1月17日

生产［的角度］定义罪犯时，他们把罪犯描述成社会的敌人：就是因为对于生产的地位，罪犯被定义为社会敌人。

勒特罗涅（Le Trosne）在 1764 年［发表的］文章《游民和乞丐问题论集》（Mémoire sur les vagabonds et sur les mendiants）提供了这种分析的模型。[4] 文中把流浪（vagabondage）作为犯罪的主要类型，不是说流浪像在之前某种心理学的分析中所说的，是犯罪的起始点——勒特罗涅并不是想表达说当人开始流动时，流浪逐渐演变为偷窃，然后变为犯罪，而是想说流浪是其他犯罪的开始要素。流浪是犯罪的基本模型，不是以潜在性的名义，而是以组成要素的名义，囊括其他所有形式的犯罪。然而该主题与当时的两种传统分析相反。

第一种，懒惰（oisiveté）是所有罪恶之母，也就是一切犯罪之母。[5] 懒惰是心理学行为或者过错，由此衍生出其他形式的偏差或犯罪。然而在这里，流浪并不类似于某种过错或者心理学癖好，其实指的是全体游民，也就是说，是一种共同的存在方式，一个表现得好像是反社会的社会团体，这与懒惰不同。在个体的心理学中，懒惰是某种类似于个体罪恶的东西。

第二种，在说到流浪是犯罪活动的基本模型时，勒特罗涅反对乞讨是惩罚的基本要素这样的观点。在法国立法中，流浪不会受到这样的惩罚；游民涉及的是行动层面的刑事体系，他通过向别人索要东西而生存，不去劳动。然而勒特罗涅认为，主要惩罚的是流浪；就是流浪、不固定在土地上、不工作的事实进入到犯罪世界。犯罪开始的时候，是当人们没有身份户籍（état civil）的时候，是当人们处在某特定的共同体内部没有地理定位[*]的时候，或者按照作者的原话来说，当一个人是"游民"（sans aveu）的时候，但是在这里的意思和其本意不尽相同。[6] 其实 sans aveu 在古代法律中的意思是指勒特罗涅所说的，某人与一个固定的共同体并不是没有任何联系，但是在司法面前没有人为他担保的情况。所以我们说的是流动的事实，那么地域上的"游民"对经济能够构成犯罪吗？

勒特罗涅解析了这种永恒迁移在经济上造成的后果。[首先，] 一旦迁移，就会导致最穷的地区缺少劳动力（main-d'œuvre），然后就会导致工资上涨，这样生产力最弱的地区就会因工资高的生产者而负担加重；贫穷加上价格的增长再加上无竞争力，结果就会变得更加贫穷。[其次，] 游民撤离的地方是他们本来作为潜在劳动力的地方，这样就更会降低生产，阻碍生产力。[而且，] 他们在流动的时候，就逃避了所有的个人税收，如人头税（tailles）和徭役（corvées），按照要求，这些税收要达到一个固定的总数，所以是分摊给大家的；个税的增长会减少个人的正常收入，使得对土地投入的本金减少从而影响生产。[最后，] 没有结婚的人可能会抛弃自己的非婚生子女，增加闲散人员的数量，这些人又需要在消费品整体中提取到自己的部分。如果我们只看流浪的前三个影响，

---

* 手写稿添加："地理固定。"

就会发现游民不再是中世纪的那种不劳动而是只提取部分消费品的人。这些人不全是在整体中谋求部分消费品，而是在很多层面上影响到生产机制：劳动者数量、提供的劳动数量、回到土地上作为生产本金的金钱数量。所以说游民不但是不参与生产的消费者，而且还会阻碍生产。他们对正常的生产机制构成敌对。

在这种反生产的作用中游民怎样能不被剔除，或者怎样在生产过程中重新成为劳动力？勒特罗涅反对没有工作的地方就有乞讨的穷人被迫迁移这样的论题，他认为事实上，人们不是因为缺乏工作变成游民，相反，假如在某些情况下确实不能够维持生计，而从来不缺少的就是工作的可能性：即便是没有足够的衣食能满足所有人，但每个人总有足够的工作。对重农主义者来说，土地的慷慨就在于总是能提供工作，因为土地只有被辛勤耕耘之后才能有足够的产出；土地最先提供的就是劳动。与其说游民是缺乏生计被推出去的，还不如说是他们自己拒绝了土地对人们如此慷慨的馈赠。不是失业者被迫渐渐乞讨和迁移，而是拒绝劳动的人们在流动。在迁移和拒绝劳动之间具有首要的、根本的同一性：对于重农主义者来说，游民的犯罪就归结于此。

然而社会为什么对此不加约束？勒特罗涅把 17 世纪到 18 世纪初人们对富人和做捐赠的慈善人士的批评做出了区分；游民的增加要归罪于这种经济过错，也就是捐赠部分消费品，而不要求必要的劳动作为回报；如果现在游民存在并且继续增

1973年1月17日

加，不是因为人们对他们的赠予，而是因为他们的接受。在市民社会（société civile）中，他们与人们建立起了法律之外、不正规的权力关系。勒特罗涅也分析了这种过分关系的建立方式，这与某些违法犯罪的形式相对应。当游民到达一个村镇便开始安顿起来并占有别人的收成和动物，用违法形式来表达就是偷窃；[一旦]用完该收入，他们就会进入房屋，以烧杀作为威胁，迫使人们给予；带着这些财物，他们甚至可以在村镇之间流窜贩卖其所得；有了盈余，他们会庆祝；他们会在妇女儿童的帮助下弄到金钱，必要的时候还会使用暴力。就这样他们从盗窃到掠夺，直到放火或犯罪。*

为了描述罪犯与社会的关系特点，在这里我们有了一种拒绝劳动—暴力的结合，这不应该被失业—需求的组合所掩盖。在 17 世纪的分析中，我们从失业出发是为了认识乞讨和犯罪；对重农主义者来说，失业—需求不再是组织者。正是由于罪犯对人们实行的暴力权力，以及他们在生产过程中拒绝劳动的行为，使他们成了社会敌人。勒特罗涅写道："这些贪吃的害虫每天在糟蹋农夫用以维生的粮食。他们是散布在大地表面的地

---

* 手写稿添加："对游民行为的分析：
1. 自发地占有；
2. 为迫使人们给予而进行威胁；
3. 他们要到（面包，而不是钱）之后，去小酒馆里卖掉；
4. 他们在森林里盛筵庆祝；
5. 他们通过威胁要到钱；
6. 他们通过放火和谋杀进行惩罚。"

1973年1月17日

地道道的敌军，他们就像是在一个占领国里那样胡作非为，名义上要求施舍，实际上强行摊派。他们使贫苦农民承担比捐税更重的负担。[7] [……]""他们生活在社会中却不是社会成员；他们生活在这种没有法律、没有社会治安、没有权力机关的状态中；我们设想这种状态存在于市民社会之前，这种从来没有对全体国民存在过的状态，以独特的矛盾状态在文明社会（Société policée）实现[8]。"这里能看到一切人反对一切人的模式用于对犯罪的分析。

为什么市民社会在这种敌人种群面前放下武器？在法律之中有一些出离法律的人，市民社会是怎样做到无动于表的？勒特罗涅解释道，如果人们在这些原始状态（état de nature）的人群面前放下武器，恰恰是因为人们属于市民社会；与游民相对应的人，也就是说具有固定位置、身份户籍、雇主的人，由于社会契约的原因放弃了自由野蛮地使用武器；在社会中同意放弃使用能保护自我的武器，因为我们已经把这种自卫的权力托付给了权力机关。然而权力机关通过不适合的法律保护人们，出于几种原因。首先，王国的立法不合逻辑地在谋求解决流浪的事实，而不是乞讨的事实。法律允许人们流动，只有在他们伸手的时候才会捉住他们，然而在村镇里伸手却没关系。重要的是离开村镇。然后，法律惩罚介入过晚：乞讨行为已经完成，而不是流浪；而且法律太过宽容，因为对于乞丐主要的刑罚就是放逐，把本省的乞丐驱赶到其他省份——也就是说迫使他们变为游民。因此，流浪远远不是刑罚的对象，而是刑罚的结果。最后，立法是有误差的，因为有游民的时候，立法总是从这种公设出发：就是因为没有工作机会，游民才没有工作；因此权力机关安排强制劳动，并希望游民养成工作的习惯。然而，事实上游民在本质上就是拒绝劳动的人。

由此勒特罗涅提议了四种举措：

1. 实行奴隶制度。我们不是要给游民提供工作机会，促使他们改正；而是要以最严厉的方式强制他们劳动："这是我们不能驯养的凶猛野兽 [……]；只有拴上铁链才能将其驯服[9]"，就是说在最强的监管下强制他们完成劳动，例如在帆桨战船上，而且要把他们永远留在那里，因为他们必然会拒绝劳动。"应该把他们看作是由于判决而归属于国家的人，就像奴隶从属于主人一样。为了确保其奴隶身份，他们永远都没有更合法的称号。所以国家可以让他们做合适的工作，并且对待他们像使用东西一样[10]。"当帆桨战船上满员的时候，可以把他们送到矿上去。[11]当法国的奴隶数量太多了的时候，"可以把他们送到殖民地去"*。

2. 只有司法以外的安排，才能使这种奴隶制度最后的结果延续下去。被贬为游民意味着失去了一切法律保护，这样就变成奴隶。既然不允许游民摆脱奴隶地位，人们就会在他们的额头或者脸颊上打下字母 G 的烙印，这样在他们离开奴隶的岗

---

* 手写稿里写的是根据勒特罗涅所说的："当法国的奴隶数量太多了的时候，'可以把他们卖到北非，然后买回一些信奉基督教的奴隶'。"

位的时候，所有人都可以制止他们、处决他们。自从游民为了国王的利益被充公以后，他们便不再处于市民范畴之中；他们没有身份户籍，法律对他们不再做出裁决，对他们的潜逃或者反抗的惩罚不再属于司法范畴，而是属于军事惩罚范畴 [12]。

3. 农民群体的自卫。应该保证这些程序，并且有一支充足的武装力量。所以需要用所有人的意志来解决国家宪兵队和警察力量不足的问题："乡村的人们可以代替［宪兵队］；他们被游民如此地烦扰和折磨，以至于我们能向政府保证，他们为摆脱游民做好了一切准备 [13]［……］"允许他们拿起武器、武装自己就可以了。

4. 搜捕和全体起义。[14] 文章有一个乌托邦式的提议：劳动社会全体对发现的任何迁移的人都有权利将其杀死。*事实上这是一个疯狂的、虚幻的梦想**，文中的权力已经通过其他方式和其他狡猾的诡计，把一切有流动趋向的人固定在他们的工作上了。这种工作地的约束正是勒特罗涅所梦想的，他只考虑到一切在本质上拒绝定居的人都可以被杀掉的大屠杀，这种封建追捕的场面，已经是资本主义性质的了。文章在这种野蛮和梦样谵妄（onirisme）中，已经小心翼翼地告诉我们当资本主义强制权的机构和措施就位的时候会发生什么。就是这种从搜捕到强制权（coercition）的过渡把劳动力转化为生产力，

53

---

* 手写稿概括："杀死所有流动的人。"
** 手写稿概括："乌托邦。政治虚构。"

而后者是我们社会中刑事体系的运行条件。

　　但是这篇文章可能是一个填字游戏。如果我们提出文中的一些要素——对游民的描述、对生产而言他们被指定的位置等——我们可以模糊地窥见其他事情。因为最终这些拒绝劳动的人，这些逃避税收并拖累一大批人愈发被整体税收负担所累的人，这些有非婚生子女的人，这些强行抽取生计的人，这些庆祝的人，也是巡回最少的人，贵族、税务官。就是说这篇文章非常出人意料：同时展现的既有游民和其他人的道德在历史上的完全真实性；又有对资产阶级想要摆脱的封建社会的反社会描述。文章还体现出一种难以置信的暴力：农民的自卫法则难道不是一种对造反的号召吗？文章在一方面讲述了在 19 世纪确实发生的事情，另一方面，以代码的形式对 18 世纪社会的封建残余进行了现实的批判：所有人都应该归属于国家。[*]

　　文章提出了两个对称的方面：一方面是土地、劳动者、所有者和游民组成的生产体系；另一方面是封建制度残余。所以说，存在两种反社会的方式：阻碍生产、拒绝生产的权力，以及另一种模式阻碍生产的反权力（contre-pouvoir）。游民和封建主构成了两种反生产的力量和社会敌人。所以我们看到了本质上的同化。事实上，当社会确定为实现生产的个人关系体系时，通过实现最大化的生产，人们就拥有了指明社会敌

　　———————————
　　[*]　手写稿添加："是否需要一个解码小册子，用译码消除表面意思？"

　　　　　　　　　　　　　　　　1973年1月17日

人的标准：他们是一切敌对或反对生产最大化原则（la règle de maximalisation de la production）的人。*

---

* 手写稿包含了福柯在课上没讲到的很多页："在司法理论中几个'出现'的标志点：

米亚尔（Muyart de Vouglans），《刑法手册》(*Institutes du droit criminel*, 1757 年) [15]

犯罪的传统定义："犯罪是法律所禁止的行为（acte），通过欺诈（dol）或过错（faute）对第三方（tiers）构成损害（préjudice）。"

——损害（préjudice, dommage）：是核心概念（而不是犯法、打破权威）；

——第三方：特指个人或公众，公众进入到第三方的范围内并在一些情况下被损害（丑闻、骚动），可以单独存在，也可以作为情节加在个人损害上。

因此犯罪是义务的创造者：

——然而在民法中，只有明确的意思表示才会产生义务。

——在刑法中，行为是义务的创造者。

[在空白处：] 在某种程度上重写了罪恶、赎罪、惩罚的词汇表。

我们认为这个想法很奇怪，只能在道德的系统阐述中找到："偿还债务"（payer sa dette），而这个想法与 18 世纪所有的问题截然相反。这个实践

——不是：犯罪产生的义务的本质或怎样的形式，

——而是：我处于哪一种义务体系中，当我触犯法律的时候，我要通过哪种契约才能让人们合法地惩罚我。

在古典思想中，犯罪是准契约（quasi-contrat）；具有一切与契约类似的效应。在现代思想中，惩罚建筑在理想的契约之上。

不管怎样，《刑法手册》代表了司法思想古代的状态。然而，在《法国的刑法》(*Les lois criminelles de la France*, 1780) [16]中，我们可以找到另一段阐述。不仅仅可以用损害定义犯罪，而且还要用违犯来定义。或者看上去法律在两个层面有效：一方面，法律禁止或命令这样或那样的事情；另一方面，禁止人们触犯法律。

法律总是规定禁止目标：不能被触犯、违犯、藐视。

法律同时包含着外部参照的约束（contrainte à référence externe）和自行参照的约束（contrainte autoréférée）。

（转下页）

54

1973年1月17日

* * *

我们可以在司法理论、文学作品中找到罪犯—社会敌人产生的其他标志。例如与勒特罗涅的作品属于同一系列的文学作品:《吉尔·布拉斯》(*Gil Blas*) [17] 和《比利牛斯山脉的城堡》(*Le Château des Pyrénées*) [18]。事实上在 18 世纪初, 有很多描写社会内部迁移的小说。同样《吉尔·布拉斯》就是社会

(接上页)"同样我们看到法律不仅仅是防御, 而且通过惩罚对触犯法律的人予以报复。"(第 34 页)

外部参照的约束从损害派生出。(因为一个行为只有是被禁止的, 才能是损害的。)

自行参照的约束从统治权中派生出来。如果法律只想要惩罚法律被触犯的事实, 是根据统治者的"强制执行其法律"(de faire exécuter sa loi)的原则。

帝国 (Impérium), 统治权在本质上停留在法律上。

这样我们有了添加在私人起诉上的民事起诉的理论表达法。

但是在这本《法国的刑法》中, 还有第三种接近于贝卡里亚的模式:

犯罪给社会增添了混乱

——或者通过只攻击社会的方式,

——或者通过攻击社会的同时攻击社会成员之一的方式,

——或者通过只攻击社会成员之一而不攻击整体社会的方式。

即使社会没有受到攻击, 也受到了扰乱。

结果就是惩罚有两种目的:

——尽可能地对个人进行赔偿;

——使罪犯 (以及罪犯可能的仿效者) 脱离损害状态。

与第一种模式相比, 社会处于受害第三方的地位 (上文说过这个第三方可以是个人或者公众)。这些不同的著作在同一本书中相互合并、互相错杂, 通过这些可以辩读出社会的敌人—罪犯的产生。"

1973年1月17日

流动性（mobilité）、社会迁移，以及它们与犯罪关联的一种缩影。《吉尔·布拉斯》涉及了地理上的迁移，也涉及穿过社会阶层的［流动性］。[19] 然而在迁移的时候，吉尔·布拉斯不停地遇到犯罪，一种特别的犯罪。这种犯罪是循序渐进的，从连续不断的小动作开始，从通奸到偷窃，到吃白食、大路抢劫，这一切都在吉尔·布拉斯的经历中混合起来。[*] 犯罪以一种投影的形式，包围了一切职业、一切社会地位。他们都处在犯罪边缘：犯罪关系到客栈老板、医生、贵族、官员等。每个人都被牵连、陷害到犯罪边缘，或者相反，犯罪边缘就是他们的收入方式，代表着他们的能力。每个人物都是完全可逆转的：从某个角度来看是正直的，从另一个角度来看他们又是不道德的，这样看来，仆人或秘书的角色完全就是罪犯—非罪犯人物可逆性（réversibilité）的典型。偷窃主人钱财的仆人使用钱是不好的，但他把偷来的钱财给了需要的人，在这个范围内他是值得赞扬的小偷。无论是在性还是金钱方面，他都是不确定的边缘人，在犯罪和非犯罪之间转换。伴随于整个社会的犯罪也是如此，从上至下，并形成间隙。[**]

---

[*]　手写稿添加："从追逐女性的好色者到帆桨战船上划船的囚犯；连续、快速的过渡。"

[**]　手写稿添加："犯罪使社会活跃
——使社会变动，因为一无所有的人变强大，权贵消亡。
但与此同时
——让社会趋于一致：主体可以改变角色继续存在；面具掉落，身份留存。
犯罪，是一种永恒的社会机能。

（转下页）

1973年1月17日

回到18世纪的恐怖小说，［例如］安·拉德克里夫（Ann Radcliffe）[20]［的小说］。犯罪活动改变了形式：这不再是持续的、渐变的、模糊的东西；这不再是每个人残存的潜在性；犯罪在社会关系中不是错综复杂的：它具有准确位置并游离在社会之外。犯罪不再处于社会的中间，而是在社会外的地方：修道院、城堡、隧道、山谷、堡垒等。在这些犯罪的地方，存在一种与世隔绝的社会，有自己的加入仪式、习俗、价值、等级等；在这个社会中没有模糊不清的人物，因为犯罪活动是瞬间整体完成的，可以说是一劳永逸的：或者人们本质上就是邪恶的，出生时就带来了负面的标记，是邪恶的化身；或者人们在生活中犯下了不可饶恕的过错（背誓、犯罪），走向犯罪活动，变得邪恶。对于这种完全可以定位的、孤立的反社会活动而言，涉及的是无辜者和受害者；在两者之间，罪犯只有仇恨、战争和敌对，而无辜者和受害者只有捕获和监禁形式的关系。

57　　在《吉尔·布拉斯》中，主人公是偷窃者和正直一不正直的模棱两可的形象。然而在这些小说中，主人公隐喻着反社

―――――――

（接上页）如果相反，就是我们所说的布景的背面，一张纸的另一面。

更确切地说，犯罪是社会的间隙：

――社会的间隙，是没有束缚的地方，是闲散的地区，是杂乱的区域，

――这同样是风险、机会与厄运；遭到反抗或无反抗。

偷窃、占有、重新分配（比谋杀和死亡要多得多）在这些故事和传奇的中间。

但是40年之后，我们看到出现了一种完全不同的故事，《比利牛斯山脉的城堡》。"

　　　　　　　　　　　1973年1月17日

会的战争、死亡的形象：这种过渡，穿过死亡、穿透这种反社会再从中逃脱，就像某些幸运的主人公一样复活。一切的对比——生命／死亡，无辜／犯罪，好／坏，都描述了我们看到的故事里的犯罪形式的特点。在《吉尔·布拉斯》和《比利牛斯山脉的城堡》之间，勒特罗涅的文章是犯罪人物颠覆的标志点。*

---

* 手写稿有两页纸，是福柯在 1973 年 1 月 17 日的课程上所没有讲到的：
"其他事实可以证明这种作为敌人的罪犯的出现——或者这种构成。例如：在刑事实践中，终身流放（déportation，本质上是流刑）到惩治的殖民地（colonie pénitentiaire）的过渡。
美洲 ≠ 博特尼湾（Botany Bay）
但是如果需要思考，与其说是一组要素标志着作为敌人的罪犯的出现，还不如说是用罪犯的地位标志。这种'出现'在此范围内作为起始点，我们要对此进行分析。
——在这种犯罪社会学中，在这种把犯罪作为社会敌人的安排下，在这种用社会机制和社会反应重新解读刑罚形式的背后，在这种把社会（而不是仅仅是统治者、政治权力）作为司法舞台上的主要人物的产生背景下，会发生什么？
——根据已经构建起的对犯罪行为的认知，审讯时不再提出旧问题'是谁做了什么？'，而是提出新的问题：'成为罪犯需要是什么？'，'是一个怎样的社会才能让犯罪在其内部得手？'
这些问题不再是根据事实，而是根据本质和准则排列。这些问题不再根据'考验'（enquête）的推论，而是'检查'（examen）的推论。
在这一切背后发生了什么？
这个过程，或者说这个被定为'出现'（apparition）、'产生'（émergence）的事件是什么？承认罪犯像公共敌人一样'出现'（apparaît）是什么意思？犯罪像社会关系的断裂（rupture du lien social）一样定义、运转、使用，是什么意思？
——是涉及安排主导的代表，或者主导代表的体系吗：罪犯是被"代表"（représenté）的敌人吗？"

注释

1. 博梅斯（Bon-Albert Briois de Beaumetz, 1759—1801）作为阿尔图瓦的贵族，在 1789 年当选为国民议会议员。他是中左分子（centre gauche），要求废除司法诉讼程序之前的折磨。他因为试图阻止革命暴力而出名；参见图拉尔（J.Tulard），法亚尔（J.-F.Fayard），费耶罗（A.Fierro）：《法国大革命的历史和词典》（*Histoire et Dictionnaire de la Révolution français*），1789—1799, Paris, Robert Laffont, 1987, 第 571 页。博梅斯是制宪议会（Assemblée constituant）委员会中的一员，此委员会提出"刑事法令几点临时变化的声明草案"，并在 1789 年 9 月 20 日提交给了制宪议会。参见《议会档案 1787—1860》，第一季（1789 年至 1799 年），第 9 卷（1789 年 9 月 16 日至 1789 年 11 月 11 日），Paris, Librairie administrative de Paul Dupont, 1877, 第 213—217 页。

2. 博梅斯：《议会档案》，参见同上，第 9 卷，第 217 页，col.2。

3. 福柯曾在《词与物》（*Les Mots et les Choses*）中分析过重农主义者（physiocrate）的这种思想，Bibliothèque des sciences humaines, 1966, "Tel"丛书再版，第 204—214 页（章节标题："价值的形成"）和第 268—269 页（关于"稀缺"的概念）。福柯也曾研究过在重农主义思想中的人口作为财富因素的作用，参见《疯癫与文明：古典时代疯狂史》（*Folie et déraison: histoire de la folie à l'âge classique*），参见同上，第 494—498 页。在《安全、领域与人口》中，参见同上，参见第 35—50 页，第 71—81 页，第 349—365 页，福柯重新阐述了重农主义者，其中让人信服的思想主要是关于"安全"配置（dispositifs de sécurité）；参见同上，第 36 页："重农主义者和他们的理论，实际上这是一个改变，或者说是一个阶段，在此阶段政府手段和被我称作是安全配置的实施要素之一都发生了重大变革。"同样参见对新自由主义（néolibéralisme）的分析，见《生命政治的诞生》（*Naissance de la biopolitique*），法兰西学院 1978—1979 年的课程，M.Senellart 主编，Paris, Gallimard-Seuil, 2004, 第 55—57 页，第 62—67 页，第 296—300 页。重农主义者在鼎盛时期曾被称为第一批"经济学家"（économiste），他们是这样一个派别的思想家：倡导贸易自由、谷物贸易自由，一般来说是倡导经济的自由主义。对他们的称呼（Physiocrate）是个新词，象征着他们的观念基础，表达了对"Physio"（自然）的"-crat"

1973年1月17日

（治理）的重视。该词汇来自皮埃尔·塞缪尔·杜邦·德·内穆尔（Pierre-Samuel Du Pont de Nemours）在 1768 年的文集《重农学派或对人类最有利的政府的自然设立》(*Physiocratie ou Constitution naturelle du gouvernement le plus avantageux au genre humain*)，Leyde-Paris, Merlin, 1768 年。

弗朗斯瓦·魁奈（François Quesnay, 1694—1774），朋巴陀侯爵夫人（Madame Pompadour）的侍医，从 1756 年起他在早期写下的经济论文有两篇被选入《百科全书》，包括 1756 年的《租地农场主论》（Fermiers）和 1757 年的《谷物论》（Grains），他写了很多关于政治经济学问题的论文，在 1767 年发表了《中国的专制制度》(Despotisme de la Chine)。参见弗朗斯瓦·魁奈，《经济学全集和其他》(*Œuvres économiques complètes et d'autres textes*)，Christine Théré, Loic Charles & Jean-Claude Perrot 主编，Paris, Institut national d'études démographiques/INED, 2005。他所在的团体还包括其他著名成员，例如维克托·德·里克蒂，米拉波侯爵（Victor De Riqueti, marquis de Mirabeau, 1715—1789），《人类之友》(*L'ami des hommes*) 或《人口的论述》(*Traité de la population*) 的作者，Avignon, 1756; 纪尧姆·弗朗索瓦·勒特罗涅（Guillaume-François Le Trosne, 1728—1780），法学家、作家，我们将要讲到他的《游民和乞丐问题论集》(*Mémoire sur les vagabonds et sur les mendiants*)，Paris, P.G.Simon, 1764; 皮埃尔-保罗·勒麦希·德·拉里维埃（Pierre-Paul Lemercier de La Rivière, 1719—1801），马提尼克岛总督，《政治社会中自然的和根本的秩序》(*L'ordre naturel et essentiel des sociétés politiques*) 的作者，Paris, Desaint, 1767; 皮埃尔·塞缪尔·杜邦·德·内穆尔（Pierre-Samuel Du Pont de Nemours, 1739—1817），商人、经济学家，之后成了美国外交官，出版了很多重农主义著作和期刊，《公民星历表》或《政治道德书库》(*Éphémérides du citoyen, ou bibliothèque raisonnée des sciences morales et politiques*)。杜邦·德·内穆尔在笔记中清楚地分析重农主义者，参见《论经济学家》(Sur les économistes)，载入《国务大臣杜尔哥先生的著作，以及关于他的生活、行政和工作的回忆录和笔记》，(*Œuvres de Mr.Turgot, Ministre d'État, Précédées et accompagnées de Mémoires et de Notes sur sa Vie, son Administration et ses Ouvrages*)，P.-S. Du Pont de Nemours 主编，

59

Paris, impr. Delance, 1808, 第 3 卷。关于重农主义者的参考文献来自 G.Weulersse,《1756 年至 1770 年法国的重农主义运动》(*Le mouvement physiocratique en France de 1756 à 1770*), Paris, Felix Alcan, 1910, 第 2 卷。关于更现代的分析，参见哈考特（B.E.Harcourt），《自由市场的幻觉》(*The Illusion of Free Market*), Cambridge, Harvard University Press, 2011, 第 78—102 页。

4. 纪尧姆·弗朗索瓦·勒特罗涅（Guillaume-François Le Trosne），《游民和乞丐问题论集》(*Mémoire sur les vagabonds et sur les mendiants*) 参见上文。1753 年勒特罗涅就任奥尔良初级法院法官一职。在 1763 年至 1767 年间，他写了很多关于农业和商业方面的小册子，主要被《公民星历表》引述。在 1764 年《游民和乞丐问题论集》问世的时候，他写的《论司法现状及其衰落原因》(*Discours sur l'état actuel de la magistrature et sur les causes de sa décadence*) 同时出版，文中可以看到他为了出口自由而奋斗；次年，他写了一篇为"谷物贸易自由总是有益，永远无害"而辩护的文章，Paris, 1765 年。福柯在《规训与惩罚》(参见同上，第 90 页) 中称他为"奥尔良初级法院的法官"，并且福柯提到了《游民和乞丐问题论集》和勒特罗涅之后的作品（第 79、84、87、90—91 页）《关于刑事司法的意见》(*Vues sur la justice criminelle*, Paris, Debure, Frères, 1777), 他写道："与许多同时代的人一样，在勒特罗涅看来，限定惩罚权力的斗争与对民间非法活动进行更严格更经常的控制的必要性是直接相关的。"（《规训与惩罚》，第 91 页。）

5. 这个论点在古代可以用一句谚语来表达。参见《法兰西学院词典》(*Dictionnaire de l'Académie française*), L-Z, Paris, 1765 年，第 2 卷，第 171 页，"懒惰是所有罪恶之母"（L'oisiveté est la mère de tous les vices）。

6. 参见纪尧姆·弗朗索瓦·勒特罗涅，《游民和乞丐问题论集》，第 18 页（"游民的犯罪" & 游民的人）和第 42 页，注 1。

7. 参见同上，第 4 页（福柯在《规训与惩罚》中引述了这一段，第 79 页）。

8. 参见同上，第 8 页。

9. 参见同上，第 46—47 页。

10. 参见同上，第 54 页。

11. 参见同上，第 56 页："这种合法简单的办法，能用最准确的方式保证审判的执行，可以在任何需要的地方雇佣海军部以外的船役囚犯而不怕他

　　　　　　　　　　　　　　1973年1月17日

们逃跑。可以让因犯采矿、挖掘港口、开凿运河，以方便一些省份的交通和生活。"

12. 参见同上，第54页："主要是防止他们逃跑，如此一来这是一种不用花费巨大就能看守他们的有效办法。只要在他们的额头或者面颊上打上字母G的烙印就可以；不需要在肩膀上烙印，不需要处以死刑，任何人只要看见囚犯在自己的岗位以外的地方，就可以捉住他，确认逃跑、执行刑罚。预审是非常简短的，和判决逃兵的死刑一样。"

13. 参见同上，第59页。

14. 参见同上，第63页："聚集起一个或几个教区的居民，每户出一个男人，人们包围树林进行仔细搜寻和搜捕。政府很容易在几天内完成对乡村游民的清洗。"参见同上，第2页，"第三点，我们将确立消灭游民的唯一方式"。短语"唯一方式"在手写稿里被重复两遍，并在下面加了着重线。

15. 见下文，第75页，注2。

16. 见下文，第81页，注28。

17. 勒萨日（A.-R.Lesage），《吉尔·布拉斯》，全名为《吉尔·布拉斯·德·桑蒂亚纳传》（*L'Histoire de Gil Blas de Santillane*），1715—1735年。勒萨日的小说讲述了年轻的学生冲破社会阶层变为侍从的不同寻常的经历。儒勒·罗曼（Jules Romains）认为，勒萨日的小说是"流浪汉小说"（picaresque）的最后杰作代表，参见儒勒·罗曼，《勒萨日与现代小说》（Lesage et le roman moderne），The Frenche Review，第21（2）卷，1947年12月，第97—99页：第97页。对于福柯来说，吉尔·布拉斯这一人物代表了非法活动和违法行为更冒险的旧形式，与之形成对比的是19世纪起监狱中违法"方面"更有特点的惩戒的专业化和构成。例如在《规训与惩罚》中（第307页），福柯是这样描写的："吉尔·布拉斯、谢泼德（Sheppard）或者芒德兰（Mandrin），每个人以自己方式经历各自的冒险空间，"像是"不确定的空间，是犯罪活动的构成地和躲藏地，在途中有贫穷、失业、被追捕的无辜者、诡计、反权贵的抗争、逃避义务和法律、有组织的犯罪等。"吉尔·布拉斯代表着"参与旧非法活动的人"（参见同上，第288页）。关于"犯罪文学"和"侦探文学"，参见同上，第72页和第292页。

18. 安·拉德克里夫（Ann Radcliffe），《比利牛斯山脉城堡的印象》（Les visions du château des pyrénées），根据1803年伦敦G.和J.Robinson主编的版本，Germain Garnier和Zimmermann译，Paris,

1973年1月17日

Lecointe et Durey, 18212, 4 卷；新版本由 Yves Tessier 译，Paris, Edition B.I.E.N., 1946 年。安·拉德克里夫（Ann Radcliffe, 1764—1823），英国作家，哥特小说先驱者之一，哥特小说是以超自然和死亡为主题的文学形式，其中最出名而且是最末期出现的有玛丽·雪莱（Mary Shelley）创作的《弗兰肯斯坦》（Frankenstein）(1818)。安·拉德克里夫最出名的作品《林中艳史》（The romance of the forest），Londres, Cadell Jun. And W.Davies (Mr.Cadelle 的继承人) 出版，int the Strand, 1797 年，3 卷。福柯认为，小说《比利牛斯山脉城堡的印象》的真实性值得商榷，该作品代表了某种恐惧，这种恐惧"萦绕在 18 世纪下半叶：阴暗的空间、昏暗的屏障模糊了一切事情、人、真相的能见度"（福柯，《权力的眼睛》，参见同上（DE, III），第 196 页）。

超现实主义画家勒内·马格利特（René Magritte），与福柯分享了《比利牛斯山脉的城堡》（Le château des pyrénées）的魅力，这是他在 1959 年创作在布面上的油画。对于这幅画作，马格利特写道："如果安·拉德克里夫的著作《比利牛斯山脉城堡的印象》能让我们知晓她真正所喜欢的，我认为，比利牛斯山脉城堡 [……] 具有她所喜爱的幻象的特点"，参见马格利特写给托西纳（Torczyner）的信，1959 年 4 月 20 日，in H.Torczyner,《朋友马格利特，信函和回忆》（L'ami Magritte.Correspondance et souvenir），Anvers, fonds Mercador, 1992，第 118 页。1975 年福柯在美国的时候，为了参观此画作，找到哈利·托西纳（Harry Torczyner），国际律师、马格利特在美国的代理人。

值得注意的是，1954 年马格利特在纽约西德尼·詹尼斯画廊举办的名为《词与物》（Les mots et les choses）的重要展览。在 1966 年福柯出版著作以后，马格利特给他写信："我阅读您的书《词与物》时有几点想法"（1966 年 5 月 23 日的信，M.Foucault,《这不是一只烟斗》（Ceci n'est pas une pipe), Montpellier, Fata Morgana, 1973, 第 83 页），DE, I, 注 53, 1994 版，第 635—650 页 /Quarto，第 1 卷，第 663—678 页。

19. 这里有几个观点，是路易·舍瓦里耶对于巴尔扎克作品中的犯罪活动的表象演化的分析："像一切旧方式的犯罪活动的典型一样，犯罪的社会是一个封闭的社会，包括无产阶级和贵族阶级，是一个低级和高级的下流社会"，参见路易·舍瓦里耶（Louis Chevalier），《十九世纪上半叶巴黎的工人阶级和危险阶级》（Classes laborieuses et Classes dangereuses à Paris pendant

1973年1月17日

la première moitié du XIXe siécle), Paris, Perrin, "Pour l'histoire", 2002 [第一版: Paris, Plon, 1958], 第55页。然而，他评论巴尔扎克的小说《贝蒂表妹》(*La cousine Bette*) 时写道："尽管是附带的，并且经常对于文中其他的部分无关紧要，犯罪活动不仅不再是关于巴尔扎克风格所注意的犯罪巨人，而且是来自所有人：犯罪活动不再是特例，而是普遍的、真正的社会活动。"(参见同上，第70页)

20．福柯对恐怖小说感兴趣，经常反复阅读安·拉德克里夫的作品。在1963年，《无穷尽的语言》(Le langage à l'infini, Tel Quel, 1963年秋，注15，第44—53页) DE，I，注14，1994年版，第250—261页 / Quarto，第1卷，第278—289页，他把恐怖小说、萨德侯爵 (Marquis de sade) 确立在文学现代性的起源上："也许应该极其严格地说'文学'(littérature) 有自己精确的存在门槛，在18世纪末，一旦一种语言出现，重拾并耗尽另一种语言，产生一个关于死亡、镜子和复制品、语言无尽起伏的、模糊的支配者的形象。"(参见同上，第260页 /288页)；参见福柯，《恐怖的"新小说"》(Un "nouveau roman" de terreur) (France-Observateur, 14周年，第710号，1963年12月12日，第14页)，DE，I，第18号，1994年版，第285—287页 /Quarto，第1卷，第313—315页。

在《什么是作者?》中 (Qu'est-ce qu'un auteur?) (Bulletin de la Société française de philosophie, 1969, 第3期，第73—104页)，DE，I，第69期，1994年版，第789—821页 /Quarto，第1卷，第817—837页，福柯承认安·拉德克里夫"使得19世纪初的恐怖小说成为可能"："从安·拉德克里夫开始，一些与之类似的作者有了自己的文章模式和准则，包括别人也可以再次使用的一些有特点的符号、人物形象、关系和结构。如果说安·拉德克里夫为恐怖小说打下了根基，那么归根到底：在19世纪的恐怖小说中，就像安·拉德克里夫的小说一样，我们可以从中找出困在自己的无辜陷阱里的女主人公，用于反对城市的秘密城堡，黑人主角的形象，被诅咒的人，报复社会等。"(参见同上，第805页 / 第833页。) 在1977年的一次访谈中，《权力的眼睛》(DE，III，参见同上，注18)，福柯提出安·拉德克里夫的小说构成了边沁的全景敞视的透明"反人物"："在大革命时期的恐怖小说，成就了高墙上的幻想、阴影、躲避处和单人囚室、在错综复杂中遮掩强盗和贵族、僧侣和叛徒：安·拉德克里夫文中的风景是一些山、森林、洞穴、废弃城堡、修道院，阴森静谧，让人不寒而栗。然而这些想象中的地方像我们试图确

62

立的透明可见的'反人物'一样"（参见同上，第 197 页）。关于安·拉德克里夫小说中的怪兽形象，参见《不正常的人》第 92—97 页。

对于福柯、安·拉德克里夫、边沁作品的深入分析和交叉阅读，参见沃贝尔（C.Wrobel），《哥特和全景敞式监狱：关于对边沁（1748—1832）和安·拉德克里夫（1764—1823）著作的交叉阅读》，英语和盎格鲁–撒克逊语言文学博士论文，巴黎十大，2009 年。http：//www.these.fr/2009PA100110；Id.，《哥特式，全景敞视监狱的改革》，Revue d'études benthamiennes，第 7 节，2010 http：//etudes-benthamiennes.revues.org/214。

（Ⅲ）罪犯——社会敌人产生的其他标志。1791 年关于死刑的辩论。（Ⅳ）政治理论与新惩罚方式——监禁的关系。惩罚的基本体系：英国于 1790—1800 年确立监狱体系；法国于 1791—1820 年确立监狱体系。罪犯——社会敌人与监狱的异质性：刑事与监狱的断层。——根据刑事理论，惩罚犹如社会防卫；三条原则：相对性、分度性（graduation）、公共严密的监管；三种惩罚模式：羞辱（infamie）、同态报复法（talion）、奴隶制度（esclavage）。——在监狱中：时间，唯一分度的变量。监狱——形式和工资——形式：在历史上两种形式是孪生子。资本主义权力和刑罚体系：权力对时间的掌控。

我们还可以列举出这种罪犯——社会敌人产生的其他标志[*]，

---

* 手写稿是这样开始的：

"1. 罪犯犹如社会 '敌人'（ennemi）'出现'（apparaît）。

社会犹如被犯罪侵害、损伤的 '出现'。

惩罚犹如保护、捍卫社会的 '出现'。

（转下页）

例如 1791 年 5 月的关于死刑的辩论，当时正是勒佩尔蒂埃（Le Peletier de Saint-Fargeau）提交刑法典草案的时候。[1] 事实上辩论从公认的根本原则出发：犯罪是对社会的攻击，罪犯是社会的敌人。[2] 一方面人们援引卢梭的《社会契约论》（*Contrat social*）——既然罪犯是社会的敌人，那么就要赶走或者杀死敌人[3]，与卢梭相对立的是罗伯斯庇尔，明确的反卢梭主义者，他从同一个理论基础出发，却提出反对意见：罪犯是社会的敌人，准确来说，社会没有权力杀死他，因为在社会捕获罪犯的时刻，在某种意义上斗争就已经完结了，面对着一个敌人囚犯，社会杀死这个已经被制服的敌人太过野蛮，就像战士杀死俘虏、成人杀死儿童一样：社会杀死一个被审判过的罪犯就如同成人杀死儿童。[4] 如此的辩论促使我们研究罪犯—社会敌人原则的政治理论影响。例如这种分析应该考虑到马克思的《关于林木盗窃法的辩论》（*Débat sur la loi relative au vol de vois*）[5]，考虑到 15 年之后布朗基（Blanqui）编写的《关于葡萄酒的法律》（*droits sur le vin*）[6]。也许我们可以从这些模板出发，讲一下在特定的政治环境内怎样解析这些政治辩论、这些话语的对立和争斗。

（接上页）相反的现象
——犯罪犹如损害的旧观念。诉讼的限制性规定；
——犯罪犹如损害统治权的古典观念。国家犯罪的限制性规定。
参见穆雅尔·德·沃格朗（Muyart de Vouglans）的三种相互交错的观念。
参见 1791 年关于死刑的辩论。"

*　*　*

回到罪犯犹如社会敌人的出现之主题。"出现"（apparition）这个词当然是不能令人满意的。这个词哪里看上去是这样的？对于谁？涉及一种意识形态的建立，一种话语的筹备，还是一种行为概要？这个概念，当前还是空白的，至少仍然还在要提出的问题的索引中。*现在我想要分析一下后面会发生的事件。为此，我不再以刑事理论与刑事实践作为目标，而是以它们与同时期的惩罚策略的关系作为目标。然而，出现了一个引人注意的现象：刑事机构内部建立其罪犯—社会敌人的原则并付诸实践，与此同时出现了一种新的惩罚方式：监禁。

事实上除了外在，新的惩罚方式——监狱不是一种非常古 *65*
老的惩罚，而惩罚的种类随着世纪变迁一直在增加。直到 13 世纪末之前，监狱从来都不是刑事体系中的一种真正的惩罚。监狱纳入刑事体系是在 13 世纪末的时候，就如 1767 年塞尔皮雍（Serpillon）撰写《刑法典》（*Code criminel*）时所述：

---

* 手写稿添加："这个词'出现'（apparaître）所指的或者所隐藏的过程、时间是什么？
　——一种意识形态的确立，还是一种意识形态要素的确立？犯罪'表现'为敌对，罪犯'表现'为敌人？
　——事实上，这是涉及另一个层面上的东西。其机制是别样的。
涉及在罪犯和政治整体之间确立一种对抗的状态；指明战争前线；通过隔离，一方面是罪犯，另一方面是社会，两者又重新面对面了。
这样就遇到监禁。"

"根据我们的民法典，监狱不被看作是一种刑罚"，[7]意思是说监狱是世俗性质的，而不是教会性质的；"然而出于国家原因，君主有时候会受到这种惩罚，由权力机关而定，而普通司法不使用这种惩罚。"[8]但是当我们参考此后五十多年间的文献[*]，例如1831年的大讨论，[9]这是继1808年《拿破仑治罪法典》和1810年《刑法典》以来第一次对刑事体系的大修订。在七月王朝（monarchie de Juillet）初期，人们对刑法典做出了部分调整。在1831年12月1日雷米扎（Rémusat）宣布："新法律颁布的刑罚体系是什么？是各种形式的监禁。比较一下留在刑法典里的四种基本刑罚"[10]——出人意料的是，其中不包括死刑——曾经属于惩罚体系的一种刑罚；这些刑罚："终身或有期强制劳动是一种监禁。苦役是一种露天监狱。在某种意义上来说，拘留、监禁或徒刑不过是同一种惩罚的不同名称罢了。"[11]

这样在两个文本之间，监禁作为一种惩罚体系确立起来了。标志如下：1779年美国独立战争[**]开始后，英国不得不修订自己的惩罚策略。[12]霍华德（Howard）经过对欧洲监狱[13]的调查，与布莱克斯通（Blackstone）共同提交了一部把监禁作为明确惩罚方式的法律草案："很多犯罪都曾遭受过流放的惩罚，如果我们把这些人分别监禁起来，不但会警

---

[*] 手写稿添加："然而，六十多年之后，剥夺自由和监禁被看作是最合乎情理、最常用的刑罚。"

[**] 手写稿添加："1779：独立战争阻止了流放。"

醒试图效仿犯罪的人，而且会让罪犯养成劳动的习惯从而实现自我改正。"[14] 事实上，直到 1790 年至 1800 年间，英国的监狱体系才得以确立。[15]1793 年边沁设计了全景敞视监狱（Panopticon），这成为后来欧洲监狱的建筑范例，这一设计灵感来自他的弟弟，他是海军工程师，曾为俄国女皇叶卡捷琳娜二世（Catherine II de Russie）修建过港口和船坞，由港口萌生了这种监管的设计。[16]

　　法国要等到 1791 年才在理论上确立起作为惩罚普遍纲要的监禁原则。最为根本地确立此原则的第一篇文章，是迪波尔（Duport）在 1791 年 5 月 31 日参与关于刑法典的讨论时写下的文章。[17] 事实上他宣称："如果现在人们问起可以在哪种普遍持久的情感上建立起刑罚和惩罚体系，所有通晓事理的人都会一致地回答说：是自由之爱和自由，倘若没有这些生命会变成真正的酷刑；我们热烈追求并为之勇敢付出的自由；倘若失去了自由，便失去了一切对自然的拥有，变为了切实的、持续的惩罚，这种惩罚非但不能使人们的道德变坏，而且还会让市民对自身行为不符合法律的代价更为敏感；刑罚是分等级的，以应对不同的犯罪，并让人们看到不同程度的罪恶行为和危害性之间的比例大不相同。"[18] 这篇文章构建的理论是：失去自由是一切惩罚体系的共同点，此外这也是勒佩尔蒂埃的刑法典草案所提议的。[19] 直到有了 1810 年的刑法典，整个监禁体系才得以建立；我们看到 1791 年之后很快出现了关押嫌疑犯（prévenus）的拘留所（maisons d'arrêt），关押被告人（accusés）的司法部门（maisons de justice），关押囚犯（condamnés）的监狱（prisons）。帝国划分了监狱的等级：在地方的司法部门，在行政区（arrondissement）的拘留所，省拘留所（maisons de détention départementales），中央拘留所（maisons centrales）和设在布雷斯特（Brest）、罗什福尔（Rochefort）和土伦（Toulon）的军事苦役犯监狱（bagnes militaires）。这种划分代表着统计学观点：1818年，2950万名居民中有44484个犯人（détenus），其中包括10000个嫌疑犯（prévenus）和9700个苦役犯（bagnards），也就是说占居民总数的1/662；[20] 1822年有41000个犯人，其中有10400个苦役犯，也就是说占居民总数的1/778；[21] ［而现在对于］5000万名居民，有30000个犯人，占居民总数的1/1500。[22]

所以问题如下：一方面，在18世纪末，我们参与了以监禁为中心的刑罚的重组，另一方面，这种重组与罪犯—社会敌人的产生 [23] 是在同一个时代。然而倘若这两个现象果真是相关的，我们可以说监禁体系不是从以罪犯—社会敌人为中心的刑事理论和实践的重新分配中产生的。换句话说，监狱嵌入刑罚体系是监狱与刑罚相交叉的现象，并不是刑罚把监狱作为惩罚工具专门使用，这不是其合理的结果，更不是其直接的历史结果。这两种程序之间是异质的，一方面是推论的偏差，导致了罪犯犹如社会敌人的原则的提出，另一方面，是惩罚。因此我们看到在刑法中，以罪犯原则和惩治[*]为中心，以监狱为中心，存在一种断层，现在需要明确该断层在历史上的出现。[**]

然而该断层不仅仅是结果，或体系内部的矛盾，或起初的异质，意思是说像历史沉淀效果一样可以用"策略"的词语解析。刑法和惩治之间当然有冲突和矛盾。[24] 每个机构相互对抗，产生一些不融合的却相互交错的话语：刑法，以及从1820—1830年以后被称为"监狱学"（science des prisons）的话语，后者表现得像一种独立于法律的话语，并且经过随后的加工，产生出犯罪学（criminologie）。[25] 但是这种在话语层面的矛盾、这些在知识类型层面的矛盾是被法律实践和监禁所允许的，只能代替在机构层面上的间隙：惩治体系永远都在试图逃离司法和法律的渗透，并且司法体系为了控制异质的惩治体系而做出努力。对此我们可以援引1818年内政部长德卡兹公爵（Decazes）写给路易十八的文章："不幸的是，法律并没有渗入到监狱中。"[26][***]

同样不能使监禁同时作为刑事理论的推论和司法实践的结果而产生。在司法实践中，当然已经存在某些类似监狱的事物，然而在事实上刑事监狱不是用于惩罚，而是用于对个人的

68

---

　* 手写稿添加："在惩处和惩罚之间。"
　** 手写稿添加："直到现在都有自身的结果和影响。"
　*** 手写稿添加："但是需要指出的是，通过这种不协调，在实现的权力的间隙中所发生的事情。"

担保。是肉体的担保，例如给予战犯、被告人、犯罪嫌疑人[*]的地位。在 1768 年，勒特罗涅说："监狱本身并不是刑罚。拘押被告人是为了确保能够支配他的必要预防措施。"[27] 同时当我们把某人关入监狱的时候并不惩罚他；我们只是为了保险起见。^{**}

存在一种类似的理论模式被罪犯—社会敌人的刑事理论所借鉴，我们不能让监禁体系从该理论模式中产生。我们可以援引贝卡里亚的文章、布里索（Brissot）的《刑法的理论》（*Des lois criminelles*）（1777）或者勒佩尔蒂埃的文章。[28] 他们是怎样从罪犯—社会敌人的原则中推导出有效的惩罚体系？如果真的像布里索所说的"犯罪只不过是侵害秩序和社会利益"，[29] 那么相应的惩罚应该是什么？因此惩罚不是某些赔偿或报复行为。惩罚与处罚、苦行赎罪也毫无关系。惩罚仅仅是社会的防卫和保护。

因此存在四种惩罚原则。意思是，每个社会根据自身需要都可以调整犯罪等级，因为刑罚在本质上不再依据过错的严重程度而产生，而只是根据社会用途而产生。一个社会越脆弱，就越容易被犯罪推向危险的境地，刑罚就越重；一个有序的社

---

* 手写稿明确指出："毫无疑问从中世纪起就存在监狱。但这不是惩罚，这是谋求担保；对人身的保障；肉体和身体的担保。因此存在三种用途：战争、债和控告。"

** 手写稿添加："监狱—刑罚不是从监狱—担保中衍生出来的。相反要尽力将其分开。我们甚至想到过建立一些不关押囚犯的拘留所。"

1973年1月24日

会不会被犯罪严重伤害到，所以会满足于相对较轻的刑罚体系。[30] 所以说第一个原则就是刑罚的相对性，不是听从于个人自身的相对性，而是对于社会状态的相对性。在这些条件下，不能存在刑罚的普遍模式。另一方面，如果刑罚是一种惩治措施，那么在涉及挽救灵魂或者让个人和解的时候，刑罚过重也没有关系：但是如果刑罚是社会的反应和自卫方式，倘若它超出限度，就会变成权力的滥用。所以第二个原则就是根据对社会的攻击而确立精确的反攻击刻度。惩罚是为了让敌人缴械，有两种形式：使敌人脱离侵害的状态，或者把敌人重新引入到社会契约中。这样，刑罚体系的第三个原则就是：在整个对于敌人的惩罚和改造阶段奉行个人监管的原则。[*] 第四个原则：如果刑罚要保护社会，就要力求做到避免产生敌人：所以需要起到警戒潜在敌人的作用。所以惩罚要以公开和必然有效的方式进行。[**]

然而这些基本原则导向了三种实际的惩罚模式，其中并不包括监狱，我们可以在一切想要改革刑法体系的法学家的话语中找到。

1. 羞辱模式（infamie），惩罚的理想模式[31]。这种对罪犯的羞辱首先是整个社会的反应；另外此时社会没有必要把审

69

---

[*]　手写稿添加："所以或是监管原则；或是改造原则。"

[**]　手写稿添加："惩罚必须是确定的、令人生畏的、公开的［……］。相比起强大、渐进、在数量和质量上都与保卫社会的必要性相联系，这种刑罚更是确定的、可见的、解气的，这将导向哪些现实的、具体的惩罚？"

1973年1月24日

87

判权移交给任何法院；社会即刻以自身的方式进行审判。这是一种不需要经过司法权力的公正。这是一种刑事乌托邦，司法含义的审判完全被心理学含义的审判所吸收；审判就是公民的个人审判的集合。司法权力消失在个人的集体审判中：这就是理想的审判在人民司法（justice populaire）[32]中被激活的模式。最终这是一种理想的刑罚，在每个社会中各具特色；每个社会各自确定针对不同犯罪的羞辱强度。同时既不需要法院也不需要法典。人们只能预先说明何种行为对应着何种惩罚。顷刻间羞辱在一点一点地回应着每一种犯罪。最终，羞辱是可取消的，把空间让给了和解，只留下记忆而了无肉刑的痕迹。所以在这种惩罚中，刑罚体系完全契合犯罪——社会敌人的刑罚原则。这是一种透明的惩罚，只有灼灼的目光、窃窃的议论声和每个人的即刻审判——在需要时，每个人持续的审判。这一切构成了这种持久的法院。[布里索写道：]"一个立法的成功，就是公众舆论强大到足够对损害公共道德或民族精神的犯罪予以惩罚，或者对损害公共安全的人予以惩罚。[……]值得高兴的是人民的荣誉感可以成为唯一的法律！几乎不需要立法：羞辱，这就是刑法典。"[33]

2. 同态报复法（talion）模式[34]：在 18 世纪重新出现，这是属于原则上的分支。事实上这是一种本质和效力完全与所受到的侵犯相关联的刑罚；通过这种模式，社会能把罪犯对社会的侵害返还给他。同样我们可以确定刑罚确实是根据犯罪行为而划定的刻度，不会有权力的滥用，因为社会只是把自身的

　　　　　　　　　　　　　　1973年1月24日

遭受返还了回去：这纯粹是社会的反击。"对人身的侵犯"，贝卡里亚写道，"毫无疑义必须用肉刑（peines corporelles）偿还。"[35] "对有悖于个人名誉的侮辱，［……］必须用羞辱惩罚。"[36] "无暴力相伴的盗窃必须予以金钱方面的惩罚。"[37] 同样，布里索解释了每个罪犯怎样应该受到特定的惩罚[*]；勒佩尔蒂埃在 1791 年 5 月 23 日提出了同态报复法的原则："用身体的痛苦惩罚凶残的伤害；用繁重的劳动强制因懒惰而犯罪的罪犯；用羞辱惩罚卑鄙堕落的灵魂所做的行为。"[39] 而在勒佩尔蒂埃提出同态报复法原则的时候，现实中采用的刑罚方式却不再以这一原则为依据，而是以监禁为中心。

3. 奴隶制模式[40]：意思是强制的、公开的劳动。此刑罚不像羞辱一样纯粹，也不像同态报复法一样受控制，却能让社会得到补偿；这是社会中关于恢复原状的契约；这是在罪犯和社会之间的社会契约的强制再版。这种刑罚的好处是它是分度的并且能起到警醒的作用，而且是令人生畏的。一旦想到了奴隶制度，就会立即想起"奴隶一生中的一切悲惨时刻"[41]，而

————————

[*] 手写稿添加有关布里索的附注：
"公共犯罪：
民事、政治犯罪→民事、金钱、税收、劳动惩罚；
宗教犯罪→宗教惩罚；
个人犯罪：
对于生命→肉体惩罚；
对于所有权→金钱和肉体惩罚；
对于名誉→道德惩罚。"[38]

1973年1月24日

且整合到自己的想象中，更会想到奴隶生命中"全部不幸时刻的总和"[42]，此时"自己当下的不幸分散了将来的不幸的想法。"*

从这些理论原则出发，可以看见一些惩罚模式具体化了，而其中无一与监狱是同类。而监狱的必要性是如此之强烈，以至于在提案中要求确立刑事体系的人，事实上都提议了监禁体系。[44] 如此一来，推论自然而然地导向了与羞辱、同态报复法、奴隶制相一致的刑罚定义，然而这些话语突然被打断，并从侧面被强加一种完全不同的模式：监禁模式，这样会发生什么？事实上监狱不是像羞辱一样的集体体系，不像同态报复法一样根据其性质而分度，也不是像强制劳动一样的改良者。这是一种抽象、单调、严格**的惩罚体系，不但强加在事实上、过渡上，而且也强加在话语内部。这些提出草案的人在必须把他们的刑事理论明确表达为实际的法律草案的时候，发生了转变：在刑事理论中可以被剔除的模式被这种单调的体系替换。

然而对于理论学家，在这种模式中只有一种变量能带来如此重要的变化：时间。监狱，这是一种以时间作为变量，用以替代其他模式中所有规定的变量的体系。我们看到一种与

_72_

---

* 福柯在手写稿的第 13、14、15 页添加了三处援引，分别来自贝卡里亚、布里索和特萨瓦伦—萨瓦林（Brillat-Savarin）[43]。

** 手写稿添加："相对于羞辱的即刻性和集体性的特点，相对于同态报复法的渐变性的和必须分度的特点，相对于公共劳动或强制劳动的实用性的和改革性的特点，监狱表现出一种抽象、普遍、单调和严格的特点。'失去自由'（就像失去了所有人都掌握、所有人都拥有的东西一样）。"

1973年1月24日

新刑事理论完全不同的形式出现了，一种完全不亚于司法或惩罚范畴的形式：工资—形式（forme-salariale）。在某人完成强制劳动时，像发工资一样把时间付给他，刑罚不是以赔偿或调教的方式回应违法活动，而是从自由时间的量的方面予以回应。

惩罚体系使监狱—形式（forme-prison）作为对犯罪的惩罚出现，监狱—形式不是从理论中派生出来的，并与工资—形式（forme-salaire）相类似：就像付出一定的劳动时间能赚取工资一样，我们反而行之，一定的自由时间是犯法的代价。[45] 时间作为唯一可拥有的东西，我们用劳动赢得时间，或者因为犯法而被夺走时间。工资用于支付劳动时间，而自由时间将用于为犯法买单。

如此提出一些问题，却没有问题的解决办法。我不想说工资指定了其形式，工资是被刑法实践使用的经济学模式。在机构历史中、在文章中，什么都不能证明就是这种模式被转换到了刑法体系内部。我仅仅想说监狱—形式和工资—形式在历史上就是孪生的形式，还不能准确说明两者之间的关系。

但是这种比照方式不是一种简单的隐喻，就像这几点。首先，19 世纪的刑事体系对罚金和监狱的延续，以及两者之间的交叠：当人们无力支付罚金的时候，就会被关进监狱。罚金被看作是劳动日的替代品，监狱代表了一定数量金钱的等量物。[然后，]出现了一种把刑罚作为债的意识形态，把基督教和古典法清除掉的日耳曼法的旧概念重新激活。然而在理论中，没有什么与把刑罚作为债的原则相距更远。[*]这种偿清债以便抹除犯罪的事实重新出现，其实来自这种工资—形式和监狱—形式的互相渗透。[最后，] 在劳动和监狱^{**}之间有一种奇怪的邻近，同时又有一种对立：就某种方式而言，监狱与某些类似工资的东西非常接近，而与此同时，这又是工资的反面。因此产生了这样的观念：在监狱中犯人应该提供免费劳动给社会，而不是工资，监狱免除了实际的工资。由此产生了这样的趋向：像工厂一样组织监狱，同时在意识形态和制度上不允许囚犯在羁押期内领取工资，因为这就像回报社会的工资。

把在外部掌管劳动的经济和政治基本原则引入监狱内部，与在此之前的刑事体系运转是相悖的。由此可以看见"时间"被导入了资本主义权力体系和刑罚体系。⁴⁶ 在刑罚体系的历史中，人们首次不再通过肉体和财产进行惩罚，而是通过"生活时间"（temps à vivre）进行惩罚。社会就是要占有剩余的生活时间，以惩罚个人。以时间交换权力。而在工资—形式背后，资本主义社会的权力形式主要体现在对人们的时间的掌握：在工厂掌握工人的时间，计算时间分配工资，控制工人的娱乐、生活、储蓄和退休等。⁴⁷ 权力通过管理时间从而控制时间的全部使用方式，在历史上、在权力关系方面，使得工资—形式的存在成了可能。必须在时间上全面掌控权

---

* 手写稿添加："但是'真理'确实就在这些'意识形态的'话语中。"

** 手写稿添加："类似和不可约性。"

1973年1月24日

力。*同样能让我们解析犯罪惩罚制度和劳动纪律制度的，就是生活时间与政治权力的关系：对时间的惩罚，和通过时间进行的惩罚，就是在工厂的时钟、流水线上的计时器和监狱的日历之间体现出的这种连续性。**

---

* 手写稿添加："从工厂的时钟，一直到退休金管理机构，资本主义权力紧紧抓住时间，控制时间，从而使时间变成可购买的和可利用的。"

** 后面还有从 20 到 23 页的四页手写稿（参见下文中 1 月 30 日的课程中，有类似的主题）：

"反对意见——连接起监狱和罪恶的宗教'模式'

要区分：

(a) 教会的监禁。监狱犹如教会的惩罚。事实上趋于消失。（例如在法国，1629 年的法律。）在刑事上的监禁最终得以确立的时候，教会的监禁消失。

(b) 修道士的组织。这一点经常被引用；[……] 就是把本是世俗的某些劳动监禁的规则和形式转化到僧侣世界中。

可以说与修道士的体系转入惩罚实践相反，这是一种外来的形式。

——隔离条款：是谁允许使用何种监狱建筑形式？事实上这更像是以意识检验、自我回归和与上帝对话为中心的新教派模式或贵格会模式的融入。

修道院单人小室转变为监狱单人牢房，但并没有对生活形式、种族和苦行赎罪的想法做出规定。修道院单人小室到监狱单人牢房的转变是根据生命道义（主要汲取于新教徒）的提高和监禁的新空间而调整的。

单人牢房是通过内部策略把加尔文派、贵格会的信仰固定在哥特式的建筑上。

在贵格会可以找到强制监禁的惩罚理论。

追溯历史，佩恩（W.Penn）曾试图创立一本没有死刑的刑法典，但这被英国人阻止。

——在独立战争时，取消死刑：并确立一种限制死亡（谋杀、火灾和叛变）的刑罚，监禁和公共劳动、鞭笞和（肢体）伤残一并出现。

——在 1790 年，出于公愤，公共劳动被废除了。

确立一种惩罚限于监禁的体系：失去自由，与外部世界切断联系；至少在一段时间内，被隔离在一个极狭小的空间内，以玉米维生，而且不可以阅读。

（转下页）

74

注释

1. 1791 年 5 月和 6 月间，在国民议会上"关于刑法典草案，特别是关于是否保留死刑的问题"的讨论。参见《议会档案 1787—1860》，第 1 季（1787 年至 1799 年），第 26 卷（1791 年 6 月 5 日），第 618 页。勒佩尔蒂埃（Le Peletier de Saint-Fargeau, 1760—1793）是刑法典草案的报告人，于 1791 年 5 月 30 日以宪法委员会和刑事立法委员会的名义做了报告；参见同上，第 617 页。勒佩尔蒂埃经常被福柯提到，同样也经常出现在《规训与惩罚》中，参见同上；作为贵族，他被选入三级会议，然后进入国民公会，颁布了一个公共教育计划，在他死后由国民公会投票通过。在 1793 年 1 月 20 日，路易十六被处决的前一日，勒佩尔蒂埃因为投票支持处死国王而被保皇党人谋杀。参见图拉尔（J.Tulard），法亚尔（J.-F.Fayard），费耶罗（A.Fierro），《法国大革命的历史和词典》(Histoire et Dictionnaire de la Révolution française)，参见同上，第 946—947 页。关于 1791 年国民议会对死刑讨论的完整版，参见勒佩尔蒂埃的《关于刑法典草案的报告》，全文见国民议会网

（接上页）根据拉罗什福科（La Rochefoucauld-Liancourt）[48] 所述：

—— '修正犯人的所有旧习'；

——使他们改变'饮食习惯以便更新全身的血液，变得温和、焕然一新，灵魂得以软化，通向悔改。'

'在这种世人对他们的遗弃中，他们会更接近自我，在痛苦的刑罚中反思自己的过错。'

在他深刻地意识自身的堕落并完成自我回归时，他就能够接受劝告了。

'警官与罪犯交谈，试图了解、劝告、安慰他们，给予他们勇气，让他们完成自我和解。他们之间不会经常对话，所以对话的效果不大明显；警官的脸上总是严肃的表情，从不露出笑容。'

尊重、冷漠、悲伤和平静。

倘若监狱有宗教模式，一定体现在加尔文派的宗教学说或伦理学上，而不会体现在修道士制度中。

我强调这一点是因为这样能严格限制通过模式、模式的转移或其复能而做出的历史分析。

如果这种对于大部分欧洲地区而言起源太过遥远、其精神实质太过陌生的模式能够在 19 世纪的社会中普及，并不是出于该模式所蕴含的内在力量。"

1973 年 1 月 24 日

站，http://www.assemblee-nationale.fr/peinedemort/debat-179. asp。

2. 手写稿指出，这种罪犯—社会敌人的新概念，一方面与"犯罪如同损害的旧观念"和"诉讼的限制性规定"相对立；另一方面，与"犯罪如同对统治权的损害的古典观念"和"国家犯罪的限制性规定"相对立。在巴黎最高法院律师穆雅尔·德·沃格朗（Muyart de Vouglans, 1713—1791）的作品中可以重新看到罪犯—社会敌人的概念；《对冒险原则的反驳》（Réfutation des principes hasardés），选自《论犯罪与刑罚》（Traité des délits et peines, Paris, Desaint, 1767, 第 7 页），沃格朗指责贝卡里亚所写的"有利于这群不幸的人的辩护词对于他们简直是灾难，是羞辱，甚至是毁灭性的。"此外犯罪如同损害的观念与沃格朗在《刑法研究院，或该方面的基本原则》（Institutes au droit criminel, ou Principes généraux en ces matières, Paris, Le Breton, 1757, 第 2 页）中所写的内容如出一辙："这是法律所禁止的行为，人们通过这种行为，以欺骗或过错的方式对第三者造成损害"（factum jure prohibitum, quo quis dolo vel culpa facientis loeditur）；犯罪"直接侵害国王的统治权"或"单独侵害公共财产"（参见同上，第 449 页）。在课程概要中，（见下文，第 256 页），福柯把沃格朗的《刑法研究院》作为"古典刑法伟大的里程碑"之一。《规训与惩罚》（第 40、51—52、77、306 页）经常提到沃格朗。

3. 参见卢梭（Jean-Jacques Rousseau）《社会契约论》（Du Contrat Social）或《政治权利原理》（Principes du droit politique），第 2 卷，第 5 章生死权（Du droit de vie et de mort），收入 Œuvres complètes, Paris, Gallimard, 1964, 第 3 册，第 376—377 页："每一例攻击破坏社会权利的刑事犯罪，都使他成为国家的反叛和出卖者。违法，他也就不再是国家一员，甚至是向国家挑战了。国家的生存因此不再和他的生存相容，两者必去其一。当处死刑事犯时，他不是公民，而是公敌。他的刑审判决宣告了他破坏了社会契约而不再是国家的一员。既然他曾一直是国家一员，至少是生活在其国土上，他就必须和它割断一切联系，或者作为公约破坏者而被驱逐出境， *76* 或者作为公敌而死亡，因为这样的敌人不是一个法人而是真实的人，在此情形下，战争的权利是杀伤击毁对方。"福柯在《规训与惩罚》（第 92—93 页）中再次采用了这种对契约的普遍理论分析。

4. 罗伯斯庇尔（M. de Robespierre），《1791 年 5 月 30 日在国民议会的讲话》（Discours à l'Assemblée nationale, 30 mai 1791），《议会档案 1787—1860》，第 26 卷，第 622 页："处死俘虏敌人的战争者简直是野蛮的！本可以让儿童放下武器，而惩罚却将其割喉的人简直是魔鬼！被社会惩罚的被告人对于社会只是一个被击败的、无能为力的敌人，他对于社会，比面对成人的儿童更加软弱。"

5. 福柯引用了 1842 年 10 月 25、27、30 日和同年 11 月 1、3 日发表在《莱茵报》上的五篇文章，其中一篇的作者是马克思。这些文章分析了第四届莱茵省议会"关于林木盗窃法的辩论"（Débat sur la loi relative au vol de vois）。福柯对马克思关于此法的文章做了评注；参见马克思（K.Marx），Œuvres complètes I : Œuvres philosophiques, Jacques Molitor 译，Paris, Alfred Costes, 第 10 册, 1948 年［1937 年］。林木盗窃法规定对一切私伐林木的行为予以惩罚，包括捡拾细枝和偷伐绿树；参见同上，第 120 页。这些文章显示出法律服务于森林所有权的利益，并勾勒出"资产阶级司法观念"的概念；参见 P.Lascoumes & H.Zander，《马克思：从林木盗窃法到法律评论》（Marx: du "vol de bois" à la critiques du droit），Paris, PUF，1984，第 241 页。马克思的文章犹如对"全世界穷人的习惯法"的呼吁，广受评议；汤普森（E.P.Thompson）在《所有权的新定义》（Nouvelle définition de la propriété）的理论化研究中分析了马克思的文章；参见汤普森，《英国的统治和革命模式》（Modes de domination et révolution en Angleterre），刊登在《社会科学研究》（Actes de la recherche en sciences sociales），第 2（2—3）卷，1976 年，第 139 页。

6. 与马克思的《关于林木盗窃法的辩论》间隔仅仅 7 年，指的也许是就布朗基的《酒税》（Impôt des boissons），刊登在《社会批判》（la critique sociale）杂志，Paris, Felix, Alcan, 1885 年，第 2 卷《摘录和笔记》，第 188—224 页。这些文章写于 1849 年 12 月，尖刻具体地评论了议会关于设立"与财富成反比的税"（第 189 页）的讨论。布朗基揭露了"财政管理机构的贪婪和自私［……］一切政府对这种等级制度的卑屈，利益、需求和唯利是图是唯一的调节器，是权力全部利益的唯一指南针"（参见同上）。路易·奥古斯特·布朗基（Louis-Auguste Blanqui, 1805—1881），法国理论家、政治家，不知疲倦地投入革命战争中，致使他的大半生都在监狱中度过。在 1848 年 5 月 15 日，布朗基带领人群为波兰而反对议会，因此

　　　　　　　　　　　　　　　　　　1973 年 1 月 24 日

他在 1849 年 12 月被监禁起来；参见莫雷（M.Mourre），《历史百科辞典》（*Dictionnaire encyclopédique d'histoire*, Paris, Bordas, 1978 年，第 7 卷，第 1 册，第 576—577 页。

7. 塞尔皮雍（F.Serpillon），《刑法典》（*Code criminel*），或《对 1670 年法令的评论》（*Commentaire sur l'ordonnance de 1670*），Lyon, Périsse, 1767 年，第 2 卷，第三部分，第 25 章："审判和判决"，第 13 条，第 33 段，第 1095 页。这段文字将重新出现在课程概要中，见上文，第 255 页，也会出现在《规训与惩罚》中，第 120 页。塞尔皮雍在 1767 年发表的《论刑法》（*Traité des matières criminelles*）是旧制度最后的刑法论著之一。佛朗索瓦·塞尔皮雍（François Serpillon, 1695—1772），法学家，欧丹（Autun）中尉；参见理查德（H.Richard），《勃艮第的刑法学家：佛朗索瓦·塞尔皮雍，1695—1772》（*Un criminaliste bourguignon: François Serpillon, 1695—1772*），刊于《10 世纪的古代历史和犯罪活动：新观点：1991 年 10 月 3—5 日，第戎——切诺维的研讨会文书》，Dijon, Éditions universitaires de Dijon, 1992 年，第 439—448 页。在《规训与惩罚》中，塞尔皮雍作为代表刑法严厉性的人物出现："在 18 世纪中期，塞尔皮雍和布莱克斯通（Blackstone）等法学家认为，刽子手的失误并不意味着犯人的生命可以苟全。"（第 56 页）

8. 塞尔皮雍，《刑法典》，参见同上，第 2 卷，第 1096 页。在此塞尔皮雍对让·布伊耶（Jean Bouhier）的理论进行了解述。让·布伊耶，法学家、法官、历史学家，《布伊耶先生的判例集》（*Œuvres de jurisprudence de M.Bouhier*），Dijon, Louis-Nicolas Frantin, 1788 年，第 2 卷，第 55 章，第 64 节："判处无期徒刑是否胜于没收财产"（第 451 页）。塞尔皮雍写道："在第 65 章，第 66 段，第 2 卷，第 149 页，布伊耶法官提出问题——是否判处无期徒刑会胜于没收财产，他回答说这似乎是不同寻常的"（《刑法典》，见上文）。福柯在手写稿里援引了布伊耶的文章；同时参见《规训与惩罚》："古典法学家和改革者都反对这种司法之外的监禁。监狱是君主制造出来的，一位类似塞尔皮雍的传统主义者借法官布伊耶的名义如是说：'虽然君主为了国家利益，有时倾向于使用这种刑罚，但是普通司法从不做这种判决'。"（第 121 页）

9. 参见《对于以刑法典改革为目的的法律草案的讨论》，《议会档案 1787—1860》，第 71 卷（1831 年 10 月 21 日至 1831 年 11 月 22 日），第

759 页；《对于以刑法典改革为目的的法律草案的讨论（续）》，《议会档案 1787—1860》，第 72 卷（1831 年 11 月 23 日 至 1831 年 12 月 22 日），第 2 页。

10. 雷米扎（Rémusat），《对于以刑事立法改革为目的的法律草案的讨论》，众议院，1831 年 12 月 1 日，《议会档案 1787—1860》，第 72 卷，第 185 页。查尔斯·德·雷米扎（Charles de Rémusat, 1791—1875），政治家、作家、哲学家，与阿道夫·梯也尔（Adolphe Thiers）是近亲，在七月革命之后的 1830 年 10 月，进入众议院。此处引文重新出现在《规训与惩罚》中（第 117 页）；参见下文的课程概要，第 256 页。此外，皮埃尔·弗朗索瓦·范米南（Pierre-François Van Meenen, 1772—1858），律师、哲学家、布鲁塞尔自由大学教授，在 1847 布鲁塞尔国际教养大会（congrès international pénitentiaire de bruxelles）的开幕式上的讲话上，引用了这一段内容（参见《规训与惩罚》，第 16 页）。

11. 雷米扎，《对于以刑事立法改革为目的的法律草案的讨论》，参见同上。

12. 参见《规训与惩罚》，第 125—126 页。

13. 参见霍华德（J.Howard），《18 世纪欧洲的监狱、医院和医院区专设的管教所》(*L'État des prisons, des hôpitaux et des maisons de force en Europe au XVIIIe siècle*, Christian Cartier & Jacques-Guy Petit 译，Paris, Éditions de l'Atelier（在 1777 年和 1784 年被翻译成英文版本），1994)。约翰·霍华德（John Howard, 1726—1790）在 1773 年至 1790 年间在英国和欧洲大陆（德国、比利时、俄罗斯、西伯利亚、瑞典、瑞士等）做了一些关于的监狱的调查，并在 1777 年至 1784 年间发表了数篇关于监狱的文章。在此福柯援引了朱利尤的《监狱的教训》(*Leçons sur les prisons*)，第 299—301 页，为了论述 1779 年在英国发生的事件，以及"在美国的流放障碍"（参见同上，第 300 页），福柯也引述了霍华德关于教养体系确立的法律文章，以及威廉·布莱克斯通（William Blackstone, 1723—1780）的作品；关于对监禁地点的描述，参见《规训与惩罚》，第 197—206 页。对于更现代的研究，参见雅克-盖伊·佩蒂特（Jacques-Guy Petit），《黑暗之光：约翰·霍华德在 1780 年左右对欧洲监狱的研究》(Obscurité des Lumière: les prisons d'Europe, d'après John Howard, autour de 1780)，犯罪学，第 28（1）卷，1995 年，第 5—22 页。

78

1973年1月24日

14. 福柯援引了 1779 年法律的前言中的一段，是布莱克斯通在霍华德的指导下撰写的。参见《乔治三世在位的第 16 年至第 20 年（含）的法令完全版》(*The Statutes at large, from the Sixteenth Year of the Reign of King George the Third to the Twentieth Year of the Reign of King George the Third, inclusive*)，Londres，Charles Eyre & William Strahan 1780 [19 Gro. III c.74]，第 3 卷，第 5 章，第 487 页："然而很多罪犯相信一般来说犯罪会被判处流放的刑罚，会被单独拘押起来、被迫有规律地劳动并受宗教指引，这也许是上天的旨意，这样不但会使有犯罪意图的人们感到恐惧，也会促使他们自我改正并养成劳动的习惯。"朱利尤在《监狱的教训》(第 300—301 页) 引用的段落："他们之中很多人相信一般来说犯罪会被判处流放的刑罚，在神的旨意下，罪犯被单独被拘押、被迫有规律地劳动并受宗教指引，如此不但会使有犯罪意图的人们感到恐惧，也会迫使他们自我改正并养成劳动的习惯。"参见《规训与惩罚》(第 125—126 页)，关于监狱的"三种用途"——"令人生畏的警醒""转变工具""见习条件"——以及关于英国教养院的产生。在关于罪犯如同社会敌人的主题中，福柯也会提到布莱克斯通的《关于英国刑法典的评论》(Commentaire sur le Code criminel d'Angleterre) (戈耶神父译，Paris，Knapen，1776/《对英国法的评论》，Oxford，Clarendon Press，1758)。与其他伟大的改革者一样，布莱克斯通如同预言者一般，指出犯罪触犯了国王统治权的新原则；参见课程概要，第 260 页。

15. 参见《规训与惩罚》第 20 页。

16. 边沁，《圆形监狱》(The Panopticon Writings)，米朗博若维奇主编，Londres，Verso，1995 年。这是《圆形监狱》(Panopticon) 或《监察室》(Inspection-House) 的再版，载于《杰里米·边沁著作集》(*Works of Jeremy Bentham*)，John Bowring 主编，Edimbourg，William Tait，1791 年，第 4 卷，第 37—173 页/边沁，《圆形监狱》(Le Panopticon)，Maud Sissung 译，先于《权力的眼睛——与米歇尔·福柯的访谈》，Paris，Pierre Belfond，1977 年；21 封信组成了作品的第一部分。杰里米·边沁（1748—1832）于 1786—1787 年在俄罗斯看望自己的弟弟塞缪尔·边沁（Samuel Bentham），当时他的弟弟负责管理波将金亲王（Prince Potemkine）的港口、工厂和车间；参见 A.Stanziani，《移动的圆形监狱：18、19 世纪俄罗斯和英国的劳动制度和实践》(*The traveling Panopticon: Labor Institutions and Labor Practices in Russia and Britain in the*

Eighteenth and Nineteenth Centuries），载入《社会和历史比较研究》，第
51（4）卷，2009年10月，第715—741页。在1787年一系列从俄罗斯寄
出的信笺中，杰里米·边沁勾勒出全景敞视结构在监狱、工厂、精神病院、医
院、医院区专设的管教所和学校范围内的应用原则，1791年这些信笺的法语
版按顺序在国民议会出版。社会全景敞式主义（panoptisme）、整个社会普
遍监管的概念，代表着福柯1973年至1976年间的思想，而且这一课程能让
我们跟随该思想出现的步伐。圆形监狱的源头是医院和监狱；参见上文，第40
页，注3。福柯在下一年的课程（《精神病学的权力》）阐述了社会全景敞式主
义，他很早就提出边沁的圆形监狱象征着"成熟的点"，代表着"规训权力变
为绝对普遍的社会形式的时刻［……］，精确地给出了规训权力最普遍的政治
和技术格式"（第43页，第75—81页）。关于此主题，参见《真理与司法形
式》，第606页/第1474页："全景敞式主义是我们的社会最鲜明的特点之一
［……］。我们生活在边沁安排的社会中，全景敞视结构的社会中，全景敞式主
义所统治的社会中"；"关于监禁"参见第437/1305页："［为了解释刑罚在
实践中深层的变动，］在我看来更根本的是对平民、工人和农民的监管。由政
治权力的新形式所掌握的普遍、持续的监管。真正的问题，就是社会治安。如
果你们愿意听，我要说，在18世纪末、19世纪初创造出来的就是全景敞式主
义。"参见《规训与惩罚》，第201—206页。

　　17. 迪波尔（A.Duport），1791年在国民议会的讲话，《议会档案
1787—1860》，第26卷（1791年5月12日至6月5日），第646—650
页。阿德里安·迪波尔（Adrien Duport），被巴黎贵族推选为三级会议律
师，和巴纳夫（Barnave）与亚历山大·拉梅特（Alexandre de Lameth）
一起组建了斐扬派（Feuillants），对大革命时期的新司法体系的建立产生
了重大的影响；参见图拉尔（J.Tulard），法亚尔（J.-F.Fayard），费耶罗
（A.Fierro），《法国大革命的历史和词典》(*Histoire et Dictionnaire de la
Révolution française*)，第782—783页。

　　18. 迪波尔（A.Duport），《议会档案1787—1860》，参见同上，第
648页；《规训与惩罚》第234页（普遍与持续）。福柯在手写稿中添加："此
外夏布鲁（Chabroud）批判了这种刑罚的统一化："如果我背叛了祖国，我
将被送进监狱；如果我杀死了我的父亲，我将被送进监狱。也就是说，用同一
种方法惩罚任何可以想象得到的罪行。就像看到一个医生用同样的方法来医治
所有的疾病。"夏布鲁在1791年5月30日的这段话语的节选发表在《议会档

案》中，参见同上，第 618 页；在《规训与惩罚》，第 119 页再次出现。查尔斯·夏布鲁（Charles Chabroud，1750—1816），曾是国民议会的议员。

19. 参见勒佩尔蒂埃（Le Peletier de Saint-Fargeau）在国民议会的《关于刑法典草案的报告》，收录在《议会档案 1787—1860》，参见同上，第 618 页。

20. 福柯在手写稿中写了出处"维勒姆"，参见维勒姆（L.-R Villermé），《如此的监狱与本该如此的监狱》（*Des prisons telles qu'elles sont et telles qu'elles devraient être*），Paris，Méquignon—Marvis，1820，第 137 页："1818 年 7 月 1 日，囚犯共计 44484 人。全国居民总数为 29448408 人，也就是每 662 名居民中就有 1 名囚犯；其中 9925 人在苦役犯监狱。

21. 福柯在手写稿中写了出处："朱利尤 1822"，参见朱利尤（Julius）《监狱的教训》，第 27 页："1822 年在法国监狱里的囚犯数量上升至 41307 人，就是说每 778 名居民中就有 1 人是囚犯。"

22. 参见巴雷（Barré），《法国 130 年间的监狱统计学》，（130 année de statistique pénitentiaire en France），载于《偏差和社会》，第 10 (2) 卷，1986，第 107—128 页，其中第 115 页：在 1973 年，法国首都的男性和女性囚犯共计 30306 人。

23. 在此处及其他地方，手写稿使用的词是"apparition"（出现）或"apparaît"（出现）并放在引号中，而打字文稿上是"émergence"（产生）（第 6 页）；见上文，第 63 页，注释 1。似乎福柯在上课时不大使用"apparition"。而他也并没有更改罪犯—社会敌人的"apparition"（出现），此外在《规训与惩罚》，他也不使用"apparaître"（出现）。

24. 参见《规训与惩罚》，第 251—255 页。

25. "监狱学"（science des prisons）始于 19 世纪末期。这与查尔斯·卢卡斯（Charles Lucas，1803—1889）密切相关。他是监狱总协会（Société générale des prisons）（1877 年）的建立者之一，这正是关于隔离监禁的法律（loi sur l'emprisonnement cellulaire）颁布的两年之后（1875 年），协会负责监督法律的贯彻执行。该协会主要由法学家组成，自 1877 年起开始出版杂志，以便与其他部门在欧洲共同推进监狱学。查尔斯·卢卡斯，自由律师，监狱总监察员，很早就提出改善监禁条件和废除死刑；参见查尔斯·卢卡斯，《欧洲和美国的监禁体系》（*Du*

80

système pénitentiaire en Europe et aux États-Unis），第 2 卷，第 1 版，Paris, Bossange, 1828 年，第 2 版：Paris, Dehay, 1830 年；查尔斯·卢卡斯，《对〈欧洲和美国的监禁体系〉这一作品的总结》(*Conclusion générale de l'ouvrage sur le système pénitentiaire en Europe et aux États-Unis*), Paris, Béchet, 1834 年；查尔斯·卢卡斯，《论监狱改革》(*De la réforme des prisons*) 又名《论监禁与监禁原则、方式和实践条件》(*De la théorie de l'emprisonnement, de ses principes, de ses moyens et de ses conditions pratiques*), Paris, Legrand et Bergounioux, 1836—1838 年，第 3 卷（见课程概述）。卢卡斯一直在宣扬监狱理性主义（rationaliste）科学。卢卡斯与朱利尤一样，都支持"旧草案"："建立'监狱学'，以便能为'修正'机构提供建筑、行政、方法准则"（见课程概要，第 258 页）。卢卡斯在《规训与惩罚》中占有核心地位，尤其是在第四部分"监狱"，第 239—256 页。

26. 埃利·路易·德卡兹（Élie Louis Decazes）伯爵，后来是德卡兹公爵（1780—1860），在 1819 年成为路易十八内阁的首脑，并于同年 12 月 21 日撰写了一篇重要的报告："致国王关于监狱的报告，及相关文件"（Rapport au Roi sur les prisons et pièces à l'appui du rapport）, Paris, Hachette, 1960。在报告中，德卡兹倾向的话语与我们刚才所讲的内容类似："所以法律送罪犯入狱，并应该在监狱中继续伴随其侧。"（Decazes,《致国王的报告》),《总汇通报》(Le Moniteur universel), 第 100 期，(Paris, Mme Vve Agasse, 1819 年 4 月 10 日，第 424 页)。我们有必要注意维多克（Vidocq）的话语，（参见《规训与惩罚》，第 288—289 页），《维克多回忆录补篇》(*Supplément aux Mémoires de Vicdocq*), 第 2 版，Paris, Les Marchands de nouveautés, 1831, 第 2 卷，第 10 页："法律不进入到监狱中。"在《规训与惩罚》中，德卡兹由于在 1819 所做的关于不同地区的担保的调查（第 118、236 页）而被多次提到；关于他的报告，参见上文，第 251 页："惩罚应该只是剥夺自由；就像我们现在的政府，用德卡兹的话语说，'法律送罪犯入狱，并应该在监狱中继续伴随其侧'。"这一主题被监狱信息小组引述，使得监狱信息小组和福柯在《规训与惩罚》中的谱系研究衔接起来。

27. 勒特罗涅（Le Trosne）《关于刑事司法的意见》(Vues sur la justice criminelle), 见上文，第 41 页，注释 a。在《规训与惩罚》中，福

　　　　　　　　　　　　　　　1973年1月24日

柯把这篇文章与1764年关于游民的文章做了对比，第91页："要构想出如同机器般的刑事体系，以便差别管理非法活动，而并不是将其全部消灭。"

28. 参见贝卡里亚（Beccaria）《论犯罪与刑罚》，(*Des délits et des peines*)（1991年版）；布里索（Brissot）的《刑法的理论》(*Théorie des lois criminelles*)，Berlin，1781年，第2卷；勒佩尔蒂埃（Le Peletier de Saint-Fargeau）提交给国民议会的《关于刑法典草案的报告》(Rapport sur le projet de Code pénal)，1791年5月23日，《议会档案1787—1860》第26卷，第319—345页。

29. 布里索，《刑法的理论》，参见同上，第1卷，第101页。布里索（Jacques Pierre Brissot de Warville，1754—1793），多题材作家，曾被关入巴士底狱，后来就任吉伦特派领袖，于1793年10月31日去世。《刑法的理论》是他早年出版的作品之一，当时他还是检察院的文员，正准备开始法律职业生涯。布里索把自己的作品寄给伏尔泰："献给你，杰出的伏尔泰——本世纪的智者，你的创造和赋予，照亮了世界。"（出处同上，第8页）。福柯认为布里索是和贝卡里亚齐名的伟大改革者，在《规训与惩罚》中谈到18世纪的刑事改革构想时经常以布里索为例（第98、108—110、114、121页）。

30. 我们可以把这一段与尼采（Nietzsche）的《道德的谱系》(*La Généalogie de la morale*)的第二篇专文的第10节相比较，尼采写道："倘若权力和个人意识在一个共同体内壮大，刑法总是会更温和……让许多侵害社会的人逍遥法外时，孕育出一个意识到自己权力的社会不是不可能的。'社会可以说，自身的寄生虫有什么可重要的？留它们生存繁衍去吧；我已经足够强大，强大到可以对它们不予理会！'" Henri Albert 译，收录在《尼采全集》(*Œuvres complètes de Friedric Nietzsche*)，第3版，(Paris, Société du Mercure de France, 1900年，第11卷，第114—115页)。

31. 此处福柯主要引用了布里索的《刑法的理论》（第1卷、第187—190页、第223、242、340页），布里索曾多次指出犹如惩罚方式的公众舆论的优点；参见下文，课程概要，第259页。贝卡里亚也对羞辱的问题感兴趣，并用一整个章节论述"羞辱"(De l'infamie)（《论犯罪与刑罚》(Traité des délits et des peines)，1766年译，第18章，第121—125页/《犯罪与刑罚》，1991年版，第22章，第114—116页。

32. 在1970—1972年的背景下，人民司法引发了最广泛的辩论，其中福柯反对人民法院；参见米歇尔·福柯，《关于人民司法，与毛派的辩论 》(Sur la justice populaire. Débat avec les maos)，1972 年 2 月 5 日，与本尼·勒维（Benny Lévy）、安德烈·格鲁克斯曼（André Glucksmann）的会谈，刊于《现代》(Les temps modernes)，第 310 期，1972 年 6 月，第 355—366 页，DE，II，第 108 号，1994 年版，第 340—369 页 /Quarto，第 1 卷，第 1208—1237 页；《知识分子与权力》(Les intellectuels et le pouvoir)，与德勒兹（Gilles Deleuze）的会谈，1972 年 3 月 4 日，第 49 号：德勒兹，1972 年第 2 学年，第 3—10 页，DE，II，第 168 号，1994 年版，第 306—315 页 /Quarto，第 1 卷，第 1174—1183 页。

在 1970 年 12 月，让-保罗·萨特（Jean-Paul Sartre）以检察官的身份代表国家在人民法院负责一宗多名儿童死在煤矿的案件，此后丹尼尔·德福尔（Daniel Defert）向福柯提议组织监狱调查委员会。反对人民模式的福柯启动了监狱信息小组（Groupe d'information sur les prisons/ GIP），此社会运动的目的是替犯人说话，倾听犯人真实的话语和经历，创造出一个监狱中的部分真相得以复现的领域。于是福柯转向人民司法的模式和人民司法的个性化，他是这样解释自己的选择的："监狱信息小组的意思如下：没有任何一个组织、任何一个首领是这样的，为一个这样只有三个字母的匿名组织的留存而真正竭尽全力。每个人都可以说话。无论是谁说话，都不是因为一个头衔或名号，而是因为他有话要讲。用最简单的话来说 GIP，就是'犯人的话语'！"；见上文，《大监禁》(Le grand emfermement)，第 18 页，注 6，第 304/1172 页。更深层次的解析，参见里翁（F. Brion）& 哈考特（B.E.Harcourt）的授课情况简介，收录在米歇尔·福柯《做错事，说真话》，见上文，第 267—271 页。

33. 参见布里索，《刑法的理论》，第 1 卷，第 187—188 页。

34. 这里福柯主要援引了贝卡里亚的《论犯罪与刑罚》，以及勒佩尔蒂埃《关于刑法典草案的报告》，见上文；参见课程概要，第 261 页。

35. 参见贝卡里亚的《论犯罪与刑罚》，1766 年译，第 27 章，第 159 页或《犯罪与刑罚》，1991 年译，第 20 章，第 110 页。

36. 参见同上，1766 年译，第 18 章，第 121—125 页 / 参见同上，1991 年译，第 23 章，第 114 页。

37. 参见同上，1766 年译，第 15 章，第 174 页 / 参见同上，1991 年译，第 22 章，第 113 页。

38. 此图表摘自布里索的《刑法的理论》，第1卷，第127页："对应着犯罪和刑罚的两个层面，与公共利益相悖。"

39. 勒佩尔蒂埃《关于刑法典草案的报告》，参见上文，第322页。

40. 此处福柯主要引用了贝卡里亚的作品，《论犯罪与刑罚》，1766年译，第20章，第175页或《犯罪与刑罚》，1991年译，第22章，第112页。也引用了布里索的《刑法的理论》，第1卷，第147页。

41. 贝卡里亚，《论犯罪与刑罚》，1766年译，第16章，第105—106页或《犯罪与刑罚》，1991年译，第28章，第130页。

42. 贝卡里亚，《论犯罪与刑罚》，1766年译，第16章，第106页或《犯罪与刑罚》，1991年译，第28章，第130页。

43. 福柯摘录如下：

（a）"贝卡里亚：对于特殊的情况（穷人偷窃并无力偿付）提出这样一条普遍性原则'最正当最适合的惩罚就是贬罪犯为奴隶，让社会暂时奴役其身体与其劳动，通过个人完全的隶属和专制的权力，迫使他对自己践踏的社会契约进行补偿'。

人们可以对此原则进行分度。

此原则是绝对的、恐怖的（世界上没有任何人会故意选择永远地失去全部的自由）。

贝卡里亚的举例：通过其他人知道的期限规则，他本人也能感觉到。"（《论犯罪与刑罚》，1766年译，第30章，第175页或《犯罪与刑罚》，1991年译，第22章，第113—114页。）

（b）"布里索：'而什么能代替死刑？奴隶制使罪犯脱离侵害社会的状态，劳动使他变得有用，长久持续的痛苦能警醒试图仿效者。我们要求一些实用的肉刑！法国、英国难道没有自己的殖民地吗？瑞典、波兰在别国的矿山；俄罗斯在西伯利亚的荒野；西班牙在波托西和加利福尼亚的矿山；意大利的沼泽地和帆桨战船……一切国家的荒漠都等待着人们的繁衍生息、一切土地都待开垦、一切手工场都待完善，何况还有那些待建的公共道路和建筑呢？把这些长着绒毛脑袋却并没犯罪的苦难黑奴替换下来吧，换成罪犯——被判决剥夺自由的罪犯，他们是人类的灾难。'"（布里索，《刑法的理论》，第1卷，第147—148页。）

"对于谋杀案件，判罪犯为终生奴隶：'他甚至连上断头台的可怕慰藉都不能拥有'。"（参见同上，第149页。）

83

"让人们去看矿山上和劳役中的少年和成人：这种爱国的行为比土耳其人在麦加的朝圣更有用得多'。"（参见同上，第150页。）

"摒弃同态报复法：'让罪犯对触犯其法律的国家有用'。"（参见同上，第154页。）

（c）"特萨瓦伦-萨瓦林（Brillat-Savarin），1791年6月2日的《关于刑法典草案的讨论》（Discussion du projet de Code pénal）：

'而港口上需要很多劳动力，人们要开垦广袤的土地，要开凿运河，要抽干沼泽'。"

参见特萨瓦伦-萨瓦林（J.A.Brillat-Savarin），《关于刑法典的讨论（续），和强制劳动惩罚的适用原则》（Suite de la discussion sur le Code pénal et adoption du principe de la peine des travaux forcés），1791年6月2日，《议会档案1787—1860》，第1季，第26卷，第712页。

44. 福柯在手写稿中标记了出处："参见夏布鲁（Chabroud）批评勒佩尔蒂埃提交的草案的文章。"［见上文，注18］（参见《议会档案》，第26卷，第618页。）

45. 参见《规训与惩罚》，第234—235页。

46. 在规训权力的分析中，对个人时间、生命和身体控制的核心作用会被再次阐述，参见《真理与司法形式》，见上文，第616—617页／第1484—1485页；参见《精神病学的权力》，第48—49页；参见《规训与惩罚》，第3部分，第1章：驯顺的肉体，第137—171页。在《规训与惩罚》中，时间的概念会与对刑罚的"期限"的思考结合起来，福柯指出，在这种背景下，与死刑——短期限的惩罚截然不同的刑罚，往往是决定性的；参见同上，第110页，注1；参见布里索的《刑法的理论》，1781年，第29—30页；迪弗里什·德·瓦拉则（Ch.E.Dufriche de Valazé），《论刑法》（Des lois pénales），1784年，第344页。（福柯写道："对无可救药的恶人，要判以终身监禁。"）

84 47. 工厂的纪律以及对工厂——监狱的类比不但在本课程中很重要，参见3月21日的课程，而且在下一年中的课程中也占有重要地位；参见《精神病学的权力》，第53—54页，72—73页（关于工厂纪律和哥白林规则），第95页。

48. 见下文，1973年1月31日的课程，第91页和第101页，注18—21。

1973 年 1 月 31 日

　　监狱——形式和工资——形式（续）。权力对时间的控制：资本主义体系和监禁成为可能性的条件。——从考古学到谱系学。——宗教模式的反对意见和回应。（A）修道院单人小室（cellule monastique）：与世界隔离，而不是惩罚。（B）贵格会：反对英国刑法典和死刑。——在犯法和过错方面反对贝卡里亚；罪恶（péché）的观念。（C）费城核桃街（Walnut street）的监狱：第一次提到教养所。（D）后果：1.基督教道德移植到刑事司法之上；2.了解犯人：知识（savoir）变成了可能的事；3.监狱得到了宗教的投入。——逐渐重新信奉基督教。

　　有一些惩罚模式是从以罪犯—社会敌人原则为中心的刑事理论和实践中衍生出来的。[*] 准确来说这些模式完全是从理论和实践中衍生出来的，而并不是从草案到立法的中间过程，或

---

[*]　手写稿列举出上一课提到的："羞辱、同态报复法、奴隶制度。"

从原则到适用的中间过程中衍生出来的。曾经有一段时间，某些其他事物在论说和实践中代替了这些模式，关于这一点可以参见勒佩尔蒂埃 * 所说的：监狱—模式。

我曾试着把监狱—形式与工资—形式进行对照，例如把一定的时间量引入到对应的体系中：以工资交换劳动时间，以监狱交换过错。我曾强调过这种相似，而没有说工资模式被转入到刑罚中。我仅仅说工资和监狱有相似之处：一方面生活时间（le temps de la vie）成为可交换量；另一方面，通过工作量和货币量建立起来的关系，或者通过时间量和过错的严重程度之间的关系，时间可以量化交换。这种形式反映出的现象：把时间量作为度量单位引入，不仅仅是作为资本主义体系中的经济度量单位，也作为道德度量单位。在这背后，为了能使时间量可以变为交换物和交换度量单位，权力必须要掌控时间，这不是意识形态的抽象概念，而是从人们的生命中提取时间：工资体系和监禁体系实现运转的条件。

我们可以通过用确保时间实际提取的权力关系，对此实际过程进行分析。监狱和工资就是在此权力层面上相通的。不是因为工资是监狱的代表模式，而是因为监狱和工资在各自层面

---

* 手写稿写道：

"例如勒佩尔蒂埃在 1791 年提出了以同态报复法（以及其他模式的侧面介入）为中心的惩罚原则。事实上，他提倡监禁。

还有 1779 年霍华德（Howard）、布莱克斯通（Blackstone）、法瑟吉尔（Fothergill）在英国的例子。

可导出性没有实现。侧面介入。其他事物的介入。" [1]

1973年1月31日

和内容上是相连的，在权力机器上也是相连的——这种权力机器确保时间的实际提取并把时间引入交换体系。确切来说，问题就在于找到该权力机器，并了解这种监狱—模式怎样进入此权力关系中并成为其工具的。至此，我们研究过可能衍生的脉络：例如，在刑事理论和实践体系内部，各个观念和机构是怎样连接起来的。现在我们要研究是哪些权力关系使得监狱等事物在历史上的出现成了可能。通过考古学类型的研究之后，我们要从权力关系方面开始对前后的演变关系进行朝代类型的分析和谱系学的分析。[2]

所以说监狱在意料之外进入了理论和实践的衍生物中。那么这种形式从何而来？当监狱从刑法体系中衍生出的时候，它还并没有形成。

我想从一处异议开始解析[*]：如果说，当人们生活在一个长久以来只知道修道院隐修（clôture monastique）和修道院形式的社会中，监狱在 18 世纪末刑事体系内部突然产生，这样会不会太过冒险？如果说从修道院共同体形式中探寻监狱—形式的谱系学，这样会不会更加合理？而在法国，监狱就坐落在修道院中：监狱里的单人牢房被固定在修道院里面。

------

* 手写稿："通过对两处异议的研究，问题得以澄清：宗教监禁和政治监禁。"

但是这种演变关系与关于普遍秩序的反对意见便发生冲突：不要忘记修道院隐修的用途。事实上，要注意渗透性是在哪一面的？在这里不是禁止某人进入到外部世界，不是禁止他出去，而是要保护一些地点、身体和灵魂，防止外部世界的渗入：隐修为保护内部而防御外部一切可能的攻击；隐修是这些神圣地的组成部分，他人无论如何不得进入。因此，隐修不是在其内部限制某人的自由，也不是禁止某人出来，而是禁止外界进入；隐修划定了内部保护地，外界不得入侵。他人被留在外面，而不是个人被关在里面。世界被关在外面。所以说惩罚性监禁和修道院隐修在本质上是不同的。[3] 诚然避世（retraite）与罪相关联；但即使避世是由罪引起的，它本身也并不是惩罚。它是作为惩罚和悔恨的条件而出现的，是最好的神圣化的清静之地，可以让惩罚（如禁食、自笞等）变为忏悔（pénitence）行为，个人得以与上帝和解。避世保障的不是忏悔本身，而是人们强制的惩罚具有忏悔的价值，以便灵魂得以赎罪、个人得以和解，因此，真正的悔改标志在于爱和避世。

88　　　倘若从某个时期开始，人们重新寻找某些关于监狱的基督教避世的回归，那么要追溯到 19 世纪，基督教被隔离治疗法的医学主题和脱离犯罪体的社会主题所支持并编码。[4] 但这只是第二次弥补，与监狱医学和社会的编码相关，因为最初监狱不是出现在修道院机构的法律中，最终也不是在其中得以发展壮大。* 当然教会在某种情况中使用了惩罚性的监禁

---

* 手写稿添加："不要说监狱的修道院模式。"

(enfermement punitif)，确切来说，是在哪些情况下？事实上有三种特殊的情况。第一种情况，教会采用了当时刑法体系中的非惩罚性的监禁，例如拘押，也就是在审判之前，宗教裁判所的（inquisitorial）监禁，或者是在移交世俗（temporel）司法之前的监禁。[5] 第二种情况，惩罚性监禁，在这种情况中要避免神职人员参与世俗司法，监禁是一种教会惩罚，这在教会法中可以找到不同的版本，但是这种惩罚在中世纪末期以后不断地退化，法国于 1629 年禁止教会监禁。[6] 第三种情况，宗教惩罚性的监禁，在这种情况中神职人员或世俗的人以惩罚的名义被监禁在修道院等地[7]，这就需要国王封印密札（lettre de cachet）。[8] 我们发现不管怎样，惩罚性的监禁不能被看作是普通的教会行为；对于神职人员，直到中世纪惩罚性的监禁才得以存在，除此以外，囚犯是被世俗权力监禁起来的。因此我认为不能说监禁是天主教惩罚的世俗化。监狱，不是工业时代的修道院。[9]

然而惩罚性的监禁确实是在宗教内部产生的，但这是外来的，更是完全与修道院形式相敌对的。事实上可以在非天主教共同体找到其初生的形式，如 17 至 18 世纪英国的新教徒反对者。[10] 我以这些共同体中最早成立，并在监狱这种新惩罚形式中最为警惕的团体为例：美国贵格会。[11] 在历史上持不同政见的共同体对英国的刑法体系抱有敌对态度，原因有很多，其中最主要的是一些事实原因：他们认为不能放任英国国教权力腐蚀他们的道德体系；所以每个团体都必须有自身的法律及惩处办法，也就是惩罚体系。

更确切来讲，自从 17 世纪起［直到 18 世纪］，英国刑法典是极为严格的——这与此时期的革命运动密切相关——，大约判处了 200 例死刑。然而在这些共同体中有些是对死刑持有敌对态度的。当贵格会在美国确立的时候，其成员曾想避开英国刑事体系，并颁布一部没有死刑的刑法典。虽然他们遭到了英国行政部门的拒绝，但是在暗中进行了抗争，直至独立战争。宾夕法尼亚州独立的时候，第一项举措就是限制死刑，并确立新的惩罚体系，其中除了损毁肢体、鞭笞、公共劳动以外，还有监狱。在 1790 年，死刑只在一两起案件中使用过，而监狱成了最基本的刑罚方式。*

因此倘若监狱一形式的确不能像机制和实践一样，从贝卡里亚、布里索的理论中衍生出来，那么它可以从贵格会的宗教、道德和权力观念中衍生出来。事实上对于贵格会，如果政治权力能够正常运转，它不应该具有道德分配以外的其他存在的目的或理由：权力只有在作为强制力和道德约束力的条件下才与其真正的使命相符合。权力应该是合乎道德的，在这种权力道德以外，一切政治都应该被消除。如巴勒斯（Burroughs）所述，政府应该"惩罚并消灭恶人"，并对"做好事的人"予以奖赏；政府要"保护人身和财产免于

---

* 手写稿添加："在 1790 年，公共劳动被废除，并被监狱所替代。"[12]

受到坏人的暴力和损害"。[13] 论证权力的核心概念就是罪恶*：

仅仅是因为存在罪恶和坏人，权力就能通过将其消灭而进行
自我证明，然而在最不得已的情况下，一旦消灭完坏人，权
力就必须进行自我消灭；只留下正义的共同体，相互之间可
以进行交流，并共同自发地做好事。对于政治组织来说，对罪
恶（mal）**的核心特征的研究是贵格会的政治理念基础之一。
然而在这里，犯罪和违法行为的定义，与贝卡里亚和布里索的
观点相反：对于这些改革家，问题在于明确地区分违法行为和
过错，并且定义社会中的违法行为，无论宗教法（loi de la
religion）或自然法（loi naturelle）对人的要求是什么；
所以违法行为不能重叠在过错或罪恶之上，前者不是违背道
德，而是违背统治者制定并经社会效用（utilité sociale）论
证的法律。[14] 相反，对于贵格会来说，首先道德上和宗教上的
罪恶都要受到惩罚。

问题就在这里：倘若罪恶果真存在，需要一个权力去努力
将其消灭，人类权力是以何种权利来对待消除罪恶这样庞大的
任务？难道不是上帝自己允许罪恶存在吗，上帝又要消灭罪恶
吗？倘若罪恶真的是普遍存在的，那么解救渠道也总是在任何
时间开放的。没有人会被提前罚入地狱。就像福克斯（Fox）
说的："黑夜和死亡的海洋"是普遍的，然而"光明和爱的海

---

* 手写稿添加："权力的道德概念"。并在空白处添加："在罪恶存在的基础
上，构建起了权力。"

** 手写稿添加："罪恶（恶人）概念的核心特征。"

1973年1月31日

113

洋"也是普遍的，并优于前者；[15] "每个人都得以启迪，我看见神圣之光照耀着每一个人"。[16] 同时，上帝没有抛弃任何一个人，所以每个人都能重新找到上帝；如果每个人身上都有优点，所有人都要伸出手使这束内心灵光闪耀起来。与上帝的关系不需要被物品或习俗降格。虔诚与神圣之地或优先之时没有联系；在任何时刻、任何地点，在清静处或共同体中，任何人都能遇见上帝。为了能捕捉到这束灵光，有两个条件：精神上的纯正，不被世间的情绪和影像所扰，也就是避世。而人们可以帮助每个人找到自己的灵光；由此凸显出清静、避世、对话、教育和求同的重要性。*

91　　然而人们可以由此得出费城的监狱组织结构，[17] 这点可以在拉罗什富科－里昂古尔（La Rochefoucauld-Liancourt）的文章中找到相关描述，参见《费城监狱》（*Des prisons de Philadelphie*）（1796）。实际上这是贵格会的一个协会，自1780—1790 年开始负责宾夕法尼亚州刑罚的组织和管理。拉罗谢富科尔认为原则有以下几点："引导囚犯忘记一切旧习惯"，[18] 抹去他们旧的情绪以及精神中的映像。要让他们的精神世界重新变得空白而纯粹，以便能让神圣之光在身上重新喷发而出闪耀起来。另外，要让犯人"绝对改变饮食习惯以便更

---

* 手写稿添加："然而如果上帝可以对每个人呈现出来，如果每个人都具有自己的灵光，人们就可以亲自遇见上帝了（前提是没有熄灭自己的灵光）：人们就可以帮助他人预见上帝了。由此凸显出教育、证据、共同寻求光明的重要性。"

新全身的血液，变得温和、焕然一新，灵魂得以软化，通向悔改"。[19] 这是单人牢房的监禁阶段；罪犯被隔离，与外部世界没有任何信息交流。然而，"在这种对个人的遗弃中，他会被引导着回归自我，在惩罚的痛苦中反思自己的过错"。[20] 在这种自我回归之后，他能够重新听到话语：罪犯没有权利听到警官以外的任何人的任何话语，警官"和他们一起，试图了解他们，劝说他们，安慰他们，给予他们勇气，帮助他们与自身和解。这些谈话不会经常进行，所以效果也不大明显。他们的面孔总是严肃的，从来都不会露出笑容"。[21] 在监狱中必须是尊重、冷漠、悲伤和平静的氛围。*

"教养所"（pénitentier）这个词的使用就是针对这种制度的。这是一个令人感到不可思议的词。事实上我们怎么可以在这样一个时代谈到忏悔（pénitence）呢？在这个时代，社会理论和一切刑罚的实践理论都要求：只有社会受到损害时犯罪才存在；只有社会要进行自我防御时刑罚才能存在；罪恶和犯罪之间，刑罚和忏悔之间不能存在根本的联系。"教养所"这个词是为了指明一种被刑事体系用于惩罚的制度，对这个词的产生要怎样进行解释？在这里它是具有异质性的：一方面是惩罚的司法原则，是对违法行为的后果的惩罚以及对社会的保护；另一方面是惩罚的道

92

---

* 手写稿添加："此制度与核桃街监狱的建立相符。结构如下：每间单人牢房都通向一个小园地；中间的庭院可以用来监视；每个囚犯都有自己单独的劳动任务。"

德原则，是紧接在过错后面的忏悔过程。如此会产生一系列结果。

第一点，这是基督教道德在刑事司法体系中的第一次移植，因为当时在基督教的世界中刑事司法还没有被基督教化。我认为在基督教和刑事体系中总是存在着不可渗透性。在用诉讼来定义犯罪的时代，在问题只是诉讼审理和违法行为赔偿的时代，存在着一种刑事体系，它本身与基督教体系是非异质性的。在稍微晚些的时代，也就是中世纪末期，可以看到统治者总是与诉讼中的受害人一起受到了损害，有一种回归到罗马概念的刑法实践"大逆罪"（crimen maiestatis），而不是基督教法律的渗透。[22] 把诉讼赔偿的日耳曼法律引入到 17 世纪法律的真正过程并不是基督教化的过程：而是伴随整个刑事诉讼程序中的课税引发了一系列变化，例如法国司法的准国有化（quasi-étatisation），基督教对此毫无发言权。[23] 而古老的日耳曼法律是要征税的。

此外，我们无从了解教会为何试图把世俗司法占为己有，而教会有自己的控制解决机构、自己的惩罚机制、自己的税收程序。教会机构及意识形态统一的利益，排除了世俗惩罚机制在其内部融合的可能，也排除了司法惩罚和宗教忏悔在同一种惩罚中混合的可能。然而这种混合在 18 世纪实现了，那是一个被称为抛弃基督教信仰（déchristianisation）的时期。然而基督教精神在司法实践方面的恶性连锁反应并没有影响到原则层面。基督教思想蜂拥涌入刑法体系并不是因为意识形态

　　　　　　　　　　　　　1973年1月31日

的渗入。而是[*]从底部——刑事程序的最后一个阶段开始：监狱、惩罚。通过监狱入侵整个刑法和司法，基督教信仰得以深入刑法和司法。犯罪和罪恶从来都没有被混淆，而在监狱中二者又总是处于可能被混淆的临界点上^{**}。同样，犯罪感产生了，其影响可以在其他领域中被感知到，如精神病学和犯罪学。

第二点，倘若宾夕法尼亚模式的监狱果真可以良好地运转，对犯人的认识了解便成为核心问题。事实上，在这种体系中，监狱的运转不在于简单纯粹地确保惩罚从开始到完整结束，而是在惩罚进行的同时加以监管——监管惩罚的执行以及惩罚中犯人的内心变化。刑罚不再是一个被完成的行为，而是一个进行中的过程，需要控制其对客体的影响："带来犯人的警官，递给监察员一份犯罪的简要记录，上面有犯罪的加重或减轻情节、诉讼情况、从前的重罪或轻罪记录，以及对犯人在过去生活中的性格了解。这份记录是由判决法院派送给监察员的，以便后者对新来的犯人有个初步的了解，并采取相应的监管措施。"²⁴

在这项知识活动中，罪犯、犯人是客体，可以看出其中一些历史因素是非常重要的：犯罪记录、基本资料、性格特征、负责监管的监察员等，也就是说，刑法的控制以及医学和宗教变化的监管。所以此项制度拓展了可能的知识范畴。然而在同

---

* 手写稿添加："奇怪的定位"。在空白处写道："监狱从底部溯流而上。"
** 手写稿添加："同样可以用来解释监狱的隔离特征。"

时期，出现了医疗机构，人们的身体在这种机构化的地方得以被了解。同时期产生的还有人类生理解剖学基础和精神病理学、犯罪学、社会学：医院拯救身体，监狱拯救灵魂。

最后第三点，怎样理解教徒在监狱中的出色表现。其实宗教伴随惩罚是一种新的现象。惩罚变为了忏悔，而刑事体系正在基督教化。这是新兴的，因为不再涉及神甫在死刑过程中的地位；之前神甫从中有两个作用：通过教会的救济保证罪犯的灵魂得以宽恕；倘若审判官对极度邪恶的无可救药者判处死刑，神甫负责宽恕审判官。然而在新刑事体系中，神甫会伴随在刑罚全程中，刑罚必须是忏悔过程。神甫是见证人，是惩罚必须配备的保证人和改变工具。在监狱中出现的神甫是程序的必要组成部分：催生犯罪感的地点是监狱，而催生犯罪感的工具是神甫。监狱与教会在本质上是不同的，监狱却成了教会优先的客体；在基督教化的运动中，监狱成了带有庇护的特权之地。在监狱内部，知识成了可能的事，而且出于相同的原因，监狱得到了宗教的投入。

同样可以解释人们对监狱难以摆脱的古老印象：监狱看似深深地扎根于我们的文化中，确切来说是因为它在产生之初基督教道德便将其填满，并赋予监狱其本身所没有的历史深度。一方面是千年厚重的基督教道德，另一方面是从基督教中产生的知识，后者为了前者的正当合理化而运转，在两者交汇处的监狱显然是不能被连根拔除的；基督教道德在无限地推进。

所以可以说，基督教再次制造了一种古老的宗教模式——

118

1973年1月31日

修道院（couvent），通过修道院，确立起司法—宗教的新形式结合点。当时监狱的概念是极其令人震惊的，虽然对于现在的我们，这个概念已经失去了活力。而在1830年，朱利尤[25]等学者经过思索，说现代刑法的重大发明就是这种"监狱"要素；而他们的问题就在于从监狱科学的角度重新解释刑事机构。所以说，问题在于这种出自大洋彼岸的模式，是怎样出现在同时期的欧洲的。是何种经济、政治和社会背景使得这种监狱的出现、这种犯罪的再次逐步基督教化成为可能[*]？

注释

1. 福柯引用勒佩尔蒂埃的话语，参见国民议会的《关于刑法典草案的报告》，1791年5月23日，《议会档案-1787—1860年》[见上文，第75页，注1]，第322页；见下文课程概要，第261页。参见霍华德（Howard）、布莱克斯通（Blackstone）、法瑟吉尔（Fothergill）的法律草案，1779年颁布；见上文，第78页，注14。

2. 这些谱系把考古学方法（研究派生）和谱系学方法（研究演变关系）做了有重要意义的并置。福柯在这里平等地使用了"généalogique"（谱系的）和"dynastique"（朝代的）等词汇；参见《刑事理论与刑事制度》，

---

* 手写稿包括另外两个段落：

"注意。

（a）我们从核桃街的监狱模式中找到了现代监狱的建筑形式。隔离、道德心理学、社会环境的脱离、镇静剂的使用、依据刑事行为和相对个性化的惩罚，都直接来这个核心。

（b）核桃街的建筑模式产生了

——工人城（单人住房 + 单人小花园→抑制了群体效应）

——边沁倡导的大监狱。

修道院模式 + 工人城→核桃街。"

第 3 课。几年前福柯曾在《知识考古学》(*Archéologie du savoir*, Paris, Gallimard, 1969) 中阐述过考古学方法。当时正处于一个交替时期, 福柯把 1970 年在法兰西学院的课程《话语的秩序》中阐述过的考古学方法加以展开, 并在两年之后使用在《规训与惩罚》中与 "惩罚的社会" 相关的内容上。第一种方法建立在对派生的研究上; 例如 "刑法整体包含着一些关于违法的理论, 例如敌对社会的行为; 惩罚整体包含着监禁。刑法整体是以适当的考古学方式从司法的国家制度化中推断出来的, 自中世纪以来司法实践就服从于统治者的政治权力。"(见下文, 2 月 7 日的课程, 第 114 页。) 而第二种方法建立在权力关系的生产效用的分析上。此处谱系学的问题被明确阐述 (见上文, 第 86—87 页):"哪些权力关系使得监狱等事物的历史出现成了可能?"

1972 年 9 月, 在福柯与 S.Hasumi 的访谈上, 他重新谈到了 "考古学" (archéologie) 和 "朝代的"(dynastique) 的区别,《从考古学到朝代》(De l'archéologie à la dynastique), DE, II, 第 119 段, 第 406 页 / Quarto, 第 1 卷, 第 1274 页:"我改变了: 在分析完话语的类型之后, 我想了解这些话语类型在历史上是怎样形成的, 又是基于何种历史现实连接起来的。我所说的 '知识考古学' 是对话语类型的定位和描述, 我所说的 '知识朝代'(dynastique du savoir) 是人们在其出现和转变的特定的历史文化条件、经济条件、政治条件下所观察到的话语类型之间的关系。然而《词与物》变为了《知识考古学》, 而我所研究的内容正处于知识朝代层面";他在《规训与惩罚》第 27 页中继续写道:"本书旨在论述关于现代灵魂与一种新的审判权力之间相互关系的历史, 论述现行的科学—法律综合体的谱系。在这种综合体中, 惩罚权力获得了自身的基础、证明和规则, 扩大了自己的效应, 并且用这种综合体掩饰自己超常的独特性。"

福柯在之后的 1973—1974 年《精神病学的权力》课程中继续展开该对比。《疯癫与文明》标志着一个转变时期, 福柯提出了知识或话语的谱系学——一种从权力关系产生推论实践的研究方式:"与考古学相比, 权力推论的分析将处于基础层面上——我个人不大喜欢 '基础' 这个词——这个层面能让推论实践在形成时就被获得"(《精神病学的权力》, 第 14 页)。参见: 米歇尔·福柯,《真理与司法形式》, 第 554 页 / 第 1422 页和第 643—644 页 / 第 1511—1512 页;《关于权力的对话》(Dialogue sur le pouvoir)(与洛杉矶学生的对话, 载入 1975 年 5 月, S.Wade, 福柯作品, Los Angeles, Cirabook, 1978, 第 4—22 页; F.Durand Bogaert), DE, III, 第 221

号，1994 年版，第 468—469 页 /Quarto，第 2 卷，"与知识在权力自身等级中的录入计划相比，考古学是一种为了解放历史知识并使其获得自由的事情"；"结构主义（structuralisme）和后结构主义（poststructuralisme）"（与 J.Raulet 的会谈，Telus，第 16 卷，第 55 号，1983 年春，第 195—211 页），DE，IV，第 220 号，1994 年版，第 443 页 /Quarto，第 2 卷，第 1262 页。更进一步的相关讨论，参见戴维森（A.Davidson），《关于认识论和考古学：从康吉莱姆到福柯》（On Epistemology and Archeology: From Canguilhem to Foucault），收入《性的出现：历史认识论和概念的形成》（The Emergence of Sexuality: Historical Epistemology and the Formation of Concepts），Mass, Harvard University Press, 2004, 第 192—206 页。

3. 这一点可以被解读为是对欧文·戈夫曼（Erving Goffman）关于"全部机构"的作品的批判，他把修道院、女修院和隐修院等一切宗教场所统称为"为了确保退隐于世的场所"，参见欧文·戈夫曼，《避难所：关于精神病人和其他被收容者的社会情况》（Asylums: Essays on the social situation of mental patients and other inmates），New York, Doubleday, 安克尔丛书，1961 年 /Asiles. Études sur la condition sociale des malades mentaux et autres reclus, Liliane & Claude Laité 译，Paris, Minuit, Le Sense commun, 1968, 第 47 页。丹尼尔·德菲尔认为，监狱信息小组的行为导致戈夫曼的理论分析被拒绝。戈夫曼研究的核心主题是内部和外部关系的本质，福柯对于该本质的分析似乎指明了一些问题。参见课程概要。

4. 关于医学主题和治疗隔离，参见《疯癫与文明：古典时期的疯癫史》，第 3 部分，第 4 章："避难所的诞生"，福柯叙述了对疯子"精神治疗"理论中的精神病院的起源，此项研究是菲利普·皮内尔（Philippe Pinel, 1745—1826）在法国发起的，而后让-艾蒂安·埃斯基罗尔（Jean-Étienne Esquirol, 1772—1840）继续展开研究，并把理论与贵格会的实践联系起来。这是以 1796 年贵格会教徒威廉·图克（William Tuke, 1732—1822）在英国约克附近确立起来的理论为基础的：避世（retraite），疯子按照宗教准则生活在与世隔绝的地方。福柯说，图克写道："鼓励宗教准则影响精神失常的人，这是一种非常重要的办法"（塞缪尔·图克 Samuel Tuke 1784—1857, Description of the Retreat, an Institution near York for insane

persons, York, 1813 年, 第 121 页, 福柯在《疯癫与文明》第 580 页引用。)福柯详细评述了避世（参见同上, 第 559—590 页），认为是皮内尔做法的"补充"。

关于脱离犯罪环境的社会学主题，可以参见 1875 年关于单独监禁法的辩论，其中包括关于社会环境的社会学理论概括，参见加布里埃尔·塔尔德（Gabriel Tarde），《比较犯罪学》(*La Criminalité comparée*)，1886；《模仿的定律》(*Les Lois de l'imitation*)，1890；以及基督教里面以隔离避世的方式而赎罪（expiation）的概念。1875 年关于个人单独监禁法的辩论，在社会学理论和社会堕落方面得出单独监禁是一种利于阻碍犯罪传染蔓延的方法。在国民议会，奥松维尔（Haussonville）的子爵为自己的法律提案辩护，并将其写入法国道德复兴的前景："我们的草案是出于类似的担忧。委员会（奥松维尔的子爵先生主持的，关于监狱的议会调查委员会）从中汲取了更高的、合乎道德的基督教思想，参见 1875 年 5 月 20 日的国民议会年鉴，被罗贝尔·巴丹戴尔（R.Badinter）引用，参见《共和国监狱》(*La Prison républicaine*, 1871—1914, Paris, Fayard, 1992, 第 68 页)。后来福柯又用基督教避世的精神方面进行比较："只有在自己的单人牢房中，罪犯才会面对自己；在自己的苦难和周围世界的安静中，他才能回归自我意识，进行自我探索并感受道德的觉醒——道德在人的内心中从来都不会完全消失。"(《规训与惩罚》，第 241 页，经济学家杂志，Ⅱ，1842。)

5. 教会很早就使用了预防性拘留（détention preventive），随着 17 世纪宗教裁判所的设立，预防性拘留得以发展，它与世俗权力密切相关。除了保证措施以外，它变成了获取供认的最佳施压方法。关于这一主题，参见：吉罗（J.Giraud），《宗教裁判所的中世纪史》(*Histoire de l'Inquisition au Moyen Âge*)，Paris, A.Picard, 1935—1938, 第 2 卷；J.-G Petit, N.Castan, C.Faugeron, M.Pierre, A.Zysberg，《苦役、苦工和监狱——法国刑法史导论》(*Histoire des galères, bagnes et prisons. Introduction à l'histoire pénale de la France*)，Michèle Perrot 作序，Toulouse, Privat ("Bibliothèque historique Privat")，1991 年，第 26—28 页；吉文（J.B.Given），《监狱的阴影——朗格多克社会的宗教审判所监狱》(*Dans l'ombre de la prison. La prison de l'Inquisition dans la société languedocienne*)，in Isabelle Heullant-Donat, Julie Claustre, Élisabeth Lusset, dir.，《监禁——六世纪至十八世纪的隐修院和监狱》

(*Enfermements. Le cloître et la prison*), Paris, Publications de la Sorbonne, 2011, 第 305—320 页。此外，教会反对流血，教会法庭宣判死刑时，罪犯就被交付给世俗法院；参见同上，第 27 页。

6. 自 16 世纪以来，天主教法庭的作用就在不断地缩减，同时他们的权限被王室司法收回；参见 B.Garnot，《16、17、18 世纪法国的司法和社会》(Justice et Société en France aux XVIe, XVIIe et XVIIIe siècle)，Gap-Paris, Ophrys ("Synthèse histoire")，2000，第 120 页。1629 年 7 月 20 日，路易十三通过颁布《尼姆赦令》(Édit de Nimes) 确认尊重新教，并再次确认了《南特赦令》(Édit de Nantes) (1598) 的宗旨。赦令在新教控制区恢复了天主教的宗教信仰自由，并安排了教会的组织。在修道院中世俗的参与（更不用说监禁）似乎被排除了，在一定秩序中不符合规则的宗教也被排除了："至少这些城市里的全部修道院重新服从我们，只有得到我们书信许可并遵守规则的宗教才可以确立起来，除此以外不会产生其他宗教。"(C.Bergeal & A.Durrleman，《17 世纪法国的新教和自由——从南特赦令到其废除 1598—1685》Protestanisme et Libertés en France au XVIIe siècle. De l'édit de Nantes à sa révocation 1598—1685, Carrière-sous-Poissy, La Cause, "Textes d'histoire protestante", 2001, 第 71 页）参见《法国和法国人报》(*Journal de la France et des Français. Chronologie politique, culturelle et religieuse de Clovis à 2000*)，Paris, Gallimard, Quarto 2001; F.-O.Touati, dir.s.v. "Règle", in《中世纪历史词典》(*Vocabulaire historique du Moyen Âge*)，Paris, La Boutique de l'Histoire, 2000 [1995, 1997]。

7. 修道院中的惩罚性监禁从 4 世纪起就存在（参见 E.Lusset，《在高墙中——7 世纪至 15 世纪修道院中宗教罪犯的惩罚性监狱》Entre les murs. *L'enfermement punitif des religieux criminels au sein du cloître*, XVe siècle XIIe—XVe siècle, Heullant-Donat, J.Claustre, E.Lusset, 第 153—167 页），从 6 世纪开始世俗监禁和宗教监禁都得以发展（参见 J.Hillner，《6 世纪的修道院监禁》L'enfermement monastique au VIe siècle, 第 39—56 页，第 40—42 页），并在 12 世纪随着宗教秩序的确立而普及。监禁从几日到终身不等，在不同的时代和地区惩治各种犯罪。例如因供认而减免刑罚（参见 J.-G Petit 等，《苦役、苦工和监狱——法国刑法史导论》，第 26 页），例如对世俗权力的违抗（参见 P.Hatlie，《君士坦丁堡的僧侣和修道院》*The Monks and Monasteries of Constantinople*，第350—850 页，Cambridge University Press，2007，第165页，Julia Hillner 引述，"修道院监禁……"，参见同上，第41页），再例如"重罪"（参见：C.Vogel，《高卢—罗马和梅罗文加王朝议会对普通人和神职人员的惩罚》*Les sanctions infligées aux laïques et aux clercs par les conciles gallo-romains et mérovingiens*，*Revue de droit canonique*，第2卷，1952，第186—188页；A.Lefebvre-Teillaird，《特伦托会议前的宗教裁判所》Les officialités à la veille du Concile de Trente，*Revue internationale de droit comparé*，第25（4）卷，1973年，第85页，Véronique Beaulande-Barraud 引述，《刑事监狱，宗教裁判所审判中的忏悔监狱》Prison pénal，prison pénitentielle dans les sentences d'officialité，in I. Heullant-Donat 等，《监禁——六世纪至十八世纪的隐修院和监狱》，第290页。）

8. 在中世纪是一个例外，自17世纪末开始，王室权力在宗教共同体中采用世俗监禁，主要是由于宗教机构在整个王国中的出现。一位历史学家认为，"在1778年至1784年之间，30.9%的罪犯都是通过国王封印密札（lettre de cachet）被宗教共同体监禁起来的。"（凯泰尔 C.Quétel，《出自国王——论国王封印密札》*De par le Roy. Essai sur les lettres de cachet*，Toulouse，Privat，1981，第174—175页；参见凯泰尔（C.Quétel），《启蒙运动时期的拘留所》En maison de force au siècle des Lumières，*Cahier des Annales de Normandie*，注13，1981，第43—47页）。弗朗茨-布伦塔诺（Frantz Funck-Bretano）在巴黎研究国王封印密札，他在18世纪列出一个"受国王之命在巴黎接收囚犯的城堡、堡垒、修道院和其他特别机构"的清单；参见弗朗茨-布伦塔诺（Frantz Funck-Bretano），《巴黎的国王封印密札——对1659—1789年间巴士底狱犯人的追踪研究》（*Lettres de cachet à Paris. Étude suivie d'une liste des prisonniers de la Bastille 1659—1789*），Paris，Imprimerie nationale，1903，第37—38页。在众多的修道院、基督教的养老院和学校中，作者停留在对邮政路上一家修道院的描写上："寄膳宿的制度由巴黎的大主教而定。他负责管辖行政区内部的一切细节。罪犯共同生活，出门时有修女陪伴，而修道院院长不断收到这样的信件：丈夫们恼怒自己的妻子有太多自由而变得轻佻。"（参见同上，第37页）

9. 关于监禁的世俗化（laïcisation）问题——从教会监禁到刑事监禁，

参见 A.Porteau-Bitker，《中世纪世俗法中的监禁》(L'emprisonnement dans le droit laïque au Moyen Âge), *Revue historique de droit français et étranger*，第46号，1968，第211—245页，第389—428页；参见勒克莱尔 (J.Leclercq)，《修道院是监狱吗?》(Le cloître est-il une prison?), *Revue d'ascétique et de mystique*，第47卷，第188号，1971年10月至12月，第407—420页。

10. 反对者 (dissenters) 是指从教会中搞分裂的信徒，特别是指反对英国国教学说和教会权力的新教共同体。参见怀特 (B.R.White)，《英国独立派传统：从玛丽安烈士到天父朝圣者》(*The English Separatist Tradition: From the Marian Martyrs to the Pilgrim Father*)，Londres, Oxford University Press, 1971；瓦兹 (M.R.Watts)，《反对者》(*The dissenters*)，Oxford, Clarendon Press, 1978年，第2卷。

11. 贵格会 (Quaker)，又称公谊会或者教友派 (Société religieuse des Amis/Society of Friends)，成立于1640年，创始人为乔治·福克斯 (George Fox, 1624—1691年)；17世纪下半叶贵格会信徒曾在英国受到迫害，这种情况延续到1689年《宽容法案》(Toleration Act de 1689) 的通过。当时很多信徒移民到宾夕法尼亚州，这是贵格会教徒威廉·佩恩 (William Penn) 在1681年建立的州。参见布雷斯韦特 (W.C.Braithwaite)，《贵格会的起源》(*The beginnings of Quakerism*)，Londres, Macmillan and Co., 1912年；布雷斯韦特 (W.C.Braithwaite)，《贵格会的第二个时期》(*The Second Period of Quakerism*)，Londres, Macmillan and Co., 1919年；布林顿 (H.H.Brinton)，《三百年的朋友：自乔治·福克斯创办贵格会以来，其历史和信仰》(*Friends for 300 years: The history and beliefs of the Society of Friends since George Fox started the Quaker Mouvement*)，New York, Harper, 1952年；布洛顿 (P.Brodin)，《17世纪至18世纪初的北美贵格会》(*Les Quakers en Amerique du Nord: au XVIIe siècle et au debut du XVIIIe*)，Paris, Dervy-Livres, 1985年。福柯曾在避难所产生的背景下研究过贵格会的历史、塞缪尔·图克 (Samuel Tuke)、乔治·福克斯 (George Fox) 的思想和文章；参见《疯癫与文明》，第557—590页/《真理与司法形式》，第596页/第1454页，以及《规训与惩罚》。

12. 除了勒佩尔蒂埃试图废除死刑以外，1791年制宪议会通过的法国刑 *100*

法典规定在以下情况可以判处死刑："34 种政治犯罪、谋杀、投毒、弑君和纵火"（霍尔珀林 J.-L Halpérin，《1750 年至今的欧洲史》*Histoire des droits en Europe de 1750 à nos jours*, Paris, Flammarion, 2004, 第 62 页）。与福柯所述的观点相反，1791 年的刑法典规定了"锁刑"（peine de fers），这是惩罚方式中的一个核心部分，刑法典第 6 条规定："利于国家的强制劳动，可能是在拘留所，也可能是在港口或兵工厂，既可以是挖矿，也可以是抽干沼泽地，总而言之，可以是一切繁重的工作；在省里的要求下，可以由立法机构决定把强制劳动替换为苦役犯监狱。"（引自 P.Lascoumes, P.Poncela, P.Lenoël，《以秩序之名——刑法典的政治史》*Au nom de l'ordre. Une histoire politique du code pénal*, Paris, Hachette, 1989 年，第 357 页）从 1972 年以来，"锁刑"被苦役犯监狱里的强制劳动代替；参见同上，第 67—69 页；霍尔珀林（J.-L Halpérin），《1750 年至今的欧洲史》。

13. 福柯在手写稿中指出巴勒斯（Burroughs）作品的出处，第 247—248 页。参见巴勒斯，*The Memorable Works of a Son of Thunder and Consolation*, 1662, Londres, Ellis Hookers, 1672, 第 10 章（"关于管理者、政府以及其隶属，我给世界的证据〔1657〕"），第 247 页："管理者、统治者和地方法官，在政体对一切邪恶起到震慑作用的人，他们敬畏神明憎恶贪婪，给平等、司法和真正的审判带来光明，给贫困带来勤勉，公正裁判，对做好事者予以奖励；我们衷心拥护如此的政府和管理者，在其管理下罪恶和不公正被抛开，人们有了醉酒、咒骂、谋杀和争吵等行为言词时都会感到恐惧，而做好事者会被奖励；如此的人民的政府，对每个人来说都达到了神明的智慧，它是公平的、正义的，政府和其管理者都具有神明的智慧。"巴勒斯（Edward Burroughs, 1634—1663），贵格会的创始人之一；参见布洛顿（P.Brodin），《17 世纪至 18 世纪初的北美贵格会》。

14. 米歇尔·福柯，《真理与司法形式》，第 589—590 页／第 1457—1458 页，第 590 页／第 1458 页："刑罚应该仅代表对社会有用的事物。"

15. 乔治·福克斯（George Fox, 1624—1691 年），贵格会的创始人，《自传》，Rufus M.Jones, Philadelphie, Pa., Ferris and Leach, 1904, 第 87 页："我也看见了黑暗和死亡的海洋；但是还有光明和爱的无尽的海洋，超过了前者；我也看见了上帝的无尽之爱，我便有了好的开端"；第 88 页："我被基督的无尽光荣的力量带领着，穿过了黑暗和死亡的海洋，穿过了撒旦的力量。"

1973年1月31日

16. 参见同上，第 101 页："现在上帝对我开启了可见的力量，两个人都被基督的神圣灵光照耀，我看到灵光穿越了一切。"福柯在《规训与惩罚》中也引述了这一句，并与新英格兰监狱的产生直接关联起来："福克斯说，每个人都被神圣灵光启迪，我看到它在每个人身体里闪耀。"1820 年以后，宾夕法尼亚州、匹兹堡和樱桃山的监狱都是与贵格会和核桃街同一谱系。（《规训与惩罚》，第 241 页，注 4。）

17. 福柯在《规训与惩罚》，第 126—127 页中分析费城的监狱模式。他的研究是以多篇文章为基础的：《观摩费城监狱》(Visite à la prison de Philadelphie)。这部作品以写给朋友的信笺的形式，阐述了费城刑法的一系列改革历史，以及对一些重要刑法的失策和不公正的评论，作者是罗伯特·特恩布尔（Robert J.Turnbull）。D.Petit-Radel 将其翻译成法语，并添加了目录，Paris, Gabon, 1799 年；蒂特斯（N.K.Teeters），《教养所的发源地：费城的核桃街监狱》(*The Cradle of the Penitentiary: The Walnut Street Jail at Phialadephia*)，1773—1835，由费城监狱协会赞助，1955；塞林（J.T.Sellin），《监狱管理学的首创：16、17 世纪的阿姆斯特丹教养所》(*Pioneering in Penology: The Amsterdam Houses of Correction in the sixteenth and seventeenth centuries*)，Philadelphie, University of Pennsylvania Press, 1944。

18. 拉罗什富科—里昂古尔（François-Alexandre-Frédéric de la Rochefoucauld-Liancourt），《一个欧洲人眼中的费城监狱》(*Des prisons de Philadelphie, par un Européen*)，Paris, Du Pont, 1796 年，第 11 页。拉罗什富科-里昂古尔公爵（1747—1827），社会教育家、改革家，创立了法国国立高等工程技术学校。作为保皇党人，他在 1792 年移民到英国，后来到美国，在那里他写下了这本关于监狱的作品。1799 年回到法国，他投身于政治，成为基督教会中的一员，支持废除奴隶制，并加入了一个监狱调查委员会。

19. 参见同上，第 14 页，以及本书第 73、74 页注释。

20. 参见同上。

21. 参见同上，第 27 页。

22. 参见《规训与惩罚》第 51—52 页。大不敬（Lèse majesté）罪在罗马共和国指代一切对罗马人民行政官的冒犯，此后在帝国时期，特别是随着蒂贝拉（Tibère）的统治期内的帝国文化的发展，大不敬罪也惩罚人们对帝王

1973年1月31日

的大逆不道的言行。从中世纪初开始，这一概念变得过时，而王权复兴罗马法并再次使用大逆不道罪（crimen maiestatis）的概念，但在一定程度上仍然是含糊不清的。在中世纪末期，大逆不道罪有了明显的发展，并以非人格化为特征："需要用大不敬罪的外延概念来保护的是国王的地位，而不是统治者个人。"［J.Horeau-Dodineau，《神和国王——中世纪末对冒犯辱骂国王的话的镇压》（*Dieu et le Roi.La répression du blasphère et de l'injure au roi à la fin du Moyen Âge*, Limoges, Presses universitaires de Limoges, 2002, 169—211）Y.Thomas,（L'institution de la Majesté），*Revue de synthèse*, 1991, 3—4 331—386; J.Chiffoleau,（Sur le crime de majesté médiéval），in *Genèse de l'État moderne en Méditerranée*, *Rome*, Collection de l'École française de Rome, 1993, 183—213］

102 　　23. 斯特雷耶（J.R.Strayer）《现代国家的起源》（*On the medieval origins of the modern state*），第 29—30 页 /（*Les origines médiévales de l'État moderne*），第 48—49 页。

　　24. 拉罗什富科-里昂古尔（F.-A.-F. de la Rochefoucauld-Liancourt），《一个欧洲人眼中的费城监狱》，第 15—16 页。

　　25. 朱利尤（Julius）《监狱的教训》（*Leçons sur les prisons*）。福柯在手写稿中引用的朱利尤的作品，也引用了查尔斯·卢卡斯（Charles Lucas）的作品，参见上文，第 80 页，注 25。

1973 年 2 月 7 日

教养所，现代社会的控制举措。（Ⅰ）监狱——形式的普及和其可接受性（acceptabilité）的条件。（A）英国。为维持秩序而自发成立的组织：1. 贵格会和卫理公会（méthodiste）；2. 消除恶习协会（Société pour la suppression du vice）；3. 自卫团体；4. 私人治安组织。——新控制体系：对底层阶级反复教导、教化和控制。考尔克洪（Colquhoun），《论城市的治安组织》（*Traité sur la police de la métropole*）（1797）。三条原则：1. 道德作为刑事体系的基础；2. 国家治安的必要性；3. 治安以底层阶级为目标。——结论：1. 国家是道德的代理人；2. 与资本主义发展的联系；3. 强制力作为监狱可接受性的条件。——当前的道德分歧的运动：瓦解了刑罚——道德之间的关系。

　*我坚持认为监狱是从教养所因素中产生的。而历史学家们倾向于认为长久以来，监狱以一种虚的形式存在，内部关押

---

* 手写稿中包括的标题：监狱的普及（Généralisation de la prison）。首句话："普及并不是合适的措辞。"而后："贵格会的监禁并不是被广泛模仿的实践行为……而核桃街监狱更为当代化，在一系列的同类事件中拔得头筹。"

着一些个体——监狱除了吸收社会想要清理掉的个体以外别无他用，监狱是从整顿、改革教养所等反面的研究经验中产生的，监狱的产生是为了适应突然出现的社会要求等。在这一段文字背后，有两点：第一点，这段论说使人相信教养所制度以及其他不吓人的所谓的教养科学修正了监狱；教养知识成为一个足够独立于监狱的领域，可以对监狱进行调整。教养所是一个因素，监狱在其内部产生，而不是说监狱添加在教养所之上，一切从中产生的认知都是为了将其加以巩固；一切从教养所经验和秩序中得出的认知和理论都属于使监狱产生的因素。第二点，这段论说隐藏了在现实中教养所是比监禁更为普遍的现象的事实，它是一个更普遍的措施，涉及社会中的一切控制。整个社会都含有教养所因素，监狱只是其中的一种表达法。所以说教养所与监狱相结合。

我想表述这种监狱—形式是怎样扩展起来的。说实说，"扩展"这个词用在这里不是很恰当，因为我不认为监狱是一种从海外产生的形式，我不认为它在被大量地模仿过程中失去了本来的地域特征和宗教血统。我更愿意相信与类似事件相比，贵格会监狱是现代的；我们能想到很早以前美国和欧洲之间关于监狱的交换网。*要问是从何时开始，无疑是从1780

---

* 手写稿添加：

"——在英国和美国之间，各个教派和宗教团体变成为了传播因子；

——在法国和美国之间，法国大革命之前和期间的一系列政治交换。// 拉罗什富科-里昂古尔（La Rochefoucauld-Liancourt）(1790)：《费城监狱》（*Prisons de Philadelphie*[1]）"

1973年2月7日

年左右开始，监狱观摩被载入了游记中［例如，约翰·霍华德（John Howard）的游记 [2]］，同时监狱进入了经济、社会、人口统计学调查中，这些都成为了解社会的重要工具。由此我们得到了一个用于支持该模式扩展的网络。

事实上在思想史范畴内，必须要承认影响从来就不应该被看作是理由。[*] 它从来就只是一个确定的现象，意思是说除非存在着交流网，并且接收方具有将其提取的可能性——这被我们称为"可接受性（acceptabilité）"[**]，否则并无从一个区域到另一个区域的转换，也没有从一个时间到另一个时间的转换。某种事物怎样才能在某个领域内部真正地被容纳、被接受？就是说，事实上一切关于影响的问题都被更基本的问题——可接受性所支配。是什么使得监狱—形式在法国、英国等国家被接受，甚至使贵格会的思想影响到更远的国家——奥地利，1787 年，约瑟夫二世颁布了一部法典，其中监狱是惩罚的普遍形式。[3] 监狱的诉讼档案保管室面对一系列陌生的司法、宗教、社会和政治因素该怎样做？为了研究使得监狱—形式和教养所[***]在 18 世纪扩展起来的可接受性的条件，我将以英

---

[*]　手写稿添加："需要探寻这些转换和交流在何种条件下可能实现。"

[**]　手写稿添加：

"——转化工具和路径；

——构成模式的稳定要素；

——使得模式提取的实现成为可能，以及后来的融入和接受。

影响：提取和可接受性的总体条件的地域和潜在的影响。"

[***]　手写稿添加："在监狱和教养所体系中，贵格会在美国建立起来（转下页）

1973年2月7日

国和法国为例。

* * *

[我的论述首先从英国开始。] 从 17 世纪以来，除了贵格
会以外，还存在着其他明确以规训、控制和惩罚为目的的群
体。这不是上层组织起来的团体*，它们自发维持秩序，总而言
之，它们定义新类型的秩序，并研究保障秩序的工具。我们可
以定义四种类型。第一种，持不同政见的宗教共同体。其中排
在首位的就是贵格会和卫理公会（méthodiste）。[4] 这些团体
对秩序具有双重作用：一方面，在团体内部保障一些道德惩罚
任务。而且约翰·卫斯理（John Wesley）[5] 在 18 世纪下半
叶创立的卫理公会定期接受监察员对一切紊乱情况的检查——
通奸、怠工、酗酒等，卫理公会对其采取一些惩罚措施。这就
是对个人道德的内在集体控制。另一方面，它们保证外部的控
制，对一切动态的混乱因素按需救济：如失业、贫穷、残疾和

（接上页）的惩罚模式是怎样在几年内被接受的？
　　——在英国，有很大一部分人对贵格会持怀疑态度。
　　——在法国，这些宗教形式是陌生的；
　　——最后在整个欧洲。奥地利的 1787 年法典。
在欧洲社会确保'教养所'的可接受性的过程有两个例子；面对不同的司
法、宗教的诉讼档案保管室；整个刑法体系重组的影响。
教养所的入侵以及刑法的重新分配。
这些不脱帽的小人物，怎样能在我们的道德谱系学中做出祖先的样子。"

*　手写稿添加："自发的团体（无论如何不是上层组织的）。"

1973年2月7日

疯癫（我们想起了贵格会在英国约克郡开的第一家诊所[6]）。

第二种，宗教共同体的间接附属协会。"道德改良协会"（Société pour la réformation des moeurs）在 1737 年关闭之前曾拥有超过百家子协会；1760 年，它在卫斯理和卫理公会[*]的影响下重新活跃起来。它规定了一些目标：让人们尊重礼拜日，也就是说在这一天不允许人们消遣娱乐、不允许人们去小酒馆花钱集会，不允许赌博和醉酒等行为，因为这是花销和怠工的源头；取缔卖淫以及一切威胁到家庭和睦的活动；消除语言偏差。1763 年，卫斯理在其中的一个子协会中表示，协会的基本任务就是阻止"社会中最低级最卑劣阶层的人抓住缺乏经验的年轻人，对他们实行敲诈勒索"。[8] 这些协会在 18 世纪末增多。在 1787 年，威廉·威尔伯福斯（William Wilberforce）[9] 促使国王颁布了著名的"为鼓励尊崇和美德，预防并惩罚恶习、大逆不道、伤风败俗而发表的宣言"（Proclamation pour l'encouragement de la piété et de la vertu et pour la prévention et la punition du vice, de l'impiété et de l'immoralité）。此后威尔伯福斯就创立了"宣言协会"（Société de la proclamation），1802 年这个协会变为"消除恶习协会"（Société pour la

---

* 手写稿附注 "Society for the reformation of manners 1692—1737"。他说，这一协会"在纪尧姆三世逝世前共有 100 个子协会，其中 10 个在都柏林"，"在 1775 年[7] 左右协会重新活跃起来"。

suppression du vice），存在到 1820 年。*该协会要求人们尊重礼拜日，禁止出版淫秽书籍，关闭赌场和妓院。与先前的协会有所不同的是，此协会并不是宗教协会，不涉及内在纪律的管理。从定义和章程上就可以看出，其成员都是品德高尚的人。只有两种办法控制外部因素：一方面，通过干涉、压力和威胁方式；另一方面，如果上述方式没有奏效，就需要法院的介入：检举、起诉。主要涉及道德方面的介入，其中第一种形式属于精神劝告范畴，而第二种纯粹就是司法范畴了，这些协会强行把手伸向了司法权力，是为了确保缝合道德领域和法治领域之间的缝隙。

第三点，准军事化的自卫团体，这在 1779 年才出现，当时正是英国被一些人民运动所动摇的时期。**伦敦地区的居民在 1780 年左右自发组成了巡逻队以进行监管并保障道德秩序；他们主要从贵族和高层资产阶级中招收新成员。***当时还

---

* 手写稿附注 "Proclamation Society"，"Society for the Suppression of Vice（其成员数量曾达到 600 人）[10]"。

** 手写稿添加：

"——在世纪末的经济、宗教和政治大骚动之后。戈登暴乱（Gordon Riots）。——为了与雅各宾派的影响相抗争。[11]"

*** 在手写稿中举了几个例子：

"——在戈登暴乱（1780 年）之后，圣伦纳德（St. Leonard）的居民自发组成了 10—14 个巡逻队。他们要求配备武装，而政府对一切'大人物'都表示鼓励；

——城市联盟、骑兵和人。光芒骑兵志愿者，伦敦军事步调联盟，伦敦炮兵连队；

——（在一本 1775 年的书里，1780 年再版）汉韦（Hanway）提议'在社区中大量地'[12]组建 23 人为一组的民兵部队。"

1973年2月7日

有许多文学作品对这种社会持鼓励态度。值得注意的是，20年之后，这些贵族找到了另一种完全不同的形式：让最穷苦的一群人来保障这一任务的完成；所以他们创造出治安组织。

最后是第四点，主要以经济为特征的团体：这是一种新形式的私人治安组织，主要负责保护资产阶级的财产，因为当时正处于经济大发展时期（商店、码头仓库、公路）。18世纪末，航海公司在伦敦设立了一种在港口的监管治安组织。

这种道德秩序在社会上的扩展现象是为了适应什么？当时正是一个经济腾飞的时期，也就是说，首先是人口的迁移。通过清空当地的人口，经济的发展动摇了旧的地域组织——乡镇、教区的治安司法。然而在一些大城市中，有一些无组织的个人、团体倚靠在都市的核心力量上，而后者无法在自身的组织内部对这些个人和团体限制、管理，也不能将其同化。然而不但人们没有迁移，还出现一种财富的地区化：资本被越来越多地投入到了机器和存货中。分工使得商品大批量地流通，而且连续的制造和转换阶段使得商品越来越多地被存放在货栈和码头仓库等地——因此在资本主义生产模式发展的时期，资本面对着比从前更加不可控制的风险。资本不但被暴露在和以前一样的抢劫、偷盗的风险中，而且还面临着相关人员的侵占和滥用等风险。[*] 分工以及市场和仓储的规模决定，操纵财富的

108

---

* 手写稿添加："带有重要仓储点的流通路径，以及大宗货品的处理都要求有一个全新的监管机构。"

人造成的侵占和滥用也面对着一种新模式，因此必须要设立另外一种秩序，另外一种控制人口并阻止所有权转移的方式。问题就是对人们道德的管理：必须革新他们的习惯，以便缩减资产阶级的财富所面对的风险。

然而，英国的制度并没有提供这样的保障。由于中央权力的软弱，一方面是司法机构和刑罚手段的微地域性（microterritorialité），它们不支持迁移或跟随财富的动向；另一方面是极其严厉的刑法典，[*] 其背景是 17 世纪的王权试图通过加强法律的严厉程度而挽回自己的权力，而当时的法律与社会完全不适应，即便是想要遵守法律的人也不知所措。[13]而且法院经常依据"善意的伪证"（pieux parjure）而取消罪名、放弃执行刑罚。[14]当财富因资本化而面临新风险的时候，需要一系列相关机构，具体来说就是这些团体、协会。

所以涉及当时新控制体系的研究和使用，其主要特征如下。这一体系处于道德和刑罚的边缘。这些团体的首要任务不是侦查犯罪，也不是惩罚罪犯，而是谋求解决道德过错，其中包括关于懒惰、赌博、荒淫等心理学倾向、习惯、态度和行为。并且抨击利于过错产生的条件和工具，如酒馆、赌场和妓院等。最后，这一体系涉及的不是刑罚，而是更积极的、效果更持久的东西——教育、教导，正如 18 世纪末伯克（Burke）说的："耐心、劳动、节制、俭朴、宗教，这些都是教育的内容。"[15]

---

[*] 手写稿添加："血腥的混乱"（chaos sanglant）。

　　　　　　　　　　　　1973年2月7日

在 1804 年的一篇文章里，鲍曼（Boadman）写道："怎样使一个习惯于闲散、放肆、挥霍浪费的人坚定地过上节制、稳重、有德行的生活？教育确实是艰难的，然而又是不可或缺的。"[16]

当我们考虑到这些协会的目标和执行方法时，会发现有趣的是：这是一种从下面的小资产阶级团体 * 中而生的"再道德化"（remoralisation）。在 18 世纪下半叶，这种情况大量快速地发展起来。首先是这些协会成员的招收，也就是其社会融入层面。在 18 世纪初的时候，其成员主要是小资产阶级；在 18 世纪末的时候，主要是贵族、勋爵以及英国国教的教会代表，以"宣言协会"和"消除恶习协会"为例。这些协会通过贵族，越发接近权力本身、接近国家机器，掌握国家权力的人似乎又接管了这些协会。然后，是协会的活动方式。起初贵格会、卫理公会等团体对自身成员或直接相关人员进行道德上的控制，因为对于这些人来说，这是逃脱沉重刑罚的重要方式。事实上这些团体的自卫概念是比较模糊的：压制过错以便权力不能伤害到团体。所以贵格会创立的不仅是宗教分立，更是刑罚、司法分立。然而在 18 世纪末，这些协会在社会招收成员的时候，其目标改变了：他们为了新法令和新法律的通过，为了使司法权力的介入而积极奔走。** 对于权力来说，这

110

---

* 打印稿："在贵格会、卫理公会等团体中。"鉴于背景，问题提到的是一些英国的保障团体，而不仅限于先前手写稿中提到的宗教团体。

** 手写稿添加了两个例子："获得一部关于礼拜日的法律"并"得以组织仓储治安"。

些是实施压力的团体，而不再是自卫团体。

最后，在目标层面：在 18 世纪初的时候，主要涉及对边缘因素、混乱、纷争和游民的控制；而在 18 世纪末的时候，道德控制的首要目标就是"底层阶级"（basses classes）。我们补全伯克的句子："耐心、劳动、节制、俭朴、宗教，这些都是教育的内容"，这些"都应该被推荐给工作中的穷人"。[17]在 18 世纪初，人们谈到的穷人，都是不工作的人（无所事事者、失业者）；而在 18 世纪末，穷人是指正在形成的工人阶级。在 1804 年，沃森（Watson）主教在"消除恶习协会"传教，他说："法律是好的，但法律总是被底层阶级所逃避；而法律对其掌握者——高层阶级却毫无用途。"[18]两个阶级之间存在差异，沃森希望高层阶级也能遵守法律；不是因为法律是普遍的，而是因为法律主要适用于底层阶级，而高层阶级对法律的遵守能对底层阶级起到示范作用。[19]大人物对法律的服从并不是目的[*]；他们不道德的言行本身不是问题——问题在于这会是一个反面的例子，而底层阶级很有可能以此为借口，从而不遵守法律。[20]在 1802 年"消除恶习协会"的一段致辞上，事情更加明朗：不再是对底层阶级和劳动者的道德上的控制，而是根据暴动的风险程度在政治上对其控制。[**]

---

[*]　手写稿添加："而是为了底层服从法律而使用的工具。"

[**]　手写稿以评论的形式引用了这段文字：在"消除恶习协会"的一段致辞上（1802 年）："一切暴动、一切政治活动都应该被协会所警惕；协会将其告知负责调查侵害国家行为的法官和政府官员等。"[21]

　　　　　　　　　　　　　　1973年2月7日

　　所以存在双重的运动：一方面，通过协会把道德和法律结合起来进行控制和监管。然而在 18 世纪末的刑法理论中，贝卡里亚和边沁认为应该区分过错和违法行为。所有的理论家都会区分两者：对于他们，法律不是为了有关道德的行为惩罚人们，法律只涉及社会效用，而非个人道德。然而，在同一时期，存在着这些团体的自发监管活动，最终演变为一个阶级对另一个阶级的监管，一切监管都是在试图使得刑罚道德化并赋予一种道德的氛围，简而言之，使得道德秩序的控制以及刑事惩罚得以继续。我们坚持法律体系的道德化，不顾其实践或话语是怎样的。该运动能在日常生活中广泛地推广刑罚。而另一方面，与此同时存在第二种非常重要的运动，由此道德化的要求向国家的方向移动：国家化（étatisation）运动。控制权力的高层阶级持有这种要求，而劳动阶级和底层阶级变为刑罚道德化的适用目标。国家被要求 * 成为使这些阶级道德化的工具。

　　总而言之，这是刑罚的道德化；以刑事道德对阶级进行区分，以及工具的国有化。在该运动中我们以考尔克洪（Colquhoun）这个人物为例，[22] 他的作品记载了西方道德的决定性因素——不幸的是，当人们教授道德和道德史的时候，总是解释"道德的形而上学的基础"（Fondements de la métaphysique des moeurs），[23] 而没有解读这位对于

---

* 手写稿添加："（通过其订立的法律，或建成的治安组织）。"

我们道德观念的建树功不可没的人物。考尔克洪是英国治安组织的创立者，这名来自格拉斯哥的商人从弗吉尼亚州回来之后，成了商事法庭的庭长；后来他在英国定居，1792 年航运协会请他解决码头仓库治安的问题，以及保护资产阶级财富的问题。这个问题就像边沁的弟弟面临的问题一样，是一个根本的问题；[24] 为了了解一个社会中的道德体系，必须要提出这样的问题：财富在哪里？道德史必须整体听命于这个财富的定位和流通的问题。

　　1795 年，考尔克洪写下了《论城市的治安组织》，[25] 其中包括针对这些协会做指导的理论化、体系化的基本原则。*第一条原则是刑罚体系以道德观念为基础。当时，贝卡里亚、布里索等人**说道德与法律没有关系，考尔克洪写道："除了法律对道德展现出的些许关注以外，什么都不能使人民的精神堕落；要严厉地惩罚政治犯罪、关于所有权的犯罪以及触犯宗教和美德的犯罪。"[26] 考尔克洪在辩驳刑法理论的时候，反复考虑法律提案，他说在法律考虑道德的范畴内，道德才对社会有用。[27] 而贝卡里亚说即便是在关于社会利益的范畴，***法律与道德也没有联系。考尔克洪认为法律在制裁道德的时候与社会有关系："当人们放弃美德的时候，其对统治者的忠诚很容易

---

　　*　　手写稿写到考尔克洪"结合宗教派系"，并"以半私人的名义负责码头仓库的治安，对其进行了整体重新组织"。

　**　　手写稿添加："边沁是贝卡里亚的意见的直接反对者。"

***　　手写稿添加："道德控制原则仍然是对国家最好的保护。"

　　　　　　　　　　　　　　　　　　　　1973年2月7日

就会被违背"；[28] "法律自从被武装以来就用于镇压反叛权力，但法律不具有反对自身原则的方式"。[29]

第二个原则：倘若法律首先要考虑道德，倘若法律与国家安全和主权的行使息息相关，那么就需要一个监管机关，不是用于监管法律的适用，而是在此之前监管个人的道德水平。所以法律不再为监管机构在道德层面的介入和行动赋予可能性：* "哪里有好的治安，哪里就有良好的秩序和得以保障的安全；假如没有治安，人们等待的只能是混乱、动荡、暴力和犯罪。"[30] 需要"能集合首都和王国全部治安组织** 的积极原则，设立一个高等办事处，里面吸收一些有才干、有智慧、兢兢业业的人，这样可以建立起有序的管理体系，以缩减国家行政的干预"。[31]

第三个原则：这个办事处的目标群体是底层阶级："每次一群工人聚集在一起时，里面总是混杂着一些坏人，他们会策划一些阴谋，通过闹事行为破坏公共设施等。"[32] 政治阴谋、工人在工厂里或工人城的聚集，这些都是 19 世纪的治安所关心的事。考尔克洪说，治安"是政治经济学里面全新的学科"。[33]

由此可以得出一些结论。第一点，在 18 世纪，道德—刑法超越法典编纂过程。有一些团体或多或少地自发治安，然而

---

* 手写稿添加："需要一个国家机构控制道德。这就是治安局。"

** 在打字稿上，福柯用"监管"（surveillance）代替了手写稿中的"治安"（police）。

在其发展过程中越发接近高层阶级，也就是权力，最终把共同控制日常生活的任务移交给国家或者一个特别机构——治安机构。国家同时成了道德、监管和道德—司法控制的主要负责者。

第二点，我们可以揣测这些运动和资本主义发展之间的联系 *：逐渐地对底层阶级进行控制，而后扩展到整个工人阶级；我们也可以揣测到上述过程与新形式的劫掠之间的联系——后者与资本化过程中的财富带来的新风险相关联。 **

第三点，同时要注意，在这些所谓合法的禁止背后，是对行为、道德、习惯等的日常约束，其效果不是惩处违法行为等，而是对个人造成积极的影响，让个人在道德上发生转变，得到一定的矫正。同样，这不仅仅是道德—司法控制，也不仅仅是有利于一个阶级的国家控制，而是强制（coercitif）因素。强制力（coercition）与刑事惩罚不同，它更加日常，关忽生存方式并试图对个人实施一定的矫正。强制在道德和刑罚之间建立起联系。它不仅把个人的违法行为当作目标，而且也关注人们的本质和性格。作为持续的基本监督工具，强制力是必要的。然而强制力与我说的教养所是极其接近的、却又是不同的。教养所被设计成监狱的样子，在本质上是通过强制力进行"自然"惩罚的延伸。一旦触及了教养所的底线，必须从

114

---

* 手写稿添加："以及资本主义政治工具的运用。"
** 手写稿添加："这些都可以进行证明。但是需要进一步分析。"

　　　　　　　　　　　　　　1973年2月7日

教育过渡到惩罚的时候，教养所就要使用强制力，在其内部适用适合的体系——也就是监狱。监狱是聚集起强制力的基本原则、形式、主体和条件的地方，用于对付试图逃脱强制力的个人。监狱是以教养所的形式，重叠在强制体系上的。

　　我们可以从回答下列问题开始：既然监狱的水平线是教养所，它从单一的、受地域限制的宗教共同体内产生，那么监狱是怎样扩展起来并达到我们所了解的制度规模的？准确来说，监狱的可接受性条件，就是强制力。带有地理和宗教特点的监狱能植入刑法体系，是因为资本主义下的政治权力运用了自身形式的强制力。所以一共存在两个整体：刑法整体（ensemble pénal），其特征是禁止和惩罚、法律；惩罚整体（ensemble punitif），其特征是教养所的强制体系。刑法整体包含着一些关于违法的理论，例如敌对社会的行为；惩罚整体包含着监禁。刑法整体是以适当的考古学方式从司法的国家制度化中推断出来的，自中世纪以来司法实践就服从于统治者的政治权力：要求法庭程序、检察官的介入等。从刑法整体中衍生出了违法行为的理论，例如对统治者的敌对行为。惩罚整体是在资本主义生产模式的发展运动中形成的，而并不是从国家本身的发展运动中形成；在惩罚整体中，生产模式为政治权力提供了 *工具，同时提供了道德权力工具。谱系学的问题在于知晓这两种起源不同的整体，是怎样在单独一种策略内

---

* 　手写稿添加："新的。"

部叠加并运转的。[34]

第四点，在一切团体内部，惩罚整体与刑法整体是结合起来的。[*] 这些不是英国国教或其他宗教团体，在外要求国家将两个整体相结合，并要求国家对其保证。这些团体提议使社会道德化，不顾国家，[**] 或无论如何倘若国家接受了提议，在它们想要使社会道德化的时候，会发现事实上，它们把道德国家化了，并使国家成了道德化的主体。

＊ ＊ ＊

18世纪的这种分立与欧洲和美国的"道德分立"（dissidence morale）运动在历史上是对称的。这些运动争取堕胎权利、非家庭的性团体的组成权利，以及懒惰的权利[***]——也就是说消除刑事违法行为的负罪感，并反对现在的刑法体系。这些运动与18世纪的运动相反——那时的宗教异端以连接道德、资本主义生产和国家机器为己任。[35] 而现在的团体正在解开这些连接。所以英国国教团体与借改革的名义无视法律的团体的区别就在这里。前者的攻击点是道德的错综复

---

[*] 手写稿添加："这些团体的重要性是通过它们对惩罚和刑法的结合、对强制力和禁止的结合、对忏悔和惩罚的结合而表现出来的。"

[**] 手写稿添加："18世纪的'反对者'曾连接起（道德、对资本主义生产的捍卫、国家的控制），需要把这些连接解开。理清资本主义生产模式组织的权力体系。"

[***] 手写稿添加："同性恋权利"和"麻醉剂权利"。

　　　　　　　　　　　　　　1973年2月7日

杂性，权力关系与资本主义社会之间的错综复杂性，以及国家控制工具的错综复杂性。反对强制力，与冲破禁止规则不是同一件事，不能相互替代。违犯，是某时某地，某个人把法律看作是非现实的、无能为力的；[36] 分立，是反对这种连接、反对强制力。

　　我们想到医生的堕胎声明，以及富瓦耶（Foyer）部长的回应，他说这件事仍然是不可思议的：他为医生在选举期间发表的声明感到遗憾，因为堕胎的问题是立法的问题，所以应该在平静和思索中处理；既然是立法问题，人们就不能在选举期间提出。[37] 因此情况是这样的：在部长所处的体制中，国民议会议员只是被选举出来的立法者，而部长不希望这个问题被立法者的选民处理。在选举过程中，选民不应该对国民议会议员提出这样的问题。确切来说，堕胎是一个拉开道德距离的问题：权力机关说，只有国民议会的议员才能着手处理，而不是选民——权力机关认为堕胎这个伦理—法律问题应被置于个人明确的选择之外，甚至被置于国家意愿之外。禁止堕胎的法律是根本法，是选民不能触碰的法律，而宪法可以被全民公决修改；所以宪法是自然法，选民不能触碰；然而宪法又不是自然法，因为选民无须询问国民议会议员的意见就可以修改宪法。倘若说无须过问选民，国民议会议员就可以修改宪法，也就是说，修改宪法只是权力和当选者的事情，那么他们就并不是国家真实意志的代表，权力代理人超出了职能范围，因为选举出来的职权不能对这些事做出决定。所以说只能在权力运用的层

116

面上修改堕胎立法等。

这关系到自 19 世纪以来就扎根在道德体系和权力运用之间的一种模式。必须从中得出这样的结论——道德不存在于人们的头脑中：道德被写入权力关系中，只有权力关系的改变才会带来道德的改变。*

*

附录

手写稿第六课的末尾还有五张没有编号的文稿：

"——刑事司法国有化。

——设立纪律协会。

其中包含两种明显矛盾的情况。或者说，情况只有一个：刑法体系改革包含两个完全矛盾的方面。

A. 新刑事理论

贝卡里亚、边沁、布里索、勒佩尔蒂埃

1. 犯罪和过错之间没有关联

——过错存在于伦理法、自然法和宗教法；

——犯罪只存在于民法、成文法。民法定义了何物对社会

---

* 手写稿最后一页添加："总而言之：整个强制—教养体系是我们社会的一个很明显的特点，其中监狱是重要的一页（既是工具，又是历史模式）。模式被接受。强制力，是教养所的可接受性的条件。"

有用。

犯罪，是社会的危害：混乱、窘迫。

罪犯，是社会的敌人。打破社会契约。

2. 惩罚的法律在任何情况下都不能设立：

• 复仇

• 赎回

3. 要对惩罚进行计算，以便社会得以赔偿。

其中包括四种惩罚方式：

• 流放

• 强制劳动

• 同态报复法

• 羞辱

B. 然而，实际又是另一种情形。

监狱体系，用以回应

——既不是社会排斥，

——又不是社会赔偿，

——也不是同态报复法。

越发集中的立法

——不是集中于社会效用，   *118*

——而是集中于个人。

刑罚越发加强

——对个人的控制，

——对个人的改良。

对此，惩罚个人、其潜在性和品质，不仅仅是惩罚违法行为。

危险人物。

对此，刑罚布下了机构网络，而不是独立使用司法权力

——监控—治安

——矫正：从教育学、心理学、精神病学、医学等方面着手。

社会矫形。

社会监管。

全景敞视主义：全景敞视建筑的不同用法

——普遍监管，

——持续的矫正。

全景敞视建筑犹如乌托邦。

全景敞视主义犹如权力形式，又犹如知识类型、审查。

调查：根据证人和观察标准，了解事件。

审查：根据权力机关对犯人的观察以及正常状态的标准，了解个人。

控制的加强和国家化的原因：

——人口统计学的新状态

——尤其是财富物质性的新形式

• 工业财富

• 土地财富

违法行为。"

注释

1. 拉罗什富科-里昂古尔（F.-A.-F. de la Rochefoucauld-Liancourt），《一个欧洲人眼中的费城监狱》(*Des prisons de Philadelphie, par un Européen*)；参见 J.-G.Petit 等，《苦役、苦工和监狱 —— 法国刑法史导论》(*Histoire des galères, bagnes et prisons. Introduction à l'histoire pénale de la France*)，第 134 页。

2. 英国慈善家，约翰·霍华德（John Howard, 1726—1790）在 1773 年成为贝德福德（Bedford）的郡长，因此曝光了当地的监狱条件。他了解到许多犯人是被法官判为无罪的，却仍然被监禁起来，因为他们无力付钱给监狱看守。霍华德试图说服当地的法官征税作为薪酬付给监狱看守，这一诉求遭到了拒绝，理由是没有先例。从 1773 年开始直到 1790 年逝世，霍华德在大不列颠的岛屿和欧洲其他地方多次观摩监狱。参见约翰·霍华德，《英格兰和威尔士的监狱情况》(*State of the Prisons in England and Wales*)，1777 年，1784 年再版《18 世纪欧洲的监狱、医院、医院区专设的管教所的情况》(*L'État des prisons, des hôpitaux et des maisons de force en Europe au XVIIIe siècle*)，Christian Carlier 和 Jacques-Guy Petit 翻译并注释，Paris, Les Éditions de l'Atelier/Éditions ouvrières, 1994。他的作品在英国和欧洲引起了很大的反响，英国国会通过的几项改革其中就包括为监狱看守的薪酬征税。参见：C.Carlier & J.-G.Petit, 为霍华德的《英格兰和威尔士的监狱情况》作的序，参见同上，第 6—99 页；艾金（J.Aikin），《生命的风景，悼念约翰·霍华德的旅行和慈善活动》(*A View of the Life, Travals and Philanthropic Labours of the Late John Howard*)，Esq., L.L.D., F.R.S., Boston, Maning & Moring, 1794；盖坦（F.Gaetan de La Rochefoucauld-Liancourt），《约翰·霍华德的人生》(*Vie de John Howard*)，Paris, Dondey-Dupré, 1840；里维耶尔（A.Rivière），《霍华德的人生与作品》(*Howard, Sa vie, son oeuvre*)，Revue pénitentiaire, 1891, 第 651—680 页；鲍姆加特纳（L.Baumgartner），《约翰·霍华德（1726—1790），医院和监狱的改革者》[*John Howard (1726—1790), Hospital and Prison Reformer: A Bibliography*]，Baltimore, Md., The Johns Hopkins Press, 1939。

英国 17、18 世纪贵族关于旅行的描述被载入《旅行的热情，征服英国

119

1973年2月7日   149

人》(La rage du voyage qui s'empare des Anglais),其中还包括穿越整个欧洲的——特别是在意大利和法国的具有教育意义的旅行;参见:特里维廉(G.Macaulay Trevelyan),《英国社会史——从乔叟到维多利亚女王的六个世纪的历史》(Histoire sociale de l'Angleterre. Six siècle d'histoire de Chaucer à la reine Victoria), J.P.Poussou 评 注, Paris, Robert Laffont (coll. "Bouquins"), 1993,第485—486页。丹尼尔·笛福(Daniel Defoe)在1724年至1726年之间出版了《不列颠全岛探险》(En explorant toute l'île de Grande-Bretagne)(Jean Queval, Paris, Payot, 1974),讲述了自己在不列颠全岛的游记,该作品主要是围绕着经济展开的,但是"顺便"讲述了作者短暂停留过的伦敦监狱(参见第143—144页)。约翰·霍华德在空白处写下了关于教养所的相关解读。

3. 受到贝卡里亚(Beccaria)《论犯罪与刑罚》(Traité des délits et des peines)的影响,约瑟夫二世在1787年颁布的奥地利的刑法典以温和的惩罚而著称。他在里面确认了罪刑法定原则(principe de légalité)以及刑罚比例性原则。帝国法典严格区分了刑事犯罪和政治犯罪,而且死刑仅适用于"战争委员会判决的叛乱罪"参见让—路易·霍尔珀林(Jean-Louis Halpérin)《1750年至今的欧洲史》(Histoire des droits en Europe de 1750 à nos jours),第62页,见上文,第100页,注12;参见米歇尔·福柯《规训与惩罚》,见上文,第119页。单独监禁、戴铁链监禁、带有社会劳动的监禁——共同组成了惩罚刑事犯罪的支柱之一;参见 Y.Cartuyvels,《刑法典从何而来?18世纪专制主义下第一批刑法典的谱系学研究》(D'où vient le code pénal? Une approche généalogique des premiers codes pénaux absolutistes au XVIIIᵉ siècle), Paris-Bruxelles, De Boeck, 1996,第264—300页。

4. 在约翰·卫斯理(John Wesley, 1703—1791)的影响下,卫理公会(méthodiste)的教会在18世纪中期发起一次最重要的非英国国教徒(conformiste)的运动。1791年卫斯理去世,这些教会的成员已经发展到72000人,而到了1850年,成员已经达到了150万人;参见坎农(J.Cannon),《牛津英国历史指南》(The Oxford companion to British history), Oxford, Oxford University Press, 1997,第339页。理论上来说,卫理公会以个人皈依、信仰永福和教义灵活为特点;参见汤普森(E.P. Thompson),《英国工人阶级的建立》(La formation de la classe ouvrière anglaise),参见上文,第42页,注20,第38页。这是广泛的人民运动，卫理公会的教堂通过教育穷人，并把穷人纳入教堂的办法，在 18 世纪工人阶级的形成过程中起到了重要的社会作用——尽管有时候被高估（参见同上，第 41—46 页）；参见罗伯特·索西（R.Southey），《卫斯理的生活，卫理公会的崛起与发展》(*Life of Wesley and the rise and progress of Methodism*)，Londres，Harper and Brothers，1890 [1846]，第 3 卷；莱基（W.E.H.Lecky），《18 世纪英国人民的历史》(*History of the English People in the 18th Century*)，New York，D.Appleton & Co.，1891，第 3 卷；肯特（J.Kent），《不团结的时代》(*The age of Disunity*)，Londres，Epworth Press，1966。

5. 约翰·卫斯理，卫理公会的创建者。他是英国国教教徒，从 1729 年开始在牛津附近召集基督教徒，组成"卫理公会"，他们严格遵守教规。在 1738 年的一次短暂的传教活动之后，约翰·卫斯理的传教范围超出了教堂，他开始在户外和一些地方宗教协会内部传教。卫斯理一直反对卫理公会从英国国教中脱离出去，然而在 1791 年卫斯理去世以后，卫理公会独立了。参见罗伯特·索西（R.Southey），《卫斯理的生活，卫理公会的崛起与发展》(*Life of Wesley and the rise and progress of Methodism*)；M.Lelièvre，《约翰·卫斯理：生活和作品》(*John Wesley: sa vie, son oeuvre*)，Paris，Chapelle Malesherbes，1922 [Librairie évangélique，1883]；爱德华兹（M.L. Edwards），《约翰·卫斯理与 18 世纪》(*John Wesley and the Eighteenth century*)，New York，Abingdon Press，1933；怀特利（J.H.Whiteley），《卫斯理的英国：关于 18 世纪社会和文化条件的调查》(*Wesley's England: A survey of XVIIIth century social and cultural conditions*)，Londres，Epworth Press，1938；肯特（J. Kent），《卫斯理和卫理公会教徒》(*Wesley and the Wesleyans*)，Cambridge，Cambridge University Press，2002。

6. 教友派（La Société des Amis），或公谊会（Société relgieuse des amis）(Society of Friends)，是贵格会（Quakers）的通用名称；见上文，第 99 页，注 11。

7. 约翰·波洛克（John Pollock）指出威尔伯福斯（Wilberforce）建立"宣言协会"(Société de la proclamation) 的灵感来自"道德改良协会"(Société pour la réformation des moeurs)，而后者的建立是对于 1692 年（实际上是在 3 年以后发表的）威廉（William）和玛丽（Mary）的

宣言的回应——《为鼓励尊崇和美德，预防并惩罚恶习、大逆不道、伤风败俗而发表的宣言》(Proclamation pour l'encouragement de la piété et de la vertu et pour la prévention et la punition du vice, de l'impiété et de l'immoralité)——此宣言在传统上标志着一个新统治者地位的确立；参见波洛克（John Pollock），《威尔伯福斯》(*Wilberforce*)，Londres，Constable，1977，第 59 页，作者称宣言可在《1714—1810 宣言简明参考目录》(*Handlist of Proclamations 1714—1810*) 中查找到，Bibliotheca Lindesiana，1913。从 1693 年起，这些协会开始进驻爱尔兰，当时主要是用于加强英国国会权力，以反对天主教。参见：拜勒曼（D.W.R.Bahlman），《1688 年道德革命》(*The Moral Revolution of 1688*)，New Haven，Conn.，Yale University Press，1957；英尼斯（J.Innes），《政治和道德：18 世纪晚期英国的礼仪改革》(*Politics and Morals*：*The Reformation of Manners Mouvement in Later Eighteenth-Century England*)，Eckhart Hellmuth，ed.，in《政治文化改革：18 世纪晚期的英国和德国》(*The Transformation of Political culture*：*England and Germany in the late Eighteenth Century*)，Oxford，Oxford University Press，1990；巴纳德（T.C.Barnard），《爱尔兰礼仪改革：1690 年间都柏林的宗教团体》(*Reforming Irish Manners*：*The Religious Societies in Dubin during the 1690s*)，The Historical Journal，第 35（4）卷，1992 年 12 月，第 805—838 页；亨特（A.Hunt），《执政道德：道德规制的社会史》(*Governing Morals*：*A Social History of Moral Regulation*)，Cambridge，Cambridge University Press，1999。关于威尔伯福斯（Wilberforce），见下文，注 9。

8. 约翰·卫斯理，《牧师约翰卫斯理的作品》(*The works of the Reverend John Wesley*)，A.M.，Sometime Fellow of Lincoln College，Oxford，New York，埃默里（J.Emory）和沃夫（B.Waugh），1831，第 7 卷：第 1 卷，Sermon LII（1763 年 1 月 30 日，礼拜日，在西街教堂对道德改良协会布道），第 460 页："有些最卑劣最底层的被称为赌徒的人；他们骗取涉世未深的年轻人的钱财：使他们沦为乞丐，然后再教他们一些歪门邪道。"1973 年 5 月，福柯在《真理与司法形式》中会再次提到这个问题，见上文，第 596—597 页 / 第 1464—1465 页。

9. 威廉·威尔伯福斯（William Wilberforce, 1759—1833），福音派基督徒、英国政治家、英国国会议员，特别是以废奴主义者而著称。对内政持保守态度，他参加了一系列福音主义协会的设立，如"宣言协会"和"提升穷人境况协会"（Society for Bettering the Conditions of the Poor）（1796）。参见威尔伯福斯兄弟（R.I.Wilberforce & S.Wilberforce），《威廉·威尔伯福斯的生活，他的儿子们罗伯特·以撒·威尔伯福斯和塞缪尔·威尔伯福斯著》（*The life of William Wilberforce, by his sons Robert Isaac Wilberforce and Samuel Wilberforce*），Cambridge，Cambridge University Press，2011 [1838]；科普兰德（R.Coupland），《记威尔伯福斯》（*Wilberforce. A Narrative*），Oxford，Clarendon Press，1923；阿盖（W.Hague），《威廉·威尔伯福斯：伟大的反奴隶贸易运动者的生活》（*William Wilberforce: The life of the Great Antislave Trade Campaigner*），Londres-New York-Toronto，Harper Perennial，2008。

10. 参见"消除恶习协会"（Society for the Suppression of Vice），The Constable's Assistant: Being a Compendium of the Duties and Power of Constables and Other Police Officers，1808 年（1818 年，第 3 版，1831 年，第 4 版）；参见福柯，《真理与司法形式》，见上文，第 597 页／第 1465 页。

11. 1780 年 7 月，下议院驳回了反对让与教堂特权的请求，戈登暴乱（Gordon Riots）在伦敦爆发。大量针对天主教贵族和当权者的暴力事件在接下来的数天内发生。伦敦的权力机构，因为与王权有矛盾，所以等到暴徒占领英国银行时才介入。暴乱的名字出自向议院提交申请的英国贵族乔治·戈登（George Gordon），他的长篇大论对暴力的触发负担着很大的责任。参见汤普森（E.P. Thompson），《英国工人阶级的建立》（*La formation de la classe ouvrière anglaise*），第 67—68 页；鲁德（G.Rude），《戈登暴乱：对暴徒和受害者的研究》（*The Gordon Riots: A study of the rioters and their victims*），Transactions of the Royal Historical Society，第 5 季，第 6 期，1956 年，第 3—114 页；希伯特（C.Hibbert），《乔治·戈登与 1780 年暴乱的故事》（*King Mob: The Story of Lord George Gordon and the Riots of 1780*），Stroud，Sutton publishing，2004 [1958]。福柯在《规训与惩罚》中再次提到了戈登暴乱，第 18 页；参见《真理与司法形式》，见上文，第 597—598 页／第 1465—1466 页。

12. 参见汉韦（J.Hanway），《治安的缺陷》（*The Defects of Police*）。"伤风败俗的行为和频繁的抢劫活动主要集中在大城市及相关地区"（The

cause of immorality and the continual robberies committed:
Particularly in and about the metropolis), Londres, J.Dodsley,
1775 年（参见《规训与惩罚》, 第 125、130 页）。

13. 对于 18 世纪英国法律的严厉性及相关问题, 参见哈伊（D.Hay）,
《财产、权力和刑法》(*Property, Authority and the Criminal Law*), 道
格拉斯·哈伊（Douglas Hay）, 皮特·莱恩博（Peter Linebaugh）, 汤
普森（E.P.Thompson）,《阿尔比恩致命的树: 18 世纪英国的犯罪和社会》
(*Albion's Fatal Tree: Crime and Society in Eighteenth Century England*),
New York, Pantheon Books, 1975; 朗本（J.H.Langbein）,《阿尔比
恩的瑕疵》(Albion's Fatal Flaws), Past & Present, 98 (1), 1983,
第 96—120 页, 大卫·苏格曼（David Sugarman）,《历史中的法律: 法
律和社会的历史》(*Law in History: Histories of Law and society*), New
york, New york university press, 1966, 第 1 卷。

14. 短语"善意的伪证"(pieux parjure/pious perjury) 出自威
廉·布莱克斯通, 意为英国陪审团低估盗窃数额, 以便不适用过于严厉的
刑罚; 参见布莱克斯通（William Blackstone）,《论英国法律 (1765—
1769)》(*Commentaries on the Laws of England 1765—1769*), Londres,
A.Strahan, 1825 年, 第 4 卷, 第 237 页。边沁引述到, 盗窃数额超过 39
先令时会判处死刑, 于是陪审团会做出伪证说两块金币的价值低于这个数目:
"在法官的许可下拿掉 2 枚金币, 就能把犯人的定罪从死刑改为流放, 12 名陪
审员对 2 枚 40 先令的金币进行评估后, 宣誓说价值共计 39 先令, 没有其他
的了",《边沁著作集》, 约翰·斯图尔特·密尔（John Stuart Mill）主编,
Londres, Hunt and Clarke, 1827 年, 第 5 卷, 第 418 页。

15. 埃德蒙·伯克（E.Burke）,《对稀缺性的想法和细节——1795 年 11
月致威廉·皮特（William Pitt）》,《埃德蒙·伯克的作品》(*The Works of
Edmund Burke*), Boston, Charles C.Little and James Brown, 1839,
第 9 卷: 第 4 卷, 第 250—280 页, 第 253 页: "应该把耐心、劳动、节制、
俭朴、宗教推荐给劳动者; 其余的任何东西都是欺骗。把他们称为'曾经快乐
的劳动者'是极为可怕的。"

16. 鲍曼（A.Boadman）,《论人口》(*On Population*), Essay XXV,
收录在《地质学散文集》(*Georgical Essays*), ed. Alexander Hunter,
York, T.Wilson and R.Spence, 1804, 第 5 卷, 第 394—404 页。 第

398 页：“问题是，怎样使一个习惯于闲散、放肆、挥霍浪费的人坚定地过上节制、稳重、有德行的生活？教育确实是艰难的，然而又是不可或缺的。”

17. 埃德蒙·伯克（E.Burke），《对稀缺性的想法和细节》(*Thoughts and Details on Scarcity*)，见上文，第 253 页。伯克写下这段文字反对“工作中的穷人”(des pauvres qui travaillent) 这样的措辞，福柯引用了他的文字。1795 年正处于饥荒时期，伯克正与威廉·皮特论战，其主题是政府和知识分子的职能——更准确来说，是知识分子与政客对于劳动者的措辞。伯克的关于耐心、劳动、节制的段落是从反驳“工作中的穷人”的措辞开始的：“没有什么比伪善的政治措辞‘工作中的穷人’更加卑劣。最好是依据每个人的能力，在行动中展现出对他们的同情，展现得越多越好，而不是空悲叹他们的境况。这不是对他们悲惨境遇的救济；而是对他们可怜的理解能力的侮辱”（参见同上，第 252 页）。在 1963 年，英国的马克思主义历史学家汤普森（E.P.Thompson）比较了伯克的评注和帕特里克·科恩宽（Patrick Colquhoun）的作品，特别是在关于犯罪和消除恶习协会问题的分析方面做了比较；参见汤普森（E.P.Thompson），《撒旦的据点》(*Satan's Strongholds*)，in The marking of the English Working Class，第 56—57 页。

18. 沃森（R.Watson），《布道七，勿厌倦行善》(*Sermon VII. Let us not be weary in Well-doing*)，in Miscellaneous. Tracts on religious, political, and agricultural subjects, Londres, T.Cadell and W.Davies, 1815, 第 2 卷，第 1 卷，第 537 页：卡德尔（T.Cadell）、戴维斯（W.Davies），1815，第 2 卷，第 537 页：“法律是好的，但法律总是被底层阶级所逃避；而法律对高层阶级却毫无用途。”理查德·沃森（Richard Watson, 1737—1816），兰达夫（Llandaff）主教，在教堂对“消除恶习协会”布道所说；参见同上，“1804 年 5 月 3 日，星期二，在汉诺威广场的圣乔治（St.George）教堂‘消除恶习协会’布道；包括协会的计划、程序概要和成员名单”，Londres, T.Woodfall, 1804；参见福柯《真理与司法形式》，见上文，第 599 页 / 第 1467 页。

19. 参见沃森（R.Watson），《布道七，勿厌倦行善》，第 537—538 页：“我羞于推荐‘消除恶习协会’；领导者的模范作用对消除恶习最为有效，好于最优秀的法律的执行效果。”

20. 参见同上，第 539—540 页：“在他人的帮助下，坚持不懈地改正恶

123

习；然而这不是源于协会的唯一益处。周围的数千人都在'狡诈堕落的同辈中闪耀着光芒'，能引领着人们、引领着悲伤、拘束、愚昧的旅者进入到通往天堂的小径上；这可以证明宗教还没有离开大地。"

21. 消除恶习协会的"第一家协会是1802年在伦敦设立的：此后，有了成员名单，确立了此机构的效用和必要性，并要求公众支持"，Londres, Printed for the Society, 1803，第58页："一切煽动性的言论或行为，或者其他政治本质的言行都应该被协会所警惕；协会将其告知负责调查侵害国家行为的法官和政府官员等。"

22. 帕特里克·考尔克洪（Patrick Colquhoun, 1745—1820）与边沁一起成立英国第一个正规的治安组织——泰晤士河治安（Thamesriver police），负责保护伦敦泰晤士河港口的货品。他被看作是英国现代治安的创立人，他奠定下的基础在30年后驱使罗伯特·皮尔（Robert Peel）创立了伦敦的新治安。帕特里克·考尔克洪在1797年写下了《论城市的治安组织》（A Treatise on the Police of the Metropolis），Londres, H.Fry, 1797，福柯以此文章为依据。

23. 康德（I.Kant），《道德形而上学的基础》（*Grundlegung zur Metaphysik der Sitten*）（1785）。

24. 参见上文，第79页，注16。

25. 帕特里克·考尔克洪，《论伦敦的治安》（*Traité sur la police de Londres*），包括了首都犯罪的细节并指出了预防方法，第6版，L.C.D.B., Paris, Léopold Collin, 1807年，第2卷。尽管福柯多次引用考尔克洪的作品（参见第88、119、291页），但似乎他在《规训与惩罚》中没有再提到考尔克洪作品中的道德方面。

26. 帕特里克·考尔克洪，《论伦敦的治安》，参见同上，第2卷，第44—45页。

27. 参见同上："所以保障社会和平、预防犯罪的唯一方式就是通过轻微的方式，引导人们遵守宗教和道德责任；否则法律对国家、个人和财产的保护只能起到微弱的作用。"

124

28. 参见同上，第49页。福柯在手写稿中标出另一处引文，没有在课程中出现："道德纯良的人在何处都是无可非议的，而很少看到罪犯在之前的生活中从未因为一些言行受到惩罚。"（参见同上，第47页。）

29. 参见同上，第48页。

30. 参见同上，第 300 页。

31. 参见同上，第 32 页。

32. 参见同上，第 300 页（第 298 页注 1，续）。

33. 参见同上，第 299 页（第 298 页注 1，续）。

34. 关于考古学和谱系学的并置，见上文，第 95 页，注 2。

35. 作为健康信息组（Groupe d'information sur la santé）的成员，福柯介入关于堕胎权利的问题；参见 "Convoqué à la P.J."（福柯署名的文章，A.Landau 和 J.-Y.Petit, Le Nouvel Observateur, 注 468, 1973 年 10 月 26 日—11 月 4 日，第 53 页），1994 年版，DE，II，128 号，第 445—447 页 /Quarto，第 1 卷，第 1313—1315 页。

36. 关于违抗的概念，见上文，第 7 页，脚注 2。

37. 这里福柯在回应课程前一天——1973 年 2 月 6 日，卫生部部长让·富瓦耶（Jean Foyer）的讲话，富瓦耶是虔诚的天主教徒，堕胎自由化的坚定反对者。330 名医生参与了声明，2 月 5 日《新观察家》(Le Nouvel Observateur) 上的文章在 2 月 6 日被《世界报》(Le Monde) 转载，"堕胎或者通过非法交易以外的方式提供帮助"，事实上富瓦耶已经声明："在选举期间启动一个如此重要的政治活动是可悲的。"（1973 年 2 月 12 日快报转载）。乔治·蓬皮杜（Georges Pompidou）在 1973 年 1 月 9 日已经对堕胎的非刑事化（dépénalisation）表明了立场。330 人的声明源于 1971 年 4 月，343 名妇女承认自己曾经堕胎。参见娜奥尔（J.-Y.Le Naour）和瓦伦蒂（C.Valenti），《19—20 世纪的堕胎史》(Histoire de l'avortement, XIXᵉ—XXᵉ siècle), Paris, Seuil, 2003, 第 240—242 页；参见 "Convoqué à la P.J."，见上文。

1973年2月7日

1973 年 2 月 14 日

（A）英国（续）。道德的提高。（B）法国。提取和监禁新技术，以及新治安工具的产生。两种机制使得人们能够容许惩罚。在法国，国家机构通过侧面的社会利益体现出来：国王封印密札，以及 19 世纪使刑罚道德化和心理学化的社会控制办法。协会、家庭和行会精密的反填充（contre-investissement）。——认知领域，生平档案：19 世纪对精神病学、社会学和犯罪学的认知的影响。——替代了国王封印密札的国家集权机制：教养所。

*我们已经探讨过，［英国的］控制程序必然是通过人口迁移和财富地区化的新体系而确立起来的。我们已经注意到，临近 19 世纪的时候，控制者不再是小资产阶级组成的宗教团体，而是一切与权力紧密相关的人：商人、贵族。同理，控制的目标也发生了改变：不再是处于社会边缘的个人或不正常的个

---

* 手写稿包含这样的标题："英国美德的崛起"，与上一个相关联。

人，而是劳动者阶级。因此从总体上来讲，18 世纪末期的这种控制是一个社会阶级针对另一个社会阶级使用的。[*]

法国的控制程序与英国的模式不同。事实上，17 世纪的经济大萧条与社会危机并没有像在英国一样把法国引向资产阶级革命，而是引向了君主制度[**]，以面对控制的特殊问题。在 17 世纪末广泛的人民运动中，权力机关只使用了两种控制和镇压工具：军队和司法。然而，从中世纪末期开始直到 17 世纪，司法机构被私人占有，进入卖官鬻爵的状况中，并能够以继承的名义转移职位。即便是执法人员与地主（propriétaire foncier）之间也有共同的利益，因此，面对

---

* 手写稿中继续写道：
  "这种控制
  ——首先'从底层'被保障：通过一些团体对其内部的控制，从而逃脱刑事体系；
  ——逐渐转向了掌握权力的阶级；受到了以下压力
  ·人民政治运动
  ·无产阶级的建立
  国家是穷困阶级的代理人，或者道德化的主要依靠。
  因此：
  ——我们已经学习过惩罚体系，并发现了惩罚与刑法的异质性；
  ——惩罚在美国的原型中已经展现出一种与忏悔不同的机制；
  ——教养所因素只是强制力和积极约束中的一个要素。"
** 手写稿添加："君主专制制度"（monarchie absolue）。

着国王赋税增长和经济衰退，司法在王权和大多数人口面前止步不前。同样王权也见到了司法在回避镇压要求。军队则多次登上了历史舞台，然而对于国家和人民，这是一种沉重的、耗费高昂的工具，因此想要动用军队自卫，就会遭到多次抵抗运动。*

127 所以凸显出使用另一种工具的重要性：这种介入用于替代镇压——在人口中抽取个人的方式[1]。比起军队，这种手段在经济方面成本更低，在政治方面更加谨慎——在人群中提前抽取出具有危险倾向的个人；如此一来，用司法和军队对人口的控制替代了监禁。同时权力有两种用于分区控制和控制的工具[2]；一方面是行政和准司法工具：司法、治安和财政总督；另一方面是国王直接掌握的治安机构，由治安组织中的中尉接替。**然而这两种工具有一些特别之处：它们处于司法和非司法之间；一方面，对于某些事件，治安组织中的中尉和总督可以代替普通司法机构介入，并代替司法体系做出一些司法判决：在管理游民方面，治安组织中的官吏和总督有权做出司法

---

* 手写稿中包含关于"18 世纪情况的"列表：

  "a. 通过卖官鬻爵实现司法的垄断化和私人占有化；

  b. 垄断化的司法和其他人民阶层联合起来反抗国家的纳税；

  c. 司法在自己没有参与的人民运动面前无能为力；

  d. 人民普遍不宽容；军队介入；这种'武装司法'重复的结果；

  e. 抽取／监禁手段的使用。"

** 手写稿添加："以及治安组织中的总长官。骑警队（maréchaussée）。骑兵军官"。在空白处写道，"总体监管；干涉主义（interventionnisme）。"

判决。另一方面，中尉和总督具有准司法权力，他们可以不经过任何司法形式，也不需要自己做出司法审判，而是使用行政手段：引渡（extradition）、流放（banissement）、徒刑（réclusion）。* 这一体系沿用了很久，并取得了一定的成功，考尔克洪（Colquhoun）想要将其适用于英国。此外这一体系在大革命时期遭到了破坏，而热月政变（Thermidor）以后，它在大体上得以修复。然而，这种比军队更省钱、更隐秘的措施仍然是沉重的。事实上，对于社会里的全部阶级而言，这是一种征税工具。最终，这种工具剥夺了人们的司法权力、政治权力，剥夺了很多人的生命其中包括议员，消灭了许多封建残余。**

为什么这是一个如此宽容的体系？除去外表不看，它有自 *128* 己的力量和精妙之处，这是因为它是一个双入口的体系。其实在我看来，一个国家镇压机器能够有效地运作的前提条件，就是它必须是宽容的。而两种机制使得这种宽容性成为可能。首先是第二帝国和法西斯政权的方案。*** 其中有这样一个过程：

----

* 手写稿添加："不经过任何治安组织的形式。具体来说包括两种情况：
  ——或者是条件所限，与法律无关；
  ——或者涉及违法行为的时候，违反者被允许逃避审判。"

** 手写稿添加："其实这一体系坚持了很久，而英国甚至对这一体系迫切渴望。尽管遭受了大革命的打击，但是它很快得以恢复（或者说被纳入一个新体系），并没有被清除。
  ［隔行添加］→容许镇压机器的先行条件
  如果它能坚持下来，是因为这是一种双入口的体系。"

*** 手写稿添加："以法西斯政权和纳粹政权为例。"

国家镇压机构向人口中的边缘阶级转移。拿破仑三世的治安机构依靠于平民，而德国法西斯依靠于黑衫军和褐衫队，即纳粹党（SA）[*]，是由流氓无产者（lumpenprolétariat）、失业无产者或落魄小资产阶级等社会因子组成。这些在经济上和政治上都处于社会边缘的人群被赋予控制和镇压的任务。这种转移体系的好处就在于给镇压机器赋予自发的、本土的步伐。其实，这种治安组织由很多人组成。它提供了组织以外的干预可能^{**}，以及在某种具体意识形态内部对自由的控制：民族主义、种族主义等。同时在其外部使用社会控制，因为这些人处于社会边缘阶层，是通过国家机构的转移才得到国家的授权；而在其内部，他们自认为有着和控制机构同样的意识形态。^{***}

另一个方案是这样的：国家镇压机器^{****}不发生转移，而是继续保留在特定人群的手中，服从于中央权力，而人们达成协议——这种机器为统治阶级的利益服务的同时，在侧面服务于某些地区和个人。也就是说，在某些点上为这种国家机构制造出一些分流路线，使得某些未必属于统治阶级甚至没有共同利益的个人受益，他们可以在地方挪用权力，服务于自己的利益。这些团体最终巩固了权力，因为他们行使的权力是统治阶

---

    * 手写稿添加："武装亲卫队（S.S.），负责司法外的快速、暴力镇压。"

    ** 手写稿在空白处添加："以及法律以外的。"

   *** 手写稿添加："把以下相结合起来：治安机构权力的转移和注入、意识形态的加强、权力行使的导向。"

  **** 手写稿添加："其中的一部分，与自身的机能相关。"

        1973年2月14日

级分给他们的，是与国家机构成为一体的权力——这样就可以把本来不涉及直接利益的个人纳入了权力拥护范围中[*]。同样在国家机构的整体运转中交织运行的，一方面是统治阶级的利益和他们对权力的掌握；另一方面是侧面社会"用途"，可以用来掩盖这个机器^{**}，让人们容许其存在。这是由统治"阶级的利益"和侧面利益^{***}带来的国家机构的"填充"和"反填充"现象，而不再是国家机构的分裂和让与现象。

而17—18世纪的君主制度所使用的奇怪的国家机器是以什么为特征的？旧制度的准司法、准国家的机器长久以来都能被容许，是因为它遵循了第二种方案。那么是什么保障了这种机器的"反填充"？是什么准许这种机器在社会上细微层面的使用？^{****}是国王封印密札（lettre de cachet）——符合整体阶级利益的机动要素——准许机器在侧面上被一些个人使用：这些人与当权阶级并没有共同的政治、经济利益。³

---

* 手写稿添加："这是一种边缘用途，或者说微用途，细弱的用途，从更低微的层面来讲，国家机构在底层仍然受到阶级利益的支配。"
  在空白处添加："侧面用途"，后面写道"概要环路，分流路线，使得对一些个人、团体（与统治阶级不同的）利益分流出部分权力成为可能——不是为了阶级利益——是为了权力的同质性。"
** 手写稿添加："掩盖统治阶级的利益。"在"社会'用途'"上面加了一个词"细弱的"。
*** 手写稿中写的不是：阶级利益／侧面利益的对立，而是"阶级利益——社会效用"。
**** 手写稿添加："在旧制度的'治安'体系中或类司法或国家的体系中，其使用、其反填充是怎样被保障的——以至于全部都能被人们所接受。"

1973年2月14日

* * *

在 19 世纪的历史文献中，国王封印密札是君主专制权力的象征[4]：国王本身和其权力介入到个人的日常生活中；君主制度符号由此进入人们的日常生活中。然而，在我看来它还具有另外一个用途，并且不是自上而下运行的。国王封印密札的行政机制是什么？事实上，这是国王的决定介入个案中，并没有涉及普遍价值。数量有限的部分密札是由国王自己签发的，用于解决危险人物。除此以外，大部分密札是被个人、家庭、宗教团体、贵族、法律从业人员（公证员等）和行会等申请而来的。所以很多密札针对的是社会地位较低的人：底层法官、村民、商人和工匠。住在外省的人们向总督提出申请，住在巴黎的人向治安组织中的中尉提出申请。密札常常是被总督代理人送达的。总督和中尉甚至不需要报告给王宫，就可以对请求者[*]周围的人做情况调查。所以说，裁定是以人们的意见为依据的；一旦调查结束，确认了请求的合法性，那么他们就会向王宫报告，密札得以签署。[**]

国王封印密札是一个出自底层、被底层认证的行政流通过程。在高度集中的君主政体中，人们请求[***]的仅仅是一份来自

---

[*] 手写稿添加："总督代理人向申请者周围的人做调查（邻居、神甫、当地的贵族、行会等）。"

[**] 手写稿添加："密札（实际上从来都不是被国王自己签署的）被发送。"

[***] 手写稿添加："国王的标记，是权力的象征，代表国王的全部最高权力。"

1973年2月14日

高层的并带有国王标志的权力文书。人们请求统治权力介入，并暂时将其据为己有，为了能使权力以国王的名义降临在自己头上，通过权力的分流，自己得以行使最高权力，最终可以把自己的邻居或亲属等驱逐出境或监禁起来。在某种意义上，这是地方权力、团体或个人等对国王权力以及其标志和符号的暂时占有。国王封印密札不是一个表明国王权力渗透社会、打压个人的词语，而是从人民中来、到人民中去的通报过程，一般来说，是密札申请人负责支付被关押人的膳食费，国王不负责；如果一封密札被撤回，一般是总督和中尉负责与申请人商议，国王极少主动撤回。所以说，国王释放犯人的密札不会比监禁犯人的密札更多。

人们在什么情况下会申请惩罚密札？主要是关于一些准刑事惩罚——刑法典并没有定义为违法行为，而个人和地方微权力（教区、行会）所不能接受的行为：如配偶之间的不忠、荒淫、挥霍家产、非正常生活、骚乱等，简而言之，是无秩序和暴力两大类行为。[5] 也涉及通过类司法的途径对与法律相关却不适用法律的情况予以惩罚：例如巫术，它给司法的执行带来了很大的问题，因此许多巫师[*]都是国王封印密札的目标，被监禁起来。还有一些情况与密札有关，因为当时还不存在法院或判例。早期的劳动纠纷就是靠国王封印密札解决的。在1724—1725 年左右，随着经济的复兴出现了劳动纠纷，例如

---

* 手写稿添加：法律的苛刻不但适用于"巫师"，而且也适用于"鸡奸者"。

巴黎印刷工人的罢工：在 1723 年，印刷厂厂主已经习惯于招收德国的工人，因为可以付给他们比法国工人更少的工钱，因此一名年轻的工人图伊内（Thouinet）发起了罢工。[6] 然而印刷厂厂主不顾行会惯例，在 1724 年请求治安组织中尉监禁了图伊内。但他很快就被释放并被流放到距巴黎 40 古里以外的地方，于是他向中尉请求回到巴黎工作。中尉询问了印刷厂厂主的意见，而厂主拒绝撤销国王封印密札。无独有偶，有一些钟表工人在外国受到了赏识，而人们通过国王封印密札把他们关押起来，以防止他们流到国外。

　　出自底层的国王封印密札负责接管传统刑事体系的一切漏洞。实际上它制造出了监禁[*]：80% 的申请都要求处以监禁。然而这种监禁不是在监狱内部进行，约有一半的监禁都是在特定的宗教场所内进行的，以及医院、私人寄宿所、管教所等世俗场所进行的。[7] 在历史上这与精神病院具有演变关系。事实上，18 世纪末出现的最早期的治疗精神疾病的诊所在地理位置上和制度范围内都与此相关。此外，这种监禁与刑罚不同：这并不是对过错的惩罚，而且期限也没有提前确定；监禁要持续直到个人发生了某些变化——表现出悔恨的情绪。这样，密札的申请人或者被关押人才会以悔改的理由，要求解除密札。[**]

---

[*]　　手写稿添加："（有时还有转移，或禁止去某地）。"

[**]　手写稿添加："一般是由申请人予以证实。是由他决定悔过时间的长短：
　　——当被监禁的人要求自由的时候，他必须已经得到改正。
　　——经过调查，他才能重获自由。"

　　　　　　　　　　　　　　1973年2月14日

这就是后来资本主义改革的草图。其实在刑事体系的古典经济学中，刑罚的目的就是改变某些事物，而这种改变的地点和对象又是什么的？例如把某个东西改变并纳入其他倾向中。在古典体系中，这需要对某些并没有犯罪的人，也没有遭受到刑罚的人产生影响。刑罚的预防功能主要是针对他人，起到警醒的作用。相反，这里有一个从内部产生的观点，刑罚影响的不是他人的倾向，而是犯下过错的人的倾向。这种惩罚体系的新方向与刑事体系机制有所不同。19世纪刑罚的道德化、心理学化是以它为基础的。

通过国王封印密札表达出来的不是专制权力过多的干涉，而是以家庭、村庄为中心的道德共识。这种多形的、模糊的特征同时也是宗教共识所排斥和惩罚的，因此国王封印密札在混乱中划定并排斥各种类型的人群：烦躁症患者、病人、犯下过错的人。我们举例说明，在18世纪末，治安组织的中尉递交给王宫里的大臣的一封密札："昨天我们把行政官法院里的贝尔托（Bertaud）检察官的妻子送进了小城堡里面。她自认是圣人，六个月以来每天都进行毫无准备的团契聚会（communion），而且在饭后也不例外。根据法律条款，这一行为应该受到惩罚，然而与其说她的这种状态是恶意的，还不如说她是处于疯癫的状态。另外公开惩罚必定会对宗教造成负面影响，不信教者和皈依的新教徒会对此发表恶意的言论，在我看来最好的解决办法就是要求丈夫为自己的妻子支付膳食费。"[8] 在这里，是治安组织的中尉建议丈夫申请国王封印密札，因为刑事体系太过严厉，而且这也是出于对社会习俗（丑闻）和形势（新教徒和不信教者）的考虑。人们把这名妇女留在修道院，因为他说："我对宗教团体的模范作用毫不怀疑，对她仁慈的照料在几个月内就会使得她的精神和健康恢复正常。"[9] 这里提到了悔过（résipiscence），既包括精神上的悔改，也包括健康的恢复；并且提到了规律的生活，既包括社会生活的规律性，也包括修道院里团体内部的规则。[*]

国王封印密札将其纳入一种金字塔内，而金字塔顶端就是国王[**]，这与国王专制是相反的。"准司法"国家机构通过密札这种微小、边缘的工具得以上升。值得注意的是，国王封印密札在社会上处于重要的地位，因为这是权力的中继站和衍生地：这些密札的申请、认证地在教区、家庭、行会里，其中教区是行政、税务和宗教单位，人们在教区内部达成共识并要求权力尊重教区内部的道德、秩序和规则。这些地点是作为来自高层的权力和来自底层的权力的交换器。

经过这种申请、调查、恢复、检举和监视的交换体系，混杂地形成了一片认知领域。生平档案由此建成。其实，在国王封印密札出现以前，人们只有在这几种情况下会被记入档案：纳税、功勋、出身贵族或背负罪犯的骂名；财富、功绩、姓氏

---

[*] 手写稿添加："另外一个重要因素不是专制，而是矫正（correction）。这个词混杂着教育法、身体和健康的痊愈、宗教忏悔和精神上的转变。"[10]

[**] 手写稿添加："本质上属于'准司法'治安机器的组成部分。"

1973年2月14日

和犯罪是个人载入史册的要素。而有了国王封印密札以后，我们发现普通人的日常生活也成了认知的客体，虽然低于这个时代的认知论，但是却成了19世纪的精神病临床医学和社会临床医学的基石。与此同时[*]，这种与功勋、形式、犯罪和财富没什么关系的平庸的日常，这种没什么规律的黯淡生活是根据一定的准则被记录下来的。在国王封印密札中可以看到个人不合法的行为被社会接受并承认的迹象；还要研究行为的分配和演变：荒淫、浪费、暴力、挥霍、痴心妄想、阴谋诡计等。然而这些因素不构成用于划分个人的心理学特征；这些也不是疾病症状；这些不是迹象。事实上，这些是标记（marque），意思是权力作用于个人，并把个人置于服从的地位，从而引发一系列举措：社会排斥、监禁等。

最后，在除了标记功能以外，还可以在密札中找到叙述过程，因为生活被安静地记录下了因果关系、连贯性等。这就有了对耻辱的永久的记录，这是一种反普鲁塔克：人们的生活是可耻的。^{**}举例说明，这里有一封1709年3月4日，阿冉松（Argenson）给庞恰特雷恩（Pontchartrain）的密札：伽沃（Cavaus）小姐过着极其危险的生活，她的流浪和放荡要归罪于德鲁埃（Droust）氏，后者经常漂泊在各个省市和军队中；主动为将军们做间谍，提供错误的信息欺骗他

135

们。我知道旺多姆先生被欺骗过并被军队追捕。德鲁埃氏回到巴黎之后，伽沃小姐的行为完全失常了。她们一起去了贝阿恩（Béarn）和朗格多克（Languedoc），共同出资寻找受骗者。再次回到巴黎，她们出没于低级小旅馆、小饭店，与周围的仆从见面。更奇怪的是，这些仆从经常在可耻的会面后被留宿，出于畸形的热情而发表的公开证词更增加了她们的可恶之处。我认为根据国王的命令，这位悲惨的女人应该被关入主宫医院，而伽沃小姐要被送进庇护所，因为倘若为两者之一留下自由之身，那么对她们的矫正就不会起到多大的作用。[12]

　　这种以违法行为作为基础的从传记到认知的整合，似乎是我们认知中的基本现象之一，无论是对于刑事体系的重新组织，还是对于精神病学、社会学、犯罪学的创立都极其重要。这些学科是从缓慢模糊的治安认知上建立起来的，而这种认知给人们强制打上了政治印记，记录下他们的违法行为。我们可以通过持续一个世纪的对放荡者们的调查，记录下他们对性的认知，而后，这种认知被19世纪初的精神病学所替代，在某种意义上，上文中出名的放荡例子成了精神疾病产生的背景，1824年当放荡导致的梅毒性瘫痪出现在人们的认知中时，这些又被器质性医学所替代。类似的情况，人们在1840年发现了癔症。对放荡的认知促使精神分析法和当前关于欲望的理论的产生。对放荡的认知接连触发了其他认知。

　　　　　　　　　　　　1973年2月14日

* * *

至于英国体系和法国体系之间的关系，我们可以说在英国，社会控制运动通过领土收复主义（irrédentisme）逐步强加于国家；然而在法国正相反，因为运动是以高度集中的国家机构为依托的。因此，英国的社会控制是主要的举措和惩罚工具，如劝告、从团体中剔除 *；而在法国，核心工具就是监禁。** 除了这些差别以外，人们可以得出一个基本的相似点：虽然载体不同，但是涉及的是同样的限制运动和控制因素。在两个国家的检举活动是相同的。*** 控制的发起人和中继站是相同的：家庭、宗教团体或行会。另外，在这两种情况中，可以观察到运动向国家转移。**** 在 18 世纪，国王封印密札已经基本被废弃；但并没有完全被清除，这是一种对国王权力的拆除。1784 年，布里德耶（Breteuil）对密札进行了清理，[13] 密札变得不像之前一样普遍；***** 同时出现了一批国家集权机构：用于

---

  * 关于英国，手写稿中还写着："孤立"和"流放"。
  ** 对于法国，手写稿中还包括："控制工具的'精神'因素少于'身体'因素。"
  *** 手写稿中明确指出"被检举给治安组织中尉的事情，和卫斯理在检查中所处分的事情相类似。"
  **** 手写稿添加："在英国，向国家和上层阶级转移的控制变得越发社会化。在法国，人们越发趋向于减少国王封印密札；他们普遍都对其持敌对态度。"
  ***** 手写稿添加：
     "——对精神错乱者沿用；
     ——对一半的实施暴力的情况沿用：'有的家庭申请逮捕时会夸大主体的过错。'如果任其发展，'这就不再是矫正，而是真正的惩罚了'。"[14]

监禁并矫正乞丐、游民和不劳动的穷人的教养所。高度集中的机器代替了国王封印密札，一面是权力阶级，另一面是被权力阶级所控制的阶级。*1790 年的一篇文章指出这种道德秩序、公共秩序在国家机构内部的融合，作者是制宪议会中的伟大的司法理论家迪波尔（Duport），他写道："公共秩序不同于司法这个观点是错误的；这是专制主义的标志。"**他认为，公共秩序曾经被国王专制有效地保障，是与司法并列的；事实上在他揭露专制主义时，就揭露了两者之间的二元性；而且在要求公共秩序纳入司法之中的时候，他把维护公共秩序的责任（之前是被底层的机制维护的）交付给了国家机构，也就是统治阶级。***

---

* 手写稿添加："然而这种对国王封印密札的抵抗导致其几乎消亡，与此同时树立起一种比国王封印密札更加集中的体系：

——旧制度末期的教养所→监狱；

——制宪议会的关于一切医院财产和救济资源国有化的决议；

——交给当选者救济分配和道德控制的任务。

行乞委员会的第三次报告（Troisième rapport du Comité de mendicité）（1791 年 1 月 15 日）写道，必须创建一个委员会，'以便在上面管理教养所、收容所，了解被拘押者的过错或者好品行；做出相应的惩罚或者赦免的决定'。

——劳动中心的重要性。通过让每个人都参与劳动，从而获得核心的控制。政府要支持的不是救济，而是劳动方式：'放开劳动、放开作坊、为手工业打开销路'。必须'鼓励自己出资雇用大批工人的工厂：因为这对祖国非常有用'（行乞委员会的第三次报告）。"15

** "1. 在本质上公共秩序与司法并无差别。

2. 治安组织只能是司法不可避免带来的。"16

*** 手写稿是以这样的方式结束的：

（转下页）

　　　　　　　　　　　　　　　1973年2月14日

（接上页）"取消治安组织中的中尉、国王封印密札和监禁是与君主政体权力的拆除相符合的；然而事实上从另一个角度来看，这是惩罚和矫正机制向司法机器和刑事体系内部融合的过程（包括在法国和在英国）。

再补充一个差别：

——在英国：资产阶级金融和经济的掠夺（工业进步、劳动分工）是这一进程加速的因素之一。

——在法国：农村不动产和权利在个人产权范围内的重新分配导致了掠夺。

结论：英国进程和法国进程的相互接近让我们看到监狱（包括相应的教养、矫正因素）是怎样被纳入刑事理论和实践中的，而在当时监狱对于刑事理论和实践还是陌生的。

我们可以立刻指出这种结合的几点影响：

1. 由刑事违法而产生的犯罪感，其中要注意这不是基督教的残留印象。

在 19 世纪，由违法而产生的世俗犯罪感使得基督教投身到刑罚和监狱中：

——基督教的博爱仁慈；

——教士是监狱的公职人员；

—— '基督教道德' 是标准的意识形态；

——道德被写入心理学词汇中。

2. 重新定义刑罚的作用。

显然长久以来人们拒绝在刑罚中看到对过错的纯粹惩罚。刑罚主要是为了避免新的犯罪。如此看来刑罚主要具有预防作用，尤其是为了阻止其他犯罪产生。

而现在刑罚的作用是对犯下过错的个人产生一种内部的转变。

3. 监狱的使用和惩罚的新作用与道德控制机制紧密相连：如果没有普遍的监督就没有教养体系；如果没有对人口的控制就没有刑事监禁。如果没有治安组织就没有监狱。从年代上看，监狱和治安组织是双生子。事实上，审判机构和刑事机构是受到限制的，二者之间似乎不能直接联系。

我们甚至可以说这是立法者的忧愁所在——在 1808 年，没有审判的介入就不能有监禁。

而在历史上，二者是相连的；它们不但是司法工具，而且完全涵盖了司法，并赋予司法另一种运行模式。

4. 建立的认知双重领域。

（a）持续监督的认知。

监督文件。

统计学。

（b）转变的个人临床认知。

必须了解个人。

统计学认知和个人认知的结合，与医学认知处于同一时期（诊所产生的时候），并且稍微晚于进化论的诞生（莱尔和达尔文）。

值得注意的是：

（1）语言能够把整体意见记录在个人分析的措辞中，相反允许把 '理论中的治安组织' 和道德—宗教写入科学中的，就是医学用语。医学用语是整体记录员。

（2）审判实践中存在一种与 '调查' 在根本上不同的认知。也就是 '审讯'。"

1973年2月14日

注释

1. 参见米歇尔·福柯，《刑事理论与刑事制度》，第 6 课，在 17 世纪，施行"提取危险人物的方式"："提取或者威胁提取出部分民众并没有侵害的经济弊端"；第 7 课。

2. 参见米歇尔·福柯，《真理与司法形式》，第 600—601 页 / 第 1468—1469 页。

3. 早在 20 世纪 50 年代末，福柯就对国王封印密札产生了兴趣，在更广义的范围内，他是对总医院和巴士底狱的监禁档案感兴趣，当时他正在撰写《疯癫与文明：古典时期疯狂史》(第 156—158 页，第 508 页)。本文重述的题材就是源自这一时期：国王封印密札是一种"被底层申请来的""人民的实践"，所以反映出的是一种"自下而上的过程"，而不是君主专制权力的行为；9 年之后，福柯说"这些文章的思想境界是非常高的(摘自《历史上的星期一》中的关于国王封印密札的部分，Arlette Farge, Michelle Perrot, Andre Bejin 和 Michel Foucault, 1982, http: //michel-foucault-archives. org/？La-vie-des-hommes-infames)。参见《家庭的混乱——巴士底狱的国王封印密札档案》(*Le désordre des familles. Lettres de cachet des archives de la Bastille*)，法尔热 (A.Farge) 和福柯 (Paris, Gallimard, 1982)，整理阐述了同样的题材；第 10 课："通过阅读资料，我们感受到的不是统治者的愤怒，而是平民百姓的情绪，其中包括家庭里面的关系——丈夫和妻子、父母和孩子。"其兴趣的核心主要在于档案工作：资料由皮埃尔·里维耶 (Pirre Rivière) 在 1973 年整理；1977 年关于《无耻之人的生活》(La vie des hommes infâmes) 的《存在选集》(Une anthologie d'existence) (Les Cahier du chemin，第 29 号，1977 年 1 月 15 日，第 12—29 页)，DE，III，第 198 号，第 237—253 页 /Quarto，第 2 卷，第 237—253 页；Gallimard，1978 年"平行生活"(Les vies parallèles) 丛书，其中包括 Herculine Barbin 的回忆录，"男性两性畸形"(hermaphrodisme masculin) 时期被指责的人物 (Herculine Barbin, Alexina B)，以及 1797 年亨利·罗格朗 (Henry Legrand) 的密码手写稿 (BnF)《爱情圆圈》(Le Cercle amoureux)，Jean-Paul Dumont 和 Paul-Ursin Dumont 整理翻译。

4. 在《规训与惩罚》中，福柯复述了这种分析。见第 216 页。

5. 参见《疯癫与文明：古典时期疯狂史》，第 157 页（家庭、邻居、熟人、教区的神甫以对骚乱、丑闻、疯癫或犯罪的控告或担忧为名提出申请）；《无耻之人的生活》，见上文，第246页 / 第246页（国王封印密札是涉及家庭暴力和混乱的黑暗史）："被讥讽或被殴打的配偶、被挥霍的财富、利益间的冲突、难以管教或寻欢作乐的年轻人，以及其他一切行为上的无秩序"；接下来的调查"需要决定这些荒淫或酗酒行为、这些暴力或放荡行为是否值得拘禁，而拘禁的条件是什么，期限的又是怎样的：这是治安组织的任务，为此他们要寻找证据和告密者，探究围绕在每个人身边的值得怀疑的窃窃议论"；法尔热和福柯，《家庭的混乱——巴士底狱的国王封印密札档案》，第9页："让人震惊的是，很多情况下，这些申诉都是关于家事或者私事的：父母和孩子之间的矛盾，家庭不和，配偶的不端行为、男孩子或女孩子的放荡。"

140

6. 热尔曼·马丁（Germain Martin）在关于《路易十五统治下的法国大工业》（*La grande industrie en France sous le règne de Louis XV*）（Paris, Albert Fontemoing, 1900, 第323—324页）的研究中写道："国王封印密札有利于维持秩序。几年之后［1720年的类似的请愿书］，密札用于反对印刷工人图伊内。难道这样不会激怒其他的工人，并促使他们离开工场主，而不是留下来等着被削减工资吗？工场主递交给官员的诉求'让他们拘押这个男孩，只是为了起到警醒的作用。'11月6日，他被监禁起来，并在1725年2月4日被流放到距离巴黎40古里以外的地方，期限为6个月。然而出版业的行会理事申请禁止图伊内在首都停留。该手工业行会会员策划阴谋并'在公共场所分发非常不好的书籍'。"马丁援引了《巴士底狱档案，10858》（Arch. de la Bastille, 10858），弗朗茨·丰克-布伦坦诺（Franz Funck-Bretano），《旧制度下的工人问题——据国王封印密札关押的犯人资料而得出》（*La question ouvrière sous l'Ancien Régime d'après les dossiers provenant des prisonniers par lettres de cachet*），Paris, 1802, 第2页；然而图伊内这个名字并没有出现在弗朗茨·丰克-布伦坦诺（Franz Funck-Bretano）的《巴黎的国王封印密札——继巴士底狱犯人名单的研究（1659—1789）》［*Les lettres cachets à Paris. Étude suivie d'une liste des prisonniers de la Bastille (1659—1789)*］，Paris, Imprimerie nationale, 1903 年。

7. 参见同上，第98—99页，尾注8。

8. 在空白处，福柯用铅笔加注："第452页，复印"；这个资料没有被找到。参见皮埃尔·克莱芒（Pierre Clément）的信件汇编和治安报告《路易十四统治下的治安组织》（La police sous Louis XIV）（Paris, Didier et Cⁱᵉ, 1866），其中此段引文（第452—453页）出自一封1699年6月20日巴黎的信笺，是由国家部长和治安组织长官马克-勒内·阿冉松（Marc-René d'Argenson）写给国务秘书庞恰特雷恩（Pontchartrain）的（第33号资料，当时是帝国博物馆藏书：Ms. Fr. 8, 122, fol437, 第453页）。

9. 参见同上。

10. 在空白处，福柯用铅笔加注："第460—461页"。在这里他似乎查阅了皮埃尔·克莱芒的汇编，其中第460—461页包括的很多主题都是在这里讲到的，涉及关于莱维斯通（Leviston）小姐的案件。莱维斯通小姐从马德莱娜（Madelaine）修道院被转到总医院，她要求回马德莱娜修道院。她的悔改意愿体现在阿冉松写给庞恰特雷恩的一封信里：这位小姐"保证会变得更庄重有节制"。修女们对其道德上的共识也是非常重要的（"医院里的修女观察了她的行为后认为还算让人满意"），这位小姐的健康仍然是主要的（"她的健康状况很微妙，我认为医院的饮食对她的调理有好处"）。

11. 很显然这里说的是普鲁塔克（Plutarque）的《名人传》（Les vies des hommes illustres），第100—110页，Jacques Amyot译，Paris, Gallimard, 1973年；让·德·拉布吕耶尔（Jean de La Bruyère），《本世纪的特征或道德》（Les Caractères ou les Mœurs de ce siècle），Œuvres completes, Paris, Gallimard, 1935 [1688]。四年之后，也就是在1977年，福柯的一篇文章借用了这种表述：《无耻之人的生活》（La vie des hommes infâmes）（Les Cahier du chemin, 第29号，1977年1月15日，第12—29页），DE, III, 第198号，第237—253页/Quarto, 第2卷，第237—253页。这篇文章是当时一本即将出版的书籍《存在文选》（Une anthologie d'existence）的前言部分，收录了总医院和巴士底狱的监禁档案："总之我想根据权力下的一些悲惨或愤怒的言论，收录一些黑暗之人的传说。"（参见同上，第241页）我们可以在"平行生活"（Les vies parallèles）丛书中窥见同样的意图。

12. 阿冉松（Marc-René d'Argenson）写给庞恰特雷恩的信，第41号，1709年3月4日，收录在克莱芒的《路易十四统治下的治安组织》（La police sous Louis XIV），参见上文，第462—463页。

13. 见《国务部长布里德耶先生发给省总督的通函，内容关于国王封印密札和逮捕令》（Lettre circulaire adressée par Mr. le Baron de

Breteuil, Ministre d'État, à MM. Les Intendants des Provinces de son Département au sujet des Lettres de Cachet & Ordres de détention), Versailles, 1784 年 10 月 25 日, http: //psychiatrie. histoire.free.fr/psyhist/1780/breteuil.htm。

14. 参见同上。

15. 参见拉罗什富科—里昂古尔（François-Alexandre-Frédéric de la Rochefoucauld-Liancourt），《行乞委员会的第三次报告。救济的立法和行政总体系的宪法基础》（*Troisième rapport du Comité de Mendicité. Bases constitutionnelles du Système général de la Législation et de l'Administration de Secours*），Paris, Imprimerie nationale, 1791 年 1 月 15 日，第 28、34 页。

16. 福柯将再次讲到迪波尔（Duport）的思想。迪波尔认为罪犯和暴君有相似之处，参见《不正常的人》，第 86 页："在 1790 年关于新刑法典的讨论时，迪波尔（众所周知他不能代表一种极端的思想，距之甚远）说：'暴君和坏蛋扰乱的公共秩序。在我们看来，一个专横的命令和一起谋杀案同样都是犯罪'。"

1973 年 2 月 21 日

（B）法国（续）。概述和结果：惩罚的社会。机制：掌控民众非法活动。1.18 世纪的民众非法活动。曼恩省织布工人的情况。商人和织布工人操纵规则。非法活动的积极作用。2.18 世纪末的颠覆。资产阶级夺取了司法机构，希望能清除"侵吞"（déprédation）式的民众非法活动。工人的侵吞；伦敦港口工人的掠夺。3.刑事和惩治体系的确立。工具：社会敌人的概念；对工人阶级的惩治；监狱、殖民地、军队、治安组织。——19 世纪工人的非法活动，是资产阶级整个惩治体系的目标。

我想要阐述在 18 世纪与刑事体系的本质和功能相异的强制体系的发展。我们可以在道德化的社会中和国王封印密札中看到这种体系的运转。这种强制体系的适用和其工具逐渐分化，并在 18 世纪末被国家机构接管。我们可以说只有在 19 世纪的前 20 年，国家机构才接管了主要的强制体系，而后者被移植到了刑事体系之中，因此刑事体系第一次成了惩治体系。简而言之，这些与我所说的"惩罚的社会"有关系，也就是说，在一个社会中，发挥主要的矫正和惩治作用的是国家司法机关。这就是要达到的终点。*

所以必须要提出以下问题：这个迈向国家机构的缓慢的分化进程为什么加速了，最终为什么达到了这种统一的体系？这个看似很容易解决的问题其实很复杂。长久以来，我认为可以简单地用两个词来回答：在 18 世纪末期，资本主义生产模式的确立和发展，导致了一些政治危机的产生。平民要被转化成为无产阶级，而对他们的政治监管就要求一种新的镇压机构的确立。[1] 简而言之，随着资本主义的壮大，掀起了一系列人民暴动，这就要求资产阶级建立新的司法和惩治体系予以回应。然而我不确定自己是否正确地使用了"暴动的平民"（plèbe séditeuse）[2] 这个词。事实上，在我看来促使惩罚体系确立的机制比简单控制暴动的平民的机制更深厚、更宽广。必须要被制服的不只是暴动，资产阶级要求国家机构通过惩治体系**掌控的不只是暴动，而是一个更深广、更持久的现象，其中暴动只是一个特殊情况：那就是"民众的非法活动"。[3] 我认为直到 18 世纪末，民众非法活动不但能与资产阶级经济的发展并

---

* 手写稿添加："但并不是理由之一。仍然要探求：
　　——为什么转移的进程如此缓慢。为什么不是双重体系？
　　——为什么这个进程突然就完成了。为什么司法要惩治化。为什么国家成了惩治机器？"
　　在空白处写着："社会包含着一切社会道德价值。"
** 手写稿添加："通过治安和刑事体系，通过这种监督、道德化和强制力。"

存，而且对其有利；然而在某一段时期，非法活动与资产阶级经济的发展之间变得不可调和。*

* * *

民众非法活动，我们能从中懂得什么？我们以保罗·伍德（Paul Bois）的书《西部农民》（*Paysans de l'Ouest*）为例，该书的内容主要是关于曼恩省的纺织工人[4]。这个例子非常有用，该书讲到了一种快速纳入资本主义体系的职业，在18世纪仍然存在于城乡接合部，特别要强调的是，这曾是一个最自由的职业：当时既没有行会也没有行会管事会，仅仅存在一些规则，是17世纪纺织业的组织者——财务总控制官制定的，这种情况一直延续到1748年法规的出现。[5] 所以说纺织工人是一些手工业者，他们用自己家里的纺织机织出布料，然后一些商人把布料商业化，以便出售或出口。对工人的控制是通过法规实现的，尤其是1748年的法规；尽管1748年法规的严厉性不及行会的规则，却仍然是强制性的：规定了不同布料的质量、每片布料的长度、手工业者的标识等，提交给管理机构。** 这些都是在一部分人的监督下进行的：他们来自当地，可以把一半的罚金装进口袋作为收入。此外，测量、标

---

* 手写稿添加："民众非法活动是一个阻碍，甚至是危机。"

** 手写稿明确指出1784年的法规还对"市场、市场的运转以及价格作出了规定"。

识、市场等意味着一定权利的取得。*因此为了逃避约束——虽然这些约束对于手工业者来说也不全是不利的**，抵抗商人的竞争从而保护手工业者——一种双方非法活动确立起来了。一面是要进行商业化活动的商人，另一面是制造布料的纺织工人，双方直接串通以便绕过规章制度。他们在官方市场外提前签订合同；因为这种直接协定，双方建立起了直接联系和商业关系，在某种意义上，这就是市场规则。***最后商人预付款给纺织工人，以便后者去购买新的生产工具。这样，资本主义生产方式渐渐地进入手工业体系中，而原因就是双方的这种非法活动。

然而，这种非法活动的形式是非常重要的，理由有几点。第一点，这是一种"功能性"的非法活动：它不是障碍，而是对正在工业化进程中的资本主义有利，它使一种资本主义利益关系得以出现。与这种非法活动相对立的并不是商人利益，而是封建主义的取得——领主直接的抽取或间接的国有化抽取。所以反抗的就是这种以权利和罚金形式存在的抽取。因此这不是对实体所有权的攻击，而是对权利的攻击。这不是盗窃，而是一种反封建式的欺骗，对资产阶级有利。这是资产阶级为新*146*法制而作出的先进的斗争。

第二点，这是一种体系化的非法活动，基本为整个社会所

---

　　* 　手写稿添加："如果存在争议并且双方中有一方要求验证的时候。"

　** 　手写稿添加："不识字的人常常没有测量工具。"

*** 　手写稿添加："他们免除标识，自己评估品质、数量和价格。"

1973年2月21日

用。事实上这种民众非法活动与商人或生意上的非法活动是割裂开来的。除此以外，还有特权非法活动——通过身份地位、宽容和例外特权等逃避法律的活动。在这种特权非法活动和民众非法活动之间，还存在一些关系，其中的一部分又是相互对立的。实际上民众非法活动减少了封建收益，也就通过间接的方式减少了国家的收益。然而，从另一方面来说这种对立不是根本性的，存在一些和解、妥协。在 17 世纪的某一个时期里，贵族和大地主都不称量，为的是让自己的权利得到尊重。他们更愿意直接从王宫得到一些特权：赋税免除、膳食费、物品赠予等。而且，他们可以通过自己的非法活动弥补民众非法活动对自己造成的损失。这在另一个层面上再次引起了新矛盾，为了能使国家给予好处，必须让权利在国家收入层面流转的时间不能太短。

所以说，在 17 世纪存在三种相互矛盾的非法活动，它们分别来自民众、唯利是图的商人（affairsite）和特权享有者。还要加上第四种，来自权力的非法活动[*]——它让体系运转起来。权力的直接代理人——总督（intendant）、总督代理人（subdélégué）、治安组织中尉——通常被看作是专制权力的官员，但事实上，他们不只是专制或要求严格遵守法律的官员，同时还是非法活动的仲裁人。在数次惩罚手工业

---

[*] 手写稿添加："如果这个词语对于不存在立法机构的君主专制制度有意义。"

者的案例中，国王权力的代理人经常介入并减少罚金。*伍德（Bois）举了一个例子：把 100 古斤变为 1 古斤或者少量地皮。[6] 所以说权力的介入，犹如非法活动的调度器。**

第三点，这种非法活动既是经济的也是政治的。***显然，当撰写一部法律，当确立一种逃避法规体系的市场关系的时候，人们可以说这里面并不含有政治成分，这只是一种涉及经济利益的活动。然而每次有一部短暂运行的法律的时候，人们总会违背法律。他们反对的不是事件，而是对自身的抽纳，是作用于自身的权力、是决策机关。在经济类的非法活动和对权力的准政治侵犯之间存在一种连续性，在 18 世纪的民众非法活动中很难将二者做出区分。****此外我们可以看到两个末端。曾经有一个时期，这种非法活动在普通法里动摇了：以罚金为目的的监禁导致了走私、流浪和乞讨等情况的出现。而在另一个端点上，当这种非法活动以集体形式反对与经济衰落有关的新措施时，它就延伸向政治斗争：反对征税的罢工、反对征税的掠夺以及骚乱。[7] 在这些背后，资产阶级占据了一个模棱两

---

   * 手写稿添加："根据利益、压力和骚乱风险的不同。"

  ** 手写稿添加："后来这种权力作为动摇法制的专制被舍弃了，其实这种权力是各种非法活动之间的仲裁人。这些非法活动在社会和经济的发展过程中起到了积极的作用。"

 *** 手写稿添加："我们看到这种非法活动既不完全属于普通法，也不完全从属于政治秩序。"

**** 手写稿添加："在个人或集体的示威活动中（当人们普遍反对实施某个法规或缴纳赋税时），的确不存在政治对抗（反对体制、反对国王）。这些抗议针对的不是事情，而是权力和法律机构。"

可的地位：当这些反对法律的斗争对自己有利时，他们就会表示支持；当这些斗争沦为普通法里的犯罪或转向政治斗争的时候，他们就会表示反对。他们接受偷运，反对抢劫；他们赞同反纳税，却拒绝纳税的侵吞。*

第四点，这种非法活动的形式是不确定的。绕过法律，做一些违法的勾当，这不是出于一时的想法。事实上，在民众非法活动和法律之间存在着规则。我们几乎可以说对法律的尊重只是非法活动的一个战略。**双方的非法活动一旦产生矛盾，民众就会认为其原因是资产阶级不择手段的剥削，于是他们就会放弃非法活动，转而求助于法制的保卫者：国王权力下的官员。***然而资产阶级也需要法律，非法活动会促使资产阶级申请法律机构介入。资产阶级和特权享有者是不缺少法制的，因为司法机构不是被民众所掌握的，对于民众的大部分要求，司法机构都是默不作声的；所以对于民众，有必要通过自己的方式重新激活法制形式。这些都可以在 18 世纪的社会现象中体现出来，例如市场骚乱。[9]市场的旧法规被抛弃多年后，会发现价格上涨，小户买家的购买能力受到阻碍，他们就会要求重新使用旧法规；混杂着夸张和暴力的因素，他们自己会重新建

---

* 手写稿添加："芯轴。这种非法活动把链条的两端牢牢地固定住了：从侵吞到骚乱。它伴随着资产阶级的斗争并涌入两个端点[8]。"

** 手写稿添加："[民众非法活动]与其他非法活动的关系很复杂。特别是对于与其紧密相连的：资产阶级的非法活动。"

*** 手写稿添加："他们提起诉讼、交付检察官或给予豁免。"

　　　　　　　　　　　　1973年2月21日

立其所缺失的司法机构。他们重新确立市场的规则和价格。于是，我们看到了人民法院，[10] 这是在非法活动内部重新激活法制的方式，在战略上是为人民所需要的。*

　　总而言之，民众阶层中存在很多非法活动，这与其他非法活动是相对应的；如果我们不研究非法活动的积极作用，就不能理解刑事体系、法律体系和禁令（interdit）的运转。如果认为首先存在禁令，然后才有违犯，这是不对的；或者认为首先存在乱伦的渴望，然后才禁止乱伦也是不对的；事实上，如果说一项禁令是针对它所禁止的事物才能被理解、分析，那么必须也要根据是谁发出的禁令，以及禁令是关于什么，来分析禁令。然而，我认为只有把法律和禁令放入到它们所运行的非法活动的现实情况中，才能对其进行分析。法律只有在非法活动的内部才能适用。** 我们以堕胎的情况为例：很显然，法律只有在违法实践的范围内运行和适用。把非法活动的积极作用和法律的存在连接起来，这是理解法律运行的条件之一，只可

149

----

* 手写稿添加："民众重新激活司法，并不代表民众对于司法机构的准确运转具有深刻的想法。他们对法院不报有渴望，对长久以来让自己失望的法官也没有好感。求助于法制只是不合法活动的一个组成部分，处于他们与其他社会阶级的结盟或矛盾之中。"

** 手写稿添加：

"——一方面，非法活动整治了决口，开凿了沟渠，冲破了大门，以便新生产关系得以确立；

——另一方面，非法活动被一切准司法机构（总督、治安组织中的中尉）控制、管理、治理。"

在空白处写道："方式：非法活动的积极作用。"

惜这一点通常都会被遗忘。[11]

实质上，资产阶级时而依靠特权享有者的非法活动，以便自身也能享受特权；时而依靠民众非法活动，因为这是斗争的先头部队，能够动摇司法形式。[*]站在更高的层面上，我们可以这样说：自中世纪以来，资产阶级为了掌控国家司法机构，创造出三种方式。第一种，占有司法机构：职位的买卖[12]。第二种，介入国家机构并对其进行管理。第三种，非法活动：放任其他社会阶层的非法活动，处于这种联合的非法活动体系中，资产阶级本身便也可以进行非法活动，于是沉重的法制被推翻。1789年法国大革命就是这种联合的非法活动的漫长过程所达到的结果，因此资本主义经济得以开辟新道路。

所以我们可以更好地圈定问题之所在：18世纪末，那些行政、治安、准司法监管机构不但是法制的代理人，也是评判非法活动的决策机构，然而这些都被资产阶级转变成了司法机构，负责清除民众非法活动。这种机构与非法活动的普遍体系混杂起来，而掌握了权力的资产阶级就把手伸向了这些非法活动，并适用起自己的法制。确切来说，在我看来，一旦资产阶级不再能够容忍民众非法活动，在非法活动网络中运转的惩治

150

---

[*] 手写稿添加："他们曾经能保护资产阶级（资产阶级得以存活，并占领国家机器）。为了掌控法律，个人占有失败了：一致的非法活动取得了成功→革命。"

　　　　　　　　　　　　　1973年2月21日

因素将被调动起来，并将被纳入司法体系。*

　　由此提出问题：二者曾经是非法活动的同谋，为什么资产阶级的非法活动不能够再容忍民众非法活动？我们以织布工人的情况为例。他们在 18 世纪中期拥有自己的职业、自己的成套工具、自己的原料和自己的住所。**我们将其与 18 世纪下半叶的伦敦港口的工人进行对比：他们一无所有，但是他们面前——在船上、在仓库里，每年涉及的财产据考尔克洪估计能达到 7000 万利弗尔（livre）。***财富就在这里，在其进入商业市场和流通渠道之前，港口的工人能与其直接接触。在这种条件下，对铺开财富的侵吞成了必然：这些货品"暴露在外，不但招致很大一部分道德败坏的工人的侵吞，而且在拥挤的港口

---

*　手写稿包括以下内容："但不能这样说：资产阶级确立了自己的法制，并要求民众对其遵守。

工人的破坏。

法国大革命初期以来的杜尔哥（Turgot）的一系列措施摧毁了：

——一切建立在生产之上的权利；

——一切限制生产形式和生产发展的规则。

民众非法活动不再使用。

但与此同时建立起来了

——一方面，所有权的司法简化形式；

——另一方面，一切生产方式都集中在同一个社会阶层的生产模式。

忽然之间，民众对于法律、法规不再持有敌对态度：他们关心的是物品，自己没有而别人所拥有的物品。"

**　手写稿添加："一切能被触碰到的物品，都是他们能占有的物品。"

***　手写稿添加："考尔克洪认为这个数字是七千万。13500 艘船舶对其进行装卸；其中三千一百万磅是进口产品；两千九百万磅用于出口；九百万以考得的木材。另外还要加上皇家海军仓库里侵占的份额。"13

上，不可避免地会发生混淆，也方便他人的盗取"。[14]

然而值得注意的是，这种侵吞不是从外部实现的——不是失业者、游民劫掠了财富；而是负责操纵财富的职工侵吞了财富。这是一种复杂的内部体系，而并不是出于外部的攻击。考尔克洪认为，在 9 种港口劫掠情况中，其中有 7 种与港口的职工有关联。[15] 这与 17、18 世纪海关职员参与偷运走私的状况非常接近。这一体系也有自己的窝藏、商业化体系。[16] 这种与财产相关的盗窃，与偷运的情况相类似。涉及的财产数额越大，其形式越让人感到不安：事实上存在着一系列连贯的、隐蔽的、寄生的经济活动。我们看到，曾经被资产阶级所容忍的民众非法活动，对抗的是法律以及维护法律的权力；而现在的民众非法活动攻击的是资产阶级财产的物质性。而且这些被迫固定下来了：脱离了手工业的工人不再与法律直接接触，而是与物品相接触，但是这些物品都处于此原则之下："这不属于你"。曾经在手工业体系中，工人能接触到的物品大部分都是属于自己的，通过这些物品，他们与对其进行管理的权力产生了联系，因此试图通过非法活动绕过权力。而当工人面前一无所有，只留下资产阶级的财产的时候，唯一能做的非法活动就是侵吞。

与此同时，由于资本主义经济基础的确立，民众阶层从手工工人变成了雇佣劳动者，也就只好从欺诈转移到偷盗领域。然而在同一时期，特权享有者也是出于同一个原因自动从掠夺转移到了欺骗领域。现在是他们要求专属特权，是他们制定法

1973年2月21日

律以便能从中逃脱，并且他们能两次制定法律：第一次，出于社会特权，他们可以规定自己不进入刑法范畴；第二次，通过自己的权力，他们可以制定或取消法律。所以欺骗和逃脱法律有了两种新形式：制定法律，通过成文法逃脱法律。在资产阶级中，立法权力与非法活动紧密相连。*

这里存在一种进程，它从远处对刑事体系、惩治体系的一切组织和机能进行支配，并导致两种司法机构的划分。因此对于刑事体系制造出一些重要的现象。平民在无产阶级化的过程中，把自己在 18 世纪和资产阶级串通使用的非法活动的技巧和形式传递到了资产阶级的财产上。因此，资产阶级一旦意识到非法活动转移到了自己的财产上，并忧惧其影响时，就要将其制止。**

由此产生了一系列影响。第一点，以社会形式对非法活动的检举，以及对做出非法活动的社会敌人的举报。然而在 18 世纪，进行诈骗、偷运活动的罪犯只要没有影响体系的运转，就不会被看作是社会敌人，直到 18 世纪末，罪犯才被当作是公敌。在理论上，罪犯的定义是撕毁社会契约的人，此定义被纳入了资产阶级的策略中。第二点，在 18 世纪初期，为了捣

* 手写稿添加："这里涉及司法层面上的两种不同的犯罪：盗窃（vol），与不属于自己的物品相关的非法活动；欺诈（fraude），财产与法律相关的非法活动。欺诈也是一种非法活动，为制定或取消法律、强制遵守法律和逃脱法律提供了可能性。政治↔欺诈。"
** 手写稿添加："资产阶级还没有逃脱封建捕食的时候，就会遇到劫掠。"

1973年2月21日

189

毁违法团体，系统地运用警察的耳目、线人、密探等举措。[*]诚然，密探在 17 世纪就已存在，并主要用于监督；自此，资产阶级把自己的人员打入到罪犯中间。^{**}第三点，资产阶级想要得到工人和生产机构之间的东西，不仅限于法律规定"不属于你"的东西。必须另有法规进行补充，并能够使这条法律运转：必须提高工人德行。人们对工人说："你拥有的只是劳动的力量，我以市场价格来进行购买"，^{***}而当他们赚取到薪酬时，人们必须在这段劳动关系中注入义务和约束力，加在法律之上——表面上看来是简单的市场法律法规。^{****}薪金合同必须要有强制力相配合，以作为合同的生效条款：必须"革新""教化"工人阶级。同时，当一个阶级要对另一个阶级使用教化措施时，教化措施就发生了转移：在资产阶级和无产阶级的阶级关系中，压缩过的、改造过的教养所体系得以适用；这是一种对生产关系起到控制和维持作用的政治工具。第四点，为了使补充法规能够确实有效的运转，为了能让人们把罪犯看作是社会敌人，还需要以下的内容：在有非法活动的民众阶层内部，区分罪犯和非罪犯。这些进行经济—政治非法活动的人群、这些从践踏普通法到政治暴动的人群必须被围剿，所以必须做出

---

    *   手写稿添加："他们不再是 18 世纪的'密探'（mouche）。"¹⁷

   **   手写稿添加："有一个机构是用来回应侵吞的'偷运'形式的。就像侵吞行为倚靠于生产机构的内部因子一样，镇压行为依靠于侵吞机构的内部因子。警察—小偷共谋的另一种形式是职员—诈骗者的共谋。"

  ***   手写稿添加："即使你饿得奄奄一息。"

****   手写稿添加："这些是必不可少的补充部分。"

                                      1973年2月21日

区分：一方面是纯粹的罪犯，另一方面是未犯罪的人——所谓的非罪犯。

资产阶级想要做的不只是消灭犯罪。[18] 刑事体系的主要目标是割裂民众非法活动和犯罪团体的连续体，为此它掌握着两种工具。一方面是意识形态工具：罪犯是社会敌人。罪犯不再是反抗法律、意图逃避权力的人，而是与社会中的每个成员对抗的人。在 18 世纪的文学作品和刑事理论中，罪犯魔鬼般的形象就是与这种把民众非法活动划分为二的要求相符合。另一方面是实践工具。资产阶级怎样使犯罪名词化，并将其孤立起来？

第一种办法就是监狱。我们知道监狱有一个特征，就是让从中出去的人再回到监狱。累犯的环路很容易就被辨别出来；必须确立一种犯罪的闭合环路，以便能把累犯和从事非法活动的大量民众相隔开。要从两个方面理解监狱的环路：监狱圈禁罪犯，与此同时作为一种自发社会现象的犯罪在监狱中循环。而另一种办法就是让罪犯和非罪犯相互构成竞争。因此监狱中的劳动和工人的劳动也构成竞争关系。在 19 世纪，关押犯人的监狱的物质条件不会低于工人的住房、生存条件：这种在贫困中的竞争是一个要素。最后，最重要的办法就是在罪犯和非罪犯之间树立真正的敌对关系。因此从拿破仑统治的时期以来，人们优先雇用罪犯进入到治安组织中，而军队是一种在社会中吸收犯罪的方式，在罢工、政治暴动期间，这些抵制劳动道德规范的人组成的军队用以对抗工人。

1973年2月21日

监狱、殖民地、军队、治安组织[*]：这些举措都是为了粉碎民众非法活动并组织其手段作用于资产阶级的财产上。这些办法当然没有完全抹去经济上的非法活动（破坏机器）、社会非法活动（组建协会）、民事上的非法活动（拒绝结婚）[**]或政治上的非法活动（骚乱）。非法活动的问题仍然完整地存在于19世纪工人阶级的历史中，但是这段历史与18世纪的历史是迥异的。在18世纪，非法活动与资产阶级的非法活动之间的关系相对复杂；然而在19世纪，工人的非法活动是资产阶级惩治体系的重大目标。我们可以说，无政府主义的意识形态的力量与工人阶级违法意识和非法活动的坚持和严厉性是相关联的——这种坚持和严厉性并不能够消除议会法则，也不能消除工会的规则。

注释

1. 参见米歇尔·福柯，《刑事理论与刑事制度》，第7课："刑事体系和惩治体系的一切重大改革都是回应人民斗争的方式。"；"刑事—犯罪双体系是镇压—叛乱双体系的影响之一。此影响是保持、转移和屏蔽的结果及条件。"

2. 在历史上"暴动的平民"（plèbe séditeuse）这个概念被英国历史学家使用，而且他们就此展开了热烈的讨论。福柯对此展开了更为精确的阐述，即关于非法活动（见下文）的分析。参见汤普森（E.P.Thompson），《英国工人阶级的形成》（*The Making of the English Working Class/La formation de la classe ouvrière anglaise*），第62页，"历史学家习惯性地滥用'乌合之众'（mob）这个词语，以躲避进一步的分析，然而这个词语是一种偏见。"

---

[*] 手写稿添加："监狱、殖民地、军队、治安组织：拒绝劳动的道德规范。"

[**] 手写稿添加："道德上的非法活动。"

　　　　　　　　　　　　　　　　　1973年2月21日

对于福柯，刑事体系并不是因"暴动的平民"而引发的恐惧，而是资产阶级财产的工业化进程把他们的财富暴露在了民众面前。在几个月之后的一次访谈上，福柯"纠正"了自己的"暴动的平民"的措辞："其实我认为最重要的不是'暴动的平民'的问题，而是出于经济发展的必要原因，资产阶级的财富被投到生产者手中这一事实。任何一个劳动者都可能变为噬食者。任何剩余价值（plus-value）都有可能被窃取。"（米歇尔·福柯，《关于惩治监禁》，1994年版，第438页/Quarto第2卷，第1304页。）

　　3. 在接下来的课程以及《规训与惩罚》中也可以看到，对于民众非法活动以及广义上的非法活动的分析，是福柯刑事体系思想的基本主题之一。在许多当代的访谈中，福柯都就这一问题进行了阐述。参见《关于惩治监禁》，第435—436页 / 第1301—1302页："在任何体制中，不同的社会团体、不同的阶级、不同的等级集团都有各自的非法活动。在旧制度中，这些非法活动曾达到一种相对调校的状态。显然，这些非法活动是相互矛盾的。资产阶级曾经在某种意义上需要民众的非法活动，他们建立了一种'临时协定'（modus vivendi）。我认为一旦资产阶级掌握政治权力，一旦能够让权力机构配合自己的经济利益，他们就不再容忍曾经所允许的民众非法活动——这些民众非法活动曾在旧制度中存在；资产阶级肯定会对其加以限制。我认为刑事体系，特别是18世纪末、19世纪初在欧洲所有国家都采用的普遍监管体系是基于这一事实而产生的惩罚办法：在旧制度中某些被容许存在的旧形式的民众非法活动被完全否定：必须要全面监管民众阶层。"参见《规训与惩罚》第84—91页，第277—282页。

156

　　4. 我们说的这本书是保罗·伍德（Paul Bois）的博士论文《西部农民——大革命时期以来在萨尔特省政治选择下的经济与社会结构》（*Paysans de l'Ouest. Des structures économiques et sociales aux options politique depuis l'époque révolutionnaire dans la Sarthe*）。福柯是以第2卷第11章的分析为依据的："纺织工人。社会研究"，第515—543页。

　　5. 1784年的法规特别对生产模式做出了规定。参见缪塞（R.Musset），《曼恩省南部的地理研究》（*Le Bas-Maine. Étude géographique*），Paris，Armand Colin（Bibliothèque de la Fondation Thiers），1917；塞河（H.E.Sée），《现代资本主义的起源》（*Les origines du capitalisme moderne*），Paris，A.Colin（Collection Armand Colin: Section d'histoire et sciences économiques 79），1926，第102—114页；多

尔尼克（F.Dornic），《1650—1815 年间曼恩省的纺织业及其国际销售市场》（*L'Industrie textile dans le Maine et ses débouchés internationaux 1650—1815*），Le Mans, Pierre-Belon, 1955；伍德（P.Bois），《西部农民》（*Paysans de l'Ouest*），第 518 页；更现代的作品有普莱西（R.Plessix），《18 世纪末曼恩省北部的织布工人》（*Les tisserands du Haut-Maine à la fin du XVIIIe siècle*），Annales de Bretagne et des pays de l'Ouest, 第 97 (3) 期，1990 年，第 193—205 页："18—20 世纪西部的纺织业"。

6. 参见保罗·伍德的《西部农民——大革命时期以来在萨尔特省政治选择下的经济与社会结构》，第 528—529 页。

7. 参见汤普森（E.P.Thompson），《18 世纪英国民众的道德经济学》（*The Moral Economy of the English Crowd in the Eighteenth Century*）。

8. 关于侵吞的内容参考了保罗·伍德（Paul Bois）的观点，并在《规训与惩罚》第 86 页再次阐述民众的非法活动。

9. 参见汤普森，《18 世纪英国民众的道德经济学》。

10. 关于人民法院的问题，见上文，第 81 页，注 32。

11. 在《规训与惩罚》中再次出现，第 23 页。

12. 参见同上，第 82—83 页，第 220—221 页。

13. 参见考尔克洪（Colquhoun），《论城市的治安组织》（*Traité sur la police de la métropole*），第 1 卷，第 296—297 页："进口商品的价值 309574211."；"出口商品的价值 29640568"；"框架、缆绳、船上的帆缆索具、物资储备等价值 8825000"；"总价值 702679891."；"外贸和近海运输船舶数量 13258"；第 2 卷，第 401 页："一年之中，伦敦港口共吞吐 13000 艘商船，进出口贸易额超过了 7000 万英镑。"

14. 参见考尔克洪，《论城市的治安组织》，第 298 页。福柯在手写稿中添加另外两条出自考尔克洪的内容："然而考尔克洪说，面对如此的境况，工人会做出怎样的反应：'工人们发现了偷盗和偷运的相似性，而且长久以来他们已经习惯使用这些伎俩，并没有遭到过抵抗，于是不计其数的工人都参与到了这种侵吞活动中'。"（参见同上，第 2 卷，第 19 页）而且"（至少有偷盗行为的工人是这样认为的，）偷盗与偷运的相似性使得他们从事这种犯罪活动时得心应手，并没有感觉到任何的荒谬或严重性"（参见同上，第 1 卷，第 289 页）。福柯继续写道："所以说，对规则的破坏和对所有权的侵犯并无差异；违反法律和盗窃财物也没有什么不同。但这种观点不仅仅在认知方面是混淆的，而且是在整个行为体系方面的移转。"

15. 福柯在手写稿中列举两个侵吞的例子，涉及的是串通合谋的情况，或者是港口的水手或雇员造成的直接后果："拾荒者：以收废铁为由，偷运走部分产品"。考尔克洪把这种劫掠的行为归结为港口雇员的获利协定，他们通过拾荒者（mudlark）运送"小包的糖、咖啡、辣椒和姜"，而拾荒者则以在瓮中翻找废弃的绳索和铁皮为借口，"获取其中的部分赃物"（《论城市的治安组织》，第 1 卷，第 315—316 页）。

第二个例子是关于"轻骑兵，他们借着转卖货品（糖）的名义，大量地侵占糖"。根据考尔克洪的叙述，轻骑兵的劫掠行为，使得双方同谋的违法犯罪行为显而易见，其源头在于："西印度反抗主人的船舶和河边窝藏者的协议，在卸货以后，后者经常借着买糖，或者买底舱和甲板间剩余的糖屑为由，侵扰船舶。部分反抗主人的船舶宣称糖是属于自己的，尽管这与批发商委员会明确规定并一再重申的规则相左。"（第 306 页）

16. 福柯在手写稿中指出，偷运商业化的循环有两个层面："——零售窝藏者，他们以 1/3 的价格直接购买种类繁多的物品。//——（专门的）批发窝藏者把物品转卖给零售商、承包商或国家。// 双轮运货马车在伦敦周围进行收集。// 伦敦大约有 3000 名窝藏者。"考尔克洪在其作品的第三个章节中（《论城市的治安组织》，第 1 卷，第 104 页）描写了这种非法窝藏的奸商"阶层"（参见同上，105 页）。他把他们分成两个阶层，"批发商和零售商"（参见同上，第 106 页），并指出"仅仅在首都，这些可恨的公司的数量就从 300 家逐渐增长为 3000 家"。

福柯补充说："这种劫掠活动有自己的语言、自己的货币——假币 // 英国存在 40 家至 50 家假币印制工厂 // 其中有一个工厂仅在 7 年间就制造了200000 利弗尔的假币。// 假币的流通与窝藏者（'犹太人'）的流动相互影响。// 考尔克洪认为被侵吞的财富价值占陈列财富的 0.75%。如果利润占 10%，那么被侵吞的额度达到 7.5%。"考尔克洪在《论城市的治安组织》的第 1 章（第 20—26 页）中概述了这一事实，之后在第 1 卷的第 7 章（从第 234 页开始）详细描述了"骇人的祸害"和假币制造的情况。考尔克洪把"犹太人"（以及"爱尔兰人"）与假币制造结合起来："底层的爱尔兰人、德国的犹太人，是要对伦敦假币的流通负主要责任的人。"（第 261 页）关于被侵吞的价值，考

尔克洪写道："通过本章节的阐述，考虑到被劫掠的损失，我们认为其接近了0.75%，这一估量并不夸张。"（第 295 页）

17. 参见《规训与惩罚》第 285 页，福柯再次讲到 18、19 世纪的罪犯在治安监督中起到密探和挑拨者的作用。

18. 参见米歇尔·福柯，《必须保卫社会》(*Il faut défendre la société*)，1976 年 1 月 14 日的课程，第 30 页："资产阶级完全不把罪犯、惩罚和其再次融入社会放在眼里，这些对于他们没有什么经济利益可言。相反一切控制、追踪、惩罚、改造罪犯的机制，在资产阶级的观念中，都表现出在普遍的政治经济体系内部的利益。"

1973年2月21日

1973 年 2 月 28 日

（B）法国（续）。道德和刑法的结合。4.农民的掠夺：在18世纪，非法活动是农民生活的机能要素；在18世纪末，废除封建权利；在19世纪，加紧剥削。森林开发的例子。反抗契约的新非法活动；抗议（contestation）和诉讼（litige civil）。5.后果：1/军队是非法活动的策源地和交换器（échangeur）；2/非法活动是大革命的关键之所在；3/资产阶级有计划地大量回应："底层阶级"（basse classe）是"堕落的阶层"（race abâtardie）。罪犯的新形象：野蛮、不道德、但是可以通过监管重生。——反思：资产阶级的智慧；知识分子的愚蠢；斗争的严峻性。

我曾表明"暴动的平民"这个概念不能够解决问题，我曾试图通过这种方式回复教化因素向刑事机构转移的问题。我曾导入一个更具操作性的概念——民众非法活动。然而我认为在旧制度中，民众非法活动处于其他社会阶层的非法活动体系之中，与资产阶级非法活动密切相关，共同对资产阶级社会的发展构成了有利因素。最后在某一个时期，刚刚夺取了权力的阶级不能再容忍该非法活动，因为他们的财富在物质性的过程中被新的形式 [1] 空间化了，面临着被民众非法活动侵吞的风险，此后被冲击的不再是权力下的法律和规则体系，而是自身的财产。*

民众阶层向财富上转移的是旧的非法活动，并且他们可以回应资产阶级说：我们难道不是一起触犯法律、劫掠财富的吗？对此，资产阶级回复说，在旧制度下，我们共同违犯规则和法律，对政治权力的滥用进行攻击；然而现在，你们侵犯的是物品、是所有权，因此触犯了普通法、自然法。我们曾经攻击权力的滥用，而现在，对法律的触犯表现出了道德的缺失。**从这个角度显示出了道德矫正体系与刑事体系的结合。考尔克洪说："至少我们可以自认为人们开始能够接受这样的思想——'教化体系'能够加速这一阶级的再生，而这个阶级被看作是悲惨的、迷失的、社会上的渣滓。" [2]

对于此种分析，我们可以提出异议：所选的例子是有局限性的，而且事实上，城市人口与资产阶级财产的唯一联系就是关于所有权的法律："这不属于你"。其实这个阶层的人口

---

*　手写稿添加："因为财富在空间上可以被支配，工人使用了从旧非法活动衍生出来的非法活动。伦敦港口：偷运行为曾侵犯到权利、租金、赋税，总而言之对权力提取造成损失；而现在偷运行为攻击的是资产阶级财富的物质性。参见考尔克洪，关于偷运的文章。"

**　在手写稿中，这一段文字是以资产阶级的反驳的形式而出现的，并在结尾呼唤："去忏悔吧。"

160

在 18 世纪总人口中占据极其有限的份额。然而对于从工人阶级萌芽状态的例子确立起来的新刑罚，我们怎么解释如此之普遍的现象？这样会不会把 18 世纪的进程带到 19 世纪，产生"巨大的恐慌"？

我将参考农村非法活动的一个例子，并引用一个匿名小册子里的文章进行说明："农民是凶恶的、诡计多端的动物，是残忍的、半开化的野兽；他们没有心、不诚实，也没有荣誉感；倘若另外的两种状态没有制止他们犯罪，他们便经常做出凶残的事情。"[3]

* * *

*农村形式的民众非法活动与城市非法活动一样发生着转变。在 18 世纪，这曾是农民生活中的一个机能要素。宽容使得最贫穷的阶层得以生存：例如作为非法活动温床的休耕、荒野和农村共同财产。国家专营的产品（如盐和烟草）在农村社会内部也面临着被偷运的风险。农村非法活动与所有者的非法活动相通，并且前者依靠于后者。然而在 18 世纪的下半叶，由于漫长的进程，战线出现了这样的改变：首先是增长的人口带来的压力；而后从 1730 年开始，地产收入的增长使得土地在经济上变得引人注目；最后，投资引起对土地的大量需求。

161

---

*　手写稿中的副标题："农民的侵吞"。

通过法国大革命，人们废除了封建法律，所有权大量转让。在18世纪末，土地所有者进入了简单的契约体系。随着契约的胜利，封建法律的旧框架消失，土地纳入所有权的契约体系，虽然不能说农民可以轻易得到土地，但土地的买卖日渐增多，这种在司法上获取所有权的新体系抛开农村短工和小业主，并加剧其贫困状态，而在过去他们可以依赖非法活动得以生存。事实上，新的所有权制度摒弃了共同的法律，并趋于加紧对土地的剥削。

最明显的例子就是紧跟其后的森林开发。* 森林，曾用于躲避和生存的地方，变成了可开发的财产，因此受到监管。**农村财富与工业财富诚然不同，其位置不会发生改变；然而农村空间会发生变化，因为随着所有权进入契约体系，其保护手段会增加：禁止通过、栅栏等。简而言之，农村中不确定的中转空间、生存空间被颠覆，导致农村非法活动不可能被实现、也不可能得到容许。人们理解为何资产阶级财产进入契约司法体系会产生非法活动的巨大反弹：18世纪末的流浪潮流、农民旧非法活动、骚乱、利于穷苦农民的征收捐税等。在大革命发生前的几年，旧的民众非法活动重新活跃起来。他们不顾新法

---

* 手写稿首先举出了"休耕的消失"的例子。

** 手写稿添加："森林的新开发模式：由于新的需求而更加集中；在森林的边缘或内部建立玻璃厂和铁匠铺。古老的森林（经历了上百年的开发），曾经是边缘人和穷困居民的避难所和赖以生存之地（他们采摘果实、收集木材、偷猎偷渔）。此外还有与大革命直接相关的现象：农业价格的提高（只对富裕的农民卖方有利）；对虚假货币的怀疑（催生了囤积居奇）。"

1973年2月28日

律，试图继续不择手段地利用习惯法和他人的容许。大革命被这些小事件搅动。非法活动[*]的激增正是民众对新司法形式的自发的反应，因为新司法形式使得旧的非法活动难以实现，并且在某种意义上，使得民众能够近距离接触到土地所有权，而这恰恰是他们没有的，甚至其非法活动也不被集体所容纳。这种农村非法活动推动了大革命的爆发（例如在法国南部的旺代[5]），从好的方面来说，有利于对运动的控制。

举几个农村非法活动的例子。在1789年的春天，普罗旺斯的总督写信给内克尔（Necker）："在很多地区，农民抢劫了一切、毁灭了一切；他们对资产阶级、手工业者和贵族不加区分的攻击。农民进行统治，土匪进行指挥，他们统领着群氓。"[6]1791年的农业法典并没有对非法活动规定整治办法，人们计划对其进行修改；草案的提出者之一这样说道："我认为法典是不合时宜的，村民对法典没有多少敬畏之情：正式的反抗并不能阻止他们，他们常常不加辨认就实施劫掠、破坏和摧毁活动。"[7]在1792年的农业纪事（Annales d'agriculture）的第1卷上，我们看到这样的内容："曾经，过度的贪念无疑促使某些卑鄙无耻的农民给上层阶级带来了不

163

---

* 手写稿提到了"农村非法活动的可怕激增"的其他例子，其中有些"包含着暴力"，如暴动、"自发课税"和"囤积居奇者的掠夺"；有些是"以自愿劫掠（如过路费或过桥税；收费）为形式的，试图继续使用习惯法或利用过去的容许"；有些是"针对新的土地囤积居奇者或其成果的直接攻击"；以及"在西部和南部的抢劫和经济政治骚乱中采用的极端形式"。[4]

便；而今天我们看到这些曾感到不舒服的阶级在占有农民的财物。曾经的过错并不能使今天的事情合法化。"[8]

所以我们发现，和工资一样，契约重新分配了法律、非法活动、个人和财富。我认为，如果我们对刑罚的分析是正确的，也就是说，如果我们把刑罚和非法活动联系起来，那么这种分析必须一直考虑到对抗非法活动的四种重要的因素：法律、非法活动、个人和财富。契约在这些因素中重新分配了规则，但是其方式要比工资更加模糊。事实上，城市中的平民阶级受制于工资制，在个人和财富之间建立起来的新规则中，个人受到了约束；相反，作为农业所有权司法形式的契约规定了一些限制，但与此同时契约也解放了一些旧的权利和义务，去除所有权上的一切封建约束，因此，契约作为所有权的入口，正是农民所需要的。然而，契约同时对农民也制造出一些困难和风险，激起他们的防御反应，并导致农民考虑新非法活动。新的非法活动将在新的契约世界中铺展开来，其形式有两种：反契约的非法活动，也就是说反所有权，纯粹地掠夺财物和收成；另一种非法活动进入到契约内部并试图扭曲契约：于是我们便进入抗议和诉讼的社会。

因此，城市的非法活动不可避免地要受到刑罚的影响，很大一部分的农村非法活动要进入到民法中，并诱发一系列的困难和痛苦。巴尔扎克曾描写过婚姻契约和商事契约导致的痛苦。[9]除此以外，也不能忽略农村契约在农民所有权方面和给投资者带来的痛苦。举例说明，皮埃尔·里维耶（Pierre

1973年2月28日

Rivière）曾根据自己在诺曼底当农民的经历，讲述了契约带来的痛苦[10]：为了逃避征兵，自己的父亲结婚并进入了婚姻契约中，但是这个契约本身是不合法的，因为绕过了法律，其本身就是一个骗局。*

＊　＊　＊

我们可以从中得到一些观点。第一点，资产阶级的财富正在以工业和商业的形式确立，同时也在以农业的形式确立。通过大革命，资产阶级的财富刚刚摆脱了封建劫掠，就遇上了民众的侵吞：农村非法活动和城市非法活动。这两种非法活动同时通过另一种非法活动——军队非法活动连接起来的。18 世纪末的军队是非法活动能够永久延续和连通的中心地，此外军队对最极端形式的非法活动起到了约束和限制的作用。[11] 然而对于某些非法活动，军队还起到了催化的作用：对加入部队的人免除惩罚，军队导致一系列非法活动的出现，如拒绝入伍等，这些状况从 1790 年开始增多。军队是农村非法活动和城市非法活动的交换器，因为通过人口的迁移，军队重新分配了人口，农民潜逃到城市，城市平民潜逃到乡村。在英国也存在同样的问题，考尔克洪在《论城市的治安组织》中写道："诚然，

---

* 手写稿添加："皮埃尔·里维耶：非法契约（为了躲避征兵）；从内部通过一系列非法活动而产生的欺骗性质的契约；不能通过谋杀而摆脱或恢复的契约。在犯罪中的一系列小的非法活动。"

在战争的前三年里，很多罪犯、游手好闲者以及生活在骚乱中的人们，被雇佣保卫土地或海洋。在恢复和平之前采取预防措施是多么的没有必要。"[12]

第二点，通过这一点人们能够搞清楚我提出的问题。一般来说，人们认为带有反抗情绪的非法活动是一系列政治危机、机构危机和法制危机的结果：由于经济进步的推动，旧法制变得过时，在旧法制给新法制让位之前，就有了这种非法活动大爆发的现象。事实上，我想证明工业社会的出现不但动摇了法制的秩序，也动摇了大量人口赖以生存的传统的、坚固的非法活动体系。在18世纪末，被新的社会形式所威胁的非法活动进行了反抗。非法活动不仅仅是推动革命的极端的、民众的形式，而且是其关键之所在。一切大规模的运动都在寻求把非法活动维持下去，以便人们有权进行参与。看看在旺代发生的事件，以及对新法制的抵抗。[13] 我们说的是针对占有体系的反抗，该体系与旧非法活动不能相容，倘若旺代的居民要求维系旧制度，这绝非不是因为他们热爱法律、制度体系以及和制度相关的残暴，而是因为他们想要回到容许某些非法活动运行的体制中，这是维持农村集体生存的必要条件。* 在城市中，自主征收捐税、囤积居奇者的掠夺、人民法庭，这些都是在新的合法形式中突出民众实践价值的行为，而民众实践就是过去的民众非法活动。

---

* 手写稿添加："反例："。

1973年2月28日

第三点，非法活动的维系不再威胁到封建旧制度，而是威胁到社会财富，面对着非法活动形式、特别是非法活动目标的推进，资产阶级通过大量使用刑事和惩治手段的方式回应[*]民众普遍非法活动。这种方式是经过完整计划过的。这一点可以在 18 世纪末和 19 世纪初的文本中找到。许多理论和刑事实践把违犯者描述成普遍意义上的社会敌人，而矫正实践与其说把他们当作是社会敌人，还不如说把他们当作是实践的客体，人们可以对其进行精神上的改造和矫正。刑事司法把罪犯定义为社会敌人，把轻罪犯定义为可以被改造的个人，两个概念的联结体现在 19 世纪的话语中，这些话语让人们能够在理论上和推论上接受惩治体系的确立。该联结首先在于确认一切非法活动都优先属于、甚至专属于一个社会阶级，那就是劳动阶层；而后，这种联结在于宣称非法活动是这个阶级造成的，在此程度上来说，劳动阶层并没有被真正地纳入社会；最后，最底层的社会阶级拒绝社会契约是一种初级的、野蛮的犯罪，仅出自一个阶层并接近自然中的本能和生命：他们是财富的敌人。[**]

166

把劳动阶层定性为教化改革的首要目标，以便能将其纳入社会契约，这种意识形态和准制度化的结合点，使得人们

---

[*] 手写稿添加一行指出资产阶级的活动"有待研究"，"处于当时的意识形态活动的计划中。"

[**] 手写稿添加："我们之中仍然存在着野蛮人。把非法活动变成犯罪，社会自由变成社会危机。"

能够接受一切刑事体系和教化体系组织。（可以参考多处文献，其中的第一篇是）在 1772 年：农场的人写信给奥弗涅（Auvergne）的总督的信件，抱怨克莱蒙（Clermont）的法官纵容偷运者："对于谋求分割农场利益的假冒制盐工人和偷运者，克莱蒙的法官至少应该把他们看作是僭越者，看作是公共休耕地的扰乱者。"[14] 也就是说，在封建捕食体系中，法官认为僭越者在财富中寻求自己的份额，简而言之，他们是补充农民，在这种意义上来说，他们不能被当作是罪犯：他们仅仅是非法的税收募集者。然而他们也应该被当作是公共休耕地的扰乱者，威胁到整个社会的轻罪犯。计划如下：在封建捕食体系中，把僭越者转化为社会敌人。在 1768 年，为了消除偷运者以及其在民众中的党羽，奥弗涅农场提议印制带有虚假内容的传单，把偷运者在农民心中的正面形象转变成罪犯的负面形象："我们发布了一些新闻，把几起盗窃算在了偷运者的头上，不过说实话，我们也不能确认其真实性；我们把偷运者描绘成凶残的野兽，必须将其驯服。"奥弗涅的人们被煽动起来了，在这种观念的影响之下，人们表明如果偷运者经过自己的土地，就会像杀掉有害的野兽一样把他们杀掉。* 在这里，本可以被容忍的非法活动被转变成了妖魔化的犯罪，这与 19 世纪的刑罚、犯罪学和精神病学都有关联。这种转化是商议出来的完美的战略。

167

---

* 手写稿添加："1768 年：反对偷运者的宣传手册。"[15]

30 年之后，也就是在 1789 年，这种操作的影响体现在一篇关于法国南部劫掠的报告中："鉴于对暴行和重罪的描述会让所有人长期毛骨悚然；鉴于人类阶级中的同类相食（cannibale）。"[16]［此外还有］塔尔热（Target），他是旧制度下的法学家，在 1802 年至 1804 年间以及 1808 年后负责刑法典首批草案的起草工作。[17] 在他的文章中，可以明显地找到刑事立法后来采用的大部分举措："假设在一个地区，大多数人口都是受过教育的，从某种角度来说，各种人唯一的共同点就在于权力的中心，这些人分成不计其数的阶层，其中的一些人受到知识的启发，教育使其完善，社交使其温和，道德使其高尚；而其他人，贫困使其失去尊严，受到的藐视使其堕落，在习惯中的犯罪或过错中垂垂老去；每一日，体面的德行和低劣的恶习之间的对比都在折磨着他们。与勇气、宽宏大量、英雄气概的提高相比，自私、冷漠、卑劣和残忍都是如此惹人讨厌。冷酷的、乏味的、凶残的、缺乏道德的灵魂只服从于粗俗的感觉；懒惰、放荡、贪婪、嫉妒，对于智慧、劳动、经济和所有权都是不可调和的敌人。各种犯罪超越民族，在主流社会以外的渣滓部族中大量繁殖，而这些部族是经过几个世纪，通过环境和习惯的力量集结起来的。在某一个特定的民族，刑罚总是根据堕落阶层的本质而定，因为它是犯罪的策源地，在若干年的明智统治之后，堕落阶层的重生总是隐隐约约地能被瞥见。"[18]

在这段文章中，首先可以看到，违法者和轻罪犯人被混为一谈，而后者以及其周围接近的人组成了陌生群体。第二点，说他们是陌生的群体，是因为他们是野蛮的：退化的、原始的、堕落的，最接近于自然和本能。这种野蛮的特点是由不道德的言行来决定的：作为原始状态道德的承载体消失，野蛮状态通过伤风败俗的事物表现出来。第三点，相对于这些互相对立的阶级，政治权力被定义为仲裁者。最后，通过政治权力和持续监管的介入，原始的、堕落的阶级重生的观点有助于确立罪犯是社会敌人的理论，以及矫正实践。[*]

我坚持倡导这篇文章的观点，认同意识形态活动的先决条件是一系列活动可接受性的条件，理由如下。[**]首先，这篇文章表现出不可思议的明智。人们总是习惯于讨论资产阶级的"愚蠢"。我在思考资产阶级的愚蠢这一主题是不是知识分子的主题[***]：他们以为商人知识狭隘、目光短浅，有钱人固执己见、冥顽不化，当权者们盲目轻率。躲在这种信念之下，知识分子认为资产阶级的智慧还是足够引人注目的。资产阶级在众所周知的条件下夺取并掌握了权力，他们的清醒和智慧也产生了一些愚蠢和盲目的影响，但是影响在哪里？具体来说，就是在于知识分子阶层。我们可以这样定义知识分子：资产阶级的

---

[*] 手写稿在空白处添加："社会敌人—矫正的联结。"

[**] 在手写稿中，本课末页后面还有 3 页没有编号的文稿，其中的第一页写着："第 9 课"。第 1 行写着："注意，类似于塔尔热写的这种文章都值得我们停下来深入思考：……"

[***] 没有提到打印稿中的信念的转变，手写稿中包括："为了手工业者、知识分子、哲学家。"（第 9 课，第 1 页）

智慧对其产生了盲目和愚蠢的影响。[*]然后，刑事体系的确立

是被这样描述的：这种以隐言（non-dit）的研究为形式的分析原则难道不是当权阶层的厚颜无耻的影响吗？人们并不需要隐言来加速智慧的发展，他人不能够说出的事情也终将得以解释。¹⁹事实上，他人总是把一切都说出来了。这就意味着，最终人们从来都不是在作者的文章或著作中找到所谓的厚颜无耻和智慧。^{**}倘若资产阶级看起来愚蠢，人们总是在一些特别的话语中寻找他们的智慧或愚蠢的痕迹，这些话语就被称为著作或文章。而这些作者、作家、著作和文章，都是社会教育从大批活跃的、战略性的话语中挑选出来的。一篇文章，就是一段失去其背景和战略效率的话语。一部著作，就是同时连接作者以及隐言的隐秘意义的话语。

---

* 手写稿添加：
　"——资产阶级掌握权力，就可以厚颜无耻。
　——商业开发的发展以及权力的行使创造了认知。对此否认的人都是公众
　　的开心果。他们并不懂得斗争的严峻性。"（第9课，第1页）

** 手写稿添加："涉及的不是作者、著作和文章。资产阶级是愚蠢的这
　一'富于艺术性'的主题，回应了以下主题：重要的事情只有一件（就
　是作者、作家、著作和文章），就是这些在支配着人们，并创造了我们
　的法律；就是这些在约束我们。康德（Kant）束缚了我们，克尔凯郭尔
　（Kierkegaard）将解放我们。这些概念是话语'受到学校教育'的产
　物；制造这些是用于学校教育中。我们置身于一个系列的此顶端或彼顶端
　并不重要，在作者的一边或文章的一边不重要，在语言表达的一边或学者
　的一边不重要，在心理学的一边或修辞学的一边也不重要。不管怎样，整
　个系列都是话语'受到学校教育'的产物。学校教育能避开一切文章之外
　的话语，特别是能够掩盖话语在斗争战略中的影响、地位和作用。"（第9
　课，第1页和2页）

"资产阶级是愚蠢的"，"事情是隐言的"，"重要的是这些著作"——必须放弃这三种主张按照原文分析的提议。[*]承认事情被说出来，就是承认资产阶级厚颜无耻的原则，并对于人们反对的权力进行衡量。承认重要的是话语，就是对人们可能攻击的话语进行重新安排：不是对于其意义，也不是通过其隐含意义，而是在其操作的层面上，也就是说，在其战略用途层面上，为了能够拆除话语的影响。所以我们要忽视著作、文章，宁可研究能够产生影响的话语的战略作用和战略领域。[**]

170

---

[*] 手写稿添加："这三种提议与以下内容相关：

——资产阶级不愚蠢：斗争的原则；

——事情被完全说出来了：厚颜无耻的原则；

——重要的不是著作。"（第9课，第2页。）

[**] 手写稿是以这样的方式结束的：

"因为事实上，从被隐藏的著作的分析中可以看到，资产阶级是愚蠢的、缄默的、固执的。如果想要在著作中看到这些、在决定中看到这些、在战略上的灵活中看到这些、在不断形成的认知中看到这些，必须就要借鉴言外之意（hors-texte）了。言外之意包含着内容和过程。在文章中，这些内容和观点沉睡并隐藏起来了，这些不会被表达出来。一般来说，探求言外之意是分析文章的方式。最终变成了解释。相反，分析言外之意的用途在于在斗争中使话语的战略作用和战略意义固定下来。话语与这样的活动连接起来，成为其中的组成部分或者结果。

比较二者：文章—隐言—解释，言外之意—推论—战略。这样便于我们分辨立场、联盟、封闭、优势和弱点。简而言之，能够帮助我们做出评论，而这种评论立刻就属于斗争的一部分。能让我们归纳出道德的'言外之意'的历史[20]：

·诉讼资料

·法医学鉴定资料

·精神状况

·警察报告 （转下页）

1973年2月28日

注释

1. 参见米歇尔·福柯，《关于惩治监禁》(À propos de l'enfermement pénitentiaire)，第 436 页："在旧制度下，财富主要是指占有土地和货币。然而资产阶级财富被投入到工业类型的经济中，也就是说，被投入到工厂、工具、机器、机床、原料和库存中，这一切都被放入工人阶级的手中，就字面意义而言，资产阶级把自己的财富放入民众阶层的手中。"

2. 参见考尔克洪（Colquhoun），《论城市的治安组织》(*Traité sur la police de la métropole*)，第 2 卷，第 165 页。

3. 在手写稿中，福柯参考了一部 18 世纪下半叶的来自法国南部的匿名手册（Brochure anonyme, 2ᵉ moitié du XVIIIᵉ siècle, midi de la France），其中的第 132 页"被阿居隆引用，《大革命后普罗旺斯的社会生活》，1971 年"。莫里斯·阿居隆（Maurice Agulhon）在《大革命后普罗旺斯的社会生活》(*La vie sociale en Provence intérieure au lendemain de la Révolution*) 引用了这一段落（第 180 页）；他认为这本手册是"1752 年一个匿名的阿尔勒人"所写的，因为："在阿尔勒图书馆有一部手写稿，曾被瓦勒航（G.Valran）引用，《社会历史随笔：18 世纪普罗旺斯的苦难和仁慈》(*Misère et Charité en Provence an XVIIIᵉ siècle. Essai d'histoire sociale*)，Arthur Rousseau, 1889。"加斯顿·瓦勒航（Gaston Valran）认为这段文字出自"匿名的见证人，推测是一个资产阶级，因为他对贵族和农民都怀有强烈的仇恨之情。"（第 28 页）

4. 关于掠夺，参见莫里斯·阿居隆，《大革命后普罗旺斯的社会生活》，第 367—404 页。

5. 这里福柯可能借鉴了阿居隆所述的对掠夺的军事镇压，参见同上，与旺代的并置更是指向了联邦制的暴动。在 1793 年 6 月 2 日，雅各宾派（jacobin）推翻了吉伦特派（girondin）的统治后，吉伦特派占据的数个省

171

（接上页）·道德化社会中的一切文件

·全部诉讼笔录［负责人］。

这些既不是道德体系中的建筑体系；也不是关于道德的老生常谈。这些是战略的道德史。"

（第 9 课，第 2 页和第 3 页。）

的政府部门都在进行抵抗。特别是在南方，里昂、马赛、波尔多和土伦成了他们企图夺回权力的中心地。在那里，雅各宾派和国民公会代表被驱逐，甚至被处死。里昂、马赛、土伦先后被革命武装攻占，发生了流血镇压。1793年10月12日法令的第3条："里昂这座城市将被摧毁。富人的住所将被拆除。"炮兵部队年轻的军官，拿破仑·波拿巴第一次展露出军事天赋的地方就是土伦。参见：瓦隆（H.Wallon），《1793年5月31日的革命和联邦主义》(*La Révolution du 31 mai et le fédéralisme en 1793*)，Paris，Hachette & Cie，1886，第2卷；里法泰尔（C.Riffaterre），《1793年罗纳和卢瓦尔地区反雅各宾和反巴黎的运动》(*Le Mouvement antijacobin et antiparisien à Lyon et dans le Rhone-et-Loire en 1793*)，Lyon，A.Rey，第2卷，1991年和1928年。

6.《大革命后普罗旺斯的社会生活》引用了这一段落（第182页）。莫里斯·阿居隆是这样引述的："1789年的春天，总督在3月27日和3月30日写给内克尔（Necker）的信中多次提到了各个'省'之间的斗争。"阿居隆把罗纳河口省的档案当作素材。参见库韦利斯（Cubells），《自由的地平线——1787年至1789年普罗旺斯省大革命的起源》[*Les Horizons de la liberté. Naissance de la Révolution en Provence (1787—1789)*]，Aix，Édisud，1987，第92—109页。

7. 在手写稿中，福柯参照了一本1791年的手册，编于收获月（法兰西共和历的10月 Messidor）20日法令的决议之前，此法令用于补充1791年的农业法典。这篇文章出于拉马丁（F.L.Lamartine）的一本12页的手册，《关于农业和政治经济问题的论文集，涉及人造牧场的缴费和其维护方式》(Mémoire sur une question d'argiculture et d'économie politique, relative à la cotisation des prairies artificielles et aux moyens de pourvoir à leur conservation)(Dijon，Desay，1793年3月)，in *L'Esprit des journaux français et étrangers*，*Paris*，Valade，1795，第5卷，1795年9—10月，第119—120页。

8. 泰西埃（C.Tessier），《法国农业纪事——对农业总体情况的评议和论述》(*Annales de l'agriculture française, contenant des observations et des mémoires sur l'agriculture en général*)，Paris，Huzard，1794年，第4卷：第1分卷，第371页。

9. 参见巴尔扎克（H.de Balzac），《婚约》(*Le Contrat de mariage*)

(1835),《欧也妮·葛朗台》(*Eugénie Grandet*)(1834) 以 及 其 他 收 录 在
《人间喜剧》(*La Comédie humaine*) 中的文章。在 3 月 7 日的课程中（参见
下文，第 184 页），福柯谈到了关于危险的阶层和工人阶层的主题——这是历
史学家路易·舍瓦里耶（Louis Chevalier）的核心主题。舍瓦里耶写下了
《十九世纪上半叶巴黎的工人阶级和危险阶级》(*Classes laborieuses et classes
dangereuses à Paris pendant la première moitié du XIXᵉ siècle*)，Paris，
Plon，1958。在这里，值得比较舍瓦里耶对巴尔扎克作品的分析，和福柯对
巴尔扎克作品的分析；舍瓦里耶，参见同上，Paris，Hachette，1984，第
133—150 页。

　　10. 参见《我，皮埃尔·里维耶，杀死了我的母亲、妹妹和弟弟——
19 世纪的一桩弑亲案》(*Moi, Pierre Rivière, ayant égorgé ma mère, ma
soeur et mom frère. Un cas de parricide au XIXᵉ siècle*)，Paris，Gallimard
(Archives)，1973 年，第 73—148 页。

　　11. 手写稿写道："旺代、南部"。参见上文，第 162 页。

　　12. 参见考尔克洪，《论城市的治安组织》，第 1 卷，第 138—139 页。

　　13. 在革命的起因方面，存在着大量相悖的史学，如在贫穷省份希望的
落空，农民承担着沉重的赋税，他们没有办法从国有资产的买卖中获利；自发
起义并武装起来；神职人员在天主教地区的反抗。参见加博里（E.Gabory），
《旺 代 战 争》(*Les Guerres de Vendée*)，Paris，Robert Laffont，2009
[1912—1931]；迪布勒伊（L.Dubreuil），《西部反抗史》(*Histoire des
insurrections de l'Ouest*)，Paris，Rieder，第 2 卷，1929—1930；瓦
尔 特（G.Walter），《旺 代 之 战》(*La guerre de Vendée*)，Paris，Plon，
1953；堤利（C.Tilly），《旺代——革命与反革命》(*La Vendée. Révolution
et contre-révolution*)，Paris，Fayard，1970。

　　14.《1791 年 前 的 省 档 案 摘 要 目 录》(*Inventaire sommaire des
Archives départementales antérieure à 1791*)，Puy-de-Dome: G1516 à
G 2817，档案工作者科昂迪（Michel Cohendy）和吉尔伯特·约瑟夫·鲁
雄（Gilbert Joseph Rouchon），第 2 卷，Clermont-Ferrand，Impr.
Et lithographie G.Mont-Louis，1898 年，série C (Intendance
d'Auverge)，C. 1660 (Liasse)，769—779（偷运者）。

　　15. 福柯在《规训与惩罚》中提到了这一段，第 70 页，他标注了出
处：《多姆山档案》(*Archives Puy-de-Dome*)，朱利亚尔（M.Juillard）

在《18 世纪上奥维涅地区的掠夺和偷运》(*Le Brigandage et la Contrebande en Haute-Auvergne au XVIIIe siècle*),Aurillac, Imprimerie moderne, 1937 年，第 24 页。

16. 参见《省档案》(Archives départementales) 1796 年葡月 26 日的决议 (Arreté du 26 vendémiaire an VIII),série L. 49—51,马瑞尔神甫 (Abbé Maurel) 摘录在《下阿尔卑斯省的掠夺》(Le Brigandage dans les Basses-Alpes),Marseille, P.Ruat, 1889 年，第 2 部分，第 2 章。

17. 福柯认为塔尔热是可以与贝卡里亚、塞尔万 (Servan)、迪波尔 (Duport) 齐名的"伟大的改革家"。在 3 月 7 日课程的手写稿中（见下文，第 175 页），他把塔尔热描述为"旧制度的法学家，法兰西帝国的立法者"。参见《规训与惩罚》，第 77 页以及第 82、84、95、280 页。

18. 福柯在《规训与惩罚》第 280 页再次提到塔尔热的表达方式"堕落的阶层"(race abâtardie),并标明了出处："塔尔热 (G.Target),论刑法典草案 (Observations sur le projet du Code pénal),收录到洛克尔 (Locré),《法国的立法》(La législation de la France) 第 14 卷，第 7—8 页。"参见塔尔热 (M.Target),《论刑法典草案》(*Observations sur le Projet de Code criminel*),让-纪尧姆·洛克尔 Jean-Guillaume Locré,《民事、商业、刑事立法》(Législation civile, commerciale et criminelle),或《法国法典的述评和补充》(Commentaire et complément des Code français),Bruxelles, Société typographique belge, 1837 年，第 15 卷，第 2—16 页，特别是第 5 页。

19. 或许通过引用"隐言"、引用路易·阿尔都塞 (Louis Althusser) 在《从"资本主义"到马克思哲学》(Du "Capital" à la philosophie de Marx) 的分析（收录在阿尔都塞 (L.Althusser)、巴里巴尔 (E.Balibar)、埃斯塔布莱 (R.Establet)、马舍雷 (P.Macherey)、朗西埃 (J.Rancière) 的《读资本论》(Lire le Capital),Paris, Maspero, 1968 [1965],第 2 卷），福柯在影射马克思对亚当·斯密 (Adam Smith) 作品的解读。由精神分析法 (psychanalyse) 获取灵感，"症状阅读"(Lecture symptomale) 把文章中无法解读的部分显露出来，并引申到另一篇文章中，表现出前者必然缺失的部分。（参见上文，第 1 卷，第 28—29 页）。"从弗洛伊德 (Freud) 起，我们开始揣摩人们所听到、所说的（以及未说的）意味着什么；听到的和

1973 年 2 月 28 日

说出的'想表达的内容'显露出另一段话语、无意识的话语的深度。"（参见上文，第12—13页；在文章中被着重指出。）

20. 福柯对于"言外之意"（hors-texte）的分析显然是受到了雅克·德里达（Jacques Derrida）的影响，《论文字学》（*De la grammatologie*），Paris, Éditions de Minuit, 1967, 第227页；参见雅克·德里达（Jacques Derrida），《有限公司》（*Limited Inc*），Paris, Galilée, 1990, 第273页。

1973 年 3 月 7 日

塔尔热和贵格会的相似之处。（Ⅰ）19 世纪初的恐慌：1. 与新的生产方式相关的恐慌；工人的恐慌，以及他们的欲望和身体；2. 建立在事实基础上的恐慌；3. 工人阶级的恐慌；4. 由于"他们"工作不够努力引发的恐慌。对资本主义机制的威胁。刑事体系瞄准工人的身体、欲望和需求。双重要求：自由市场和规训。工人履历书（Le livret ouvrier）。（Ⅱ）刑事的二元论：刑罚的双重阵线。1. 对轻罪和惩罚的矫正（recodification）：同质、实证、有强制力、有代表性并且有效。2. 道德条件的纳入：加重处罚情节（circonstance aggravante）和减轻处罚情节（circonstance atténuante）；监视；教养所；再教育。——法律—矫正的二元性。犯罪学：保障二元性转化的学说。偏执（monomanie）。——犯罪学和刑事体系的紧密结合（symbiose）。

塔尔热（Target）的文章[1]指出了政治权力在两个阶层之间的地位，一个阶层具有美德和物质财富；而另一个阶层充斥着缺点，被认为是道德缺失的，被认为是社会体的异类，被看作是国民的外部分支。然而在贵格会的政治理论中存在一种回应，作为权力仲裁，国家在消灭、控制社会中的邪恶部分，以及维持社会秩序方面发挥着不可或缺的作用。在文章中，可以发现社会被一分为二；社会分歧（dissidence）归罪于其中的一个社会阶层；道德缺失也是在于此分歧阶层；社会恐慌呼吁国家权力必须控制并纠正这些不道德的言行。

* * *

我想回到关于恐慌的论述，在我看来，恐慌曾在 19 世纪的刑事体系中起到关键性的作用。我们习惯于如此描述这种社会恐慌：首先，社会恐慌与城市化进程紧密相连，也就是说，流动人口受到穷困和所有权新制度的影响，来到城市，他们本来就是失业的、危险的、边缘的人群，与劳动人口相互对抗。如 1832 年巴黎的拾荒者掀起的暴动。[2] 又如 1840 年弗黑耶（Frégier）的书中描写的危险阶层，[3] 以及品德高尚的工人与危险阶层之间永恒的规则（［例如小说］《流浪的犹太人》*Le Juif errant*）。[4] 然后，人们把这种恐慌描述为幻觉中的恐慌，半物质、半政治式的恐慌*，由社会进程中明晰的

---

* 手写稿添加："物质和政治恐惧的混合。无产阶级突然大量涌入恐吓到了资产阶级。恐怖文学的化身：无产阶级接替了奥特朗托城堡中（Chateau d'Otrante）的幽灵、刘易斯岛（Lewis）的魔鬼的角色。"

1973年3月7日

感知所决定的恐慌。对此我们显然能找到一些表达方式，例如 1840 年德勒耶（Dreuille）神甫的布道："富人们要恐惧的事情远比他们自己想象得还要多；工人有着无尽的要求，而他们的计划比要求还要多；处在麻烦中，他们向往着组织机构；在黑暗中，他们准备着复仇。但是要知道：他们已经厌倦了等待，如果稍不留神，也许在明年、也许就是明天，他们就会从深渊中爬出来，在深渊边缘露出恐怖的样子，令人生畏的群众像甩掉肮脏的灰尘一般摆脱掉屈从的地位，带着复仇的快感，如同终结天使一般降临到你们富人的府邸、你们奢华的住所。"[5]

　　但是倘若这种分析在 1840 年至 1845 年间有效，那么在我看来，这未必适合于世纪初。在立法者与执政者身上能被窥见的恐慌是另一种恐慌。第一点，这是一种脱离于城市化进程和新生产方式的恐慌。也就是说，这种恐慌叠加在资本主义之上，以可看见并且可触碰的形式存在，分散到库存、机器、原料、商品和雇佣劳动中，使得失去一切所有权的工人能够接触到资产阶级的财产。恐慌与工人的出现、工人的要求以及财产相关联。第二点，这种恐慌不是幻觉，而是完全有据可循的：资产阶级的财产面临着新的风险，从日常盗窃，到集体损毁机器等。处在贫困边缘的工人阶级带来的危险并不是幻觉。第三点，这种恐慌最初不是来自城市边缘和法律边缘的边缘人群，也不是来自 19 世纪初我们所怀疑的游民和乞丐，而是来

　　　　　　　　　　　　　　　　　　　　1973年3月7日

自与财富有直接接触的劳动人民。就是因为他们是艰苦勤勉的工人阶级，所以说他们是危险的。[6] 在 1840 年左右，人们在刑事体系占主导地位的选择程序的影响中，看到一系列话语的出现，这些话语是分裂的结果。弗黑耶（Frégier）虚构的文章构建起危险阶层。[7] 在分裂之前，工人阶级是危险的阶层。[8]

［例如］在 1830 年一位医生在文章中是这样描述布雷斯特（Brest）的社会阶级的：拥有着"正直的思想和高尚的灵魂"的阶级；"机智灵巧的工人，他们沉静、随和、与人为善"；无产者，"从广义范围上来说，他们愚昧无知、盲从迷信、生活习惯肮脏、道德败坏，鲜有例外。粗俗、粗野、轻率夹杂在他们滑稽可笑的寻欢作乐中，无以言表。他们住在破房子里，屋顶四处漏风，狭窄、肮脏、破烂不堪，他们在拥挤的环境中继续生很多孩子，孩子们裸露着的身体让人感到羞耻，他们恬不知耻地博取公众的同情，或者把孩子们送到收容所（hospice civil），他们的放荡和堕落对不计其数的人们造成了影响"。[9] 第四点，这种恐慌不只是针对这些极端可怕的事、政治骚乱，而危险的核心体现在非法活动方面：这些甚至不是犯法。危险就是：工人工作不够努力，沉迷于懒惰之中。也就是说，这一次，工人不是针对雇主的财富实施非法活动，而是对自己的身体、对雇主自以为占有的劳动力实施非法活动，因为在自由市场中，雇主支付工资购买劳动力，工人有义务付出劳动。

因此，不只是资产阶级积累的资本会受到损害，工人的身体作为劳动力也会受到损害，而一切逃避劳动的行为都被看作是不符合规则的非法活动。资本主义想要控制的就是不道德的言行：这种行为没有违背规则，却能影响到利益的实现。在18世纪末、19世纪初，出现了一些特殊的表达方式：懒惰的工人等于"在逃避"。*他使雇主损失了本该能够得到的利益，使他们损失了本来为自己的家庭赚的钱。资本主义想要建立起雇佣市场的规则，而工人想要绕开这种规则就构成了不道德行为。

19世纪初正是刑事体系组建之时，当时资产阶级的社会恐慌和日常恐慌并不只是来源于边缘阶层和危险阶层，更是来源于工人阶层——他们才是不道德言行的日常的、持续的策源地。这种工人身体和财富之间的联系形式，或者最大程度上利用劳动力的方式，最终总是使得工人的身体与财富相关联，以利益和规则为目的，建立起刑事体系。因此有必要确立起一种精密、深刻的机制，足以打击到非法活动的策源地：工人的肉体、要求和欲望。

---

* 手写稿添加："然而，随着工资制的出现和手工业规则的消失，令人生畏的不是对规则的违背，而是对自己的义务的逃避（dérobade）；对雇主的要求和需求的逃避。懒惰、不守时（inexactitude）、半途而废，这些是工人非法活动中极其可怕的部分。非法活动并不是违反法律规定，或绕过法规的方式。非法活动从法规存在之前就开始了。这是一种先前就拒绝依附法规的行为。简而言之，是不道德的、是懒惰、不守时、不正当的手段（indélicatesse）。"

1973年3月7日

资产阶级制定民法典是为了管理所有者之间的契约，与此同时，他们还制定了刑法典，表面上是为了惩治违背契约的行为；而在深层意义上，是为了尽一切可能追击这种不道德行为的策源地，对利益和法规加以维护。他们确立起的不是契约，而是一种习俗：所有者的契约必须与工人的良好习俗相适应。[*]

　　然而，在计划描绘得如此清晰的时候，我们看到了问题之所在：一方面，生产机制（appareil productif）面临着来自周围的风险；另一方面，生产力（forces productives）以及工人的身体面临着来自工人自身的危险。为了保护生产机制，为了延续其发展，资产阶级要依靠强大的国家力量。然而，当保护生产机制的需求出现的同时，资产阶级为了促使利益的运转、组建和增长，需要工人之间的竞争，需要劳动自由市场以及按照自己的意愿挑选到劳动力的可能性。资产阶级希望对劳动力的购买和使用服从于自由竞争的规则，并且想要保

179

---

[*] 手写稿添加："所以存在一种复杂的程序：
　　——承认生产机制周围的两个阶级，以及他们之间的对抗；
　　——绝对不能容忍民众非法活动让出的空白被无产阶级的非法活动占领；
　　——对非法活动的恐惧，这种恐惧的最初形式是对道德无能的全面控诉；
　　——最后，有必要确立一种在实际运用中非常复杂多样的机构，以便能同时确保：
　　·保护生产机构
　　·抑制非法活动
　　·给无产阶级配备道德。"

1973年3月7日

护劳动力。一方面需要在立法上解除对工人的限制[*]，要让工人处于贫困的边缘，以便可以把工资压到最低；另一方面，在劳动者贫困到走投无路的时候，不能让他触及自己需要的所有权。这就是对刑事体系提出的问题：为了让劳动力的使用条件摆脱一切桎梏，让生产工具和生产活力得到保护，必须找到一个解决办法。

执政府和帝国的立法者雷尼奥·德·圣-让·当热利（Regnaud de Saint-Jean-d'Angély）有一篇文章提出了重新控制工人的办法。[10] 一种是靠军事力量解决问题^{**}，但这种方式并不是很好；另一种就是回归到行会制度，这样可以控制工人的日常生活，但是就有可能退到了《谢普雷法》（Loi Le Chapelier）[11] 的阶段，劳动市场可能会受到扰乱。所以说，最推荐的办法就是履历书[12]。1803 年，此文章论述了资本主义制度下刑罚的两大限制：军事力量的使用，其好处是可以直接保护生产机制，以及行会主义（corporatisme）。（法西斯把这两种方式都用到了。）19 世纪就是在这两种限制之间规定了一系列解决方法，我们可以在很多方面看到。^{***}

---

* 手写稿添加："在生产机制面临着来自工人的非法活动和不道德行为的时候，在立法上解除对工人的限制，对于市场经济和资本主义利益都是必不可少的。"

** 手写稿添加："不顾失业状况的加剧而保护生产机制；让劳动力的使用条件尽可能地有利于雇主。"

*** 手写稿添加："一切刑事机制都是为了回应这种双重需求。"

1973年3月7日

$$* \quad * \quad *$$

刑罚的双重阵线 *：这里讲的不是一切刑事体系的二重性，即制定法律的人通过安排合乎章程的非法活动，逃避法律。在 1810 年的刑法典中，对于勾结的工人和勾结的雇主的刑罚是不同的，[13] 适用的监禁和罚金也是不同的。[14] 意思是说，抛开理论和实践的区别，即便是刑法典的编撰也包含着双重策略阵线。一方面是对非法活动和刑罚的普遍系统化，以便能涵盖一切地区，打击民众非法活动。特点如下：这是同质法律的整体，明确拒绝援引一切宗教法律、自然法和道德法。涉及的不是对过错的惩罚。第一条定义违法行为被法律所惩罚；违警罪（contravention）、轻罪（délit）和重罪（crime）之间的区别并不需要借鉴自然法：法律以违警刑所处罚之犯罪，称为违警罪；法律以惩治刑所处罚之犯罪，称为轻罪；法律以身体刑所处罚之犯罪，称为重罪。所以是由刑罚来定义过错的本质。在刑法典中，法官的专断和判决能力被降到最低。在 1791 年，法官能做的事情只有一件：在确认非法活动的具体性和可归罪性（imputabilité）之后，对轻罪适用法律。刑法典让公民作为"社会的代表"[15]（représentant de la société）参与其中，因为人们希望司法权力不仅仅是与立法权力、行政权力并行而立的，而且是社会审判社会成员的法律

181

---

* 手写稿添加副标题："刑事的二元论（Le dualisme pénal）。"

实践。最后，让刑法典行之有效的办法，不应该是法条的严酷性，而应该是一旦犯法，刑罚就不可避免这一特点；司法警察应该与法典配套应用。对此，1810 年的立法与 18 世纪的理论家所要求基本原则并无太大出入——后者要求刑法 * 不是建立在自然法之上，而是建立在社会意愿之上。

但是从另一方面来说，比起法律直接打击的不法行为，更为危险的是不道德的言行，关乎身体、欲望、习惯和意愿等。必须想方设法把道德条件纳入刑罚之中。此外，刑法典的文本中似乎只提到了实定法（loi positive），但也包括一系列有助于道德监管和道德强制的举措。这不是两种不同的机制，而是经过策划的同一种机制；例如刑法典中关于游民的条款 **，在外游荡、没有固定居所、没有身份证件并且没有人对其承认这个事实，构成了轻罪。还有一些因素可以表明道德监管的使用，并存在一系列关于个人道德的举措。

刑法典禁止以道德规则的名义进行惩罚，但却留有依据道德而惩罚的可能性，这也是法律的合法调整：例如累犯是一种加重处罚情节（circonstance aggravante），而引入减轻处罚情节（circonstance atténuante）是刑事体系"教训意义上的调整"（modulation moralisatrice）。[16] 除了

---

* 手写稿添加："一个社会自身的法律；不可避免地让法官的介入程度降到最低；法律代表的不是自然法、宗教法或道德法，而仅仅是社会效用（utilité sociale）。"
** 手写稿添加："关于酗酒。"

1973年3月7日

刑法典以外，倘若我们观察刑罚的运转方式，就会发现其目标与 18 世纪的刑罚毫不相同，并且与 18 世纪理论家的期待也有所不同。例如，贝卡里亚说他们唯一的目标就是阻止犯罪，意思是刑罚要严峻到能阻止他人犯罪：必须用刑罚的警示价值、威慑效用来衡量其价值。[17] ［相反，］在 19 世纪，有一种刑罚是对个人产生作用，矫正其言行，其威慑价值只是必然的结果。最后，《拿破仑治罪法典》（Code d'instruction criminelle）规定使用一种类刑法的机构，其功能体现在道德方面：一切体系都要伴随着惩罚，监视必须伴随着一系列刑罚、感化院、教养所等措施。

所以在刑事体系中存在着一种双重性：一方面是贝卡里亚理论的发展和纯刑罚的话语，只知道法律的实证性（positivité），而不懂得犯罪的不道德性；只知道法律的普遍性（universalité），而不懂得提高个人德行；只知道法律的不可避免性（inévitabilité）而不懂对个人的矫正。另一方面是结合文章和机构的研究，声称要让个人得以矫正和新生。[*] 这两种要素在刑事体系中起到根本作用，两者的连接点之间，有一种相互转换的话语，一种司法心理学（psycho-juridique）[**] 话语，其目的是把刑罚中的司法要素转化成矫正、重生、治疗等词语，并且相反，把道德概念解读成刑法的

---

[*] 手写稿添加："贵格会教义（quakerisme）（一种研究，声称要使人得以改造、矫正、提高、重生和个性化）。"

[**] 手写稿在空白处添加："心理司法（juridico-psychologique）。"

类别。

这段非同寻常的话语包含着转换的规则，也就是犯罪学（criminologie）：犯罪学能保障司法医学的转换，正因为有了犯罪学话语的代码，司法医学能够把刑事理论定义的社会敌人描述成处于不成熟的、不适应的、原始的状态。这种话语也能把违犯者描述成具有攻击性的，把惩罚描述成一个重新适应、重新融入社会的过程。此外，犯罪学还有一个反向的用途，就是为司法医学[*]编码，也就是说，把表现出对社会具有危险性，但是未犯罪、未被惩罚也未被关押的个人描述成——出于某种心理学或医学原因，带有危险性的个人。[18] 具有犯罪倾向，被我们称为"社会危险性"（dangerosité sociale），这是一种用刑事术语为一种心理范畴编码的方式，并不涉及法庭。也是这同一种话语要求惩罚不依据轻罪而定，也不依据个人在犯罪时的状态而定[19]——因为倘若惩罚真的是一种治疗方式，我们并不能通过设置期限来保证痊愈，由此产生了以回归社会做出的"进步"为依据划分刑罚的观念[**]。

*　*　*

我们提出两点评论进行总结。第一点，介入历史上犯罪学

————

* 手写稿在空白处添加："司法心理学（psychologico-judiciaire）。"
** 手写稿添加："这种转换用途，就是犯罪学话语想要保障的。前者考虑到后者的存在。"

　　　　　　　　　　　　1973年3月7日

话语的形成有些奇怪，该话语伴随着偏执（monomanie）[20]而出现，除了编码以外没有什么其他用途。在1815—1850年左右，这是医生和法官讨论的焦点，偏执是一个怪异的概念，因为医生把偏执杀人（monomanie homicide）定义为一种疾病，其唯一的症状就是杀人，除此以外再无其他症状。其症状学（symptomatologie）在刑事上被归结为杀人的解码。我们于是就得出转换的最简单的刻度。犯罪，这只是一种疾病，别无他物。反之亦然，前提是在犯罪不是由确定的因素引起的，随着偏执*的定义开始在医学中制造司法转化，后者引发了犯罪学话语的大范围扩展。

第二点也是最后一点，在犯罪学和刑事体系之间没有二律背反。在人们的传统观念中，犯罪学是一种在刑事体系之外建立起来的科学，包含着医学或社会学知识，用来辅助刑法典研究并有助其修订。然而如果我所做的分析是准确的，那么没有道德化程序、没有像犯罪学这样的话语就构想出刑事文本是不可能实现的。该话语是1811年刑事体系的组成部分，所以只能延续刑事体系的运转。[司法和医学]相互配合，在不同的时期，或者趋向于回归到法典纯立法，或者倾向于选定犯罪学。不管怎样，这都是同一个刑事体系，只是侧重点不同罢了。所以说，不需要期待犯罪学话语引发刑事体系的改革。恰

184

---

* 手写稿添加："偏执：在犯罪的人们身上存在的一种疾病；通过监禁得以治疗的疾病。这正是犯罪学转变解码的母体。"

恰相反，法官公会（Syndicat de la magistrature）[21] 曾试图揭开犯罪学编码，按照法律普遍性和不可避免性对其适用，也就是说，让刑事体系依据贝卡里亚的模式运转，无视道德化和犯罪学之间的矫正和相关关系[*]，最终使得刑事体系无法运转。

注释

1. 参见上文，2月28日的课程，第167页、第172页，注17。

2. 1832年四月起，霍乱在巴黎蔓延时，拾荒者进行了抗争。参见图拉尔（J.Tulard），《七月王朝的警察局》（*La Préfecture de police sous la monarchie de Juillet*），Paris, Imprimerie municipale, 1964，第102—103页，第132页。权力机关彻底地改革了收集垃圾的办法，巴黎拾荒者的生存方式受到了干扰，因此他们在四月发起了暴动。参见舍瓦里耶（L.Chevalier），《霍乱：19世纪的首要传染病》（*Le Choléra: la première épidémie du XIXᵉ siècle*），Étude collective, La Roche-sur-Yon, Imprimerie de l'Ouest, 1985年；德劳内（P.Delaunay），《1832年的医疗与霍乱》（*Le corps médical et le choléra de 1832*），Médecine internationale illustrée, 1931年10月至1933年10月，第43页。

3. 参见弗黑耶（H.-A.Frégier）《大城市人口中的危险阶层，以及使其改邪归正的办法》（*Des classes dangereuses de la population dans les grandes villes, et des moyens de les rendre meilleures*），Paris, J.-B. Baillière, 1840，第2卷。在《规训与惩罚》，福柯会再次提到这一点，见第267页、第286页。1838年法兰西人文科学院（Académies des sciences morales et politiques）表彰了弗黑耶的作品，该作品在质和量的方面"对因罪恶、无知和贫困被看作是危险阶层的人们"进行了探讨。（参见《大城市人口中的危险阶层，以及使其改邪归正的办法》，第1页）。他认为"罪恶会

---

[*] 手写稿添加："另一个荒谬之处就是严格遵从法典，这比犯罪学的矫正更具有颠覆性。"

体现在各个社会阶层中"(参见同上，第 7 页)。作为塞纳警察局长官，他明确指出"富裕的恶人会唤起怜悯或憎恶之情，但不会是恐惧"(参见同上，第 10 页)。相反，"贫困的、堕落的阶层却总是邪恶盛产的温床，在将来也会是如此；我们所说的危险阶层主要指的就是这些人；因为即便是邪恶没有和恶习一起体现在一个穷人的身上，社会也会感到恐惧，认为他是带有危险的人"(参见同上，第 10 页)。

这种"危险阶层和劳苦阶层之间艰难变革"的完成可以在许多作品中看到，如路易·舍瓦里耶 (Louis Chevalier) 的著作《十九世纪上半叶巴黎的工人阶级和危险阶级》(*Classes laborieuses et Classes dangereuses à Paris pendant la première moitié du XIXe siécle*) (Paris, Plon, 1958, 第 158 页)，如弗黑耶的著作，以及欧仁·比雷 (Eugène Buret) 在 1840 年发表的调查研究《英国和法国工人阶级的贫困：贫困的本质、存在、影响和原因》(*De la misère des classes laborieuses en Angleterre et en France: de la nature de la misère, de son existence, de ses effets, de ses causes*) (Paris, Paulin, 第 2 卷)。事实上，舍瓦里耶指出，"弗黑耶无法从工人阶级和危险阶级的混淆中走出来：其主体是不同的。"(《十九世纪上半叶巴黎的工人阶级和危险阶级》，第 159 页。)

4. 此处福柯参考了欧仁·苏 (Eugène Sue, 1804—1857) 的长篇小说《巴黎的秘密》(*Les Mystères de Paris*)，Paris, Gosselin, 1843—1844, 第 4 卷；《流浪的犹太人》(*Le Juif errant*)，Paris, Paulin, 1844—1845, 第 10 卷；《人民的秘密》(*Les Mystères du peuple*) 等。在 1978 年，福柯就欧仁·苏和其著作《人民的秘密》写道：读者将会想到"亚历山大·仲马 (Alexendre Dumas)、蓬松·杜泰拉伊 (Ponson du Terrail)：除了饱满的人物形象和光辉中的场景以外，还有隐秘的轨迹、阴暗的片段、死亡、重逢、冒险。"参见米歇尔·福柯，《我喜欢的欧仁·苏》(*Eugène Sue que j'aime*) (Les nouvelles littéraires，第 56 周年，第 2618 期，1978 年 1 月 12 日至 19 日，第 3 页)，DE, Ⅲ, 第 224 期，1994 年，第 50—502 页 / Quarto, 第 2 卷，第 50—502 页；参见《规训与惩罚》第 292 页。关于欧仁·苏的这一作品，福柯补充道，该作品传递的思想"在 19 世纪中期的社会主义主题的构思中起到主导作用。"(DE, Ⅲ, 第 502 页 / 第 502 页。)

我们可以把上一课中 (参见上文，第 166 页及注 9) 关于巴尔扎克的部分，与路易·舍瓦里耶的《十九世纪上半叶巴黎的工人阶级和危险阶级》之间

1973年3月7日

建立起联系。舍瓦里耶继巴尔扎卡、欧仁·苏和雨果之后，用文学作品探讨犯罪问题和社会问题的转变。分析欧仁·苏的著作《巴黎的秘密》(1851 年，第2 卷）也是舍瓦里耶的核心工作：与巴尔扎克和雨果的作品不同，"欧仁·苏的作品不太能够经得起经济史的鉴定"(《十九世纪上半叶巴黎的工人阶级和危险阶级》，Paris, Perrin, 2002 年［1958 年 Plon 版的再版］，第 11 页）；舍瓦里耶写道："《巴黎的秘密》可以被看作是最重要的资料之一，我们没有其他方式来了解当时民众的精神面貌，我们别无他选。［除此以外，］此著作取得了成功，书中对民众的描写虽然不真实，但是民众喜闻乐见并愿意按照书中的方式作出转变，因此产生了真正的集体约束，这一切把这本描述危险阶级的书变为了描写工人阶级的书。"(参见同上，第 510 页）

5. 此处的布道出自德勒耶（Dreuille）神甫的《德勒耶神甫在巴黎和外省的圣佛朗索瓦—泽维尔联盟的工人集会的演说，福代神甫整理出版》(Discours prononcés aux réunions des ouvriers de la Société de saint François-Xavier, à Paris et en province, par M.l'abbé François-Auguste Le Dreuille, recueillis et publiés par M.l'abbé Faudet), Paris, Presbytère de Saint-Roch, 1861; 收录在迪罗塞尔的（J.-B. Duroselle）的《法国社会天主教的开端（1822—1870）》(Les Débuts du catholicisme social en France, 1822—1870), Paris, PUF, 1951, 第 269 页。有一段引言参照了 1845 年的《法国公报》(Gazette de France), 这段布道被称为"圣罗克演说"(Discours de Saint-Roch), 于 1845 年 5 月 25 日出版。德勒耶神甫在圣佛朗索瓦—泽维尔联盟中是一名重要的演说家。该联盟组建于 1837 年，是天主教工人的组织，主要致力于改善工人生活条件。德勒耶开始是以世俗的身份表达自己的观点，在 1845 年才成为神甫。他是杂志的主编，并为工人建立了职业介绍中心，他是社会天主教的先驱者。他的作品和演说引起了媒体和政府的广泛讨论；参见迪罗塞尔（J.-B. Duroselle), 《法国社会天主教的开端（1822—1870）》，第 262—277 页。

在手写稿中福柯补充了一条援引，摘自皮埃尔·阿莱克西斯·蓬松·杜泰拉伊（Pierre Alexis de Ponson du Terrail）的长篇小说《胡蒜》(Rocambole)。该小说描写的是 1857 年至 1871 年之间胡蒜的历险故事，他在年轻的时候是罪犯，后来成长为伸张正义的人。福柯把蓬松·杜泰拉伊与欧仁·苏、亚历山大·仲马进行了比较；参见《我喜欢的欧仁·苏》，第 500 页。

6. 在这一句之后，福柯在手写稿中标出："塔克西勒（Taxil）的文章"。

　　　　　　　　　　　1973年3月7日

莱奥·塔克西勒（Léo Taxil, 1854—1907）是一名反教权（anticlérical）和反共济会的自由思想者。他发表了数本混杂着自由思想和色情纵欲思想的小册子，在 1885 年他因假装皈依天主教并欺骗莱昂十三世教皇而出名。塔克西勒的作品都是以揭露神职人员和共济会会员（francs-maçons）为主题的。

7. 参见弗黑耶（H.-A.Frégier）《大城市人口中的危险阶层，以及使其改邪归正的办法》。福柯把该文章称为是一篇"虚构的故事"，似乎这样又贬低了文章的价值，因为这是一篇"管理和道德方面的著作"（参见同上，第 2 页），怀有经验式的抱负（见关于来源的部分，第 4—5 页）。舍瓦里耶指出了大量文献的缺陷，并为"社会调查"作品编制了索引（参见同上，第 151 页）。

8. 如此一来，似乎福柯与他在法兰西学院的同事路易·舍瓦里耶（Louis Chevalier, 1911—2001）的所支持的观点不同。后者是历史学家、人口统计学者，著有《十九世纪上半叶巴黎的工人阶级和危险阶级》。事实上舍瓦里耶批判社会学家编制的表格："在一座城市或团体之中所有的问题——包括休息问题——最终归结为同一个问题，就是工作问题（参见同上，第 28 页）。"对于该项研究，舍瓦里耶反对"社会历史的生物基础"，也就是"民众的生理特征对个人和集体生活不同方面的影响，倘若缺少这些，也就无法对社会进行描述"（参见同上，第 559 页）。舍瓦里耶把对小说的研究和统计数据结合起来，认为现实的转变以及世纪初巴黎犯罪和贫穷的再次出现是"都市大型居民点人口快速、大量增长"的后果（参见同上，第 183 页）。

舍瓦里耶与福柯的作品有一些相类似的主题和来源，但是二者选取的理论角度和研究工具是毫不相近的。此外二者的政治立场也有着很大的差异，他们的研究方式也就存在着更大的差异了。舍瓦里耶是保守的历史学家，与权力接近；作为塞纳警察局的顾问，他提出建议；作为巴黎政治学院（Institut politique de Paris）和国家行政学院（École nationale d'administration）的教师，他传道授业解惑；他一直为自己的政治观点辩护，认为领土和人口必须要相统一；与其说他是为了解决劳动力问题而开放移民的倡导者，还不如说他是移民政治的倡导者。

9. 找到 1830 年布雷斯特（Brest）的这位医生的文章是难以实现的。但是我们可以查阅安吉（Ange Guépin）和尤金（Eugène Bonamy）医生的著作《19 世纪的南特——地形、工业和道德的统计学》（Nantes au XIXe siècle. Statistique topographique, industrielle et morale）（De l'observation de la ville comme corps social par P.Le Pichon

A.Spiot, Nantes, Université de Nantes, 1981, http: //archive. org/details/nantesauxixesi00guuoft）。该书主要描写了南特八个阶层的人口，其中包括"经济宽裕的工人"（ouvriers aisés）和"贫困的工人"（ouvriers pauvres）（第 455—492 页），提供了他们的居住细节以及"身体和精神卫生状况"。

10. 米歇尔-路易-艾蒂安·雷尼奥·德·圣-让·当热利（Michel-Louis-Étienne Regnaud de Saint -Jean-d'Angély, 1761—1819） 是拿破仑最亲近的顾问之一。他从出征埃及时开始声名显赫，在雾月 18 日政变（Coup d'État du 18 Brumaire）中辅佐拿破仑。1799 年，他从三级会议的议员变为国家顾问，在帝国时期身兼多重政治要职，特别是在军事方面颇有建树，被称为"拿破仑的心腹谋士"。参见布朗（O.Blanc），《拿破仑的心腹谋士》（L'Éminence grise de Napoléon），雷尼奥·德·圣-让·当热利, Paris, Pygmalion, 2003。1803 年，他参与了关于工人履历书的立法草案（见下文，注 12），他认为该履历书的必要性体现在"使工厂免于遭受开小差的恶果，使契约免于遭受暴力言行。"参见多莱昂（E.Dolléans）& 德奥夫（G.Dehove），《法国劳动史——工人运动和社会立法》（Histoire du travail en France. Mouvement ouvrier et législation sociale），Paris, Domat-Montchrestien, 1953—1955，第 2 卷，第 1 册，第 156 页。他在 1803 年进入法兰西学院，并与安德烈·舍尼埃（André Chénier）一起为《巴黎日报》（Journal de Paris）撰稿。此后在出征意大利的时候，与波拿巴（Bonaparte）共同发表了《意大利军队眼中的法国：共和国五年热月 16 日至雾月 16 日法国和外国的政治、行政、文学日志》（La France vue de l'armée d'Italie: 16 thermidor—16 brumaire an V. Journal de politique, d'administration et de littérature française et étrangère）（共出版 18 期），第 1 期，共和国五年热月 16 日（1797 年 8 月 3 日）。他在拿破仑的百日王朝（Cent-Jours）中担任部长职位，因此被路易十八流放，直到 1819 年去世之前，才获准回到法国；参见菲耶罗-多梅内克（A.Fierro-Domenech），《雷尼奥·德·圣-让·当热利》（Regnaud de Saint-Jean-d'Angély），载于 Jean Tulard 的《拿破仑词典》（Dictionnaire Napoléon），Paris, Fayard, 1987，第 1449 页。

11. 继取消行会的三个月之后，也就是 1791 年 7 月 14 日通过了《谢普雷法》（Loi Le Chapelier）。此法律宣布一切工人之间的协会、甚至雇主之间的协会都是违法的。第一条写道："取消一切形式的行会是法国宪法的基本原则之一，禁止凭借任何理由，或任何形式重组事实公会。"苏布勒（A.Souboul），《大革命的冲击1789—1797》（*Le Choc révolutionnaire, 1789—1797*），Fernand Braudel & Ernest Labroussse，收录在《法国经济和社会史》（*Histoire économique et sociale de la France*），Paris，PUF，第3卷，第1册，1973年，第12页。从1791年7月20日开始，这些条款在农村也适用。根据阿尔贝·苏布勒（Albert Souboul）所述，"对联盟和工人罢工的禁止……成了自由竞争下的资本主义的重要部分，抛开了社会平均主义和个人主义，对强者有利"。参见E.Soreau，《谢普雷法》（*La loi Le Chapelier*），收录在《法国大革命历史年鉴》（*Annales historiques de la Révolution française*），1931年，第287—314页。

12. 根据雅克·拉格朗日（Jacques Lagrange）所述（《精神病学的权力》，参见上文，第92页，注14），自从1781年开始，工人在被雇佣的时候都必须配有"履历书"或者"小册子"，并且在他们调动的时候都必须把履历书出示给行政机关。这种实践行为可以追溯到7世纪，并随着大革命的爆发而消失。而后仅对造纸业的工人使用，因为随着指券（assignat）的发展，他们的技艺走向了转变时期。参见多莱昂 & 德奥夫，《法国劳动史》，参见上文，第1卷，第155页。1803年4月的法案（共和国6年芽月22日）把这一举措扩展到所有的工人，工人履历书被1803年12月1日的政府法令所管理（共和国7年霜月9日）。"事实上，雇主雇佣没有履历书的工人一直是不被允许的，并要求有前雇主签发的证明书。然而显然前雇主也不会轻易签发，除非工人付钱给他。"（参见同上，第156页）最终在1890年，工人履历书这一举措被废除。参见索泽（M.Sauzet），《工人必备履历书》（*Le Livret obligatoire des ouvriers*），Paris，F.Pichon，1890；普朗捷（A.Plantier），《工人履历书》（*Le Livret des ouvriers*），法律论文，Paris，Jouve et Boyer imprimeurs，1900；布尔然（G.Bourgin），《法国调动和履历书历史的贡献》（*Contribution à l'histoire du placement et du livret en France*），刊登在《政治与议会期刊》（Revue politique et parlementaire），第71卷，1912年1月至3月，第117—118页；卡普兰（S.Kaplan），《对于劳动届治安的思考（1700—1815）》（*Réflexions sur la police du monde du travail (1700—1815)*），刊登在《历史期刊》（Revue historique），第103周年，第529期，1979年1月至3月，第17—77页。关于19世纪工人履历表的更现代的研究，参见：科特罗（A.Cottereau），《法律与权利——被劳动法排挤的工人权利（法国，19 世纪）》（*Droit et bon droit. Un droit des ouvriers instauré, puis évincé par le droit du travail (France, XIXe siècle)*，刊载于《历史、科学、社会年鉴》（*Annales. Histoire, Sciences sociales*），第 57 周年，2002/6，第 1521—1557 页；勒克罗姆（J.-P.Le Crom），《19 世纪在屈从与自我认同之间的工人履历书》（*Le livret ouvrier au XIXe siècle entre assujettissement et reconnaissance de soi*），刊登在 Yvon Le Gall, Dominique Gaurier Pierre-Yannick Legal，《劳动法和人权》（*Du droit du travail aux droits de l'humanité*），Études offertes à Phillippe-Jean Hesse, Rennes, Presses universitaires de Rennes, 2003。福柯对此法律的介绍与多莱昂和德奥夫在《法国劳动史》中的叙述非常接近。

13. "关于勾结（coalition），1803 年芽月法律（loi de germinal an XI）的 6、7、8 条确认了 1791 年的《谢普雷法》（loi Le Chapelier），即禁止勾结，另外允许对工人勾结的惩罚比对雇主勾结的惩罚更加严厉。"参见多莱昂 & 德奥夫，《法国劳动史——工人运动和社会立法》，第 1 卷，第 162 页。第 6 条规定处以罚金，或一个月以下的监禁，可以"过度"（abusivement）或"无理由地"（injustement）削减工资；第 7 条对于"中止、阻碍工程或使工程蒙受损失"的"一切工人之间的勾结"（参见同上，第 162—163 页）处以三个月以下的监禁。1810 年的刑法典，第 414—416 条巩固了这种不平等："对于雇主，监禁时间可以从 6 天至 1 个月不等，处以 200 法郎至 300 法郎的罚金；而对于工人，处以至少 1 个月的监禁。"（参见同上，第 163 页）此外 1810 年的刑法典规定对工人运动的煽动者的惩罚更加严厉。参见戈德肖（J.Godechot），《法国大革命时期和帝国时期的机构》（*Les Institutions de la France sous la Révolution et l'Empire*），Paris, PUF, 1951，第 634—636 页；P.Lascoumes, P.Poncela, P.Lenoël, Au nom de l'ordre... [参见上文，第 99 页，注 12]；达米安（A.Damien），《刑法典》（Code pénal），收录在蒂拉尔（J.Tulard），《拿破仑词典》（*Dictionnaire Napoléon*），参见上文，1989 年 [1987 年]，第 454—455 页；卡尔巴思（J.-M.Carbasse），《专制国家和刑事司法——1789 年刑事立法至 1810 年刑法典之间的演变》（*État autoritaire et justice répressive. L'évolution de la législation pénale de 1789 au Code pénal de 1810*），in All'ombra dell'aquila imperiale. Trasformazioni e continuita istituzionali nei territori

189

sabaudi in eta napoleonica, Rome, Ministerio per i beni culturali e ambientali, Ufficio centrale per i beni archivistici, 1994 年第 313—333 页；Id，《刑法典》(Code pénal)，载于《法律文化词典》(Dictionnaire de la culture juridique)，Paris，PUF，2003，第 210—216 页。

14. 根据 1810 年《刑法典》第 52 条的规定："被判处罚金、退还、损害赔偿、负担诉讼费用等，也可以通过依法拘禁进行偿还。"第 53 条规定：然后，这些犯了重罪被监禁的罪犯在 1 年之后，犯了轻罪被监禁的罪犯在 6 个月之后能够证明自己现在和将来无力偿还，还可以获得假释。

15. "社会的代表"(représentant de la société) 这个短语不在《刑法典》之中，这种表达法无疑是借用当时（和现在）的关于犯罪的学说 (doctrine)，指的是检察官 (procureur)。

16. 福柯经常提到减轻处罚情节 (circonstance atténuante) 的作用，此概念是在 1832 年被纳入刑法典中的；参见《不正常的人》(Les Anormaux)，1975 年 1 月 8 日的课程，第 9—10 页，其真正目的不是减轻刑罚，而是避免宣告无罪 (acquittement)，因为"陪审团常常因为不愿意适用严厉的法律"。参见《规训与惩罚》，第 23 页。

17. 参见贝卡里亚，《犯罪与刑罚》(Des délits et des peines)，1991 年，第 12 章，第 86—87 页。

18. 福柯在 1978 年的一次会议上阐述了这一主题，会议的主题是《19 世纪法律精神病学中"危险个人"概念的演变》(L'évolution de la notion d'"individu dangereux" dans la psychiatrie légale du XIXe siècle) (Déviance et Société) 第 5 (4) 卷，1981 年，第 403—422 页，DE，Ⅲ，第 220 号，1994 年版，第 443—464 页/Quarto 第 2 卷，第 443—464 页；《做错事，说真话》，参见同上，1981 年 5 月 20 日的课程。

19. 福柯在手写稿中写下："杰克逊"(Jackson)。他说的是乔治·杰克逊 (George Jackson, 1941—1971)，黑豹党 (Black Panther Party) 成员，被监禁在加利福尼亚州的圣昆丁监狱 (San Quentin)，1971 年 8 月 21 日在暴乱中被枪法精准的狱卒射击致死。杰克逊从 18 岁开始就被监禁起来，一共被监禁了 11 年直到去世。他在狱中政治化，并成立了支持马克思主义—毛主义的组织，黑色游击队家庭 (Black Guerrilla Family)。参见他写的政治信件，被收录在《索莱达兄弟——乔治·杰克逊的监狱中心》(Les

Frères de Soledad. Lettres de prison de George Jackson），Catherine Roux 译，Paris, Gallimard, 1977/*Soledad Brother: The Prison Letters of George Jackson*, Lawrence Hill Books, 1970 年；参见的访谈汇编：《谋杀乔治·杰克逊》（L'Assassinat de George Jackson），收录在监狱信息小组的小册子中《忍无可忍的监狱》（*Intolérable: les prisons*），Jean Genet 作序，Paris, Galliamrd, 1971 年。本册子于 1971 年 11 月 10 日出版，作者有卡特琳娜·冯·比洛（Catherine von Bülow），丹尼尔·德福尔（Daniel Defert），吉尔·德勒兹（Gilles Deleuze），让·热内（Jean Genet）和米歇尔·福柯。监狱信息小组写道"乔治·杰克逊的死亡不是监狱中的一场意外。这是一场政治谋杀。在美洲，谋杀曾经是一种政治行动模式，而如今亦如此"；参见 P.Artières, L.Quéro, M.Zancarini-Fournel,《监狱信息小组》（Le Groupe d'information sur les prisons），Archives d'une lutte, 1970—1972 [参见上文，第 44 页，注 32]，第 105 页。

20. 福柯引入了偏执的概念，之后也多次提到过相关的主题，特别是在之后的《精神病学的权力》，1974 年 1 月 9 日和 23 日的课程中，第 177 页和第 249 页；在《不正常的人》1975 年 1 月 29 日、2 月 5 日和 12 日的课程中，第 94—97 页，第 102—125 页，第 131—145 页；以及在《我，皮埃尔·里维耶尔》（Moi, Pierre Rivière）中（参见上文，第 171 页，注 8）。1981 年 5 月 20 日在鲁汶，第 6 课中重点阐述了偏执的概念，收录在《做错事，说真话》，第 215—219 页（见第 232 页，注 14）。并且在《19 世纪法律精神病学中"危险个人"概念的演变》的会议上亦如此。Robert Castel 在《医生和法官》（Les médecins et les juges）中探讨了这一概念，收录在《我，皮埃尔·里维耶尔》中，第 315—331 页。参见《偏执》这一章节，戈德斯坦（J.Goldstein），《安慰与分类：19 世纪的法国精神病学》（*Console and Classify: The French Psychiatric Profession in the Nineteenth Century*），Cambridge, Cambrige University Press, 1987 年，第 152—196 页；参见《精神病学的权力》，第 264—265 页，注 45：丰塔尼耶（R.Fontanille），《精神错乱和犯罪（其历史、司法医学鉴定、拘禁）》（*Aliénation mentale et Criminalité—Historique, expertise médico-légale, internement*），Grenoble, Allier Frères, 1902；迪比松（P.Dubuisson）& 维格鲁（A.Vigouroux），《刑事责任和精神病——司法医学研究》（*Responsabilité pénale et Folie. Étude médico-légale*），

Paris, Alcan, 1911; 冯塔纳（A.Fontana），《理智的间断性》(*Les intermittences de la raison*)，收录在《我，皮埃尔·里维耶尔》，第330—350 页。

21. 法官公会（Syndicat de la magistrature），设立于 1968 年 6 月，但并不是 1968 年 5 月运动的直接后果（因为人们早在 1 月就已经决定成立法官公会）。这是一个混合着行业和军事性质的组织，主要致力于解决白领的犯罪问题，并且对监狱信息小组和福柯的某些目标予以支持。根据 1975 年《巴黎竞赛画报》(Paris Match) 刊登的内容，法官公会中的红法官（juge rouge）"把提升并保护行业的担忧与更多军事化参与，且更少行会主义介入的愿望结合起来，同时希望支持公会运动，特别是在工作领域内。"参见以斯拉艾尔（L.Israël），《左翼的法律？ 1970 年前后的行业改革和法律工作者军事化的新形式》(Un droit de gauche? Rénovation des pratiques professionnelles et nouvelles formes de militantisme des juristes engagés dans les années 1970)，刊登于《现代社会》(*Société contemporaines*)，第 73 期，2009 年，第 59 页；参见茹瓦内（L.Joinet），《评论审判》(Critiques du jugement. Propos recueillis par Olivier Doubre et Stany Grelet), Vacarme, http: //www.vacarme.org/article1370.html。路易·茹瓦内（Louis Joinet），法官公会的先驱者之一，曾经和福柯共同创立监狱信息小组。他在 1973 年和 1977 年先后参与了法官公会的研讨会；参见米歇尔·福柯，《重新定义被审判者——1977 年参与法国公会研讨会》(*La redéfinition du justiciable. Intervention au séminaire du Syndicat de la Magistrature, 1977*)，Vacarme。在 1977 年法官公会特别承诺反对引渡克劳斯·克桑（Klaus Croissant），他曾是巴德尔−迈因霍夫团伙（bande à Baader）的辩护律师——在此项斗争中，福柯也起到了重要的作用；参见米歇尔·福柯，《我们要引渡克劳斯·克桑吗?》(Va-t-on extrader Klaus Croissant?)，刊登于《新观察家》(Le nouvel observateur)，第 679 期，1977 年 11 月 14 至 20 日，De，Ⅲ，第 210 期，1994 年出版，第 62—63 页 /Quarto，第 2 卷，第 62—63；参见《抵御公共敌人的辩护人——增加的案件》(Défendre le défenseur de l'ennemi public. L'affaire Croissant)，刊于《社会运动》(*Le Mouvement social*)，第 240 期，2012/3，第 67—68 页。

1973年3月14日

（Ⅰ）新的非法活动：从侵吞（déprédation）到不守纪律（dissipation）。窃取劳动的力量。工人的身体是其主导性因素：懒惰（oisiveté）；拒绝劳动；不遵守规定；游牧生活；玩乐；不接受家庭；荒淫放荡（débauche）。（A）懒惰的历史。17世纪至18世纪传统的懒惰；19世纪集体有组织的拒绝。（B）不守纪律的特征：非法活动相互促进；集体性并容易散播；在合法层面之下；对资产阶级有利；谴责的目标。不守纪律的三种形式：放肆无度，缺乏远见，混乱无序。表现为三种惯例：玩乐、赌博、同居。（Ⅱ）掌控不守纪律。类似于刑法的机制；储蓄存折；工作履历书。渐进的、持续的、累积的体系。（Ⅲ）司法在日常生活中的连续性和毛细血管化（capillarisation）。普遍监督。检查（examen）的形式。规训—惩罚（surveiller-punir）组合。规训的社会。

*当我谈论侵吞这种非法活动的时候，我说过财产累积起来待消费、待进入流通时，人们从中抽取一部分，或占为己有，或将其转卖。但这只是一个抽象概念。首先，这些财产是生产机器，——现在工人直接面对着这些不属于自己的财富，他们已经是劳动力，应该被变为生产力。具体来说，就是从这一点出发，身体的力量转变为劳动的力量，把这种劳动的力量纳入生产体系中，变为生产的力量，此时会出现新的非法活动。类似于侵吞，关系到工人身体和财产之间的关系，而被侵吞、被劫掠的不再是财产，而是作为生产力的工人的身体。

192

该非法活动的主要表现是拒绝为生产机制提供身体、花费力气。其形式是多样化的：（1）懒惰、游手好闲（oisiveté）：在劳动市场上拒绝提供自己的双手、身体和力气；"逃避"劳动的自由竞争法则和市场。（2）工人不遵从规定（irrégularité）**：拒绝在规定的时间或地点出力，分散自己的力量，按照个人意愿随心所欲出力。（3）玩乐：不把体力用在有效的地方，不保存体力，不照顾自己的身体，浪费体

---

* 手写稿中有副标题："懒惰简史"（Petite histoire de la paresse）。在课程中，福柯没有讲到手写稿中的第一节"偷盗简史"（Petite histoire du vol）：
"——与罪犯的行为没有联系在一起，而是与集体行为相关，与侵吞这种非法活动相关。侵吞这种非法活动
——并不是在 19 世纪才出现，但是具有一些新的形式。"
** 手写稿添加："游牧生活"。

力，任凭自己陷入混乱的境地。*（4）不接受家庭：不组建自己的家庭生育后代，不亲自抚养自己的孩子，不去延续生产力；同居、放荡，不组建家庭。

以上的种种行为都被作者们指出、揭露，他们认为自己的话语能够提升工人阶级的道德。在 1851 年出版的《工人阶级的道德化》（*De la moralisation des classes laborieuses*）一书中，格伦（Grün）指出工人阶级的缺点[1]：1. 放肆无度（intempérance）；2. 轻率冒失、缺乏远见，以及早婚：应该等到有能力抚养家庭的时候再结婚；应该反复对其进行道德教育，教育应该由"宗教、关心的父母以及警惕的雇主[2]"共同完成；3. 喧闹杂乱、热衷于无政府主义，不遵守法律、不想安定；4. 经济困顿；5. 不愿意学习，不愿意提升自己的劳动力；6. 不讲究卫生："工人阶级通常没有良好的卫生习惯，任凭自己的生活环境肮脏混乱，在恶劣的生活状态中丢失自己的健康和尊严"[3]；7. 对闲暇时间不合理的利用；所以雇主和行政人员必须要对其提供组织和帮助。这几点都被称作是有助于工人阶级摆脱贫困，并过上幸福生活的话语。然而该文学作品也明确指出，工人的劳动力得以高效率地运用于生产中，这是有利于雇主的。索文尼（Thouvenin）在 1847 年写下了《大型制造中心的人口健康状况》(La santé des populations dans les grands centres

---

* 手写稿添加："醉酒、混乱、健康状况差。"

manufacturiers)，发 表 在《公 共 健 康 年 鉴 》(*Annales d'hygiène publique*) 中，他指出工人不应该酗酒，应该组建家庭并养家，因为"工人应该考虑到自己给雇主带来的损失。雇主把大量资本投入在建造厂房、购买机器和原材料中，如果自己的工人不努力工作，就会带来无法估量的损失；与此同时，雇主还不得不纳税，这就让工厂损失了更多的利益[4]。"

非 法 活 动 不 再 表 现 为 侵 吞，而 是 表 现 为 不 守 纪 律 (dissipation)：问题不在于欲望和财富之间的关系，而在于固定在生产机制上。该非法活动的形式表现为缺勤、迟到、懒惰、玩乐、放荡和流浪生活，简而言之，一切都与违背时间或空间上的规则秩序有关。[*]米歇尔·舍瓦利耶 (Michel Chevalier) 在 1840 年的一篇文章中写道："从不合规则的生存到不合规则的生活，只有一步[5]。"当时的工业军队 (armée industriel) 也是同样不合规则，他们的行为"与野蛮人无异，不守纪律、衣衫褴褛、掠夺成性，1200 年以来都是这样的人组成军队[6]。"必须摒弃这种破破烂烂的军队模式，要让工业军队和现在的正规军队一样，"正规合格、装备齐全、遵守纪律，一切都符合条件。每个人从参军的那一天开始直到退休，甚至到去世的时候，都抱有美好的愿望；如今的无产阶级追求其无尽的好处，尽管他们已经被绝对的自由压垮[7]！"

---

[*] 手写稿添加："不遵守时间，行动随意。"

19 世纪诚然没有创造出懒惰，但是却存在关于懒惰的历史，这与消遣无关——懒惰被固定下来的方式，在生产过程中对不劳动的分配方式，在消费体系内部通过懒惰来节省力气，——而是人们逃避劳动义务的方式，从中节省下劳动的力气，避免自己被固定在生产机制上。然而如果懒惰的历史存在，是因为其在不同的生产关系中的重要性是不同的，在生产关系中，懒惰起到的便是扰乱的作用。在 17—18 世纪，存在一种传统的懒惰，人们使用的是懒惰（oisiveté）这个词。我们把它区分为两个层面并分别进行管理：一方面是出于地方的压力，主要是来自个人：师傅会让其他手工业者尽最大努力地工作。另一方面，在国家的层面上，长久以来重商主义在经济中占据着主导的地位，必须让所有人都一起工作以便尽最大可能提高生产力——其中警察、总督都是控制工具。然而，在手工业支部和国家警察两种压力之间，懒惰仍然还有很大的空间。在 19 世纪，懒惰有另外的表现形式；首先存在着特定局势之下的无所事事：失业者。我们看到对工人阶级懒惰的指责很快消失了。相反，在工业中心和工厂开始出现的时候，控制和压力的目标或多或少都是以集体，或有组织的形式拒绝劳动，直到罢工的出现。

所以，不守纪律这种非法活动*具有一定的特殊性，现在

---

* 手写稿添加："一切在于节省劳动力量的非法活动，我们对其贴的标签不再是'懒惰'，而是'不守纪律'，所以从以下几个方面来讲，后者是新生事物。

（转下页）

　　　　　　　　　　　　1973年3月14日

要明确地对其进行阐述。第一点，不守纪律非法活动和侵吞非法活动之间的关系：区分二者，并认定侵吞作为轻罪要受到严厉的刑罚，而对不守纪律只采用温和的、日常的、持久的惩罚，这是 19 世纪的道德、治安以及一切监管工具的重大问题之一。但是与此同时，区分窃贼和懒汉的同一个机制，展示了二者之间的过渡。事实上，努力使二者分隔和结合的背后，存在着另外一种复杂的现实。一方面是两种非法活动相互巩固：人们越不专心、越流动，就越难于固定在生产机制的某个点上，他们就越会试图侵吞财产。相反，他们越是试图侵吞财产，为了逃脱惩罚，他们便越是过着不规律的生活，甚至过上流浪生活。[*]但是另一方面，一旦人们试图控制这两种非法活动中的一种，另一种就会得以巩固；事实上，一切沉重的控制方式，无论是用于监视人群还是用于抑制侵吞，都会加速人口的流动。[8]相反，为了控制不守纪律非法活动而使用的方法会导致侵吞的加强，特别是把工人固定在工作地点的方式，为了使他们在规定的时间和地点工作，给予他们最低工资，每周再另外给报酬，这样使工人掌握最少的钱财。把这些愈发贫困的人固定在工作上，但与此同时也给他们指明了摆脱穷困的方

（接上页）·在形式上

  ·在传播方式上

  ·在影响上

  ·在相应的斗争上。"

[*] 手写稿添加："流动人口中的犯罪活动 (la criminalité dans la population migrante)。"

式，就是侵吞。如此一来，两种非法活动相互促进，直到19世纪中期，人们才找到另外一种能够控制不守纪律非法活动的方式。*

第二点，之所以不守纪律非法活动比侵吞非法活动危险得多，是因为前者更为容易，而且可以使用集体的形式：首先这是一种非常容易扩散的非法活动。侵吞行为若想达到一定的规模，就需要窝藏、转卖和流通组织，而不守纪律非法活动不需要这种闭合的体系。这甚至不是一个组织，而是一种存在方式，涉及的是一种选择，是对工业劳动的拒绝。例如多人甚至集体对周一工作的抗拒，劳动市场有组织的人口流动，小咖啡馆公司**，工人阶级自发组织的形式等。同时侵吞非法活动被封锁在闭合的体系中，只有在偶尔的偷盗掠夺中才能找到出路；而不守纪律非法活动可以在商议之后进行，并对市场产生影响，不利于雇主。9 从长远来看，将会影响到经济和政治；由此迫使人们遵守规则的战略发展起来，而对雇主的抗争也得以发展。***

196

---

* 手写稿添加："这两种相互促进的非法活动的结合点在于损毁机器、破坏堆积的财产；但是这些有的是生产机制；有的是为摆脱困境；有的是服从于另一种生产形式。"

** 手写稿添加："咖啡馆公司"，"为了提高工资，或者反对降低工资而最终集体拒绝工作。"

*** 手写稿添加："突然间就增加起来。引发了政治斗争。打击非法活动的立法，反对让与的立法，反对新非法活动的立法。雇主们说：罢工者都是懒惰的，他们在找捷径。"

1973年3月14日

第三点，在19世纪，当前一种非法活动倒退的时候，后一种更温和、更日常的非法活动享有更好的政治境遇，把更大的危险伸向了资产阶级的财富。而对这一种非法活动的控制更加艰难：该活动不属于犯罪，鉴于劳动市场的自由对于资本主义经济是必不可少的[*]，不可能让司法体系认定这是犯罪；所以说，这种非法活动在合法以下的层面蔓延。此外，资产阶级也能在这种非法活动的某些内容和点上找到自己的利益之所在：流动的劳动力既不能在身体上抵抗也没有资金的支持，也就无法承受过多的罢工，一切都服务于自己的利益。最后，资产阶级可以用这种非法活动来遮掩自己的非法活动：当时有工人履历书，当一名工人违背了自己雇主的规定并且要离开时，他就没有办法向雇主要回履历书；这样他就不能将其交给新的雇主，这是不合法的，他也就没有办法要求同等的工资。在19世纪，雇主经常不遵守关于工人履历书的法令。[10]

第四点，此外与其说这种非法活动是"恐慌"的对象，还不如说是谴责的目标。因为非法活动并不攻击资产阶级的财富，而仅仅是代表本来可以获得但却损失掉的利益。维尔纳夫—巴尔日蒙（Villeneuve-Bargemont）在《基督教政治经济学》（*Économie politique chrétienne*）中这样谈到北方

---

[*] 手写稿添加："为了能留更多自由的劳动力给雇主，人们规定雇主可以签订（虚假的）自由契约。"

工人："如果说佛拉芒地区的穷人有一些缺点，让自己陷于可怕和悲惨的境地，那么可以说这些穷人性格中的温和或者说缺乏毅力的部分能阻止他们对社会造成危害。他们生活在极度的贫穷和匮乏中，然而却极少对人身或财产做出严重的侵害或侵犯；他们承受着贫困却不反抗，甚至连怨言也没有，与其说他们惊恐和怀疑，还不如说他们是被怜悯的对象[11]［……］"

我们可以跟随谴责的对象和机制；只要研究"不守纪律"(dissipation)这个词语就足够了。[12]每次指明工人不道德都会用到这个词。在17世纪的拘禁登记簿和国王封印密札中都能够找到这个词："挥霍的人"(dissipateur)，主要是指无法合理管理自己财产的人。从19世纪开始，这个词主要是指不损害资产或财富，而对自己的劳动力量造成损害的人：没有管理好自己的生活、时间和身体，而不再是自己的资产。

这就是为什么在之前的分析中，不守纪律有三种主要的形式：放肆无度，例如不爱惜自己的身体；轻率冒失、缺乏远见，例如浪费时间；混乱无序，例如个人对于家庭和工作流动不定[13]。不守纪律主要体现在以下这三个方面：玩乐；赌博——也就是说，个人试图通过这种方式不劳而获，依靠机遇和巧合，而不是在合理的经济体系中依靠持续的劳动赚取预期固定的薪酬；最后是同居[14]，也就是在固定的家庭以外获得性满足的方式。这些都可以被称为是精神方面的流浪生活。在古典时期，人们担忧的主要是与侵吞相关的身体方面的流浪生活。现在，人们总是对围绕在财富周围的个人担忧，然而人们

1973年3月14日

对流浪生活也是同样地担忧：倘若工业生产不再需要"手艺精湛"的工人，反而要求精力旺盛、密集持续地工作——简而言之，对工人的道德品质方面有需求。

第五点，问题在于了解这种不合法性怎样才能被掌控住。这样的掌控首先需要刑法的道德化[15]；还需要一部更精密的机器，能比所谓的刑法机器控制范围更为广泛：生活方式的刑法化（pénalisation de l'existence）机制。必须把生活方式控制在一种弥漫性的、日常的刑法中，在社会体中引入类似刑法的延伸部分，甚至是在司法机关以内。这是一种奖赏和惩罚并用的规则，人们试图把民众的生活限制在其中；例如为了控制醉酒，有一些规章条例或纯粹在事实层面上的举措：同样，在色当（Sedan），人们确立起惩罚体系[16]：一名在马路上醉酒的工人被所在的车间辞退，只有他发誓不再醉酒，才有可能被再雇佣。这就是利用储蓄加以控制的方式，自1818年开始存在。[17]储蓄方面的履历书是道德框架，对于个人的生活是奖赏和惩罚的永恒规则。从1803年开始，缺失雇主们相继签过名的工作履历书的工人会被看作是游民；然而从1810年开始，工人们与警察之间有了事实上的协议，自此工人只要有储蓄存折（livret de caisse d'épargne）就不会因为没有工作履历书被警察逮捕。储蓄存折可以作为道德的保证，工人可以由此绕过警察的各种检查；同样拥有储蓄存折的工人常常优先被雇主们录用。所以我们看到在经济机制内部也渗入了奖赏和惩罚的规则，这是一种低于司法层面的处罚

198

规则。

　　然而，这种司法以外的惩罚体系的第一个特征就是没有涉及沉重的刑法机制及其双重体系；因为这个处罚规则只是让某人受到实质上的惩罚，但并没有让某人跌落在法律的另一段，没有让他犯罪。这种规则起到警告、威胁的作用，施加一种持续的压力。这是一种渐增的、连续的、累计的体系：一切微小的警告、微小的惩罚最终都会累积起来，并且被雇主们记住或被登记在履历书中，而且它们累计起来，渐渐达到一个极限，对个人产生越来越大的压力，直到某个时刻，让他越来越难找到工作，他便跌入犯罪的深渊中。犯罪自然而然地成了上文中预期的极限，一切小的压力伴随着个人的生活。我们举个例子，这种刑法以外的惩罚机制在履历书的情况中是怎样的：自从共和国 11 年葡月法令适用以来，工人离职的时候必须带着自己的履历书，上面由雇主记下了他的工作、工资、入职和离职时间。[18] 然而雇主们很快就习惯于把对工人的评价也写在上面。1809 年，法国内政部长蒙塔利韦（Montalivet）以通报的形式提醒各地方，雇主并没有权利在履历书上写下负面评语，只能写下工作状况，并且他表示：因为雇主只被允许写下赞扬的评语，大家都会明白没有正面的评语就意味着是负面的评价。[19] 同样，工作的状况与评语的有无也是相关的；此外，负债的工人不得不在被雇用的时候要求预支工资，这种情况也总是被记录在履历书上。工人要以金钱或劳动的形式返还预支工资；如果提前离职，他就不能取回自己的履历

199

　　　　　　　　　　　　　　　　　　1973年3月14日

书，而且会被当作游民逮捕送至司法环节。于是我们看到微惩罚（micro-punition）体系最终使个人沦落到司法机构的控制中。

我认为，在这些深入社会的特有的惩罚机制之中，存在着重要的历史象征。首先，在西方社会历史中，这意味着惩罚和刑法首次实现完美的连续性。自此司法被连贯地延伸到日常生活之中；审判机构如同被毛细血管化，惩罚和刑法之间建立起持久的来往。在古典时期，惩罚机构分为两个部分，一方面被教会和其忏悔—赎罪体系所保障，另一方面被可以在法律之外进行惩罚的治安体系所占据。但是这些惩罚机构有着特殊的范围。它与刑法机构之间存在一定的联系，或者是通过特权联系起来——例如涉及贵族和教士的时候，或者是用过分控制联系起来——例如在国王封印密札的情况中。惩罚机构相对独立于刑法体系。[在 19 世纪，] 我们的体系非常精密，包含有从惩罚到刑法的连续性，这是建立在部分法律、措施和制度之上的。同样，工人履历书既是雇主和工人之间的契约文书，又是一种治安措施：必须在经济和道德上控制工人。工人履历书就是这样一种非刑法规定的，但却能保障惩罚和刑法之间连续性的制度。劳资调解委员会同样起到这个作用：主要用于解决雇主和工人之间的诉讼问题，为此可以采取一些措施，[例如] 到户探访；也可以起到惩罚机构的作用，从某时开始，使得被惩罚的个人处于社会的边缘，并让其跌落在犯罪的一侧。一切监管机构，如收容所，济贫院等，都起到日常监管和边缘化的

200

作用。

　　然后这种描绘出惩罚社会特点的连续性只有在一定的条件下才有可能实现：普遍监督，以及对个人的监管、认知和了解，以便能让人们服从于持续的考验，直到某一时刻人们被送去另一端，置于审判机构的控制下。然而这种持续的评判、这种伴随着个人生活的奖赏和惩罚的机构并不是以考验的形式存在的，这与希腊刑法体系或中世纪刑法体系有所不同。[20] 在考验的体系（système de l'épreuve）中，是否有罪的决定是通过某种对抗得出的，经过争斗就可以快速得出个人是否有罪的结论，这是个人对个人的争斗、权力对权力的争斗。也没有讯问的形式，这种形式是在中世纪确立的，并且一直持续沿用到 18 世纪。[21] 这是一种认知形式，一旦某种行为构成或某宗犯罪被发现，就能了解到是谁做了什么事情，在何种情况下为之；在某宗特定的犯罪中，核心问题在于知晓去哪里寻找犯罪嫌疑人。人们曾经所使用的认知和控制的形式，是宗教裁判所形式。

　　但是针对个人的持续监管体系既不属于考验体系，也不属于讯问体系。或者更恰当地说，它类似于连续的考验，却没有最终的分数。这是一种讯问，开始于一切轻罪之前，与一切重罪无关。这是一种对个人的普遍的、未经观察分析的怀疑。我们可以称这种不间断的、渐进的、累积的考察为"检查"（examen）[22]，它能时刻监管个人并对其施加压力，伴随着个人的每一个阶段，看他是否符合规则，是否守纪律，是否正常。检查是渐进的，直至司法界限。*同时我们看到从工人的身体与生产力的关系之中产生了一种关于检查的认知。这个要解决新非法活动的管理和控制问题的社会，变成了不再被司法所控制的社会。因为毫无疑义，司法在这个社会中掌握权力，而社会在日常的、复杂的、深广的惩罚体系中普及司法，使司法呈现前所未有的道德化趋势。简而言之，这是一个把认知和记录活动与持续的惩罚活动之间建立起联系的社会。**

规训—惩罚这对组合是作为权力关系而建立起来的，对于把个人固定在生产机制上、生产力的组成和所谓的规训的[23]社会都是不可或缺的。在这里出现了道德和政治上的强制方式，对于以劳动的形式被纳入生产力规则中的身体、时间、生活等是必不可少的。还有一点：规训—惩罚体系是怎样成为可能的？现今的规训体系是通过何种办法得以保障的？***

注释

1. 格伦（A.Grün），《工人阶级的道德化》（*De la moralisation des classes laborieuses*），Paris, Guillaumin, 1851。这本书只有91页，其中有70页（第17—90页）的内容都在阐述福柯在课程中所提到的工人阶级的这7种道德上的缺点。

---

* 手写稿添加："（伴随着预审讯问和审理的考验）。"
** 手写稿添加："抛开这种新形式的认知。要记住我们生活在一个惩罚的、检查的、规训的社会中。"
*** 手写稿添加：
　　"——多种方式：预审；结盟；（贫穷过后的）消费；住所；然而
　　——还有一种普遍的形式：监禁。"

1973年3月14日

2. 参见同上，第 23 页。

3. 参见同上，第 76 页。

4. 索文尼（M.Thouvenin），《工业影响之下的大型制造中心的人口健康状况》（De l'influence que l'industrie exerce sur la santé des populations dans les grands centres manufacturiers），发表在《公共健康和司法医学年鉴》（Annales d'hygiène publique et médecine légale），第 1 辑，第 36 期，第 16—46 页，第 37 期，第 83—111 页，第 85—85 页，Paris, Jean-Baptiste Billière, 1847。

5. 米歇尔·舍瓦利耶（Michel Chevalier），《法国制造业》（De l'industrie manufacturière en France），Paris, Jules Renouard et Cie，1841，第 38 页。路易·雷博（Louis Reybaud）在自己的书《现代经济学家》（Économistes modernes, Paris, Lévy Frère, 1862）中用整整一个章节向米歇尔·舍瓦利耶致敬。（第 172—243 页）。

6. 参见同上，第 39 页。

7. 参见同上，第 39—40 页。遵从原文——"绝对的自由"（indépendance absolue）！

8. 福柯在手写稿中补充道："劳资调解委员会（Conseil des Prud'hommes）到户检查"，关于监管和流动性的关系，他在空白处写道："为了躲避执达员、债主或被拖欠工程的雇主而搬迁。"劳资调解委员会"由双方各自推举出的雇主和工人组成，各占一半席位，他们负责解决雇主和工人之间关于技术和行业方面的纠纷"。参见埃米尔·利特雷（Émile Littré），《法语词典》（Dictionnaire de la langue française），第 5 卷，第 5074 页。其第一家法院成立于里昂（1806 年 3 月 18 日法律），第二家法院成立于巴黎（1844 年 12 月 27 日法律）。经过多次改革之后，1979 年 1 月 18 日的法律和 1982 年 5 月 6 日的法律把该法院推广到全法国的各行各业，用于解决雇主和工人之间关于劳动合同的争端。

9. 福柯在手写稿的空白处写着："魏特林"（Weitling）。威廉·魏特林（Wilhelm Weitling, 1808—1871），被看作是马克思的先驱者，尽管马克思把他评价为"空想社会主义者"（socialistes utopiques）。他出身于民众阶层，通过自学，宣扬的是"朴素的福音的共产主义"（communisme évangélique primitif）（第 304 页），号召被压迫的人们发起反对有产者的集体暴力运动。魏特林的书在欧洲大量发行，他还参加了多个不合法

1973年3月14日

的共产主义组织，包括"正义者同盟"(Ligue des justes)；在1846年辅佐马克思，意图在欧洲各个共产主义同盟中建立联系。参见柯拉柯夫斯基(L.Kolakowski)，《马克思主义的历史》(*Histoire du maxisme*) 奥利维耶·马松(Olivier Masson) 译，Paris, Fayard, 1987 [1976]，第2卷，第1章：奠基人马克思、恩格斯及其前辈 (Les Fondateur. Marx, Engels et leurs prédécesseurs)，第302—305页。

10. 关于资产阶级从不守纪律非法活动取得的利益，福柯在手写稿中写道："以小餐馆为例：金钱利益、道德和政治利益、贷款优惠等"，工人的储蓄被酒吧经营者所收回，这种现象自第三共和国以来，在1880年7月17日法律的影响下变得普遍起来。

11. 维尔纳夫-巴尔日蒙 (Villeneuve-Bargemont)，《基督教政治经济学》(*Économie politique chrétienne*)，又名《关于法国和欧洲贫困问题本质和原因的研究，以及解决和预防措施》(*Recherches sur la nature et les causes du paupérisme, en France et en Europe, et sur les moyens de le soulager et de le prévenir*)，Paris, Paulin, 1834 [Paris, Hachette, 1971年再版]，第3卷：第2章，第64页。

12. 福柯在手写稿中写下了这一个词，以及"例子：马德尔 (Madre)，工人 (1864)"。参见马德尔 (A. de Madre)，《城市中的工人及提高其生活状况的措施》(*Des ouvriers et des moyens d'améliorer leur condition dans les villes*)，Paris, Hachettes, 1863年。

13. 福柯在手写稿中写下"格伦，《工人阶级的道德化：真假社会主义》(*Moralisation des classes laborieuses, 1851*)：le vrai et le faux socialisme"。参见格伦，《工人阶级的道德化》，见上文。

14. 福柯在手写稿中添加"原始主义"(Primitivisme)，并参照了巴尔日蒙的文章。参见维尔纳夫—巴尔日蒙，《基督教政治经济学》，参见上文。

15. 福柯在手写稿中提到"关于醉酒的法律"(la loi sur l'ivresse)，也就是1873年1月23日处罚公共场合醉酒的法律，以及"流浪生活的犯罪特点"(1810年刑法典第270条)。

16. 这些被路易·勒内·维勒姆 (Louis René Villermé) 写在自己的书中《棉花、羊毛、丝绸手工制造业工人的身体和心理状态列表》(*Tableau de l'état physique et moral des ouvriers employés dans les manufactures de coton, de laine et de soie*)，Paris, Études et documentations

internationales, 1989 年，[Paris, Jules Renouard et Cie Librairies, 1804 年]，第 391 页。关于制止工人酗酒的方式，维勒姆写道："我在色当看到了许多。在这座城市中，我惊讶地了解到，工厂主和工人团结起来，共同为制止酗酒而努力，并巧妙地取得了令人可喜的胜利。具体的方式是他们竭尽全力地预防失业现象，对生病的工人保留职位，简而言之就是好好对待令他们感到满意的工人，并尽力留住工人；然而大家对待车间中的醉鬼从来都是不留情面，将其解雇并不再录取。一切被见到醉酒，以及周一缺勤的工人都会受到如此的对待。[……] 在同样的劳动中，工人清楚地知道自己在工厂主面前的缺点是什么，他们会表现出感激之情。我被大家带动，并且向工厂主所喜欢的行为方式靠拢，我相信自己受到了大家正面的影响，不会沾染上恶习。"（参见同上）保罗·勒罗伊·博利厄（Paul Leroy-Beaulieu）在《工人的道德和知识状况》(*État moral et intellectuel des populations ouvrières*) (Paris, Guillaumin et Cie 1868) 中多次以色当为例，论述了在城市中能使工人道德水平提高的措施："在色当和盖布维（Guebwiller），到处都能见到不喝酒、有节制的工人，我们发现这是工厂主明智的创举。"（第 74 页）。在 20 世纪末的时候，雅克·拉鲁艾特（Jacques Lalouette）写道，没有统计学能确定酒精消费状况与社会阶级存在必然联系；参见雅克·拉鲁艾特（J.Lalouette），《1900 年前后的酗酒与工人阶级》(*Alcoolisme et classe ouvrière en France aux alentours de 1900*), Cahiers d'histoire, 第 42 (1) 卷，1997 年，http: //ch.revues.org/index11.html。

17. 手写稿中福柯在"储蓄"（épargne）的后面写着"布鲁诺"（Bruno），这里无疑是指皮埃尔·爱德华·勒蒙泰（Pierre Edouard Lemontey）笔下的虚拟人物，参见《可靠惬意的致富办法》又名《布鲁诺先生的三次拜访》(*Moyen sûr et agréable de s'enrichir, ou Les trois visites de M.Bruno*), Paris, Hacquart, 1818 年，这个虚拟人物又出现在勒蒙泰在后面写下的《可靠惬意的致富办法》又名《布鲁诺先生的四次新拜访——对各行业各阶级的建议，特别献给一家之主、资本家、业主、食利者、艺术家和职员等》(*Moyen sûr et agréable de s'enrichir, ou Quatres nouvelles visites de M.Bruno. Conseils aux hommes de tous les rangs et de toutes les classes, et surtout aux pères de famille, aux capitalistes, aux propriétaires, aux rentiers, aux artistes, aux salariés, etc.*), Paris, Renard, 1825 年。布鲁诺先生是从商业中受益的木器工人，致力于向工人传

播储蓄的好处。1791 年皮埃尔·爱德华·勒蒙泰成为立法议会 (Assemblée législative) 的议长，回到里昂之后，他参与到了吉伦特派的暴动中，共和主义者取得胜利之后，他被流放到瑞士。在帝国时期被大赦，而后在 1819 年他被选入法兰西学院，于 1826 年去世；参见罗比内特 (Dr.Robinet)，罗伯特 (A.Robert)，勒沙普兰 (J.Le Chaplain)，《1789 年至 1815 年法国大革命时期和帝国时期的历史和传记词典》(*Dictionnaire historique et biographique de la Révolution et de l'Empire 1789—1815*)，Évreux，Charles Hérissey，1898 年。

18. 参见上文，1973 年 3 月 7 日的课程，第 188 页。

19. 参见让-皮埃尔·巴沙松 (Jean-Pierre Bachasson, 1766—1823)，蒙塔利韦伯爵 (Comte de Montalivet)，《内政部长 (蒙塔利韦伯爵) 致各省长的通报，签于 1809 年 11 月，巴黎，关于工人的履历书》(Circulaire du Ministre de l'intérieur，(Comte de Montalivet) aux Préfets，Paris，Novembre 1809，sur les Livret des Ouvriers) 收录在《1797 年至 1821 年（含）出自内政部长或关于本省的通报、指令及其他文书》(*Circulaires, Instructions et autres actes émanés du Ministre de l'intérieur, ou, relatifs à ce département: de 1797 à 1821 inclusivement*)，第 2 版，Paris，Ministre de l'intérieur，1822 年，第 2 卷（1807 年至 1815 年），第 162 页写道："如果不允许在履历书上写负面评价，就不会影响工人休假。如果厂主保持沉默，就是以间接的方式证明该工人的言行有问题，至少是对工人的工作不是很满意。"福柯曾在《规训与惩罚》(第 237 页) 提到过玛尔-卡米尔·巴沙松 (Marthe-Camille Bachasson)，蒙塔利韦伯爵 (1801—1880)，曾就罪犯隔离的问题向监狱管理者发放过调查问卷。

20. "考验"(épreuve) 这个概念是行使权力和产生真相的形式，与其他形式相反，如讯问 (enquête) 和"检查"(examen)，我们已经在法兰西学院 1970—1971 第一课讲过；参见《知识意志讲稿》课程中，关于希腊体系的部分（1971 年 2 月 3 日，第 82—83 页），以及前一年的《刑事理论与刑事制度》课程（第 9 课，注 3—9；第 13 课，注 1—6）中，在 10 至 13 世纪的中世纪，关于宣誓 (serment)、神意裁判 (ordalie)、司法决斗 (duel judiciaire) 等内容。福柯在《真理与司法形式》中继续阐述考验这一概念，第 555—556 页 / 第 1423—1424 页（在前希腊法律中），第 572—577 页 / 第 1440—1445 页（在古日耳曼法律和封建法律中）。参见《精神病学的权力》，

1974 年 1 月 23 日的课程，第 237—239 页；《规训与惩罚》，第 45—46 页。

21. 讯问（enquête）这个概念是去年课程的核心内容。参见《刑事理论与刑事制度》的课程概要，注 115，1994 年版，第 390 页 /Quarto，第 1 卷，第 1258 页："前一年，我们分析过'尺度'（mesure），它是一种与希腊城市的建立紧密相连的'权力—知识'（pouvoir-savoir）形式。本年度，我们用同样的方式研究'讯问'及其与中世纪国家建立的关系；下一年，我们会研究'检查'，它是与工业社会特有的控制、社会排斥和惩罚体系相关联的'权力—知识'形式。"《刑事理论与刑事制度》，第 13 课；《知识意志》，1971 年 2 月 3 日的课程，第 84—89 页。接下来一年的课程也会提到这些内容。参见《真理与司法形式》，第 557—570 页 / 第 1425—1438 页，在《俄狄浦斯王》（Œdipe roi de Sophocle），第 577—588 页 / 第 1445—1456 页（在中世纪下半段）；《规训与惩罚》第 24—25 页，第 226—229 页。关于对中世纪法律的讯问作用的分析，参见斯特雷耶（J.R.Strayer），《现代国家的起源》（On the medieval origins of the modern state）[参见上文，第 20 页，注 13]，第 39—40 页 /（Les origines médiévales de l'État moderne），第 62—63 页（描述了陪审员作为准讯问方式的出现——讯问不是以证据为基础，而是建立在"正直公民"邻居的知识上）。

22. "检查"（examen）的概念在福柯的思想中起到重要的作用。《真理与司法形式》一书将在"全景敞视结构"（Panoptique）的背景下对其进行阐述，第 594—595 页 / 第 1462—1463 页；《精神病学的权力》，1973 年 11 月 21 日的课程，第 54 页；《规训与惩罚》，第 186—196 页（检查），第 227—228 页。

23. 与统治权力、生命权力（bio-pouvoir）不同，（后者出现在《知识意志》中，Paris, Gallimard, 1976 年；《必须保卫社会》，参见上文，1976 年 3 月 17 日），与安全机构也不同（1978、1979 年的课程《安全、领土与人口》与《生命政治的诞生》对其进行了阐述），规训的权力的概念是 1973—1980 年间福柯思想的重要主线之一。

与控制、监督、惩罚实践密不可分的规训权力的假说，将在本书最后一课——1973 年 3 月 28 日的课程中，以及后面的研讨会和下一年的课程中得以阐述；参见《真理与司法形式》，第 588 页 / 第 1456 页（关于规训的社会）；《精神病学的权力》，第 42—59 页："我想要提出的假说就是在当今社会上存在某些类似于规训权力的东西。通过这个假说，我理解到只有一种终极的、细

205

256　　　　　　　　　　　　　　　　　　　　1973年3月14日

微的权力形式，这是终点站，政治权力和普遍权力通过这样的某种形态在最后的层面上碰触到人们的肉体、攥住他们，并兼顾其行为、举止、习惯和言语。（第42页）；参见《不正常的人》，1975年1月15日的课程，第40—45页，分析了鼠疫地区的分区控制（quadrillage）以及对麻风病人的驱逐模式；在第50页，福柯对自己在1973年1月3日关于惩罚方式的分析提出质疑，但这更像是他曾经对社会排斥概念的批判（1973年1月3日的课程，第4—7页）；《必须保卫社会》，1976年2月25日的课程，第161—166页，规训权力的概述，以及第219—226页（对规训和安全的比较）；《安全、领土与人口》，1978年1月11日，第6—25页（对于司法权力、规训权力及安全权力的深层比较）。统治权力的概念在《精神病学的权力》，第44—48页得以论述；《安全、领土与人口》论述了安全机构等。

1973 年 3 月 21 日

瑞瑞里厄的工厂—兵营—修道院—监狱。详细的规章。（Ⅰ）监禁机构：教育的、惩戒的、治疗的。建筑学方面的研究和微观社会学。（Ⅱ）对这些机构的分析。（A）监禁—托管新形式。与古典时期的三个区别。1. 超权力（sur-pouvoir）形式。2. 规范化。3. 国家内部体系。（B）托管（séquestration）的作用。1. 时间的托管。生活时间服从于生产时间。2. 对整个的生活直接或间接的控制。3. 持续不间断的评判。4. 新形式话语性的产生：整体生活的日常道德核算；对正常的人和不正常的人的要求。

我们假设有一个包括 300—400 名成员的社会，他们都是单身，他们的作息时间表如下：早晨 5 点起床，50 分钟用于洗漱和吃早饭；从 6 点 10 分直到晚上 8 点 15 分都在工厂里面，其中包括 1 个小时的吃饭时间；然后吃晚饭、祈祷，在晚上 9 点睡觉。[1] 关于礼拜日，法规的第 5 条是这样规定的："礼拜日是一个非常特殊的日子；我们想保留其应有的特点，也就是用于履行宗教职责，以及休息。然而，人们很快就感到无聊，认为礼拜日比一周内的其他日子更加让人疲倦，于是人们变换着活动，以便能以基督教的方式，愉快地度过这一天[2]。"早晨人们进行宗教活动，然后是阅读和书写，接下来休息一段时间；下午是基督教的教理问答（catéchisme）和晚祷（vêpres）时间；如果时间充足，人们还可以去散步，如果时间不够，人们就会一起读书；吃晚饭、祈祷、睡觉。宗教活动不是在教堂里举行的，而是在建筑内部的礼拜堂（chapelle）里举行。[3] 人们散步的时候会有一名神职人员一直在旁边监督，他同时也是住处和工厂的管理人员。[4] 人们赚的钱被扣留起来，直到离开的时候才能领取。[5] 倘若需要与寄膳宿者性别不同的工作人员进入，按照规定，这些人员"要经过严格的选拔，只能做短暂停留；这些工作人员必须保持安静，否则就会被遣走"[6]，该组织的基本原则就是任何寄膳宿者都不能脱离监督，并且要防止他们混杂在一起，必须要贯彻这个精神。[7]

208

我们所说的并不是 17 世纪监狱理想模式的管理，而是 1840 年安省瑞瑞里厄（Jujurieux）的一家丝织厂的管理。[*]

---

[*] 手写稿添加"这是对哪一家机构的管理？任何一家机构都是如此管理的。男人或女人；监狱；寄宿学校；学校；少年犯教养所；精神病医院；孤儿院；用于女子悔改的工厂。妓院（maison close）、兵营（caserne），然而这些并不是为了改造，也不是理想模式。这样的机构是真实存在的——瑞瑞里厄的丝织厂。我们为什么举了如此局限的例子？"

1973年3月21日

在某种意义上，这是一种乌托邦，这是工厂—兵营—修道院（usine-caserne-couvent）的制度化[*]：没有薪水的工厂，工人的时间都归属于雇主，没有休息时间，毫不夸张地说，工人的身体像是被链条锁在了生产机制上。相对来说，这种乌托邦的情况为数众多，有人说其在 1860—1870 年间就逐步消失了，然而在事实上它们大量存在：1860 年前后，4 万余名女工就在法国南部这样的条件下工作。[8] 雷博也描写过维勒纳韦特（Villeneuvette）的一家为军队制造服装的羊毛工厂："整个市镇被关在了工厂中。在那里，市井生活与工业生活混为一谈。教堂和政府，车间和工人的住所，几乎都成了军事制度下的私有财产。筑有雉堞（crénelé）的围墙把里面包围起来；里面会吹响起床号，每天晚上吊桥都会被拉起来[9]。"里面的规章是很苛刻的：驱逐一切流浪者（nomade）；必须在固定时间回来；一切赌博或酗酒都被禁止。城里的唯一一家小酒馆在晚上 9 点关门；发生性关系却没有结婚的工人会被视为罪人并被降低等级，如果拒绝结婚就会被放逐。[10] 有报告总结说："这些工人阶级，如果是难以管教的，怎么会来到这里？[……] 原因在于管理方式：对工人隐瞒事实，满足他们的虚荣心，平息他们的欲望[11]。"

所以这是一种波及范围很广的现象。在 19 世纪的上半叶，

---

* 手写稿添加："工厂—修道院，工厂—监狱。"

1973年3月21日

有许多对工人阶级监禁式、兵营式管理的企业，除了生产机制以外，也涉及许多非生产机构，例如教育机构：幼儿园、初中、孤儿院；许多矫正机构：农业移民地、少年犯教养所、监狱；许多治疗机构：收容所，救济处等。我们可以暂时把这些机构都归在监禁的特征之下。我们还可以把监禁的计划和愿望加在这些现实中的机构上 *：例如马凯·瓦瑟罗（Marquet-Vasselot）[12]，洛斯（Loos）监狱的负责人想象出一座收容全法国各省市犯人和贫民的避难城（ville-refuge）**；对于工人阶级的婚姻和生育问题，维尔纳夫-巴尔日蒙说道："毫无疑问将会有这样的一天［……］政府会被事物的力量所引导，被知识和自由的发展所引导，最终准许"——僧侣和神甫的模式——"成立新的工作和慈善的单身协会，不再追求富足，而是追求效用，在当下的文明状况中，其目标将与社会的新需求相符合 [13]。"

乌托邦的产生是一种研究活动。有关建筑方面的研究：为了解决最适合监督的建筑的构造问题；与剧院相反的建筑物 [14]，也就是说，让最大限度的人数暴露在最少人力的看守

---

* 手写稿是这样举例的："一系列混合的机构，包括生产和镇压机构：农业'移民地'；生产和教育机构：车间，孤儿院。"

** 手写稿添加："这些乌托邦和梦想的特点如下：

1. 代表特定社会的毗邻（adjacences）；这些乌托邦必须保障现实社会中已存在的机能；

2. 代表控制（domination）体系。熟记某些种类。

服务和奴隶身份的乌托邦。梦想奴隶制——封闭奴隶。"

和监管之下（参见巴尔塔 Baltard 的研究[15]）。"微社会学"[*]
(micro-sociologiques) 研究：在特定的群体之中，关于
依附、权力和监督的方案。农业移民地梅特赖（Mettray）[16]
开辟于 1841 年左右，可以作为研究的典型：我们把垦荒者
分为若干的小家庭，置于双重的权力之下：一方面来自外部，
由监管人负责；另一方面来自小组内部，由孩子们中的长兄
负责。

* * *

　　问题在于了解这些奇特的机构的地位是怎样的，其中的
工厂—修道院已经消失，而其他的一些机构保留下来并日渐繁
多，例如监狱。我们要考量的就是在何种范围之内这种监禁
可以被看作是 17—18 世纪监禁的继承，也就是说，是国家组
织的弥散性控制的继承，是传统监禁的继承[17]？有一点是确
定的：所有人都意识到了这些机构的激增。在 1855 年出版的
《工人和农民的住所》(*Habitations ouvrières et agricole*)
一书中，穆勒（Muller）写道："伴随着工人从出生的第一天
到年老体衰，虚弱无力，各个机构都是根据人们的需要设立起
来。对于儿童，我们设立了幼儿园，以便他们的母亲可以去工
作。对于老人，国家有社会救济（bienfaisance），以及修

---

[*] 手写稿添加："'微观社会学'研究：权力的最佳状态。关于社会等级的通
　　报的研究；团体的形式以及对个人的隔离。"

道院慈善医院。最近，我们又设立了上门救护组织。而劳动者好不容易才积累起一点财产，还要费心劳神掌握打理之道。为了避免这种危险，人们想出了储蓄所（caisse d'épargne）。过去的艰难困苦威胁着人们；我们的祖先想要通过济贫院缓解将来不时之需带来的痛苦：而我们更有先见之明，通过特殊的退休金管理机构比祖先做了更多的准备。最后，必须要改变劳动者的居住环境[18]。"于是我们建立了工人城。因此通过这些机构，我们对个人从出生到死亡都有意识地设置好了稳定的框架。

　　在这篇文章中，我们可以辨别出古典时期监禁与 19 世纪这些机构的主要不同之处。在古典时期，对个人的控制和固定主要是以他们所属的社会等级、群体、团体为依据的，例如行会管事会（jurande）、同行公会（corporation）、手工业行会（compagnonnage）、行业等。从一方面来讲，归属于某社会行业的个人因此被一系列规则束缚，规则会管理甚至惩罚他的行为；从另一方面来说，个人因此受到与团体相关的机构的规训。换句话说，配有自己的规则和监督体系的团体，是控制的内生机构。从 19 世纪开始，相反，个人被一些自己不属于的机构从外部联系起来。出生以后，他们就被送往幼儿园；在童年时期，他们被送到学校；后来去了工厂；他们的一生都与仁爱行善的机构相关；他们可以去储蓄所存款；他们的生命在养老院结束。总而言之，在一生中，人们与形形色色的机构维持着多种多样的联系，但是其中任何一个机构都不能准确地代表他们，都不能构成他们的团体——在人们去储蓄所存款的时候，在人们去学校上学的时候，人们并没有形成团体；然而在古典时期，控制和监督是基于人们从属于一个团体的事实，并在团体内部进行的，例如行会等。而且，个人是从外部被固定在这些特殊的机构上的，并且他们从属于地点固定的机构。

总而言之，可见在现在的社会中，出现了一批完全崭新的"团体"(corps)，与我们之前所说的同业公会、行会管事会完全不同。这些不是社会团体，下面没有隶属，与幼儿园、互助储金 (caisse d'épargne et de prévoyance)、监狱等机构一同产生。它们也不是与机器模式相关的团体，不是生产团体，尽管机器化 (machinisme) 的发展与这些新团体之间存在着种种联系。这些团体的功能是使权力倍增——在某些区域权力更加集中、更加强势。从某种程度上来说，这些机构仅仅是一个阶级对另一个阶级行使权力的中转站；然而当人们靠近观察，就会发现这些机构确立起真正的分隔，在这些机构的空间和势力范围内，一种具有新力量的集中的权力几乎是自动地占有了支配地位：例如工厂中雇主的权力，车间中的工长的权力。这种权力不仅是衍生出来的，而且处于自下至上的权力等级之中。事实上，存在一种几乎是被控制的权力机构，因为工长或者雇主可以通过一系列手段把工人送到刑事司法的范围内，只要一些解雇的行为或者负面的评价就够了。

权力在某些区域中内部中断 (discontinuité)、再次集中（reconcentration）并加强（réintensification），最不容置疑的例子就是监狱。一般来说，监狱只是一个司法判决执行的地点。然而在事实上，监狱远不止是法院的司法判决地点。在其运转中，具有本身的权力和自己的公正。在1818年，德卡兹（Decazes）呼吁说"必须让法律在监狱中占有支配地位"[19]。在1836年，贝朗热（Béranger）也定义了监狱长的作用："监狱长是一名真正的行政官员，他具有支配监狱的最终权力[20]。"

所以说，这些超权力（sur-pouvoir）的机构既不是带有从属的组织，也不是机械化的组织，而是朝代的（dynastique）组织。而且人们当时的知识也是通往这个结论的。我们可以通过工人出版物观察到工人的反应，他们认为自己回到了封建制度：工厂就像堡垒，工人觉得自己就像领主—雇主的农奴，矫正机构就像新的巴士底狱。* 社会中的这种感觉并不仅仅是在民众记忆中；而是对某种特殊事物的感觉：当下的资本主义社会，恰恰如同封建社会，存在一些没有完全被纳入国家机制中的权力区域，没有完全被国家控制，在这些地方国家的掌控是松弛的，但是存在一种对于被等级化的

---

* 手写稿添加："分析方式如下：
　——'机构的'分析，意图避开超权力；将其缩减为一个用途；并将其纳入立法规章体系中；
　——然而与此相反：对超权力深刻的认识。几乎是传说般的认识，被写入半政治、半历史词汇中。人们将其看作是中世纪或旧制度的复兴：堡垒工厂；新巴士底狱；初中—修道院。"

社会来说的超权力。工人阶级坚信：资本主义权力如同封建种子在社会中的复现，这种感知是如此强烈。雷博在 1865 年的一份关于羊毛纺织工人的生活条件的报告中，这样谈到了一家工厂："显示出一种封建专制制度。"[21]

第一种区别就是这样的：控制机构并不是社会内在的，而是在某种意义上被驱逐到社会之外，并被某些超权力[22]的地区和机构负责。就旧体系而言的第二种转变，在某种意义上是前者的反面。在 18 世纪，除了团体的内生监督以外，还有监禁，就社会而言，监禁是边缘化的，而监禁的对象处于社会的边缘——从个人层面上而言，指的是脱离社会的行为和道德规则；从民众的层面上而言，指的是由于贫困、失业和流浪事实等脱离社会的人们。我们把脱离团体的人监禁起来，以至于在一段时间内这些人是脱离法律管理的。所以说，这些机构是用于将其摆脱（soustraction）的工具。相反，伴随着这些在 19 世纪出现的机构，监狱不再是纯粹使个人边缘化的方式，或者摆脱边缘化的个人的方式。当人们把一名儿童送到农业移民地的时候，当人们把一名年轻的工人送进工厂—修道院的时候，当人们把一个人关进配有车间的中心监狱的时候，事实上，人们是把他们固定在了生产机制上。人们把上学的儿童固定在传输知识的机制上，而该机制使儿童规范化。*

---

* 手写稿添加："或者起到矫正、治愈、改正的作用。"

　　　　　　　　　　　1973年3月21日

在该情况下，脱离社会机制的作用与传统监禁的单调体系完全不同：其用途并不是使人们社会边缘化，而是把人们固定在某种知识传输的体系中、规范化体系中、生产体系中。当然这些机制也具有社会边缘化（marginalisation）的作用；但是仅仅针对抵抗的个人。* 例如在初中，大多数学生都会被某种知识传授机制所约束，而抵抗知识传授的学生就会被边缘化。机器是为了解除社会边缘化，而社会边缘化只是一个侧面的影响。最显著的例子无疑就是收养被遗弃儿童的孤儿院（hospice）。里尔的孤儿院在 1840—1845 年建立：几周大的儿童会被送到乡下的奶妈家；12 岁的时候回到孤儿院，穿上制服，或被送到孤儿院外面的课堂上和其他的孩子们在一起；或被送到工厂里。社会边缘化是不合法的，资产阶级通过控制体系进行抗争。在被抛弃儿童的社会边缘化过程中，边缘化是通过制服被标识的，他们被强加以黄领（collet jaune）的名称。通过把个人纳入生产机构或者学校机构的方式，通过与一定数量的社会机构建立关系，孤儿院使得个人脱离社会边缘化。

所以这是固定的监禁**，把个人分配给各个社会机构。这些监禁机构相邻运转：生产机构、知识传授机构、惩罚机构，它们能够保障权力所需要的补充部分。这些机构不再

---

* 手写稿添加："例如，不适应学校、工厂的人。"

** 手写稿添加："涉及挑选、分类。"

是传统监禁类型，而是所谓的"（有争议财产等的）托管"（séquestration），指的是仲裁权力机关占有某物，把某物从自由流通中抽出，在一段时间内保存在某一固定地点，直至法院判决。与国家机构惯例相比，值得注意的是托管机构的状况和规则。我曾指出，在18世纪末的社会中，控制措施倾向于集中化、国家化。然而现在随着托管机构的繁荣兴盛，相反我们感到，这些机构铺展开来并避开国家。机构的兴建常常由个人发起，从严格意义上来讲，国家做的事情只是跟进这些不是由国家发起的行为。然而值得注意的是大多数机构都是以国家机构为模板的：国家内部的小机构。它们总是通过解雇和互惠互利体系依靠于国家：如果附近没有警察局或军队，车间不能在这种修道院或军营里运转。一切机构，无论是否直接属于国家，最终总是要依靠国家机构，即使它们本身不是国家机构，而是社会内部的权力中转—倍增器。在社会中，国家机构仍然是其他机构的运转条件[*]。

* * *

[**]必须要知晓托管的具体用途，为什么需要用权力补充部分把个人固定在社会机构、教育机构和生产机构上。第一件要

---

* 手写稿添加："不是国家机构，而是与国家有连接点的机构。国家内部的体系。"

** 手写稿添加副标题："B.托管的用途"。

1973年3月21日

注意的事情是这样的：在这些托管机构中，最常见的工厂—修道院已经在 1870 年前后消失了*；然而在它消失的时候，或者说实话，是在它存在的 1830 年至 1870 年之间，该机构为其他更灵活、更扩散的托管形式所支持。我认为，为了分析托管在资本主义社会中的用途，不应该孤立地考虑托管的形式；重拾穆勒笔下的例子，储蓄所与幼儿园、孤儿院一样都是控制机构。[23] 所以不但要在地理上和建筑学中孤立地辨别托管机构的用途，而且也要在扩散的机构中保证控制。然而在资本主义社会中，托管有三个主要的用途。

　　**第一个用途在瑞瑞里厄的规章中明显地体现出来了：时间被雇主完全控制。事实上雇主不但雇佣个人，而且还完全控制他的时间，这就是 19 世纪初资本主义政治的特点：资本主义需要很多失业者，以便可以压低工资，并不需要个人充分就业；相反资本主义需要充分利用雇员的时间，使得很多人无法就业，事实上每天工作 12 个或 15 个小时并不罕见。现在人们发现了个人充分就业的价值，而不再是时间充分使用的价值；资本主义通过娱乐、演出、消费等活动保证充分控制雇员的时间。在 19 世纪，充分利用时间是资本主义的首要关注点之一。

216

　　这些托管机构的特点就是人们在其中都是非常忙碌的，或

---

* 　手写稿添加："出于经济原因（过于刻板）和政治原因。然而事实上，工厂—修道院的大部分用途都被其他更扩散式的机制容纳了，这些机制更为灵活、更加适应社会：如履历书、储蓄所、保险公司、工人城等。"

** 　手写稿添加副标题："时间的托管"。

忙于生产活动，或忙于纯纪律活动，或忙于娱乐活动。资本主义通过国家体系组织的超权力的关键点之一就是对时间的控制[*]。在初中、工厂—监狱、少年教养所等集中的托管机构，时间表都是重要的组成部分。在 19 世纪初，对个人生活的控制、管理和组织都是极为重要的。必须要控制人们的工作节奏。人们被全天雇佣，期间他们就不能按照自己的意愿请假。必须杜绝聚会、缺勤、赌博、彩票等，因为这是对时间的管理不善，意图天上掉馅饼，对工作的连续性不利。要让工人学会控制生活中的突发事件：生病、失业等。^{**} 通过储蓄所，要让他们学会具有先见之明，学会要对自己负责直至死亡。这些在当时的文学作品中变为道德品质，实际上意味着工人的生活被纳入生产时间和储蓄时间中。生活中本可以拥有的消遣、娱乐、碰运气、聚会的时间被纳入生产和利益的连续性之中^{***}，而不是用于满足个人生活中的快乐、欲望和肉体。必须让人们的生活实践服从于时间上的生产体系。^{****}

---

    *   手写稿添加："但却不在国家体系之中"。

  **   手写稿在空白处添加："保险公司"。

 ***   手写稿："在瑞瑞里厄、米卢斯都很常见[24]。"

****   手写稿："总而言之，就是把个人的时间纳入资本主义化、利益和生产之中。以三种方式进行：

        a——通过同质模式：既然你也储蓄，那么你就要遵守同样的法律和享受同等的利益。

        b——通过教训式（moralisateur）方案：要求这样，你必须如此。你处于负债的状态。你被束缚在义务体系之中。

        c——通过限制（assujettissement）活动。因为事实上通过充分利用时间，能够让生产时间和利益时间建立起自己的规则。"

这就是托管的第一个用途：使生活的时间服从于生产的时间。倘若说封建社会的问题在于把个人固定在一片土地上，以便对其行使统治权并抽取年金，那么资本主义社会的问题不是把个人固定在土地上，而是把他固定在时间上错综复杂的事情上，使得他们的生活可以完全为生产时间和利益而服务。从地点上的固定*过渡到了时间上的托管。

第二个用途在于托管机构体现出的悖论——在社会中以集中的形式，或者扩散的、不稳定的形式存在。从表面上看，这些机构功能单一：初中教育、工厂生产、监狱执行惩罚、医院治疗；而一般来说，我们并不明白初中为什么以学习以外的事情对儿童做出要求，医院为什么做出治疗以外的事情等。然而有一种权力的补充部分，对这些机构的存在不可或缺。车间里永远都不会要求："工作，除此以外，做一切你们想做的事情"；学校里面永远都不会要求："学习读、写、计算，然后如果不高兴洗澡就不要洗了*。"事实上，这些机构负责对生活的直接或间接的控制。它们从生活中抽取一些要点，一般来说，包括肉体、性以及个人之间的关系等[25]。它们在这三个要素上使用额外的控制，当然我们首先会想到，这些不是它们的主要的、明显的、制度上的用途。我们可以说，这些托管机构"毫不掩饰地"管理这些与其没有直接关系的事情。它们的用途是

---

* 手写稿添加："局部监禁"。

** 手写稿添加副标题："托管机构的其他特点"。

*** 手写稿添加："我照顾你们，你们按照自己的意愿去做爱吧"。

1973年3月21日

冒失的、诸说混合的（syncrétique），意思是说在学习、生产或健康方面的管理中混入对于其他方面的管理，主要是上面提到的三个要点。这在瑞瑞里厄的例子[*]中得到了充分的体现：要求丝织厂的女孩们从早上 6 点工作到晚上 8 点，此外礼拜日不准出去，不允许与进入机构中的男性说话等。

然而，我们在严格托管机构中看到的集中状态，也可以在扩散状态找到，雇主几乎总是通过一系列托管措施试图在工厂以外控制工人的日常生活，以及一些生活要素——归根到底，这些是与生产活动毫无关系的生存要素。[**]1821 年亚眠市长〔颁布的〕一部规章，维勒姆（Villermé）引用并写道："混乱变为了丑闻[26]"，"我们发现工厂里的女孩们经常找男孩作为性关系伴侣，男孩们也会出于同样的目的选择女孩；所以为了良好的道德秩序，很有必要提醒他们两性结合会带来的不利之处，尤其是对于男孩来说：停止追随吧……明文规定男性和女性寻求帮助时只能找同性的年轻人[27]。"

问题在于，了解托管机构除了基本的可见的功能外，还有

---

[*] 手写稿："瑞瑞里厄的例子具有代表性。在其他小型企业也是如此"。

[**] 手写稿中提到了两个例子："工人醉酒和家庭"。后面的两页文稿（第 18、19 页）遗失了。第 20 页是这样开始的："防止真正的组织成立。正常状态与'习惯'（habitus）和'社会共识'（consensus social）相类似。把社会制造成虚构、标准、现实的机制。"余下的部分（在第 20 页和第 21 页之间，没有页码）全部被划掉了。讲到了工人阶级的家庭与性，特别是"通过强制推行异性恋准则，建立单性恋团体"，"工人阶级对于家庭和同性恋的态度"，以及"资产阶级的家庭意识形态渗入"工人阶级。

1973年3月21日

额外的控制，其用途何在？事实上，托管机构把一部分个人与其他人口隔离开来。因此面临着两种风险：一方面，造就出一群特殊的、顽强的人，对他人有利或有弊；另一方面，托管内部的团体会依靠人们提供的特有生存方式，形成集体的凝聚力。因此必须找到一种办法，使被托管的人们通过某种方式与社会生活的集体形式建立联系；同时还要找到监视的办法，以便能够在托管机构内部及时制止反作用力、反集体性对机构本身造成威胁。

我们以初中的性（sexualité）为例。孩子上初中是为了学习阅读、写作和良好的规矩礼节。然而为何19世纪初中管理的最基本的底线在于对性的"抑制"？其实"抑制"这个词非但不准确，还让人感到尴尬，因为在初中里对性的限制包括两个方面：一方面是严格阻止异性恋（hétérosexualité）：机构里面的单性恋（monosexualité）使得其在条件上无法与异性发生关系；此外禁止同性恋（homosexualité），这里不仅是阻止，因为恰恰相反，只有在潜在的同性恋进行到某种程度时，才会被发现并禁止，而此时权力、审判和惩罚机构都会介入，还会对个人进行过量的控制——身体、情感、私人生活等都受到控制。他们很可能永远都会受到管制和监督。

从初中的这种对异性恋的双重阻止体系以及对同性恋的禁止中，宣扬的是一种社会映像（image）：作为补偿，异性恋将会得到允许；而同性恋被视为是不该存在的，或者是处于社会边缘的现象，是不正常的事情，只有极少数人才会与其相关。总之，在初中禁止性，一方面用于建立内部准则；另一方面用于普及外部规则：给社会呈现中一种虚假的映像，为了向个人传递某种关于对自身所处的社会的观念，同时向［初中生］[*]传递关于其即将进入的社会的行为模式^{**}。从双重体系出发，人们创造了社会中虚假的准则，以便权力作用于机构内部，最终映像变为了社会事实，异性恋是被允许的，而同性恋不复存在。

在这样的例子中，托管机构的用途是创造社会。^{***}托管体系的作用是在其管理的阶级和其倚靠的国家之间，构建出社会映像、社会准则。托管机构制造某种被禁止的东西——准则，而准则将成为现实：这是一些规范化的机构。[28]

为了使制造的社会得以实现，为了能让生活的时间与生产时间同质，必须在托管机构内部做出如下安排：第一点，设立裁判机关。^{****}这是一种常设的法官职位，使得个人必须总是服从于某种类似于司法机构的评判机构，或惩罚、或奖励。无论是在初中、工厂、精神病医院还是监狱，无论托管的形式是微

---

    * 打字文稿："向他们"。

   ** 打字文稿："当他们进入社会的时候"。

  *** 没有标明页数的文稿（在第 20 页和第 21 页之间）中的倒数第二句被划掉了。可以辨认出上面写着："总之，托管机构制造社会中的规范状态（normalité）。"

**** 手写稿："这些机构总是有第三种，或者第三种和第四种作用。这两种相伴的作用是：常设裁判作用"。

观还是宏观，例如工人履历书、工人城等，都能找到额外的裁判机关在秘密中运转。

第二点，必须存在一种话语性（discursivité），因为提到了审判，就要提到监控、评分、核算等。由此个人的行为进入了完全新颖的话语性中。显然，个人的行为进入话语，这已经不是第一次，也就没有必要为了让日常的、私密的生活状态被话语性体系接管而等待托管机构。不管怎样，天主教的忏悔 *是使其进入话语性体系的方式之一。[29] 然而其特点是，说话的是主体；忏悔从来不留任何档案；而且由忏悔得出的话语会进入（一种论述信仰操行疑难问题的）神学理论（casuistique）范围中 **。但是我们发现在 19 世纪出现了某些截然不同的情况：该话语的范围是托管机构划定的特定区域，涉及其中的日常生活、个人、隐私、肉体和性等。个人生活中的全部时间都波及、被支配。而忏悔总是涉及一种情况——在某种状态下的作为——，相反从托管的普遍技术中产生的话语性，会伴随着个人从出生直至死亡，将推论个人全部的生存状况。在惩戒移民地梅特赖，男子带着自己的资料而来，里面记录着他们的生活、被捕原因、判决、在初审和诉讼中的态度；根据这些资料，他们被日常道德记录束缚。他们全部的时间也被算入话语性内部。

---

* 手写稿是这样描述天主教的忏悔的："在负责接受人们行为的话语性中"，"这是最有名的，或者更恰当地说，这是最臭名远扬并且是最重要的"。

** 手写稿添加："然后是警察的报告：类别；细枝末节。"

第三点，话语从头到尾都伴随着个人，这不是由个人掌握的，而是由托管体系内部的权力来掌握。话语与权力的某种状况密不可分，并且与个人在生产机制、认识传输机制中某种错综复杂的事情密不可分。最后，话语性要求话语注重标准化（normativité）。[*]总是根据个人与某种人为标准之间的距离对其进行描述，不是用好、完美、美德等描述，而是按照正常人来描述。我们知道当时这个标准不一定是平均值，在某种程度上也不是一个概念，而是话语权在托管机构中的运转条件。个人被托管，也就是说个人被话语性约束，该话语性在时间上是不间断的，在外部受到权力的约束，必须命令正常的人和不正常的人。^{**}

222

---

* 手写稿：
  "话语性要求某种标准化起到双重作用：
  ——作为集体社会事实，人们对其无能为力；
  ——作为规则，以规则的名义惩罚或奖赏，要根据话语性是否被详尽无遗地得出。"
** 手写稿是这样结束的：
  "·生产时间代替宗教时间（练习、瞻礼日、永久）。
  ·掩盖阶级和标准社会性的国家（研究目的和行为规定）之间的关系［'斗争'一词被刘掉］。
  ·建立知识—惩罚（cognitives-punitives）认识论—司法（épistémologico-judiciaires）机构或机构网，其形式是普遍介入，持续检查，包括心理学、社会学、犯罪学、精神病学等领域。
  ·明确国家机构的边界，安排关于社会托管机构的职员——社会工作者。
  这就是相关的 4 种现象，都是托管的共同工具。"

1973年3月21日

附录

在这 12 次课程的手写稿中还包括 6 页没有编号的文稿，紧接着是 3 页没有编号的"总结"。数月之后，福柯在里约热内卢第 5 次研讨会上第 2 部分文稿的提纲就是从中得出的。（参见《真理与司法形式》，第 612—623 页 / 第 1480—1492 页）。该 9 页文稿的内容如下：

从某种意义上说，我们探讨了

——"法国"拘禁技术的传统；

——"英国"道德控制程序的传统；

然而事实上，经过了深刻的变革。

1. 在英国的控制下，个人被自己所属于的团体监督：宗教团体、社会团体、工作团体。

而在法国，个人处于监督机构之外：工作的工厂；学习的学校；去的医院。

"监督"多于"控制"。[30]

2. 在法国的监禁中，涉及的是排斥：或是以惩罚名义暂时的监禁；或是排斥叠加在已经发生的社会边缘化（失业者、游民、乞丐等）的惩罚之上。

而现在，这是一种拘禁：固定在生产过程上；或者是固定在生产者建立过程或标准化的过程上。

与其说是排斥，还不如说是拘禁。

由此得到了托管这个词语。

三组反义词　托管（séquestration）/ 监禁（enfermement）

拘禁（inclusion）/ 脱离社会（marginalité）

规范化（normalisation）/ 社会排斥（exclusion）

3. 与国家相关的情况

——在英国，控制是超越国家的行为；

——在法国，控制的确是国家行为。在这里将会是国家内部体系。

这些机构的用途是什么：

1. 控制时间。

在封建体系中，对个人的控制与他们所处的位置相关：

——地点

——地主

——统治者

而在工业社会中，被控制的是个人的时间：

——必须让时间进入市场；

——必须让时间转化为工作时间。

因此，在"密集"的形式中，时间被一次性取得：

• 团体

• 修道院模式。

而在弥散形式中：

• 瞻礼日

• 储蓄（可以让人在失业后找到工作，不至于饿死。不可以依靠储蓄好吃懒做）。

总之，时间被转化为工资。进入工资交换。

2．作用

托管不仅控制个人的时间，而且还强制性地规定其他附带控制：

• 清洁

• 醉酒

• 性

这些都是对身体的控制。对身体的控制有着悠久的历史：

——身体标记着遭受的肉刑

——身体作为矫正的因素

把身体转变为劳动的力量，如同过去把生命转变为劳动的力量。

3．特点：设立起一种特殊的权力

——经济权力：发工资或者要工资；

——下达命令、制定规则的"政治"权力；

——补偿、惩罚移送审判机构的司法权力；

224

——获取知识的权力：或从实践得来

　　　　　　　　　或从个人得来；

　　知识，通过对其他形式的权力的再安排，允许使其合理化：经济权力、政治权力、司法权力。

　　增加的权力，合并的权力："超权力"、

　　但是与此同时："亚权力"（sous-pouvoir），

　　于重要国家机构之上。

　　超权力总的作用是在生产过程中和暴利机制中约束人们的时间、身体和生活。亚权力通向巨额利润；带有一些不确定的、不协调的利润。

结论

　　1. 监狱：与社会全景敞式主义同构的亚权力的集中形式。

　　2. 人实际的本质就是劳动：事实上只有经过权力关系，人们的生活和身体才会与劳动联系起来。

　　3. 权力不是使生产关系延续的方式，而是建立生产关系的方式。

　　4. 规范化的知识以检查的形式发生作用

　　——不仅是在生产关系层面，

　　——不仅是在生产力层面，

　　而且还在生产关系的组织层面。

　　我们知道有一种知识，是从封建征税形式的转移中产生。

　　我们发现一种知识，是从生产关系中固有的权力关系中产生。

某些现代学者已经意识到了这种全景敞式主义。

朱利尤 • 演出

　　　　• 社会团体

　　　　• 牺牲

　　　　• 监督

　　　　• 个人

　　　　• 国家

不同的表现。

司法机构的历史。

特莱拉尔（Trelhard）。对刑法典的介绍。

从底端开始的分析，其形式是不公开的、潜伏性的、日常的。

*

注释

1. 这里说的是安省瑞瑞里厄的一家丝织厂的管理规章，该厂建立于 1840 年（参见上文，第 206 页）。福柯依据的似乎是路易·雷博（Louis Reybaud）笔下的"一家丝织厂的制度和规章"，参见《手工制造业制度的研究——丝织工人的状况》（*Étude sur le régime des manufactures. Condition des ouvriers en soie*），Paris, Michel Lévy Frères, 1859, Note F des pièces justificatives, 第 334 页；以及路易·雷博对瑞瑞里厄的描述（参见同上，第 198 页）。雷博解释说："在瑞瑞里厄建立起一种规则，其严厉程度可以与宗教团体的规则相媲美。"（第 199 页）。关于瑞瑞里厄的制度和规章，参见西蒙（J.Simon），《女工》（*L'Ouvrière*），Paris, Librairie de L.Hachette & Cie, 1891 [1861] 年，第 56 页；克里斯塔尔（M.Cristal），《女孩的职业教育》（De l'éducation professionnelle des filles），《现代月刊》（*Revue contemporaine*），第 83 卷，第 2 季，第 48 章，1865 年 11 月 15 日，Paris, Librairie Dentu, 1865，第 32—62 页，特别是第 42 页。几个月之后在里约热内卢的研讨会上，参见《真理与司法形式》（第 609—611 页 / 第 1477—1479 页），福柯再次举了这个例子："我们来猜一个谜语。我来描述 1840—1845 年在法国真实存在的一个机构的规章，这是我正在研究的机构。我列出几个选项：工厂、监狱、精神病医院、修道院、学校、兵营。大家猜猜这是哪一个机构。"（第 609 页 / 第 1477 页）；参见《规训与惩罚》，他说"监狱制度"从监狱扩展到孤儿院、培养学徒的地方，直到"工厂—修道院，例如在瑞瑞里厄等地（女工在 13 岁左右就进入其中，多年生活在封闭的环境中，只有在监视下才可以出去；她们得到的不是工资而是保证金，以及和热忱度、良好行为相挂钩的津贴，只能在离开的时候领取）。"（第 305 页）。关于里尔工人居所的描述，福柯引用了奥尔奈（Houzé de l'Aulnay）的《里尔的工人住所》（*Des logements ouvriers à Lille*）（1863, 第 13—15 页）中的一段。本课程中的"合乎规定"概念和"时刻表"概念，是《规训与惩罚》（第 12—13 页，第 151—153 页）中的重要主题。

2. 瑞瑞里厄规章的第 5 章，被西蒙在《女工》（第 56—57 页）中引用，《现代月刊》（参见上文）第 43 页也引用了这段规章。这是"一家丝织厂的制度和规章"的模式，参见路易·雷博，《手工制造业制度的研究——丝织工人的状况》，参见上文，第 344 页。

3. 在手写稿中，福柯摘抄了《手工制造业制度的研究》（第 201 页）的一段文章，"教区内的教堂本可以成为工人与外部的连接点；而礼拜堂坐落在机构内部，外面的信徒不允许进入。"

4. 出处同上："女工只有在一些特定的情况下才能出行，修女要一同陪伴；女工只有在修女的陪伴下才可以去散步。"

5. 福柯在手写稿中记录着："没有工资。只有一些保证金（每年 40 至 80 法郎），只有到离开的那一天才可以领取；工作努力的人还会有津贴。"参见雷博，《手工制造业制度的研究》，第 203 页："她们收到的不是工资，而是保证金，根据工作性质和学徒等级，每年 80—150 法郎不等。此外，工作完成得好

226

还会得到津贴，在每个月的排名后发放"；第 204 页 [而在塔拉尔（Tarare），根据记载，每年的保证金从 40 到 100 法郎不等；每个月的津贴从 1 到 50 法郎不等]。

6. 参见同上，第 201 页。

7. 参见同上："所以这是尽其可能的托管，时间被分给了工作和祈祷，配合着少量的消遣活动。"

8. 在手写稿中，福柯引用了几个例子："在塔拉尔、塞欧韦（Séauve）、布尔阿尔让塔（Bourg-Argental）、拉索瓦热尔（La Sauvagère）"，并补充说："在瑞士的纺织业中，'女工们是真正的寄膳宿者；她们的衣、食、住都被安排好；她们进入到一个大家庭，受到照料'；'女工们有权利出门去看望住在附近的家人。收到的保证金从 50 到 100 法郎不等。'"// 目光坚定的年轻女人的片段（雷博的记录）。// 男性工人们也有类似的工厂。// 在法国，维勒纳韦特。在美国，洛厄尔（Lowell）。塔拉尔、瑞士等上述地区的情况都出自雷博的《手工制造业制度的研究》，第 197 页。路易·雷博（Louis Reybaud），法兰西学院成员，曾以个人的名义"探访了这三个地方：安省的瑞瑞里厄，罗讷的塔拉尔，上卢瓦尔的塞欧韦"（参见同上，第 197 页），并对其他地区的情况作了研究，如布尔阿尔让塔、拉索瓦热尔等。

9. 雷博，《羊毛——关于手工制造业制度的新研究》（*La laine. Nouvelle série des études sur le régime des manufactures*），Paris, Michel Lévy Frères, 1867, 第 111 页。

10. 参见同上，第 127 页。

11. 参见同上，第 127—128 页。

12. 在手写稿中，福柯参考了马凯·瓦瑟罗（Marquet-Vasselot）的书，《避难之城——博爱的梦想》（*La ville du refuge. Rêve philanthropique*），Paris, Ladvocat, 1832。瓦瑟罗是里尔洛斯（Loos）监狱的负责人。福柯在《规训与惩罚》（第 248 页）也提到了这本书，也讲到了监狱负责人的职责（第 237、244、256、257 页）。

13. 维尔纳夫-巴尔日蒙（Villeneuve-Bargemont），《基督教政治经济学》（*Économie politique chrétienne*），又名《关于法国和欧洲贫困问题本质和原因的研究，以及解决和预防措施》（*Recherches sur la nature et les causes du paupérisme, en France et en Europe, et sur les moyens de le soulager et de le prévenir*），Paris, Paulin, 1834 年，第 3 卷，第 1 章，

第 236 页。

14. 这里所说的是朱利尤（Julius）在《监狱的教训》(*Leçons sur les prisons*) 中提到的全面监视的原则（参见上文，1973 年 1 月 10 日的课程，第 24 页、第 39 页、注 3），以及边沁的圆形监狱理论（Panopticon）（参见上文，1973 年 1 月 24 日的课程，第 66 页、第 78 页，注 16）。值得注意的是美国社会学家菲利普·史密斯（Philip Smith）对福柯的评价，参见《惩罚与文明》(*Punishment and Culture*)，Chicago，University of Chicago Press，2008，第 106—107 页。他认为边沁是从剧院模式中汲取的灵感；在这里我找到了 35 年前与剧院之间可能的联系。参见下文，第 245 页，注 26。

15. 巴尔塔（L.-P.Baltard），《监狱建筑》(*Architectonographie des prisons*) 又名《根据人数、人口性质、面积和土地形式，对监狱分类不同体系的比照》(*Parallèle des divers systèmes de distribution dont les prisons sont susceptibles，selon le nombre et la nature de leur population，l'étendue et la forme des terrains*)，Paris，1829。《规训与惩罚》也引用了巴尔塔的文章。

16. 福柯在《精神病学的权力》（第 86 页）和《规训与惩罚》（第 300—304 页）中继续对梅特赖（Mettray）展开分析。梅特赖移民地由行政官员佛雷德里克·奥古斯特·德梅（Frédéric Auguste Demetz，1769—1873）在图尔（Tours）附近设立。参见德梅（F.-A.Demetz），《在梅特赖设立年轻犯人的农业移民地》(*Fondation d'une colonie agricole de jeunes détentus à Mettray*)，Paris，B.Duprat，1839 年；［迪克珀蒂奥（E.Ducpetiaux）］《在瑞士、德国、法国、英国、荷兰、比利时，为贫民、乞丐、游民特别是儿童设立的农业移民地、农业学校和改革学校——迪克珀蒂奥致司法部长的报告》(*Colonies agricoles，école rurales et écoles de réforme pour les indigents，les mendiants et les vagabonds et spécialement pour les enfants … En Suisse，en Allemagne，en France，en Angleterre，dans les Pays-Bas et en Belgique. Rapport adressé à M.Tesch，Ministre de la Justice，Par E.Ducpetiaux*)，Bruxelles，T.Lesigne，1851，第 50—65 页；德梅（F.-A.Demetz），《移民地梅特赖》(*La colonie de Mettray*)，Batignolles，De Hennuyer，1856 年；《关于移民地梅特赖的简介》(*Notice sur la colonie agricole de Mettray*)，Tours，Ladevèze，1861 年。让·热奈（Jean Genet）记录下 1926—1929 年他在梅特赖的经历，参见《玫瑰奇迹》

(*Miracle de la Rose*)，Paris，Marc Barbezat-L'Arbalète，1946 年。参见福利维西（L. Forlives），鲍狄埃（G.-F.Pottier），沙萨（S.Chassat），《教育与惩罚——移民惩治地梅特赖（1839—1937）》(*Éduquer et Punir. La colonie agricole et pénitentiaire de Mettray (1839—1937)*)，Rennes，Presses universitaires de Rennes，2005。

17. 参见福柯，《疯癫与文明：古典时期疯狂史》，第 54—96 页："监禁"。

18. 穆勒（E.Muller），《工人和农民的住所：居住区、澡堂、洗衣间和食品公司》(*Habitations ouvrières et agricoles. Cités, bains et lavoirs, sociétés alimentaires*)，Paris，Librairie scientifique-industrielle et agricole de Lacroix-Comom，1856 年，第 6—7 页。

19. 参见上文，第 80 页，注 26。

20. 皮埃尔·让·德·贝朗热（Pierre Jean de Béranger，1780—1857），是法国当时非常著名的作词人、诗人，复辟时在反对自由党中发挥了一定的政治作用，并与波拿巴王朝的拥护者（bonapartiste）结盟。由于作品的关系，他曾多次被关进监狱，特别是在 1821 年被关进圣-帕拉奇（Sainte-Pelagie）监狱，1829 年被关进拉弗尔斯（La Force）监狱。尽管与阿道夫·梯也尔（Adolphe Thiers）关系来往密切，他在 1830 年改革之后就与政治权力保持距离了。在 19 世纪上半叶，他与众多的政治人物、作家、艺术家都有联系，参见《贝朗热的书信集》(*Correspondance de Béranger*)，保罗·布瓦托（Paul Boiteau）整理，Paris，Perrotin éditeur，1860年，第 4 卷。贝朗热对政治犯的境遇表现出特别的敏感。在 1836 年，为了改善一名政治犯于利斯·特雷拉（Ulysse Trélat）的处境及监禁条件，他曾多次写信给阿道夫·梯也尔；参见阿莱维（D.Halévy），《贝朗热、拉马丁写给梯也尔的未出版的信笺》(*Lettres inédites de Béranger et de Lamartine à Thiers*)，刊登于《法国文学史杂志》(*Revue d'histoire littéraire de la France*)，1917 年，第 1 期，第 133—143 页。然而福柯引用的语句并没有在该信笺中找到。[我们通过关键词，找遍了加利卡（Gallica）图书馆内贝朗热几乎所有的作品，都没有找到该引用的出处。]

21. 参见雷博，《手工制造业制度的研究——丝织工人的状况》，第 183 页。

22. 福柯在《精神病学的权力》中再次使用了"超权力"这个概念，把精神病学的权力定义为"现实的超权力"。

23. 参见穆勒，《工人和农民的住所：居住区、澡堂、洗衣间和食品公司》，见上文。

24. 福柯在手写稿中写道："在瑞瑞里厄、米卢斯（Mulhouse）都很常见。"后来在《精神病学的权力》（第 85 页）中，他再次讲到第一批工人城，其中包括 1830—1835 年在米卢斯修建的工人城。参见《权力的眼睛》（边沁，圆形监狱，参见上文第 78 页，注 16），第 12 页。参见佩诺（A.Penot），《上莱茵省和米卢斯的工人城》（*Les Cités ouvrières de Mulhouse et du département du Haut-Rhin*），Paris，Eugène Lacroix，1867 年。

25. 参见《真理与司法形式》，第 617—617 页／第 1485—1486 页。

26. 维勒姆（L.-R.Villermé）写在自己的书中《棉花、羊毛、丝绸手工制造业工人的身体和心理状态列表》（*Tableau de l'état physique et moral des ouvriers employés dans les manufactures de coton, de laine et de soie*），1840 年，第 1 章，第 292 页。他把生活和作品二者做了一个对照。几年之后爱德华·迪克珀蒂奥（Édouard Ducpetiaux）在书中也对类似的问题作出分析，参见《年轻工人的身体和精神状况以及改善办法》（*De la condition physique et morale des jeunes ouvriers et des moyens de l'arméliorer*），Bruxelles，Meline，Cans et Compagnie，1843，第 1 章，第 326 页。

27. 1821 年 8 月 27 日亚眠政府决议的节选，参见维勒姆，《棉花、羊毛、丝绸手工制造业工人的身体和心理状态列表》第 292—293 页，注 1（方括号中的内容由福柯添加）。

28. 规范化（normalisation）这个概念与纪律性权力（pouvoir disciplinaire）紧密相连，福柯在《临床医学的诞生》（*Naissance de la clinique*）中对此做过分析（第 56—62 页、第 76 页），下一年的课程也会谈到这个问题。参见《精神病学的权力》，第 56 页："总之，纪律性权力总是具有这样的属性：起到规范化作用，创造新的回收体系，建立规则。在混乱的规范性权力中建立规则是永恒的工作"；参见《不正常的人》，1975 年 1 月 8 日及 15 日的课程，第 24 页、第 45—48 页；参见《规训与惩罚》，第 180—186 页："规范化的惩罚"（La sanction normalisatrice）；参见《必须保卫社会》，1976 年 1 月 14 日的课程，第 35—36 页，1976 年 3 月 17 日的课程，第 225—226 页。福柯说，对"罪犯"的惩罚，与"规范化技术"有关，自从"规范化权力出现以来，其形成方式，其安置方式已经把规范化权力的统治权

1973年3月21日

扩展到我们的社会中"(《不正常的人》，第 24 页）；其中福柯探讨了规范化概念与乔治·康吉莱姆（Georges Canguilhem）在其作品《正常与病态》(*Le normal et le pathologique*) 第二版中的想法之间的关系，(Paris, PUF, 1966; 参见《不正常的人》，第 45—48 页）；康吉莱姆还阐述了"纪律—规范化"体系中的生产权力主题（参见同上，第 48 页；《规训与惩罚》，第 186、196 页。）

29. 已经在上一年的课程中介绍过了，参见《刑事理论与刑事制度》，第 13 课，第 1—6 页文稿。在《知识意志》(第 79 页) 中，福柯阐述了供认（aveu）和忏悔是主观性（subjectivité）固有的话语性的观点。参见《对活人的治理》(*Du gouvernement des vivants*)，1979—1989 年法兰西学院课程，M.Senellart 主 编，Paris, Galllimard-Seuil (Hautes Études)，第 80 页；《规训与惩罚》，第 47—48 页，第 72 页，第 99 页；以及福柯对司法供认的研究《做错事，说真话》。

30. 后来德勒兹反对福柯所说的"监督"，认为我们所处的社会是"控制的社会"（société de contrôle）；参见德勒兹（Gilles Deleuze），《关于控制的社会的附言》(*Post-scriptum sur les sociétés de contrôle*)，in Pourparlers 1972—1990, Paris, Éditions de Minuit, 1990 年 / 《Reprise》，第 6 期，2003 年，第 240—247 页；《什么是机制？》(Qu'est-ce qu'un dispositif ?), Deux Régimes de fous, Paris, Éditions de Minuit, 2003 年，第 316—325 页，特别是第 323 页。福柯指明了两个概念的不同之处。

1973 年 3 月 28 日

课程主题：监狱形式犹如社会形式；知识—权力。（Ⅰ）对权力的概括分析。四种应该摒弃的方案。1. 占有（appropriation）：权力不是用来被占有的，而是被行使的。工人储蓄的情况。2. 局限化（localisation）：权力并没有严格地局限于国家机器之中，扎根更为深远。18 世纪的治安情况和 19 世纪的刑事情况。3. 服从（subordination）：权力不保障生产模式，而是生产模式的组成部分。托管的情况。4. 意识形态：权力的行使不是意识形态形成的地方，而是知识形成的地方：一切知识都容许权力的行使。行政监督的情况。（Ⅱ）纪律性权力（pouvoir disciplinaire）的分析：规范化、习惯、纪律。——比较"习惯"（habitude）这个词语在 18 世纪和 19 世纪哲学中的不同。比较 18 世纪的权力—统治权（pouvoir-souveraineté）和 19 世纪的权力—规范化（pouvoir-normalisation）。——托管制造规范和正常的人。新类型的话语：人类科学。

为了给这一年的课程做个总结，我首先想要谈谈开头时提出的话题。归根结底，课程是这样开始的：为什么监狱是如此非同寻常的机构？可以通过多种方式来回答这个问题。首先，从历史的角度来讲，监狱是 19 世纪初创新的刑事工具。旧的惩罚形式——五花八门的传统惩罚形式，如示众柱刑（pilori）、磔刑（écartèlement）、绞刑（pendaison）、火刑（bûcher）等快速消亡，并为形式单一的监禁让路。在历史上，这是崭新的一页。此外，从理论上来讲，我认为人们不能从 18 世纪下半叶形成的刑事理论中推断出监禁对于新理论中惩罚体系的必要性。在理论上，这是特殊的一页。最后，从功能的角度来讲[*]：从最开始，监狱是不起作用的。我们发现，首先，这种新的刑事体系并没有减少罪犯数量；其次，它会诱发累犯；最后，它会以敏感的方式增加罪犯团体的协调一致性。

我先前提出的问题是这样的：为什么监狱存在了 150 余年，而且在这 150 余年中，只有监狱？为了回答这个问题，我曾以朱利尤的文章作为线索。其中，他谈到了监狱非同寻常的建筑特点，并且说这不仅是监狱的特点，而且是与国家发展相关的社会的特点。[1] 在我看来，这个出发点是非常重要的。监狱存在特殊的空间形式：星状[**]，中间是 24 小时值班视野无死

---

* 手写稿："经济上或政治上 / 功能上"。这一课的手写稿没有页码，共包括 26 页文稿。
** 手写稿添加："边沁→小罗盖特（Petite Roquette）"[2]。

角的监视点；犯人围绕着这个中心生活、劳动；在中间点上建造起一个塔楼，作为建筑的中心，权力在这里确立，命令从这里发出，犯人的信息在这里汇集。塔楼上的人发出命令、制定规则。剧院建筑的问题同样存在，然而是相反的：在剧院，人们都上楼；而在监狱，只有一个人上楼；堡垒的问题同样存在，然而是相反的：堡垒对一定范围提供保护，里面的人们可以看到外面发生的事情，而在监狱，可以看到内部发生的一切事情，却看不到外面，与此同时，被保护的是监狱内部的权力掌握者，要保护他们防止受到犯人们的伤害。

　　然而，这种监狱形式不仅仅是建筑形式，而且是一种社会形式。[3] 我们可以说希腊创造了某种社会空间，命名为"广场"（agora），是"逻各斯"（logos）在制度上的实现条件，监督权力的星状引起了一种新型的知识。我在前面是这样讲的：监狱是社会形式，也就是说权力依据这种形式在社会内部运转——权力按照自己的需要提取知识，然后再以该知识为基础发出命令和规定。[*] 我们可以试着辨别权力形式代表哪些方面。我们可以想到中世纪的御座（trône），这是一个听取并做出审判的地点：这是权力的法官形式。我们可以想到头脑对身体的专制主义的控制达到顶点：在《利维坦》中，权力的主要形式便是如此。[4] 最后可以想到现代的监督和控制中心，从

_231_

----

[*] 手写稿添加："这种星状形式是一种知识—权力（savoir-pouvoir）形式。"

大量知识中做出无数的决定：这是权力和中心形式。*在我看来，为了更好地了解监狱，我们必须进行深层次的分析，也就是说，不是从刑事理论或法律概念出发，也不是从犯罪的历史社会学出发，而是要提出问题：监狱是在何种权力体系中运行的？

* * *

现在来探讨一下权力。[5] 为了确定这个问题，我想要首先说明关于权力分析的四个占主流地位、甚至是偏离问题的理论方案，并指出我们需要避免的问题。

第一点，权力占有的理论方案，意思是说权力是可以被占有的东西，在一个社会中，一部分人拥有权力，而其他人没有权力。其中有一个阶级拥有权力：资产阶级。显然"该阶级拥有权力"这句话在政治上具有价值，但是不能服务于历史分析。事实上，权力不能被拥有，几点原因如下。首先，权力根据中转体系、连接体系、支撑点等，从深度和广度上涉及社会的方方面面，包括家庭、性关系、住所等。越是到社会网中的细枝末节，就越会发现，权力并不像某人可以拥有的东西，而像某些东西的经过、实现和运用。其次，权力是否能够被运

---

* 手写稿添加："然而朱利尤认为，这种形式与工业社会的诞生以及国家的发展密不可分。事实上，监督的必要性与阶级带来的危险有关；这个阶级人数众多、非同寻常、生活在贫困的边缘，是很危险的阶级。"

用：权力在特定数量的人群中，总是即刻战略性的和持续更新的某种形式的对抗。权力不能被拥有，因为权力在运转、在冒险。所以说，处于权力中心的是好战的关系，而不是拥有的关系。最后，权力永远都不是单方面的。不会是说掌握权力的一方突然使权力作用于毫无权力的一方。权力关系不遵守单调的方案，一次性地使用压迫。显然，在权力得以运用的普遍战争中，有一个社会阶级占领了特权地位，因此可以强制推行自己的战略、获得一些胜利，累积起来，得到对自己有利的超权力的影响，但是这个影响不属于超支配。权力不是僵化的。从某种角度来说，权力从来都不会被某些人完全掌控。权力常常会以微小、分散的方式运转，伴随着地方的颠覆、区域的失败和胜利、暂时的报复。

我要举几个例子，例如工人储蓄的问题：工人储蓄是怎样运转的？在 19 世纪期间，这是权力斗争地，伴随着双方的一系列相反的战略，以及胜利和失败。储蓄的源头是雇主意识到有必要把工人阶级固定在生产机制上，避免工人流浪生活，于是雇主通过固定时间的方式把工人阶级在空间上固定：以此存放某种能够保障未来的东西。但是与此同时，雇主要求的储蓄战略产生了某些报复式的影响，工人掌握了一定的可使用资金，也就掌握了一定的罢工自由。因此，罢工是反对雇主的报复（rétorsion）工具，这被记录在雇主想要控制工人阶级而使用的措施中。因此，雇主反而制定出新的措施：控制储蓄，雇主派代表出现在互助保险机构。由此，从 19 世纪下半叶开

1973年3月28日

始，关于主导和控制储蓄所、保险公司的斗争绵延不绝。于是我们看到了在雇主制定的工人托管普遍战略内部，斗争是怎样进行的，一系列的胜利和失败是怎样互相压制的。

所以说，权力关系永远都不是稳定的，都不会是一成不变的；而是一直处于这种变幻不定中。所以，我们不能说权力和利益是相似的。不能把权力和某些人拥有的财富视为等同。这是一部持久的战略，必须考虑到内战的本质。因此必须放弃这种方案：通过商业类型的契约，权力按照大家的意愿被授予某些人，该契约使得打破契约的人跌到社会之外，并恢复一切人反对一切人的战争。权力、权利使用的法制、权力政治的非法活动或者说权力斗争的对象，这一切都应该被看作是某种导向内战的方式。

第二点，权力局限化的理论方案：政治权力总是处于社会内部，主要是处于国家机器中。[6] 所以，权力形式和政治机构是相符一致的。但是我并不认为可以用适当的方式把权力描述为某些位于国家机器中的东西。甚至或许不能说国家机器是内部或外部斗争的关键之所在。在我看来，国家机器是权力体系的集中形式，或是权力体系的支撑组织，或者比这更为深远。因此在实践中，控制国家机器或消灭国家机器都不足以转变相应的某种权力类型，或使某种权力类型消失。

关于国家机器和其所处的权力体系的关系，我要举几个例子。我们以新类型的国家机器为例——18世纪法国君主制度下的治安机构。该机构并不是从外部按住人们；而是处于覆盖全

233

社会的权力体系内部。只有与分散到家庭（家长权力）、宗教社群、职业团体等地的权力联系起来，权力才能够发挥作用。正是由于在社会中存在权力的微部门，国家的新机器等才能够切实有效地运转。同样 19 世纪的刑事机构也不是独立存在的。刑事机构不仅与其附属领域持续结合[*]，也要和其实现条件结合：惩罚体系，其中的工作人员包括雇员、供货人等，这些也组成权力机构，能够让刑事机构得以运转。国家机器以外的惩罚机制渐渐地叠加起来，最终个人被推入刑事体系内部，成了其目标。

所以，不仅要区分权力体系和国家机器，而且也要更广泛地区分权力体系和政治机构。事实上，权力在社会中运转的方式被政治机构描述成宪法体制[**]或经济利益在国家机器中的代表，这并不合适。在严格意义上说，政治体系比政治权力含义更广：权力的策源地也可能是性关系、家庭、职业、住所等。问题不在于知晓其他这些权力部分是否能够表示国家机器。家庭是否重新制造国家或者相反，也不重要。家庭和国家通过相辅相成和相互抗衡，在我们所处社会中的权力体系里运转。我们社会中的权力体系可以被看作是纪律性的，意思是说，纪律性体系是普遍的形式，权力处于其中，无论是在国家机器里还是在普遍体系中。

---

[*] 手写稿添加："与纪律性体系、惩罚性体系相关，其中的官员、工长、供货人等组成的权力机构。"

[**] 手写稿添加："政治阶级的招收"。

1973年3月28日

第三点，服从方案，其中权力是某种保持或再复制生产模式的方式：权力总是服从于生产模式，在历史上，至少在分析方法上，生产模式是先于权力的。所以，权力不能被简单地理解成是生产模式的保障，也不能认为是权力允许建立生产模式。其实权力是生产模式的构成要素之一，并且在其核心部分运转。这就是我在谈论托管机构时想要指出的。托管机构不都是与国家机器连接起来的，但它们在某种层面都不是赋予生产模式的保障，而是其组成部分，无论是保险机构、工厂—监狱，还是教养所。

事实上，上述托管的作用是什么？其首要目标就是使个 235
人的时间服从于生产体系，更准确地说，服务于生产体系的三个要素。必须让生活时间服从于生产时间上的机制和过程。必须通过精确的作息时间表把个人时刻固定在生产机制上；也就排除了其他的不合规则的行为，如缺勤、放荡、玩乐等。个人不但必须服从于生产的时刻表，也要遵从生产活动的安排。即便他们没有生产方式，也要必须承受住失业、危机和活动减少等情况。这就要求以强制性的方式为他们安排储蓄；所以储蓄就是使他们连接，或者说服从于生产活动的方法。储蓄——避免了无用的开支、玩乐的开支和浪费。必须让个人的时间服从于获取利益的时间，也就是说，劳动力至少要投入必要的时间，以便投资获得收益。为此，必须让个人在一段时间内固定在某种生产机制上，也就要求在地域上控制工人，例如债务

（dette）*体系。

权力体系如同托管体系，超出了生产模式的保障，是生产模式的组成部分。我们可以这样说，封建社会的问题主要是通过行使统治权，通常是土地统治权，保障抽取年金；而工业社会的问题主要是通过工资购买的个人时间，以劳动力的形式纳入生产机制。因此雇主购买的不是空虚的时间，而是劳动力。换句话说，是把个人的生活时间组成劳动力。[7]由此得出这样的结论：以资本积累为特征的经济结构具有把个人劳动力转化为生产力的属性，而在此之前，权力结构以托管的形式把生活时间转化为劳动力。人们必须能够带给市场一些东西，用政治术语来说，就是通过托管权力体系获得劳动力，与经济术语中的资本积累（accumulation du capital）相关。所以，事实上资本主义并不会这样与劳动力交锋。**

某些后黑格尔主义者认为，人类具体的本质，就是劳动[8]，这是不对的。人类的时间和生活在本质上并不是劳动***，而是乐趣、快乐、休息、需求、瞬间、偶然、暴力等。然而要把这些爆炸式的能量转化为连续的生产力，持续地提供给市场。必须把生命合成生产力，这就需要托管体系强制力的介入。为了让能够把生活时间转化为生产力的强制力得以介入，工业社

---

* 手写稿添加："贫困的压力和债务体系"。

** 手写稿："作为人类存在的直接、具体形式"。

*** 手写稿："持续的劳动"。

1973年3月28日

会的诡计*就是重拾监禁穷人的旧技术。**在古典时期有人通过懒惰、流浪、暴动等活动逃避统治权在地域上的管理，这是一种把他们纳入管理并将其消灭的办法。该机构应该被推广使用，把个人连接在社会机制上；从工厂—监狱到监狱，以及孤儿院、学校、教养所等，不同的机构要各具特色。重新使用监禁旧体系，该体系允许托管、关押，这确实是生产模式的组成部分。***

第四点，意识形态方案****，权力在知识范畴内只能产生意识形态影响，意思是说，权力或面对暴力缄默不语，或对意识形态话语不绝。*****然而，权力并不局限于此：或通过暴力******使人敬服，或隐瞒*******，让别人接受意识形态。[9]其实权力的作用点同时也是知识的形成点，而不是意识形态的形成点；相反，一切建立起来的知识都能保证权力的行使。换句话说，做的事情与说的话语不是对立的，力量的缄默和意识形态的喋喋不休不是对立的。必须证明知识和权力是怎样相互联系的，并不是同一性模式——知识，就是权力，反之亦然——，而是以一种特殊的方式，按照复杂的规则相联系的。

237

---

    *   手写稿："明智之处"。

   **   手写稿添加："显然已经非常贬值了"。

 ***   手写稿添加："所以是否拆除权力类型对于生产模式的存在极为重要"。

****   手写稿："意识形态产品方案"。

*****   手写稿添加："权力需要意识形态。并且权力制造意识形态。"

******   手写稿添加："威胁、暴力、恐怖"。

*******   手写稿添加："替自己辩护"。

我们以人口的行政监督为例，这是一切权力中必不可少的部分。在 17—18 世纪，行政监督是权力的作用之一，其中包括总督，治安机构等。然而这种带有自身机构的权力，产生了一系列的知识。

1. 管理知识：国家机器的管理者，或是直接为了政治权力的利益，或是间接由于租赁体系的原因，在积累与实践的同时获得一种知识。经过调查，他们知道怎样征税，怎样计算税收，由谁来纳税，特别是需要监督人们纳税，以及对何种产品征收关税等。[*]

2. 调查知识：一般来说，有些人没有直接与国家机器相结合，也不负责管理国家机器，而是对国家的财富、区域的人口动态、地区的手工业技术、人口的健康状况等做调查。起初这些调查都是私人发起的，在 18 世纪的下半叶，开始由国家接管。例如 1776 年成立的皇家医学会（Société royale de médecine）就接管了关于健康状况方面的调查[10]；而在 19 世纪，关于手工业技术的调查也处于国家控制之下，成了国家机器。[11]

3. 治安侦查知识：把个人拘押在某处，配有一份记录其行为和动机的报告。从 19 世纪开始，这种监督知识的一切形式和技术都被用新方法确立，同时依据知识历史中的两个主要原则。

第一个原则出现在大革命时期，沙普塔尔（Chaptal）[12]

238

---

[*] 手写稿添加："在哪些人中招收士兵"。

　　　　　　　　　　　　1973年3月28日

使其系统化，特别是在执政府（Consulat）[13]时期兴盛起来：从今天开始，一切权力公务人员*同时也是知识创立人员。所有的公务人员都必须向权力汇报其命令的影响，也就是说告知应该怎样调整权力行为。从18世纪末开始，行政长官、检察官、治安机构中的公职人员等都有这种报告（rapport）的基本义务。我们进入了报告是知识和权力关系形式的时代。报告不是18世纪被创造出来的，17世纪中尉和大臣之间的关系就已经体现出报告的系统化，例如，权力公职人员都会将某种知识的反馈体制化，并呈给上级，就是这样的现象。

与源自权力的知识反馈相关，我们确立了一系列特殊的工具，如摒弃工具、推广工具、数量评估工具等。通过比较不同层样的资料，我们得出以上工具。例如旧制度最后的治安中尉之一，萨尔堤内（Sartine）[14]写下的报告：监督人口的方式、汇报给大臣的情况都是局部的、个体的。富歇（Fouché）[15]的报告经过分析整合，记载的不再是一些零星事件，而被认为能够代表法国持续的政治异议状况和犯罪状况。从1826年[16]开始，司法部每年的报告都会公开，其中的情况与最初相似，然而经过了知识机器、摒弃技术和统计学数字的处理、过滤。需要制造国家的知识历史，也就是说，知识

---

* 手写稿："所有的公务人员都必须提交自己管辖范围内与权力相关的知识（以便可以判断权力的条件和效果：可能的修改）：行政长官、检察官。"
  在空白处写道："我们进入了报告的时代。报告在［工业］社会、现在技术的'反馈'（feed back）、经济中的财务核算中都是同等重要的。"

的行政萃取史。[17]

第二种现象与前一种现象相反，权力机构对独立的知识发源地敞开。* 显然在 19 世纪之前，权力就从所谓的能人那里听取建议并获取知识；然而从 19 世纪开始，按照章程知识被赋予了某种权力。19 世纪带了一股新风，知识在社会中必须被赋予一定的权力。学校、等级、知识程度被计算的方式、教育机构对知识的评估和认证等，这些都是一个基本现象的要素：知识有权行使权力。博学者在社会中仅有的权力就是说出真相、给予建议、为了某人物而消失，如实验室的领导者、教师，其中知识也是被他们所行使的权力认证过的。这对于经济学家有益，例如：沃邦（Vauban），在政治上失宠之后转而投向了经济领域。[18]魁奈（Quesnay）想要权力但是没有得到。[19]此时只有当权者的管理知识。经济理论不是从权力机关内部产生的。最明显的例子就是医生，从 19 世纪开始，医生是正常的人和病理学的主管，所以不仅针对病人，而且对于全体、整个社会都具有一定权力。同样，1838 年的法律赋予精神病专家体制化的权力，规定一切拘禁措施都要咨询精神病专家，[医生—]精神病专家和精神病学作为知识被赋予了一定的权力。[20]

在这里有必要对反对意见予以回应：说到的战略、计算、失败和成功，难道不是使社会领域内一切的隐晦不明

---

* 手写稿："直到 18 世纪，其形式是国王的议会听取哲学家、博学者和贤人的意见。"

1973年3月28日

（opacité）消失吗？从某种意义上来看，是这样的。我认为人们很容易就把隐晦带到了社会领域，只考虑生产和欲望、经济和无意识，对其他不加理会；其实如果我们研究权力战略，就会发现研究还有透明的空白。而社会学家只看到了缄默的体系或者规则的无意识，认识论专家只看到没有控制好的意识形态效果，我认为，看见权力中经过完美计算和掌握的战略是有可能的。刑事体系就是一个极好的例子。很明显如果我们以经济术语提出刑事体系的问题，看起来会是晦涩难懂，因为没有任何刑事体系的分析会考虑到监狱的经济作用、社会边缘化人口的存在。[21] 如果用意识形态用语提出这样的问题，不但晦涩，而且完全混乱，尽管刑事体系已经被各种意识形态主题覆盖过。[*] 相反，如果我们用权力用语，并以权力在社会内部行使的方式提出这个问题，我认为刑事体系就可以被解释得足够清楚。这并不是说社会领域整个是透明的，而是说不应该过于随意。

* * *

我想要通往何处？我想要分析部分权力体系：纪律性权力

---

* 手写稿添加："意识形态记录了一切，从社会敌人到供认，还有放荡、堕落、败坏等。如果我们用经济术语来提问，刑事体系就失去了一切效用。如果我们用意识形态提问，刑事体系就失去了一切特殊性。如果我们在权力形式中对其研究，会发现它在自我合理化。"

(pouvoir disciplinaire)。* 我想其实我们生活在一个纪律性权力的社会中，也就是说，该社会配有这样的机构：其形式就是托管，其目标是建立劳动力，其工具是确立纪律或习惯。我认为从18世纪开始，繁多、精密、特殊的机构不停地制造纪律、规定强制力，使人们养成一些习惯。今年（指1973年——编者），我想要阐述习惯性权力的首要历史，权力机构的考古学，它们让习惯作为社会规范的基石。

我们来一起分析"习惯"（habitude）这个概念。在18世纪的政治哲学中，习惯这个概念主要具有批判性的用途。此概念能让我们分析法律、法规、统治权。人们借助此概念去了解法规、统治权等是怎样确立起来的。我们提出这样的问题：你声称自己是合法的，因为这是神的旨意或者是因为统治权，但有没有可能这［仅仅］是出于习惯？有一种批判就是这样的，把习惯的概念作为批判、还原的工具，因为一方面，习惯从来就只是一个结果，而不是最初的已知条件（包括一切不能缩减的人工的东西）；另一方面，习惯并不是由某些超验性（transcendance）的东西组成的：习惯总是从天性中来，因为人们的天性中就有养成习惯的这个习惯。习惯既是天性使然也是人为方法。[22]18世纪，人们在政治和道德哲学中使用这个概念，就是为了摒弃建立在超验性之上的传统义务，并用契

---

* 手写稿添加："分析一种曾被我称为'惩罚性的'权力形式，我们称其为'纪律性的'更恰当。"

1973年3月28日

约中的义务将其取代；为了替换掉传统义务，人们只能说它们是习惯的影响，而在契约中，每个人的意愿都是自愿与契约相连并更新的。为了使社会联系进入契约，用习惯去批判传统，这就是习惯的概念的主要用途。

但是，我认为在 19 世纪，习惯这个概念的用途是不同的。政治文学中停止了用批判的方式使用这个词。相反，它是这样被使用的：习惯，就是人们要服从的对象。有许多道德规范是建立在习惯之上的。道德、伦理等并没有被习惯缩减，习惯政治形成了，并通过不同的文字传递——民众道德化的作品或社会经济专论等。[23] 习惯总是被当成某种积极的、待养成的东西。然而在这种观点中，习惯和契约的关系与 18 世纪完全不同：在 18 世纪，人们用习惯的批判来剥离传统，以便能够让契约代替，[但是] 在 19 世纪，习惯被看作是契约的补充。在 19 世纪的政治思想中，契约是一种司法形式，所有者借助契约相互约束。这就给交换赋予了司法形式。最后通过契约，个人从所有权出发建立联系。换句话说，这是个人与他们的所有权之间的约束，或者个人之间通过所有权建立的约束。相反，通过习惯，个人之间建立约束，不是与他们的所有权相关，因为那是契约的作用，而是与生产机制建立约束；通过习惯，无产者被自己不拥有的机制约束；通过习惯，他们在一种归属中被相互联系起来，不是阶级的归属，而是整个社会的归属。所以说，习惯没有让人们在所有权层面上与他人建立联系，而是让人们被事物的秩序、时间的秩序和政治秩序所约束。对于没

242

被所有权束缚的人来说，习惯是契约的补充。

所以我们了解托管机制是怎样把个人固定在生产机制上的：通过强制力和惩罚、学习和处罚从而养成习惯，以便能够固定个人。托管机制制造出一种习惯组织，在社会中定义了个人的社会从属。它制造出某种类似于规范的东西；规范，就是把个人连接在这些生产机构上的工具。传统的拘禁是把个人丢出规范以外，通过监禁穷人、游民和疯子，制造、隐藏甚至指出怪物，而现代的托管制造规范[*]，其作用是制造出正常的人。[24] 所以，我们有了凸显现代社会特点的一个序列：组织劳动力—托管机制—规范化的永久用途。[**]

总结一下，我们想要描绘出权力体系的特征，在该权力体系中运转着监狱，我们可以这么说，监狱是象征、是浓缩、也是战略的功能部件。直到 18 世纪，权力在社会中都是以可见的、正式的、仪式般的等级和统治权的形式存在。权力通过符号、宗教仪式等进行活动，而这些表明了统治权。在仪式典礼中可见的统治权，与某种类型的历史故事相符合，所以接近于歌颂英雄的故事，所以与传说的效力更为接近；历史故事的作用就是讲述统治者的过去，修改统治权的过去以便巩固权力。历史文献（historiographie）是统治权的附属话语，

243

---

[*] 手写稿添加："其中项（médium）就是规范化。"

[**] 手写稿是这样介绍环环相扣的系列："托管机制。组织劳动力。纪律性社会。规范化的永久用途。"

曾是权力的附属功能；18世纪伏尔泰（Voltaire）、圣西蒙（Saint-Simon）、迪潘（Dupin）等作家的批判也都是在权力范围之内，他们的话语是为了巩固权力或削弱权力。[25]

在19世纪，权力不再依靠正式的、可见的、仪式般的统治权的形式存在，而是用习惯对某些人或所有人做出要求，以便人们必须服从权力。在某些条件下，权力完全可以放弃这些可见仪式的奢华、一切帷幔和符号。权力会采用隐蔽的、日常的、习惯性形式的规范，如此隐藏起来，不是以权力的名义而是以社会的名义运转。17世纪权力仪式的作用[26]被现在所谓的社会意识（conscience sociale）接管。具体来说，涂尔干（Durkheim）就是这样找到社会学的目标。他在《自杀论》(*Le suicide*) 中这样阐述社会混乱（anomie）：社会问题与决策层面上的政治问题不同，与决定层面上的经济问题也不同，社会问题只涉及纪律和约束系统，别无其他。[27]纪律系统是权力的中项，权力通过纪律系统运转，其方式是把人们描述的、认知的所谓的社会——社会学的客体，作为隐藏或呈现出的现实。涂尔干说，社会是纪律系统；然而他没有说，应该在权力系统内部本身的战略中分析该系统。*

其实，现在权力不再以仪式中的暴力表现出来，而是通过规范化、习惯和纪律运转，人们将参与到新类型话语的组成中。现在话语伴随着规训权力，它不再是传说的或歌颂英雄的

---

* 手写稿："涂尔干在我们的习惯中找到社会问题的标志。"

话语，不再讲述权力的诞生，其目的不再是巩固权力。这种话语将会描述、分析、缔造*规范，并使得规范具有时效和说服力。换句话说，讲述国王并确立王权的话语会消失，让位给支配者的话语，支配者可以监督、规范、区分正常的人和不正常的人[28]、评估、裁判和决定。例如，学校里老师的话语、法官的话语、医生的话语、精神病专家的话语。所以，我们看到出现一种与权力的行使相关的话语，替代了关于权力起源的传说的话语——周期性地讲述国王和其祖先的谱系学——这是一种规范人类科学的话语。[29]**

注释

1. 参见朱利尤（N.H.Julius），《监狱的教训》[见上文，第39页，注2]，第384页。

2. 手写稿中的"小罗盖特"（Petite Roquette）是一座监狱，1827年修建于巴黎的11区，专门关押年轻的罪犯，其设计灵感来自边沁的圆形监狱理论；在监狱信息小组时期，"小罗盖特"是一座女子监狱，于20世纪70年代末被拆除。在《精神病学的权力》（见上文，第92页，注18）中，雅克·拉格朗吉（Jacques Lagrange）指出，按照1825年2月24日政令的措辞，监狱模式的建筑的设计"有一个中间点或者内部长廊，一个人或者最多两个人就可以监视到监狱里的任何一处"。参见查尔斯·卢卡斯（Charles

---

* 手写稿："理智地缔造"。

** 手写稿是这样结束的：

"在亚述（assyrien）帝国，存在一种与权力的行使紧密相连的传说的话语。[30]关于起源的话语。与权力的行使相连的还有另外一种话语，它与权力密不可分；但是连接方式是另外一种；涉及的地点和人群都是不同的。但是以某种方式代替了权力的话语。人类科学就是这些'规范化的'话语。"

Lucas)，《欧洲和美国的监禁体系》（*Du système pénitentiaire en Europe et aux États-Unis*）［见上文，第 80 页，注 25］，第 1 章，第 113 页；参见福柯，《规训与惩罚》，第 276 页。

3. 福柯在手写稿中添加了这样一个句子："然而这种建筑形式同时也是一种普遍的社会形式，很大程度上超出监狱范围。是否应该说'广场—逻各斯'（agora-logos）/'监狱—监督'？"社会监督、惩罚的社会和本课程的核心主题也会出现在《规训与惩罚》中（例如第 196、209、211 页），然而这些却很少引起读者的注意，因为他们的注意集中在全景敞式主义（panoptisme），其衍生出的监禁形式多于社会形式，换句话说，他们更注意监狱的主题，多于更普遍的惩罚的社会。然而在福柯的观念中，正如丹尼尔·德福尔（Daniel Defert）所说的，关于社会问题，《规训与惩罚》是本课程的延续。

4. 参见霍布斯的《利维坦》的书名页，第 3 页。

245

5. 参见《规训与惩罚》的第 31—33 页的分析，以及《必须保卫社会》，1976 年 1 月 7 日的课程，第 15—19 页。

6. 在《精神病学的权力》（第 20 页，注 21）中，雅克·拉格朗吉指出，批判的可能是路易·阿尔都塞（Louis Althusser）关于"国家机器"的理念，参见阿尔都塞（Louis Althusser）的文章，《意识形态和意识形态国家机器》（*Idéologie et appareil idéologiques d'État*），载于《思想——现代唯理主义杂志》（*La Pensée.Revue du rationalisme moderne*），第 151 期，1970 年 6 月，第 3—38 页（Position, Paris Éditions Sociales, 1976 年，第 70—137 页）。在《精神病学的权力》中，福柯提议这样的分析："比起讨论家庭模式或'国家机器'，我更想看到的是权力关系战略和精神病学实践中对抗的战略"（第 18 页）；"在方法论上要求我们把国家和国家机器的问题放在一旁，并摆脱权威的心理学概念。"（参见同上，第 42 页）值得注意的是，在《惩罚的社会》中，这一页的"国家机器"是单数的，而似乎福柯先前用的是复数。（打字文稿，第 197—199 页）。

7. 关于该主题，参见《不正常的人》，第 80—81 页，《规训与惩罚》，第 30 页："这种对肉体的政治干预，按照一种复杂的交互关系，与对肉体的使用紧密相连；肉体基本上是作为一种生产力而受到权力和支配关系的干预；但是，另一方面，只有它被某种征服体制所控制时，他才可能成为一种劳动力（在这种体制中，需求也是一种被精心培养、计算和使用的政治工具）；只有在肉体既具有生产力又服从时，他才能变成一种有用的力量"；参见同上，第

147 页、第 222—223 页。

8. 在 1973 年 5 月,《真理与司法形式》, 第 621—622 页 / 第 1489—1490 页再次采用了这个观点:"我想要表达的就是事实上, 劳动绝对不是人类的具体本质或人类存在的具体形式。只有在政治权力的作用下, 才能显现出人类的本质是劳动。"

9. 通过并置强制力和意识形态, 显然福柯指的是阿尔都塞和他在 1970 年的文章 (见上文, 第 240 页, 注 6)。

10. 杜尔哥 (Turgot) 在 1776 年设立了医学委员会 (Commission de médecine), 用于研究传染病, 后来被内克尔 (Necker) 改名为皇家医学会 (Société royale de médecine)。其成员主要来自法国科学院 (Académie des Sciences), 主要任务是:"a) 调查研究传染病; b) 探讨和说明; c) 制定最合适的治疗方法"。参见彼得 (J.-P. Peter),《皇家医学会的一份调查: 18 世纪末的病人和疾病》(Une enquête de la Société royale de médecine: malades et maladies à la fin du XVIIIe siècle), Annales. Économistes, Sociétés, Civilisations, 1967 年第 4 期, 第 713 页。皇家医学会依附于财政部, 被看作是第一个国家健康组织。参见《皇家医学会的历史》(Histoire et mémoire de la Société royale de médecine et de physique, tirés des registres de cette société), Paris, Didot, 1776—1779; 汉纳威 (C. Hannaway),《旧制度下的皇家医学会和传染病》(The Société royale de médecine and Epidemics in the Ancien Régime), Bulletin of the History of Medecine, 46, 1972 年, 第 257 页; 德赛夫 (J.-P. Desaive),《18 世纪末的医学、气候和传染病》(Médecins, climat et épidémies à la fin du XVIIIe siècle), Paris, Éditions de l'EHESS, 1972 年。关于皇家医学会在健康行政科学的形成中的地位, 参见图尔奈 (V. Tournay),《医学治安观念——从战斗渴望到行政客观性的产生》(Le concept de police médicale. D'une aspiration militante à la production d'une objectivité administrative), Politix, 2007/1, 第 77 期, 第 173—199 页。参见福柯,《临床医学的诞生》[见上文, 第 16 页, 注 1], 第 2 章, 第 49—56 页。

11. 这里说的可能是商会, 以及从执政府开始设立的艺术和手工制造业咨询处 (chambre consulative des Arts et Manufactures),"云集了重要的制造商, 负责向政府说明工业需求", 参见谢吕埃尔 (A. Chéruel),《法国机构、风俗和习俗历史词典》(*Dictionnaire historique des institutions, mœurs et coutumes de la France*), Paris, Hachette, 1889 年, 第 123 页。特别解释了"重振"(reprendre)这个动词的使用,因为这些机构正式成立于 1701 年,在 1791 年被大革命取消,并在 1802 年重建,任务是"对于增加商业财富、使政府知晓阻碍进步的原因、对于可获资源等提出措施和想法",参见 1802 年 12 月 24 日的决议,《商业和工业协会》(*Les chambres de commerce et d'industrie*), Paris, PUF, 1980 年, 第 31 页。内务部长沙普塔尔(Chaptal)这样介绍复兴的理由:"政府在商业上的作为可以通过忠于事实地报告状况和商业需求来解释。"(参见同上, 第 32 页)然而调查的概念,特别是关于手工业技术的调查,并不是直接从商会的作用中产生的。参见彭德尔顿(E.Pendleton),《商会:其法律地位和政治》(*Chambres de Commerce: Their Legal Status and Political*), The American Political Science Review, 第 25(3)卷, 1931 年 8 月, 第 691—692 页; 参见孔凯(A.Conquet),《拿破仑三世和商会》(*Napoléon III et les chambres de commerce*), APCCI, 1978。

12. 在《规训与惩罚》中, 福柯也引证了沙普塔尔的调查, 第 236 页:"在 1801 年已经存在。"

13. 福柯在手写稿中列了一个表:"大革命; 执政府; 帝国"。参见《规训与惩罚》中的列表, 第 236—237 页:"1819 年德卡兹的调查, 1820 年维勒姆出版的书, 1829 年马蒂尼亚克(Martignac)关于国家监狱的报告, 1831 年博蒙(G. de Beaumont)和托克维尔(A.de Tocqueville)在美国的报告, 以及蒙塔利韦(Montalivet)交给中心监狱主管和省议会的调查表, 当时正是社会上辩论是否隔离犯人的时期。"

14. 参见萨尔堤内(A.de Sartine),《萨尔堤内警官的日志》(*Journal des inspecteurs de M. de Sartines*), 第 1 部分, 1761—1764 年, Bruxelles, Ernest Parent, 1863 年。安东尼·萨尔堤内, 阿尔比伯爵(Antoine de Sartine, 1729—1801), 政客, 曾任巴黎夏特莱刑事中尉, 治安总中尉(1759—1774), 路易十六的海军部长。

15. 参见富歇(Fouché),《治安部长呈给执政官的关于试图暗杀执政官及其家人、部长及政府要员的可耻阴谋的报告》, Paris, Cornu;《治安总部长递交的关于谋杀波拿巴第一行政官的报告。执政官决定流放 131 名涉案人员。上议院通过。》Paris, Marchant。约瑟夫·富歇(Joseph Fouché,

1759—1820）是督政府和法兰西帝国的治安部长。

16. 在这里福柯引用了《刑事司法的行政总报告》，1827 年第一次出版，报告以 1825 年的数字为基础。"刑事报告每年出版（除了战争年代以外），并在 1850 年、1880 年和 1900 年出版了汇总卷。其编撰以法院的统计学表格为依据。18 世纪的统计数字较大，从 1920—1923 年开始，统计数字有缩小的趋势。直到 20 世纪初才考虑到被告人的民事状态、职业和住所等数据"，参见法尔西（Farcy），《1800—1948 年的司法和监狱指南》(*Guide des archives judicaires et pénitentiaires 1800—1948*)，Paris，CNRS Édition，1992 年，第 228 页。在这种模式下先后出现了《民事和商事司法的行政总报告》（1831 年），《军事司法的行政总报告》(1832 年)，《殖民地司法的行政总报告》(1834 年)。这些报告的共同特点就是"负责统计数据的部长编写一个或长或短的前言，从官方的角度评论统计数字，后面是统计数据表格。"参见佩罗（M.Perrot），《社会事件的首要措施：1780—1830 年法国刑事统计学的开端》，载入《统计学历史》，第 1 卷：统计学历史研究的贡献（Vaucresson，1976），Paris，INSEE，1977 年，第 125—177 页；司法部，《1880 年法国刑事司法的行政总报告以及 1828 年至 1880 年的报告，米歇尔·佩罗、菲利普·罗伯特评论》，Genève-Paris，Slatkine Reprints，1989 年。

17. 福柯在手写稿中添加："统计学是国家科学"，然后写道："我们对实验性方式的演变做了 1000 次的哲学批判，但是从来没有批判过国家知识的历史、知识的行政萃取。"他在《必须保卫社会》，1976 年 2 月 11 日的课程，第 20 页写道："在君主的知识和对其行政的了解中，我们创造了历史部，它必须在国王和行政之间，用一种被控制的方式建立君主制不间断的传统。"对比丹尼尔·德福尔的论文《君主的知识和秘密》，内容是关于 18 世纪德国的大学中统计学的发展犹如国家行政知识，雷蒙·阿隆（Raymond Aron）指导。

18. 塞巴斯蒂安·勒普雷斯特雷·德·沃邦（Sébastien Le Prestre de Vauban，1633—1707），军事工程师，从 1695 年开始曾多次向国王建议"减少税目，用以人头税（capitation）代替。人头税征收的对象神职人员、文职官员和军事官员、国王仆役、陆军和海军的抵押、年金等，'不排除一切能够承受人头税的人'。"参见米歇尔（G.Michel）& 利斯（A.Liesse），《沃邦经济学家》(*Vauban économiste*)，Paris，Plon，1891 年，第 17 页。在 1703 年，被授予法国元帅称号的沃邦，受到病痛的困扰，卸去了军事职务，渐渐失去了皇家的青睐。他在 1707 年出版的作品《皇家什一税》(*La*

1973年3月28日

Dîme royale）中表达了自己的抱负，然而该作品的出版并没有得到许可，很快就被禁止了。几周之后，沃邦去世。在这本书中可以看到作者的意愿："我谈到世界上最好的信仰，不是想要增强自己的信仰，不是让新的研究吸引我，也不是信仰让我写下这本书。我既不是文人，也不从事金融活动，我冒昧地用不在自己职业范围内的东西去寻求光荣和利益。"参见沃邦，《皇家什一税》，埃马纽埃尔·勒鲁瓦·拉迪里（Emmanuel Le Roy Ladurie）推荐，Paris, Imprimerie nationale, 1992 [1897]，第 57 页。参见勒贝留（A.Rebelliau），《沃邦》（*Vauban*），Paris, Club des librairies de France, 1962 年。

19. 魁奈（François Quesnay）（参见上文，第 58 页，注 3），是国王的外科医生，也是蓬巴杜夫人的医生，并且愿意住在凡尔赛城堡的中二楼，以便鼓励威望人物的来访，他自己对于宫廷也具有一定的影响。出于上述原因，很多人都认为他有政治抱负；参见韦洛塞（G.Weulersse），《1756 年至1770 年法国重农论运动》（*Le mouvement physiocratique en France de 1756 à 1770*），[参见上文，第 59 页，注 3] 第 2 卷，第 626—682 页。

20. 福柯多次提到 1838 年的法律并对其进行分析，参见《精神病学的权力》，1973 年 12 月 5 日，第 97—99 页；《不正常的人》，1975 年 2 月 12 日，第 130—141 页。福柯在手写稿空白处写下了"卡斯特"（Castel），无疑是指罗伯特·卡斯特（Robert Castel）和他关于精神病学历史的著作；参见卡斯特（R.Castel），《精神治疗——19 世纪的精神治疗学和社会控制》（*Le traitement moral. Thérapeutique mentale et contrôle social au XIXᵉ siècle*），Topique，第 2 期，1970 年，第 109—129 页。在《精神病学的权力》第 88 页，福柯援引了卡斯特在 1973 年出版的作品，《精神分析主义——精神分析顺序和权力》（*Le Psychanalysme. L'ordre psychanalytique et le pouvoir*）（Paris, Maspero）。福柯写道："这是一本激进的书，因为这是第一次在精神病学实践和权力内部提出精神分析法治疗。"（参见上文，第 198 页，注 41）在下一年的《规训与惩罚》第 29 页，注 1："我也应该援引罗伯特·卡斯特《精神分析法》中的内容。"参见卡斯特（R.Castel）在 1976 年的作品，《精神分析秩序——精神病学的黄金时代》（*L'ordre psychiatrique. L'âge d'or de l'aliénisme*），Paris, Éditions de Minuit。

21. 关于这一主题，参见鲁舍（G.Rusche）& 基希海默尔（O.Kirchheimer），《惩罚与社会结构》（Punishment and Social Structure），New York,

Columbia University Press, 1939 年。在《规训与惩罚》中，福柯写道：
"鲁舍和基希海默尔的大作《惩罚与社会结构》提供了一系列基本参考点"（第
29 页），并且借用了他们笔下的刑罚的政治经济学概念，得出肉体的"政治经
济学"（économie politique）思想（参见同上，第 30 页）。

22. 参见休谟（D.Hume），《人性论》（*A Treatise of Human Nature*），
L.A.Selby-Bigge, Oxford, Clarendon Press, 1978 [1739]，第 1 卷，
第 3 部分，第 16 章，第 179 页 /《人性论》（*Traité de la nature humaine*），
Paris, Bureau de la critique philosophique, 1878 年，第 1 卷，第 3
部分，第 16 章，第 237 页："天性当然能制造出从习惯产生的任何东西：或
者说习惯只是天性的原则之一，习惯从天性的源头上汲取一切力量。"休谟不
但把习惯置于可能的推论解释中心，而且把习惯的特点表述为是天然的和人工
的。习惯"决定我们根据过去对未来作出判断"，"'未来类似过去'的假定不
是建立在任何论据上，而是完全从习惯衍生出的"（法文版，第 1 卷，第 3 部
分，第 12 章，第 178—179 页 / 英文版，第 133—134 页）。当习惯是过去稳
定经验的产物，就是"充分完善的"（pleine et parfaite），"我们不假思索
地过渡；在看见的一个标的和伴随的信仰之间毫不迟疑"。换句话说，习惯不
需要对未来类似于过去的假定进行参考，不假思索地保障事物感知的经验和
常常与之相伴的信仰之间的过渡。所以说涉及的是信仰的自然产生，但是只
能在具有充分完善的习惯时才会产生，它本身也是过去稳定经验的结果。相
反，在通常情况下，过去的经验是混合的，"这种推理不是直接出自习惯，而
是以间接的方式产生"。在文章的另一处，休谟也谈到了"间接的人工的方式"
（第 141 页 / 第 104 页）。在这种情况下，我们有意识地考虑未来类似于过去
的假定，而且就是推理制造了信仰。所以这是用人为的方式制造出来的，而未
来类似于过去的假定"充分地建立在习惯之上"（第 142 页 / 第 105 页）。参
见欧文（D.Owen），《休谟的道理》（*Hume's Reason*），Oxford, Oxford
University Press, 1999 年，第 7 章，第 147—174 页。

23. 福柯在手写稿中写了两个例子："与布鲁诺（Bruno）先生的会
谈；《论社会经济》（*Traité d'économie sociale*）"。关于布鲁诺先生，参见
1973 年 3 月 14 日的课程，第 203 页，注 17。福柯在这里还提到了安吉·格
潘医生（Ange Guépin, 1805—1873）的著作。《论社会经济》Paris,
De Lacombe, 1833 年。安吉·格潘，不图名利的慈善医生，受圣西门主
义（saint-simonienne）启发的社会主义理论家，傅立叶主义者，安吉·格

潘在 19 世纪南特的政治生活中起到核心作用。特别是为解决南特工人的贫困问题出谋划策；参见格潘（A.Guépin）& 波那米（E.Bonamy），《19 世纪的南特》（*Nantes au XIXe siècle*）（见上文，第 187 页，注 9）。在《论社会经济》中，格潘医生从印刷工人的例子出发，工业协会能够使意外和离职的风险，以及退休的代价社会主义化，其最终目标是使工人们能够自己回购印刷厂。参见迈特龙（J.Maitron）《法国工人运动传记词典》（*Dictionnaire biographique du mouvement ouvrier français*），第 1 部分，1789—1864 年，从法国大革命到第一国际的建立，Paris, Les Éditions ouvrières, 1965 年，第 3 卷，第 2 章，第 309—311 页。

24. 参见《规训与惩罚》，第 104—1105 页。

25. 福柯在手写稿中写道："圣西蒙或伏尔泰的批判只有在第一种作用出现的时候才会远离"。路易·德·鲁弗鲁瓦（Louis de Rouvroy），圣西蒙公爵（Saint-Simon，1675—1755），在自己的回忆录中不但没有像当时官方的历史资料一样对路易十四阿谀奉承，而且在记叙和描写中表现出反君主制度的思想；参见斯特凡诺斯卡（M.Stefanovska），《圣西蒙，处于边缘的历史学家》（*Saint-Simon, un historien dans les marges*），Paris, Honoré Champion，1998 年，第 29 页。圣西蒙写道："对事实的叙述必须揭露其源头、理由、后续，以及它们之间的联系，只有阐述相关人物的行为才能做到，这就必须讲述他们做了什么，以及他们之间结盟或对抗的关系"，参见《回忆录》（*Mémoires*），Paris, Hachette，1879，第 1 卷，第 5 页。在他的事实陈述中，路易十四一直占据着一个象征性的核心地位。关于典礼在圣西门历史中的重要性，参见斯特凡诺斯卡，《圣西蒙，处于边缘的历史学家》，第 59—65 页。

克洛德·迪潘·德·舍农索（Claude Dupin de Chenonceaux），财政专家、包租人，坚持重农主义（physiocrate）思想。在《经济》（*Œconomiques*），Paris, Marcel Rivière et Cie，1913 年［1745 年 第一版］中，克洛德·迪潘阐述了法国的经济组织并提出多种改善经济状况的方式。作品的第 3 卷讲到了税收的历史，并描写了皇家赋税政治的演变。然而克洛德·迪潘的出名更是因为相继有两本著作都批判他的观点：《论法的精神》（*L'Esprit des lois*）（对于《论法的精神》的评论被禁止），以及孟德斯鸠（Montesquieu）的质疑。从 1745 年至 1751 年，让—雅克·卢梭（Jean-Jacques Rousseau）担任克洛德·迪潘的夫人的秘书一职，这位夫人是路易

250

斯—玛丽—马德琳·方丹（Louise-Marie-Madeleine Fontaine）。

伏尔泰（Voltaire）很大程度上被看作是现代历史编纂之父其中的一位。他撰写了许多关于历史和哲学史的著作，包括《历史新思考》（*Nouvelles considérations sur l'histoire*）（1744 年）、《路易十四时代》（*Le siècle de Louis XIV*）。在后一部作品中，伏尔泰写道："这里记录的不仅是路易十四的一生；而是有更大的目标。我想试着描写的不是一个人的行为，而是这个世纪里人类最熠熠生辉的精神"，参见伏尔泰《路易十四时代》前言部分（*Œuvres avec préface, avertissements, notes, etc*, M.Beuchot, Paris, Lefèvre, 1830 年, 第 19 卷, 第 237 页）。在《历史新思考》中，伏尔泰用"人类的历史"反对"国王和宫廷的历史"（*Œuvres historiques*, Paris, Gallimard, 1987 [1744] 年, 第 47—48 页）。

26. 关于这一主题，1972 年 4 月，福柯在明尼阿波利斯（Minneapolis）的明尼苏达大学（Université du Minnesota）举办了一场研讨会，题为《17 世纪的仪式、戏剧和政治》（*Cérémonie, théâtre et politique au XVIIᵉ siècle*），斯蒂芬·戴维森（Stephen Davidson）对其做的英文概述属于《第四届 17 世纪法国文学年会》（Fourth Annuel Conference on 17ᵗʰ Century Frenche Literature）的一部分。收录在阿尔芒·勒诺（Armand Renaud）主编的《第四届 17 世纪法国文学年会议程》（*Proceedings of the Fourth Annuel Conference on 17ᵗʰ Century Frenche Literature, with programs and brief account of the first, second, third conferences*），Minneapolis, 1972 年, 第 22—23 页。

27. 参见涂尔干（E.Durkheim），《自杀论 —— 社会学研究》（*Le suicide. Étude de sociologie*），Paris, Félix Alcan, 1897 年。对于经济破产使某些个人失去社会地位，涂尔干特别强调："相关的社会行为的成果都会丢失；对他们的道德教育要重新来过。但是社会不能够很快就让他们屈服，并教育他们学会其所不习惯的思想集中。在他们需要更强有力的纪律时，他们的情绪更加起伏，如此一来社会变得更加混乱"（参见同上, 第 280—281 页）。然而涂尔干认为，纪律的概念必须要以司法为基础，不能局限于力量或习惯："纪律只有在被管理的人民认为是合理的情况下才能发挥作用。当纪律仅仅依靠习惯或力量维持时，和平与和谐名存实亡；表面上被克制的欲望很快就会冲破阻碍"（参见同上, 第 279 页）。

28.《不正常的人》再次谈到这一主题。在手写稿中，福柯在不正常的人旁边添加"偏常的人"（déviant）和"病人"（malade）。

29. 对人类科学的这种批判在许多作品中都可以看到。最早出现在康德（Kant）的《实用人类学》（*Anthropologie*）的前言中，以及《疯癫与文明：古典时期疯狂史》《词与物》等。参见《真理与司法形式》，第622—623页/1490—1491页；《精神病学的权力》，1973年11月21日的课程，第58—60页；《规训与惩罚》，第28—29页、第315页。

30. 援引的亚述帝国，是与权力行使相关的传说的话语地点，参见《知识意志讲稿》，1971年2月10日课程，第106—107页。

课程概要[*]

————————

* 发表于《法兰西年鉴》(*Annuaire du Collège de France*, 73ᵉ année,
Histoire des systèmes de pensée, année 1972—1973), 1973,
第 255—267 页。 重 收 录 于 *Dits et Ecrits*, 1954—1968, édité par
D.Defert &F.Ewald, avec la collaboration de J.Lagrange,
Paris, Gallimard ("人类科学丛书"), 1994, 4 卷本; 参见第 2 卷, 第
131 篇 /Quarto, 第 1 卷, 第 1324—1338 页。

古典时期的刑法制度里，存在着四大类相互融合的惩罚策略——这四种策略有着各不相同的历史渊源。除某些特殊情况外，每一种策略在不同的社会和时代，都发挥着大同小异的作用。

1. 流放、赶走、放逐、驱逐出境、禁止出入某些特定场所、抄家、抹去出生地、没收财产和所有权。

2. 安排赔偿、强制偿清、把要求索赔的损害折算成一笔需要偿还的债务，把犯罪转换为财产上的债。

3. 展览、打烙印、伤害、切断肢体、创伤留疤、在面部或肩膀上打下标记、强制造成人为的且显而易见的损毁、折磨；简而言之，控制肉体并刻下权力的印记。

4. 监禁。

我们假设根据社会优先选择的惩罚方式，把社会分为流刑型社会（希腊社会）、赎罪型社会（日耳曼社会）、标记型社会（中世纪末期的西方社会）和监禁型社会。那么我们现在所处的社会是哪一种呢？

在这里，我们从 18 世纪末开始探讨（法国的）社会。因为有一件事是确定的：在 1780—1820 年的革命开始之前，拘押、监禁并没有被纳入欧洲刑事体系中。对此 18 世纪的法学家保持着一致的意见："在我们的民法中，监狱并不属于刑罚，即使是君王为了国家利益，有时也会受到这种惩罚，这是权力机关的行为，而普通司法机构不使用这种处罚。"（塞尔皮雍，《刑法典》，1767）[1] 但是可以说，如此坚持"拒绝"监禁的刑法特征显示出一种增长中的不确定性。总而言之，17、18世纪的监禁仍然处在刑法体系的边缘空白处，尽管两者之间只有一线之隔，而且正在不断地相互靠近：

——监禁—担保，是在刑事案件中的法院预审环节，运用在债权人的债务得以偿清之前时，或当王权对某敌对分子感到担忧时。相比起惩罚过错，这更像是一个人的自我防备。

——监禁—替代，是在不涉及刑事司法时对某些人的强制（或由于过错的性质仅仅是道德或品行秩序的问题；或其他法规优先：教会法庭，自1629年后不再有权宣判严格意义上的牢狱之刑，可以命令罪犯隐居修道院；国王封印密札可以使特权享有者逃避刑事司法；犯错的女子被强制关进医院区专设的管教所，而男人去服苦役用以赎罪）。

要注意的是，除了最后一种情况以外，这种监禁—替代一般的特点是：不由司法权力做决定；期限不是一次固定下来的，而是取决于设定的目的，即矫正。与其说是刑罚，还不如说是惩罚。

---

[1] 塞尔皮雍（F.Serpillon），《刑法典》（*Code criminel*）或《论1670年法令》（*Commentaire sur l'ordonnance de 1670*），Lyon，Périsse，1767，第2卷，第15章："Des sentence, jugements et arrets"第8条，第33节，第1095页。

然而在古典刑法（塞尔皮雍、儒斯 ①、米亚尔 ②）之后的五十多年，监狱变为刑罚的普遍形式。

1831 年，雷米扎（Rémusat）在议院表示："新法律所承认的刑罚体系是什么？是各种形式的监禁。事实上可以比较一下刑法典里保留的四种主要刑罚。强制劳动是一种监禁。苦役犯监狱是一种露天监狱。在某种意义上，拘押、徒刑、监禁是同一种惩罚的不同名称。" ③ 而范·米南（Van Meenen）在布鲁塞尔宣布第二届教养大会开幕时，回忆起他年轻的时候，当时大地上比比皆是"车刑轮、绞刑柱、绞刑架、示众柱"，以及"可怕的人体残骸"。④ 一切都表明在 18 世纪末，监狱这种准刑事惩罚（punition parapénale）进入刑罚体系中，并快速占领所有的空间。这种入侵如同约瑟夫二世编写的奥地利刑法典般的凯旋，是最明显的证据。

---

① 儒斯（D.Jousse），《论刑事司法》(*Traité de la justice criminelle de France*)，巴黎，Debure，1771，第 4 卷。

② 米亚尔（P.-F.Muyart de Vouglans），《刑法学院》(*Instituts au droit criminel*) 或《在这些方面的普遍原则》(*Principes généraux en ces matières*)，巴黎，Le Breton，1757。

③ 雷米扎（C. de Rémusat），《对于以刑事立法改革为目的的法律草案的讨论》(*Discussion du projet de loi relatif à des réformes dans la législation pénale*)，众议院，1831 年 12 月 1 日，《议会档案 1787—1860》第 2 卷，t.LXXII，Paris，Paul Dupont，1889 年，第 185 页。

④ 范·米南（Van Meenen），布鲁塞尔最高法院院长，《布鲁塞尔第二届国际教养大会开幕词》(Discours d'ouverture du IIe congrès international pénitentiaire de Bruxelles)，布鲁塞尔，Deltombe，1847，第 20 页。

监禁刑罚不仅仅是在近代才出现的，它是谜一样的存在。

在监禁刑罚还处在计划之中时，就已经受到了猛烈的抨击。这些抨击源自基本原则。同时也源自监狱在刑事体系和普遍社会上可能导致的机能障碍。

1．监狱妨碍司法权力对刑罚适用的控制及核实。德卡兹在 1818 年指出，法律不进入监狱。

2．不同的、孤立的犯人通过监狱混合在一起，继而形成同质的犯罪共同体，在监禁中联合起来，将来又会被释放到外面。监狱打造了一支名副其实的内部敌人军团。

3．给犯人以栖身之处、食物、衣物、通常还有工作，监狱给予犯人一个甚至有时更优越于工人的出路。监狱不仅起不到威慑劝阻的作用，反而吸引人们犯罪。

4．从监狱里出来的人们，带着监狱的习惯和耻辱的标记，最终投身到犯罪活动中。

所以，顷刻间，监狱被称为是一种在司法空白处制造惯犯的工具。在 1815 年至 1830 年间，这种监狱制度怪圈被披露出来。面对这些批判，三种反应逐渐产生：

——假设存在一个保留监狱积极方面的替代品（罪犯隔离，把他们从社会中抽离开来）并消除其危险后果（把罪犯重新放入社会）。为此，可以重拾英国在独立战争时停止的、并在 1790 年后对 澳大利亚重建的放逐（transportation）旧体系。在 1824 年至 1830 年，法国展开了关于植物学

258

湾（Botany Bay）^① 的广泛讨论。事实上，放逐—殖民
（déportation-colonisation）永远不能替代监禁。在殖民
征服时期，前者在对犯罪的控制上扮演着一个复杂的角色。自
愿或非自愿的移居者团队、殖民军队、非洲军队、外籍军团，
他们在 19 世纪一起登陆，连同一种延续监狱制度的刑罚；

  ——改革监狱内部制度，使得监狱停止制造内部
危险军团。这就曾是整个欧洲"教养改革"（réforme
pénitentiaire）的指定目标。朱利尤的《监狱的教训》
（1828）^② 和布鲁塞尔 1847 年的大会，可以作为年代标志。这
项改革主要包括三个方面：对监狱关押的犯人实行隔离或半隔
离措施（围绕奥本市和宾夕法尼亚州的体制的讨论）；通过工
作、教育、宗教、补偿、减刑等方式对提升罪犯的德行；发
展预防、恢复、控制等非刑事途径的机构。然而这些改革被
1848 年的革命终止，前一时期所显示出来的监狱的机能障碍
情况并未得到一丝的改变。

  ——最终为监狱制度制定一部符合人类学的法规；用能
够描绘犯罪特点并定义相应的社会反应方式的"犯罪科学"
（science des criminels），代替朱利尤和查尔斯·卢卡

---

① 植物学湾（Botany Bay），音译"博特尼湾"。澳大利亚东南部太平洋岸
小海湾。——译者注
② 朱利尤（N.H.Julius）；《监狱的教训》，Berlin, Stuber, 1828, 第
2 卷，/《监狱的教训——1827 年在柏林关于监狱的公共讲座》(*Leçons
sur les prisons, présentées en forme de cours au public de Berlin en
l'année 1827*), H.Lagarmitte, Paris, F.G.Levrault, 1831 年。

斯 [①]（建立的"监狱学"，能够给"矫正"机构设立一系列建筑、行政、方法上的原则）的旧方案。监狱内曾根据犯人的等级给予至少部分自主性，同时要确保对其的隔离和关押，所以似乎这是社会心理学的偏离。这种偏离属于"科学的"话语范围（将加速精神变态分析、精神病分析和社会学分析）；面对这种偏离，人们需要扪心自问，监狱能不能作为一种好的反应、或者说一种合适的处理办法。

19 世纪初的状况及人们用其他话语批判监狱（组成"罪犯"这种"边缘"人口）的情况如今被看作是一场灾难。人们不但接受了这一事实，而且视其极为重要。监狱产生的"犯罪"效应变成监狱必须做出合适反应的犯罪问题。犯罪回归到监狱制度范围。

* * *

需要思忖这种回归是怎样实现的；被揭露、被批判的效应怎样成为犯罪科学研究的重要资料；监狱，这种新近的、脆弱的、饱受争议的机构，怎样深入到制度范围内如此之深，以至于其影响机制能够持续致力于人类学研究；监狱存在的最终理

---

① 查尔斯·卢卡斯（C.Lucas），《论监狱改革》（*De la réforme des prisons*）或《论监禁与监禁原则、方式和实践条件》（*De la théorie de l'emprisonnement, de ses principes, de ses moyens et de ses conditions pratiques*）Paris, Legrand et Bergounioux, 1836—1838，第 3 卷。

由是什么；它需要回应哪一种机能要求。

　　而且有必要提出一个更难回答的问题，就是人们对机构"意识形态的"起源的评价不高。事实上，可以认为监狱和其实际效果很早就被披露出来；但是监狱和新的刑法理论（负责19世纪法典的制定）被如此牢固地连接起来，以至两者必须要一起被接受下来；或者若想打造出监狱的根本政策，需要把新的刑法理论自下而上恢复到初始阶段。

　　然而，如此看来，对18世纪下半叶的刑事理论的研究带来了足够惊人的后果。没有任何一位伟大的改革家建议把监狱作为普遍的或重要的刑罚——无论是如同贝卡里亚（Beccaria）般的理论家，赛尔万（Servan）般的法学家、勒佩尔蒂埃（Le Peletier de Saint-Fargeau）般的立法者，还是以上皆是的通才布里索（Brissot）。总而言之，在所有的法律颁布中，改革家们重拾中世纪以来政治的、制度的变革结果并加以改造：替代、解决争讼、公开起诉。御用检察官介入时，不但会定下人身侵犯或私人利益损害的罪名，而且还会定下侵犯国王主权的罪名。布莱克斯通（Blackstone）在评论英国法律时指出，检察官同时维护国王主权和社会利益。①简而言之，从贝卡里亚开始的大多数改革家，一直在寻求定义犯罪（crime）的概念、公众的角色和刑罚的必要性，从社

260

────────

① 布莱克斯通（W.Blackstone），《英国法律评论》，牛津大学，Clarendon Press，1758年。《英国刑法典评论》（*Commentaires sur le code criminal d'Angleterre*），Paris，Knapen，1776年。

会利益或保护社会的角度出发。罪犯首先侵害的是社会；打破了社会契约，成了内部敌人。这一概括性原则衍生了以下一些后果。

1. 每个社会都应该根据自身的需求调整刑罚等级。因为惩罚不会从过错自身衍生出来，而是从对社会造成的损失或是使社会经受的危险中得来，越是脆弱的社会，越是需要及早防备，越是需要表现出严厉的一面。所以，刑罚没有普遍模式，在本质上刑罚是具有相对性的。

2. 如果刑罚是赎罪，那么即便很严厉也没有关系；然而不管怎样，确立刑罚和犯罪之间合适的比例是非常困难的。但是，如果涉及保护社会，可以通过它能确实起到保护作用的方式来计算：超出此范围，一切额外的严厉措施都变成了滥用职权。

3. 刑罚的作用是完全指向外部和将来的：是为了阻止犯罪的发生。不仅要让罪犯脱离侵害状态，而且还要避免他人犯下类似的罪。不只是刑罚的严厉性，其确定性、不可避免性、在这里共同构成其有效性。

然而在事实上，通过这些原则并不能推断出刑事实践中发生了什么，要知道监狱随着其普及化，成为惩罚的普遍形式。然而一些不尽相同的惩罚模式出现了：

——某人被判处遭受侮辱的惩罚，也就是说，接受公众的舆论判决。侮辱是一种完美的刑罚，因为它是社会自身即时见效的、自发性的反应：在每个社会各具特色；它是根据每种犯罪的危害性逐渐加强的；这种刑罚能够以公共恢复名誉的方式被撤回；最后，它只对犯人造成损害。所以这是根据犯罪程度自动调节的刑罚，不需要参照法典，不需要法院执行，也就免除了被政治权力操控的风险。它与刑罚的原则准确地相符合。"优秀的立法，就是当公众舆论强烈到足够对轻罪进行惩罚……人民的荣辱观可作为统一的法律。几乎不需要立法。侮辱这种方式，就是刑法典。"[①]

——改革草案中的另一种惩罚模式就是同态报复法。通过对犯人强制施行与犯罪相同类型、相同程度的惩罚，可以保证罪犯得到完全相称的处罚。这种刑罚是反攻击的形式，倘若这种反攻击是迅速的、不可回避的，违犯者取得的利益几乎就被自动地取消了，犯罪便是徒劳无益了。通过犯罪取得的收益被突然归零。毫无疑问，同态报复法这种惩罚模式没有规定操作细节，但是经常可以用于不同的惩罚类型。例如贝卡里亚曾表示："对人身侵害应处以肉体刑罚"，"对有损名誉的侮辱应处以罚金"。与此同时，还有一种"精神报复"（talion moral）：不是以犯罪造成的后果来惩治犯罪，而是根据犯罪的开端和犯罪的动机来惩罚犯罪。[②] 勒佩尔蒂埃在 1791 年 5

---

① 布里索（P.J.Brissot de Warville），《刑法的理论》（*Théorie des lois criminelles*），柏林，1781 年，第 2 卷，第 1 部分，第 2 章，第 2 节，第 187 页。

② 贝卡里亚（C.Beccaria），《论犯罪与刑罚》（*Traité des délits et des peines*），trad. J.-A.-S.Collin de Plancy, Paris, Flammarion, 1979 年，第 27 章，第 118 页；第 28 章，第 121 页；第 15 章，第 125 页。

月 21 日向国民议会提议："对待残忍的犯罪，肉体的痛楚是原则；对待怠惰的犯罪，繁重的劳动是原则；对待'卑鄙下流 ①'的灵魂作恶，侮辱是原则。"

——最后，第三种模式，被贬为苦役服务于社会。这种刑罚可以根据对集体造成的损害来决定其程度、强度和期限。刑罚和过错通过被侵害的权益连接起来。对于盗窃犯，贝卡里亚指出："暂时的苦役使罪犯和他的劳动为社会服务，让这种完全从属的状态给他违反社会契约而犯下不公正的暴虐行为作出赔偿。"② 布里索说："代替死刑……苦役把犯人与对社会造成损害的状态隔离开来；劳动使犯人有用；长久而持续的苦楚对试图步其后尘的人造成了恐吓。"③

当然，在所有这些方案中，监狱常常成为一种可行的刑罚：或作为强制劳动的条件，或作为同态报复法惩罚妨害他人自由的罪犯。但是监狱不作为刑罚的普遍形式，也不作为犯人心理和道德转变的条件。

直到 19 世纪的早期才会看到理论家承认监狱的作用。"监

---

① 勒佩尔蒂埃（Le Peletier de Saint-Fargeau）《关于刑法典草案的报告》(*Rapport sur le projet de Code pénal*)（国民议会，1791 年 5 月 23 日），《议会档案 1787—1860》《法国议院立法政治辩论完整汇编》，Paris, Paul Dupont, 1887 年，第 1 卷，第 26 章，第 322 页。

② 贝卡里亚（C.Beccaria），《论犯罪与刑罚》(*Traité des délits et des peines*)，同上引，第 125 页。

③ 布里索（P.J.Brissot de Warville），《刑法的理论》(*Théorie des loix criminelles*)，同上引，第 147 页。

禁在文明社会是一种极好的刑罚。当监禁伴随着劳动义务，它就趋向于道德的方向了。"[罗西（Rossi），1829]。[1] 但是，在此时期，监狱已经是刑罚的主要形式了。监狱，矫正的地点，是对先前已经广为流传的监禁实践的重新诠释。

* * *

所以说在过去监狱并不被包含在刑法理论中。它在别处产生，为了其他的原因而形成。在某种意义上，对监狱的接受过程是从外部过渡到刑法理论的，而事后刑法理论有责任使监狱成为正当合法的。正如 1820 年利文斯顿（Livingston）所言，监狱刑罚有四种好处：可根据犯罪的严重程度分为相应的等级；阻止累犯；有助于矫正；足够温和，使得陪审员能毫不犹豫实施惩罚手段，而人民又不至于暴动起来推翻法律。[2]

为了更好地理解监狱表面机能障碍掩盖下的实际运转，表面失败掩盖下的深层成功，无疑需要追溯到准刑罚（parapénales）控制机构。在那里，监狱仍然是 17 世纪、

---

[1] 罗西（P.Rossi），《论刑法》（*Traité de droit pénal*）第 3 部，第 8 章：监禁，Paris, A.Sautelet, 1829, 第 169 页。

[2] 利文斯顿（Livingston），《为路易斯安那州刑法体系准备的报告引言》，La Nouvelle-Orléans，1820 年 /《路易斯安那州大会上关于刑法典计划的报告》（*Rapport fait à l'Assemblée générale de l'État de la Louisiane sur le projet d'un code pénal*），La Nouvelle-Orléans, impr. B.Levy, 1822 年。

尤其是 18 世纪的样子。

在这些机构中，监禁有三种不同的特点：

——通过对乞丐和游民的暂时监禁，干涉个人的空间分布。毫无疑问，政令（17 世纪末和 18 世纪）强制他们服苦役，至少对于累犯是这样要求的。然而，与其说监禁把他们固定在某处，还不如说是让他们移动：禁止他们进入城市，把他们送往乡村，或者组织他们在某个行政区游荡，强制他们去某个能够给予工作的地方。相对于农业或手工业生产机构，这是能够控制他们所处位置的消极面最小的方式；关于人口流动的行动方式，同时考虑到生产和劳务市场的需求。

——监禁同时也介入个人行为层面。它在低于刑法层面制裁生活方式、话语类型、政治计划或政治意图、性行为、对权威的抗拒、观念的对抗、暴力等。简而言之，与其说以法律之名介入，不如说是以秩序和规则之名介入。不合规则、动荡、危险和卑鄙都是监禁的客体。所以说，刑罚惩罚违法行为；监禁，惩罚混乱无序。

——最后，监禁确实处于政治权力手中，完全或部分逃脱了司法的控制（在法国，几乎一直是由国王任命大臣、总督和总督代理人），但是监禁却不是专横和专制的工具。根据对国王封印密札的研究（其作用和动机），可以证实大多数申请人是一家之主、次要社会名流、地方团体、宗教团体和职业团体，用以对抗给他们造成痛苦或造成混乱状况的个人。国王封印密札先是（以申请的形式）自下而上得来，而后以带有国王玺印的命令形式从权力机关中自上而下地走下来。它是地方的控制工具，可以说如毛细血管般精细。

我们可以和 17 世纪的英国社会做一个同类对比。通常由"持不同政见者"发起，意在告发、驱逐和对行为偏差、拒绝劳动、日常放荡的个人进行惩罚。这种控制和国王封印密札式的控制相比，显然有着巨大的差别。难道不是吗，英国的一些公司（至少在 18 世纪前半叶）独立于一切国家机关：一般来说，攻击权贵和富翁的不道德的言行；最终，对成员证明其严格的作风，无疑是让权贵富翁们躲避极其严格的刑事司法［英国刑事立法，"血腥的混乱"（chaos sanglant），比欧洲其他任何国家包含更多处以死刑的情况］惩罚的一种办法。在法国，相反，控制形式与国家机器紧密相连，法国建立起欧洲第一大管治，强于约瑟夫二世的奥地利，而后，英国着手借鉴模仿。提到英国，仅仅要注意，在 18 世纪的最后一些年里［主要是在"戈登暴乱"（Gordon Riots）之后，大致和法国大革命同时代的人民的大运动时期］，提高德行的新的公司出现了，雇佣中大量涉及贵族阶级（其中一些公司还具有军事装备）：公司需要王室权力介入新立法的实施和治安组织。考尔克洪这一人物和其影响处于此进程的中心地位。

在世纪之交，司法制度调整为规训与控制机制，这使刑罚发生了转变；共同纳入中央集权的国家机器；全部一系列（准刑事的，有时是非刑事的）机构的设置与发展。一种普遍的规训—监禁体系进入到社会的每一个层面，形式是从根据圆形监狱（Panopticon）模式建立起来的大监狱，延伸到教养院社会。这种体系实施的对象不仅仅是罪犯，也涉及被遗弃的儿童、孤儿、学徒、中学生、工人等。在《监狱的教训》中，朱利尤用表演文化（civilisations du spectacle）（牺牲和仪式文化，给每场表演一个独特的事件，主要建筑形式是剧场）与规训文化（civilisations de la surveillance）（确保对最大数量中的个人不间断的控制；优先形式：监狱）进行对比。并且他补充说以国家代替宗教的欧洲社会提供了规训文化的第一个例子。[①]

到了 19 世纪，全景敞式主义时代建立起来了。

* * *

这种转变回应的是哪种需求？

回应的大概是在非法活动实践中出现的新形式、新规则。尤其是，新的威胁。

法国大革命的例子（以及在 18 世纪后 20 年里的其他运动）显示出一个国家的政治机器是人民反抗能够触及的。生存的暴乱、反对赋税或佃租的起义、征募的拒绝，这些局部的、限制的运动不再能够（在物质上）击中政治权力的代表，而是

---

① 朱利尤，《监狱的教训》，第 384—386 页。

使其结构、布局无法碰触。它们能够质疑政治权力的支配和行使。但是另一方面，可能性尤其大的是，工业的发展直接把众多的生产机构和使其运转的机构连接起来。手工业小团体、生产工具相对简单的制造行业、商品有限的商店在保障当地市场的同时，无法应对整体侵吞和破坏。但是机械化、大工厂的建立、连同原料的大量存储、市场的全球化以及大型商品流通中心的出现把财富置于持续不断的攻击中。这些攻击不是来自外部，不是来自穷人或乞丐、游民这些在 18 世纪有些吓人的社会边缘人，而是在某种意义上，源自内部，来自那些为了提高生产效率而在后面操纵的人。从对商品的日常损坏到机械工的集体破坏，持续的弊害威胁着投入到生产机器中的财富。18 世纪末 19 世纪初，一系列为了保护伦敦港口、码头、兵工厂，为了粉碎转售商、窝藏者组织系统的措施可以作为例子。

在农村，相反的情况产生了类似的效果。在开发不足的大产权体系里，不管是否出于自愿，农村产权的分割，公社全部或部分的消亡，荒地的开发使得征用得以固化，并让农村社会无法再容忍过去能够接受的小范围的非法活动。曾能让最贫穷和最流动的人口通过宽容、失职、被忽略的规则、既成事实得以生存的夹缝消失了。产权关系的收紧，更确切地说，是土地产权的新法规和新开发把很多非法活动转变为犯罪。农村犯罪（犯罪表现为内战形式的斗争，或对征募的抵抗）在法国督政府①、执政府②时期的政治影响超过经济影响；以及19世纪初欧洲反抗不同的森林法规的影响。

但是影响最大的新的非法活动也许不是这些。它不涉及生产机器本身、或土地产权、工人自身或其生产方式。匮乏的工资、由于机器失去工作资格、强度过高的工作时间表、区域地方危机的增长、对协会的禁止、负债机制，这一切迫使工人经常缺勤、"雇佣合同"终止、移居、生活"不规律"。问题就在于使工人固定在生产机器上，把他们安排调动到需要的岗位上，让他们跟从生产进度，加强需要的工作稳定性和规律性，简而言之，把工人构建成一支生产力。为此，一项立法制定了新的犯罪内容（义务目录，关于酒吧的法律，禁止博彩）；为此，一系列规定，不一定是强制性的，把好的工人和不好的工人做了区分，试图保障矫正行为（储蓄所、鼓励结婚、以及后来的工人城）；为此，出现了控制和压制机构（慈善协会、教养院）；为此，最终大量农村工人的德行得以提高。农村把要消除、要避免的定义为"不守纪律"（dissipation），把要建立的行为定义为"规则性"（régularité）：在生产期间全神贯注的、专心的、配合的工人群体，切实地满足了生产需要。犯罪展示了不遵守规则的必然后果，并且产生控制机制带来的社会边缘化影响下的心理和道德结果的法规。

---

① 1795—1799 年。——译者注
② 1799—1804 年。——译者注

从中可以得出一些结论。

1. 在 1760 年至 1840 年呈现出的刑罚形式没有与道德认识的更新连接在一起。法典定义的违法的本质基本没有变化（但是要注意到，逐步或忽然消失的宗教犯罪：出现了一些经济或职业类型的犯罪）；刑罚体系有了明显的缓和，然而犯罪本身仍然是大致相同的。时代更新的是行业和物质性的问题，是一个实体的问题：生产机器带来的新形式的物质，机器和机器操纵者之间联系的新类型；作为生产力强加给个人的新要求。19 世纪刑罚的历史基本不涉及道德观念的历史；这是在肉体历史里的一章。或者换一种方式说，从实践和刑事机构开始查考道德观念，会发现道德的演化，是在一切肉体的历史之前。由此可以得出：

——监狱变为普遍的惩罚形式，替代了酷刑。肉体上不再留下标记，而是需要被安排和矫正；时间要被充分利用；力量要被持续地投入到工作中。刑罚的监狱—形式对应着劳动的工资—形式。

——医学，作为肉体标准化的科学，处于刑事实践的核心位置（惩罚要以治疗为目的）。

2. 刑罚的转变不仅与肉体的历史相关，更准确地来说是与政治权力和肉体关系的历史相关。对肉体的限制、控制、约束，这种权力直接或间接作用于肉体的方式，权力使肉体服

268

从、对其做出规定、对其使用都是所探究的变化之基本。需要撰写一部权力的"物理学"，指出与19世纪初期国家机构发展的时候相比，多少改变发生了。

首先需要一部新的"光学"：普遍且稳定的监管工具；一切都得被观察到、看见、传达：治安的组织；归档（带有个人档案）系统的创立，"全景敞视主义"的创立。

一部新的"机械学"：对个人的隔离和重组；肉体的地方化；力的最优利用；生产效率的控制和提高；简而言之，确立一切生活、时间、能量的纪律性。

一部新的"物理学"：对标准进行定义，排除、摒弃一切与其不相符的东西，通过治疗和惩罚并行的模糊矫正措施，对其重建的机制。

3. 在这门"物理学"里，犯罪扮演着一项重要的角色。但是必须懂得犯罪这个词语的意思。这不关系到罪犯——某种心理和社会的突变体，刑事处罚的对象。处于刑事机构核心的监狱，制造出一类使监狱运转的人：监狱不惩罚，监狱不断地在提醒；监狱逐渐组建成一群脱离社会的人，用以对不能容忍的"不合法的行为"和"非法活动"造成压力。监狱通过犯罪对非法活动施加压力，一共有三种方式：通过排斥和准刑事惩罚，逐步把不合法的行为和非法活动变为犯法（可以称为"不守纪律通往断头台"机制）；把罪犯纳入非法活动的监管机制（雇佣教唆者、告密者、侦探；可以称为"任何小偷都可以变为维托"① 机制）；从最值得监管的人群中疏导犯罪（原则"穷人总是比富人更容易偷盗"）。

所以，想要重拾开头的问题："为什么存在监狱这种奇特 的机构，为什么选择这种很早就显露出障碍的刑罚？"也许要在这方面寻得一个回答：监狱有从犯罪中产生控制工具、对非法活动施加压力的好处，在对肉体行使权力中有着不可忽视的作用，是权力有形化的一部分，对主体的心理上造成刺激。

* * *

本年度的研讨课用于准备皮埃尔·里维耶事件资料的出版。

---

① 18 世纪法国传奇人物神探维托。——译者注

授课情况简介

贝尔纳·E.哈考特[*]

贝尔纳·E.哈考特[*]

---

[*] 编辑者贝尔纳·哈考特（Bernard E.Harcourt），芝加哥大学法律与政治学教授，享有"法律与政治学尤利乌斯·柯里格教授"教席。最近出版的作品是《自由市场的幻觉——自然规律的惩罚与谜团》（*The Illusion of Free Markets. Punishment and the Myth of Natural Order*），Cambridge, Harvard University Press, 2011；与迈克尔·陶西格（Michael Taussing），米切尔（W.J.T.Mitchell）联合编写的《占据：不服从中的三个探究》（*Occupy: Three Inquiries in Disobedience*），Chicago, University of Chicago Press, 2013。

福柯对于法国刑事问题的探究达到多产时期的顶点，而继 1971—1972 年刑罚方面课程之后，他在 1973 年 1 月转向了更大的目标。除了镇压（répression）以外，福柯不但致力于刑罚的产生方面，而且还专心于惩罚性权力的产生这一更笼统的问题，被他称为"惩戒的"（disciplinaire），贯穿于整个社会，从 19 世纪我们所处的现代社会的诞生起——他声称："惩戒性权力的社会配有这样的机构：其形式就是托管，其目标是建立劳动力，其工具是确立纪律或习惯。"①

　　一个月之前，福柯是创立者之一的监狱信息小组（Groupe d'information sur les prisons）（1971 年成立），决定解散。② 监狱信息小组的目标在于谋求"囚犯的话语

---

① 1973 年 3 月 28 日课程，第 236 页（此处页码均为边码。下同。——译者）。

② 参见德福尔（D.Defert），《年代学》（*Chronologie*），福柯《言与文》（*Dits et Écrits*），1954—1988，德福尔（D.Defert）& 埃瓦尔德（F.Ewald）主编，collb.J.Lagrange, Paris, Gallimard, 1994 年，第 4 卷，DE，第 1 卷，第 42 页；再版第 2 卷，Quarto：第 1 卷，第 57 页。

权！"，根据福柯所说 [①]——已经用某种方式实现：法国的第一个囚犯组织，囚犯行动委员会（Comité d'action des prisonniers）不久前由犯人自己组建起来。[②] 福柯支持囚犯权利保护协会（Association de défense des droits des détenus）的设立；从此以后，"话语的自主权实现了" [③]。同是在 1972 年 12 月，福柯写信给丹尼尔·德福尔（Daniel Defert），说自己要开始分析权力的关系，出发点是"最被诋毁的：不是霍布斯（Hobbes），不是克劳塞维茨（Clausewitz），也不是阶级斗争，而是内战" [④]。内战的概念及与之相结合的"罪犯—社会敌人"的形象常常如此出现在

274

---

① 福柯，《大监禁》（*Le grand enfermement*），与 M.Meienberg 的会谈，Tages Anzeiger Magazin，第 12 期，1972 年 3 月 25 日，第 15、17、20、37 页；J.Chavy 译，DE，II，第 105 期，1994 年版，第 306 页 / Quarto：第 1 卷，第 1172 页。

② 参见德福尔（D.Defert），《新战线的出现：监狱》（*L'émrgence d'un nouveau front: les prisons*），in Groupe d'information sur les prisons. Archives d'une lutte, 1970—1972, Éditions de l'IMEC, 2003 年，第 315—326 页；基弗（A.Kiéfer），《米歇尔·福柯：监狱信息小组的历史和行动》（*Michel Foucault: le G.I.P., l'histoire et l'action,*）Université de Picardie Jules Verne d'Amiens, 2009 年；布里翁（F.Brion）& 哈考特（B.E.Harcourt），《授课情况简介》，收录在《做错事，说真话：司法供认的作用》（*Mal faire, dire vrai. Fonction de l'aveu en justice*），Louvain, Presses universitaire de Louvain, 2012 年，第 267—276 页。

③④ 参见德福尔，《年代学》，见上文，注 2。

舞台上。① 几个星期之后，在 1973 年年初，福柯开设了《惩罚的社会》课程，在 13 次课程中，结合政治经济学和道德谱系学来阐述新形式权力的产生——两种不可分割的工资—形式和监狱—形式——通过整个社会以及全景敞视社会的组织来阐释，其中后者要求全部生活时间服从于资本主义生产周期。

福柯以在法兰西学院第一年开创的研究计划为出发点，以制造真理效果 ② 的司法和政治形式的历史分析为重点，以结合"分隔" ③ （divisante）技术的知识的益处为延伸，《惩罚

---

① 参见 1973 年 1 月 3 日的课程，第 14 页："所以说内战的概念处于刑罚分析的核心位置。"

② 参见福柯，《知识意志讲稿》，1970—1971 年法兰西学院课程，Paris，Gallimard-Seuil ("Hautes Études")，2011 年，第 4—6 页；福柯《刑事理论与刑事制度》，1971—1972 年法兰西学院课程，第 283—286 页，DE，Ⅱ，第 115 期，1994 年版，第 306 页 /Quarto：第 1 卷，第 1257 页。

③ 参见福柯，《疯癫与文明：古典时期疯狂史》，Paris，Plon，1961 年；"我感兴趣已久的问题，就是刑事体系的问题"，与阿弗西娅（J.Hafsia）的会谈，*La Presse de Tunisie*，1971 年 8 月 12 日，第 3 页，DE，Ⅱ，第 95 期，1994 年版，第 206 页 /Quarto：第 1 卷，第 1074 页；布里翁（F.Brion）& 哈考特（B.E.Harcourt），《授课情况简介》，收录在《做错事，说真话：司法供认的作用》(*Mal faire, dire vrai. Fonction de l'aveu en justice*)，Louvain，Presses universitaire de Louvain，2012 年，第 267—276 页。布里翁（F.Brion）& 哈考特（B.E.Harcourt），《授课情况简介》，收录在《做错事，说真话：司法供认的作用》，Louvain，Presses universitaire de Louvain，2012 年，第 267—273 页。

的社会》课程结合广义上监禁的司法和政治形式，为真理制度描绘了第一张草图，同时通过整个现代社会着重指出其中心性。事实上，比起监狱本身，涉及更深的是司法和政治形式的研究："这种监狱形式"，福柯强调说，"远远不止是建筑学形式，这是一种社会形式。"① 两年前，在他的"知识意志"课程上，福柯曾着手进行真理和司法形式之间关系的分析，研究荷马（Homère）的《伊利亚特》（Iliade）第 23 卷安提洛科斯（Antiloque）和墨涅拉俄斯（Ménélas）之间的竞赛作为裁判模式；研究索福克勒斯（Sophocle）的《俄狄浦斯王》（Œdipe roi）；最后研究货币作为真理度量的问题。1970年 12 月 9 日，福柯在法兰西学院第一次授课时解释过，他的研讨课把 19 世纪刑罚背景下的真理问题作为主题："分析的确切要点将会是把一段带有科学（医学、精神病学、心理病理学、社会学）要求的论说插入到体制内部——刑事体制。"② 他在之后一年的课程《刑事理论与刑事制度》中，继续分析其他司法形式，尤其是调查形式与中世纪国家建立以及 16 世纪法国"新形式的社会控制"之间的关系。③ 所以在 1973 年，在《惩罚的社会》课程中，福柯首次着手研究监狱形式的司法和社会特征，直接针对 19 世纪的刑罚："我说的重点"，他说，

---

① 参见 1973 年 3 月 28 日的课程，第 226 页；参见 1973 年 1 月 31 日的课程，第 86 页："那么该形式从何而来？"

② 参见福柯，《知识意志讲稿》，第 4 页。

③ 参见福柯，《刑事理论与刑事制度》，第 392 页 / 第 1260 页。

是"监狱作为社会形式，也就是说，作为一种权力在社会内部运用的形式——提取所需要的知识加以运用，并依据这种指示发布命令、指示的方式。"[1] 几个月后，1973 年 5 月，福柯在里约热内卢天主教教皇制度大学的讲座上阐述了这项研究计划的完整模式。之后，在 1975 年出版了《规训与惩罚》一书，他在法兰西学院先前的课程可能会被当作是 19 世纪研究的司法形式的案例，同时作为工业社会主体的科学司法的真理的产生[2]，被阅读或被反复阅读。在《规训与惩罚》中的核心问题是——为什么监禁？或者更确切地说："为什么体罚（不是酷刑）以监狱制度依托，取代了惩罚符号的社会游戏和冗长的传播符号的节日"；[3] 应该从这种角度理解：问题不仅仅在于某个机构占主导地位，也不是某种权力占优势，更精确地说，而是真理和知识通过整个社会产生。换句话说，1973 年课程起草了使监禁作为强制普遍的惩罚手段的办法，因此可以重读《规训与惩罚》，注意力不仅集中在权力方面，而且要注意真理问题的连续性。

1973 年的课程同时表明了与某些先前分析之间的决裂——尤其是对镇压、社会排斥（exclusion）、违犯（transgression）等概念的分析——转向了刑罚生产功能。

---

[1] 参见 1973 年 3 月 28 日的课程，第 226 页。
[2] 参见福柯，《刑事理论与刑事制度》，第 390 页 / 第 1258 页。
[3] 参见福柯，《规训与惩罚——监狱的诞生》，Paris, Gallimard, 1975 年，第 134 页。

福柯在几个月前开启了对于该方向的探索，他在 1972 年 4 月参观纽约州阿提卡（Attica）监狱的时候直接进入监狱，这个经历被他称为是"恐怖的"[①]。由于这次参观带来"震撼"，福柯开始向刑事体系的"积极作用"过渡："然而就是现在我用相反的措辞提出问题"，他解释说，"问题就变为探索资本主义社会让刑事体系扮演何种角色，探寻的目标是什么，一切惩罚和排斥程序会制造出何种结果。它们在经济进程中占据着何种地位，在权力的行使和维持中具有何种重要意义；在阶级斗争中有何作用。"[②] 确切来说，就是这种向刑罚积极作用的转变促使福柯进行政治经济学的分析——不仅仅是《规训与惩罚》中的"肉体的政治经济学"[③]，而是在这个领域中更传统的古典研究方式。所以在 1973 年，福柯通过内战，使古典政治经济学与尼采哲学中关于 18 世纪贵格会和英国其他不同政见者的道德谱系学融合在一起。后者在 1973 年课程中的重要地位超过了《规训与惩罚》，是催生监狱形式的历史运动的核心。因此，福柯试图理解根本问题："这些不脱帽的小人物，怎样能在我们的道德谱系学中做出祖先的样子"。[④] 贵格会先辈、这些卑

_277_

---

① 参见福柯，《关于阿提卡监狱》（À propos de la prison d'Attica），与西蒙（J.K.Simon）的会谈，F.Durand-Bogaert 译，Telos，第 19期，1974 年春，第 154—161 页，DE，Ⅱ，第 137 期，1994 年版，第526 页 /Quarto：第 1 卷，第 1394 页。

② 参见同上，第 528 页 / 第 1396 页。

③ 参见《规训与惩罚》，第 30 页。

④ 参见 1973 年 2 月 7 日的课程，第 105 页注 1。

劣小人物，他们使得苦役刑复苏，使得犯罪活动道德化，使得监禁走向教养所模式，而后者将被资产阶级重拾用于工业社会的建设。

其论题是激进的、有保障的。使人感觉到 1973 年课程是福柯勤劳的一生中精力最充沛的一个时期，尤其是关于刑罚和监狱的领域——同时也是福柯研究法国刑法的时期。"如今，出于一些我还不太明白的原因"，福柯指出，"我们回到了一种普遍的未分化的监禁模式。"①

几个月以前，福柯曾毫无保留地支持全法国数座监狱和拘留所中暴动的犯人——其中包括 1971 年 12 月图勒的内镇中心监狱、1972 年 1 月 15 日南锡的查理三世拘留所、尼姆监狱、亚眠监狱、洛斯监狱，弗勒里梅罗吉监狱等。② 图勒暴动以后，1972 年 1 月 5 日，福柯在监狱调查组和图勒真理委

---

① 参见福柯，《大监禁》，第 298—299 页 / 第 166—1167 页。
② 参见《南锡监狱的暴动。1972 年 1 月 5 日。米歇尔·福柯、让·保罗·萨特和监狱信息小组活动分子的资料和言论》(La Révolte de la prison de Nancy. Documents et propos de Michel Foucault, Jean-Paul Sartre et de militants du Groupe d'information sur les prisons), Paris, 2013. 福柯对政治犯和触犯普通法的犯人提供毫无保留地支持，不加以区分。把内战的概念放在前面，政治犯和普通法犯人的区别就毫无意义。对于福柯的介入，内战的概念在理论上和实践中都是重要的因素。参见福柯《关于人民司法》(Sur la Justice populaire. Débat avec les maos)，与吉勒斯 (Gilles) 和维克多 (Victor) 的会谈，1972 年 2 月 5 日，Les Temps modernes，第 310 期，第 355—366 页，DE，II，第 108 期，1994 年版，第 340—369 页 /Quarto：第 1 卷，第 1208—1237 页。

员会共同召开的新闻发布会上宣布说："在图勒发生的事情是一个新进程的开端：成为第一受害者的社会阶层在第一时间投入到对抗整个监狱系统的政治斗争中。"① 两周之后，1月18日，福柯组织德勒兹、萨特等40余人在司法部参加"静坐"（sit-in）活动。② 示威运动、新闻发布会、调查——"忍无可忍"（intolérable）的调查——监狱调查组的小册子、《解放报》通讯社（Agence de Presse Libération/APL）的新闻简报、《世界报》（Le Monde）和其他新闻机构的辩论都增多起来。③ 回到之前提到的福柯的阿提卡监狱之行——7个月之前，犯人的集体反叛引起了监狱里的军事攻击，死者包括29名囚犯和10名守卫——福柯已经指出"美国监狱的大量淘汰功能"④，然而"大批量的监禁"（mass incarceration）却是在20年后才开始在美国实施的。从1973年开始，事实上，美国监狱里犯人的数量呈爆炸式增长，很快就实现了福柯预言中的"超过100万的囚犯"⑤。（如今这个数字超过了220万）。具有远见卓识的福柯描述了在美国新"激进的集中⑥"（concentration radicale）的发展，并对此表明了立场，这个立场也是同样激进的："只能通过集体行动、政治组织和

---

① 《南锡监狱的暴动。1972年1月5日》，第19页。
②③　参见德福尔，《年代学》，注23；《南锡监狱的暴动。1972年1月5日》。
④　参见福柯，《关于阿提卡监狱》，第530页／第1398页。
⑤　参见福柯，《关于阿提卡监狱》，第529页／第1397页。
⑥　参见同上，第530页／第1398页。

造反，囚犯才能够逃脱出这个矫正体系"，他在离开阿提卡监狱的时候说，"美国监狱似乎比欧洲监狱更容易成为一个政治行动的场所。"① 福柯和监狱调查组在乔治·杰克逊（George Jackson）死后，更确切地说，是他们认定的被谋杀以后，都在散发传单。乔治·杰克逊是黑豹党（Black Panther Party）的成员，被监禁在加利福尼亚州的圣康坦，在1971年8月21日② 的反抗运动中被守卫杀死在狱中。在法国，福柯强调指出"大致有三十万人有过监狱经历或即将回到监狱"，这是"一个庞大的监狱组织"。③ 基于这些事实，在1972年3月公开的会谈上，福柯声明："倘若我致力于监狱调查组，这仅仅是因为我更喜欢在大学里讲课、写书这种实在的工作。如今为我的《古典时期疯狂史》写一本续篇对我来说没有任何意义。相反，在我看来，一场对囚犯有利的具体的政治运动更富有意义。"④

在阅读《规训与惩罚》时，可以继续感受到这种战斗。1973年的课程被一种愤慨所主导，而面对不了解政治斗争重

---

① 参见福柯，《关于阿提卡监狱》，第529页／第1397页。
② 参见《惩罚的社会》手写稿，1973年3月7日的课程，第196页，注19；参见乔治·杰克逊（G.Jackson），《索莱达兄弟》(Soledad Brother: The Prison lettres of George Jackson)，Genet, New York, Coward-McCann, 1970年；参见德福尔，《年代学》，第38页／第51页。
③ 参见福柯，《大监禁》，第300页／第1168页。
④ 参见福柯，《大监禁》，第301页／第1169页。

要性的人，这几乎是一种愤怒的情绪：

> 人们总是习惯于讨论资产阶级的"愚蠢"。我在思考资产阶级的愚蠢这一主题是不是知识分子的主题：他们以为商人知识狭隘、目光短浅，有钱人固执己见、冥顽不化，当权者们盲目轻率。躲在这种信念之下，知识分子认为资产阶级的智慧还是足够引人注目的。资产阶级在众所周知的条件下夺取并掌握了权力，他们的清醒和智慧也产生了一些愚蠢和盲目的影响，但是影响在哪里？具体来说就是在于知识分子阶层。我们可以这样定义知识分子：资产阶级的智慧对其产生了盲目和愚蠢的影响。[1]

福柯在手稿的空白处补充道："对此否认的人都是公众的开心果。他们并不懂得斗争的严峻性。"[2]

这种愤慨维系着 1973 年课程中表达出来的战斗性，并且可以在几个月后里约热内卢的《真理与司法形式》的讲座上重新见到，讲座也反映了福柯的理论和政治承诺之间的一致性。在里约热内卢，（知识分子的）盲目这一主题直接和被称为知识与权力二律背反的西方大谜题相结合，或者更广义上，与真理问题相结合。"这个大谜题需要被结清"，福柯在 1973 年 5

---

[1] 参见 1973 年 2 月 28 日的课程，第 168 页。
[2] 参见同上，注 4。

月说。"尼采就是在这里开始摧毁的，他指出在全知背后，在一切认知背后，重要的是政治斗争。政治斗争不是与知识没有关系的，它是用知识策划的。"[1] 是这些强烈的词语——"结清"（liquider）、"摧毁"（démolir）——提起了关于盲目后果、它们与真理的关系，尤其是知识分子重要却棘手的角色等许多问题。在 1972 年 3 月 4 日和德勒兹的一场会面中，福柯曾明确表示说，知识分子的角色〔……〕就是〔……〕与同时作为客体和工具的权力形式作斗争：按照"认知""真理""意识""话语"的顺序。[2] 所以，为了破解西方大谜题，为了清除这种幻象，福柯在 1973 年的课程中建议具体分析这种真理制度——监狱—形式、工资—形式——在当代纪律性社会中是如何产生。

Ⅰ. 知识背景

"不是霍布斯，不是克劳塞维茨，也不是阶级斗争"[3]：内

---

① 福柯，《真理与司法形式》(1973 年 5 月 21 日至 25 日在里约热内卢的大学研讨会，Cadernas da P.U.C.，第 16 期，1974 年 6 月，第 5—133 页，J.W.Prado 译)，DE，Ⅱ，第 139 期，1994 年版，第 570 页/Quarto，第 1 卷，第 1438 页。

② 福柯，《知识分子与权力》(*Les intellectuels et le pouvoir*)(与德勒兹的会谈，L'Arc，第 49 期：Gilles Deleuze，1972 年第 2 季度，第 3—10 页)，DE，Ⅱ，第 106 期，1994 年，第 308 页/Quarto，第 1 卷，第 1176 页。

③ 德福尔，《年代学》，第 42 页 / 第 57 页。

战这一关键概念主导着《惩罚的社会》，它处于三个逃逸点（point de fuite）划定的空间内——存在三个方面，三个辩论，尤其是在 1968 年五月风暴之后，在此时期，"镇压的问题和司法诉求的问题变得越发尖锐"。[①]

第一方面，是霍布斯和国家权力的概念化：怎样理解国家——霍布斯所称的"共同财富"——和主体之间的关系，或者更精确地说，怎样思考五月风暴后的政治权力？这促使福柯制定了一种新的使权力概念化的方式，同时辨明了一种新形式的权力，不仅针对霍布斯，而且暗地针对阿尔都塞。福柯的介入明确地针对霍布斯：对霍布斯关于内战的分析予以抨击，该分析把内战归入一切人反对一切人的战争概念。理论的努力方向在于把内战的概念重新纳入"共同财富"之中。对于福柯来说，内战不是政治条件的完成，不会把我们重新投入到自然状态中；内战不仅仅是这种一切人反对一切人战争的最初条件的幻想。内战不对抗政治权力，内战构造并重新构造政治权力：内战是"一个矩阵，在此之中，权力的要素相互较量、相互活化、相互分化"。[②] 内战是构建和重新构建行政区的近似于永恒的条件。因此，需要透过内战这面棱镜来分析权力本身："刑罚分析的重要性在于看到权力并不是在消除内战，

---

① 福柯，《大监禁》，第 298 页 / 第 1166 页。
② 参见 1973 年 1 月 10 日的课程，第 33 页。

　　　　　　　　　　　　　　　授课情况简介

而是权力带来内战并使之持续。"① 因此，就如福柯在 1973
年 1 月 10 日课程所称的："必须摒弃霍布斯［所建议的］意
象：随着统治者［权力］的行使，战争被权力从地盘上赶了
出去。"②

　　但是这种对权力的分析，暗中瞄准了阿尔都塞，他在
1970 年发表了名为《意识形态和意识形态国家机器》的研究
笔记。福柯在 1973 年的参与可以被解读为对阿尔都塞的挂虑
的足够尖锐的反驳：阿尔都塞主义划分为两方面，一方面是通
过暴力和强制表现出的国家权力，另一方面是按意识形态而行
动的国家权力。③ 根据这一论题，刑罚和监狱制度的分析，完
全或几乎完全处在国家镇压机器 ④ 分析这边——没有什么大的
需求，根据福柯否认的一个分支，一些意识形态机器的分析工
具——将为福柯反复提供理论上的反衬。当然，阿尔都塞在意
识形态的主观方面，和通过以意识形态为质疑形式的主体服
从的重要性方面，都表达了一种尖锐的敏感性——对于这些主

---

① ②　　参见 1973 年 1 月 10 日的课程，第 33 页。
③　　参见阿尔都塞，《意识形态和意识形态国家机器》(*Idéologie et Appareils*
Idéologiques d'État)，La Pensée. Revue du rationalisme
moderne，第 151 期，1970 年 6 月，第 3—38 页。再版，Position,
Paris, Éditions Sociales, 1976 年，第 79—137 页。
④　　参见同上，1970 年版，第 13 页："在马克思主义理论中，国家机器包
括：政府部门、行政、军队、警察、法语、监狱等，被我们称为国家镇压
机器"；第 7 页："国家机器通过镇压保证国家意识形态机器运转的政治
条件"。

题，福柯已经在先前关于疯癫和康德的人类学的工作中表现出感兴趣了，对此他将在最近的课程中再次提到。然而，"国家机器"和"意识形态机器"的表达法事实上不能提供脱离国家惩罚而考虑刑罚或监狱的可能性，也就是说，是阿尔都塞所述的，"一些'不好的主体'在介入时造成这样或那样的国家（镇压）机器的脱落①"的领域。

福柯在课上从来没有提到过阿尔都塞，但是福柯至少和他说过："但是我并不认为可以用适当的方式把权力描述为某些位于国家机器中的东西。甚至或许不能说国家机器是内部或外部斗争的关键之所在。在我看来，国家机器是权力体系的集中形式，或是权力体系的支撑组织，或者比这更为深远。"② 以国家机器为模型，福柯反对一种更不稳定的观念：甚至私人发起的托管的例子（例如瑞瑞里厄的工厂修道院）并不直接涉及国家，但是被提交给国家机器，或者"交给社会内部权力的众多中转站，在那里，国家机器仍然是这些机构运转的条件"③。福柯的手稿写道——如同他曾经直接对阿尔都塞所说的："这不是一部国家机器，这是一部放在国家节点上的机器。一个国家内部系统。"④

这些对霍布斯和阿尔都塞的异议都体现在《惩罚的社会》，

---

① 参见阿尔都塞，《意识形态和意识形态国家机器》，1970 年，第 35 页。
② 参见 1973 年 3 月 28 日的课程，第 229 页。福柯从中得出结论。
③ 1973 年 3 月 21 日的课程，第 210 页。
④ 参见 1973 年 3 月 21 日的课程，注 2。

并共同产生了权力全新的理论化。这不能被理解为权力局限于国家或被拥有，也不能被理解为从属于一种生产模式，当然也不能理解成一种意识形态。[1] 权力应被考虑为组成要素：通过掌控时间，权力创造出服从于工业化和资本主义的主体，在这种意义上，纪律性权力的关系事实上是资本主义的组成因素，而不是简单的工具或纯粹的强制力。这就必须要权力的问题透过整个社会——或者如同福柯在接下来一年的《精神病学的权力》（1974 年）中所述："方法论上需要人们把国家和国家机器的问题放置在一边，需要摆脱权力的精神社会学概念。"[2]

第二方面，是克劳塞维兹和通过"其他方式"[3] 作为政治延续的战争：怎样理解战争的实践、机构与普通政治之间的关系，或者说，按照 1973 年课程的措辞：怎样思考监禁机构——事实上，内战的机构——与其他社会机构、劳动机构、教育机构、宗教机构等之间的关系？把它们联系起来显然是很

---

[1] 参见 1973 年 3 月 28 日的课程，第 229—235 页；福柯提出四种应该摒弃的权力理论方案。

[2] 参见《精神病学的权力》，1973—1974 年法兰西学院课程，Paris, Gallimard-Seuil，（"Hautes Études"），2003 年，第 42 页。参见福柯，《知识意志讲稿》，Paris, Gallimard-Seuil，（"Hautes Études"），1976 年 [1968 年]，第 117 页。

[3] 根据丹尼尔·德福尔所述，克劳塞维兹的这种表达法在当时的毛主义的活动分子之中非常流行。

有必要的:"如果外部战争是政治的延伸是真实的,那么就得说反之亦然,政治是内战的延续。"[1] 但是怎样分析这种关联?监禁机构,难道它们不只是"其他方式"吗,它们与其他的社会机构之间是延续的关系,还是不协调的关系?福柯在 1973年课程上的回答显而易见:严格意义上来说,监禁机构不应该区别于其他机构,但它们也不是简单的"其他方式"。

在法国和国外,福柯在学术上多产的时期,正是教授《惩罚的社会》课程这段时间,主要关于监禁机构和其他机构及普遍社会之间的关系的具体主题。在美国,芝加哥学派的社会学家、人种志学者欧文·戈夫曼(Erving Goffman)打造了"全控机构"(total institution)的表述方式——这些以"与外界社会互动的屏障"[2] 为特征的社会结构——并且于 1961 年

284

---

[1] 参见 1973 年 1 月 10 日的课程,第 33 页。参见《规训与惩罚》,第 170页。参见《必须保卫社会》,1975—1976 年法兰西学院课程,Paris,Gallimard-Seuil,("Hautes Études"),1976 年 1 月 7 日的课程,第 16 页;1976 年 1 月 21 日的课程,第 41 页。

[2] 参见欧文·戈夫曼(Erving Goffman),《避难所——对精神病人和其他隐居者的社会条件的研究》(*Asylums: Essays on the Social Situation of Mental Patients and Other Inmates*),New York, Goubleday,("Anchor Books"),1961 年,第 4 页 /(*Asiles. Études sur la condition sociale des malades mentaux et autres reclus*),Liliane & Claude Lainé 译,Paris,Édition de Minuit ("Le Sens commun"),1968 年,第 46 页。戈夫曼是这样定义全控机构的:"在全控机构中,许多个人被置于同样的状况中,在相对较长的阶段里被切断与外面世界的联系,共同过着隐居的生活,他们的生活方式被明确细致地安排。"(参见《避难所》,第 13 页 / 第 41 页)

发表了他著名的作品《避难所》(*Asylums*)，与福柯的《疯癫与文明》同年。两本著作在很多方面都有共鸣之处。戈夫曼的人种志学研究使他能够发展起"自我构建的社会学版本"①，而且对在这些全控机构中受刑者的关注提供了描述"自我侮辱"②形式的方法——这是非常福柯式的主题。

戈夫曼，他也为这些机构中的纪律赋予了重要的角色——他甚至明确指出，时间表"安排得非常紧密"(经过严格的计划)③，他也详细描述了"监控"在这些机构中的任务，在这些机构中，"个人的违法犯罪竟会在明显的一致性以及其他人不间断的审查中突显出来"。④ 戈夫曼同时也描述并详细研究了对时间的控制：有效利用时间使犯人"非教养化"(dé-culturer)并保证他就外界而言的"世俗死亡"的方法。⑤ "时间"，戈夫曼写道，"是对时间的使用把犯人归在一起，用一种在外面找不到的方式，持续地有意识地思索。"⑥ 而且，福柯对于机构内部力量关系的分析——犯人和监督人之间，与戈夫曼描述的"隐居者和看守者"⑦ 的进程表现出了一定的

---

① 参见欧文·戈夫曼，《避难所》，第 12、319 页。
② 参见同上，第 23、46、48 页。
③ 参见同上，第 6 页、第 290 页。
④ 参见同上，第 7 页。
⑤ 参见同上，第 13—14 页、第 38—39 页、46—48 页。
⑥ 参见同上，第 68 页。
⑦ 福柯的分析可以适用于戈夫曼式的全控机构，参见 1973 年 3 月 21 日的课程，第 207 页："在这些机构的空间和势力范围内，一种具有新力量的集中的权力几乎是自动地占有了支配地位：例如工厂中雇主（转下页）

相似性。

　　尽管有许多相似性，但是他们对于机构——全控机构和其他机构之间的关系是彻底不同的。对于戈夫曼，监狱、避难所、封闭式的学校明显地区别于其他社会机构；它们脱离于社会其他部分。同样，医学史学家大卫·罗斯曼（David Rothman）在 1971 年发表的著作《发现避难所》[①]，讲述了教养所、避难所、孤儿院、疗养院、济贫院，简而言之，共同点是封闭的机构。它们产生于共同的运动，严格意义上，它们的特点在于本质。在一个时期它们是修复秩序强烈愿望的共同结果——那是在 19 世纪初安德鲁·杰克逊做总统的时候——他认为当时正处在社会秩序、家庭联系、集体关系和宗教关系破裂的边缘[②]，但是这些机构与周围的社会区别开来。对于福柯，相反，更为重要的是全部社会机构之间的共同特点：时间的规划、对身体的控制、劳动的监狱—形式和工资—形式之间

　　　（接上页）的权力，车间中的工长的权力。"以及福柯对托管下的定义："个人被托管，也就是说，个人被话语性约束，该话语性在时间上是不间断的，在外部受到权力的约束，必须命令正常的人和不正常的人。"

①　大卫·罗斯曼（David Rothman），《发现避难所：新共和国的社会秩序和混乱》（*The Discovery of the Asylum: Social Order and Order in the New Republic*），Boston, Mass., Little Brown, 1971 年。

②　参见福柯，《真理与司法形式》，第 611—612 页 / 第 1479—1480 页（"一位美国历史学家"，"试图分析横扫西方社会的监狱和机构是怎样出现在美国的"）。指的是历史学家大卫·罗斯曼在其著作《发现避难所》（*The Discovery of the Asylum*）分析该问题。

的关系，要研究的是它们的共同特点①，而不是它们是否配备"带锁的门、高耸的墙壁、带刺的铁丝、悬崖峭壁、水、森林或泥沼"。② 共同的形式胜于差别。所以需要联通其他的社会经济机构一起考虑监禁，而不是反对其他的社会经济机构。

"在一生中，人们与多重的机构保持着多重的联系"③，福柯注意到，准确来说，就是这种多重的机构能以更深层的方式，阐明课程目的。对于福柯，增长中的纪律性权力不仅是"全控机构"的普遍表达方式。全控机构如监狱不能脱离社会氛围。它也不代表克劳塞维兹所表达的"其他方式"。监狱和工资有着"同样的形式"④，"历史上就是孪生"⑤ 形式，它们划分生命中对时间的控制，和劳动力的转化："刑罚的监狱—形式对应着劳动的工资—形式。"⑥ 几乎可以说，对于福柯，整个社会就是一个戈夫曼式的"综合"机构——或者按照福柯的话："整个社会包含有惩治的因素，其中监狱不过是表达法之一。"⑦

对此，1973 年的课程为《规训与惩罚》的理解，提供了一部基本的阐释学。倘若常被作为简单的监狱谱系学来阅读，

286

---

① 参见课程概要，第 267—268 页。
② 参见欧文·戈夫曼（Erving Goffman），《避难所》（*Asylums*），第 4 页、第 220 页。
③ 参见 1973 年 3 月 21 日的课程，第 207 页。
④ 参见 1973 年 1 月 24 日的课程，第 86 页。
⑤ 参见同上，第 72 页。
⑥ 参见课程概要，第 267 页。
⑦ 参见 1973 年 2 月 7 日的课程，第 104 页。

授课情况简介

根据其副标题——"惩罚的社会"以及其标题，这本著作可能更明确地代表了一种新形式权力更广泛、更有预见性的介入。朱利尤和边沁的全景敞式主义渗入到所有的社会工作机构，不限于建筑学上的创新，也不独与监狱、医院甚至工厂和修道院捆绑在一起。焦距被扩大了，从此，分析的对象在于谋求和托管时间、奴役整个生命中的时间以用于工业和资本主义生产，直接或间接地持续控制生命的每一个瞬间，控制"日常、复杂、深入却讲道德的惩罚体系"[1]，控制社会印象的构成，控制社会秩序，简而言之，控制社会的制造。[2] 福柯在1973年课程里分析的就是纪律性的社会，而不仅仅是惩治的监禁，也不仅仅是监狱的产生。

相比起戈夫曼和罗斯曼（Rothman），福柯的课程与卡斯特（Castel）、德勒兹和加塔利的工作更为相似。同在1973年，卡斯特发表了《精神分析主义——精神分析顺序和权力》(Le Psychanalysme. L'ordre psychanalytique et le pouvoir)，并且在3年之后发表了《精神分析顺序——精神病学的黄金时代》(L'Ordre psychiatrique. L'âge d'or de l'aliénisme)。[3] 而在差不多同一时间，1972年德勒兹与加塔利出版了

---

[1] 参见1973年3月14日的课程，第198页。
[2] 参见1973年3月21日的课程，第215页。
[3] 卡斯特，《精神分析主义——精神分析顺序和权力》，Paris, Maspero, 1973年；《精神分析顺序——精神病学的黄金时代》，Paris, Édition de Minuit, 1976年。

《反俄狄浦斯——资本主义和精神分裂症》(*Anti-Œdipe.*
Capitalisme et schizophrénie)。① 福柯在观点和见解上受
到这两条研究轴线的影响。② 尤其是卡斯特看起来与福柯的步
调保持着动态的一致性：他们有着近似的敏感性，同时对新
知识、新制度结构与新官员保持注意力，对 1838 年关于精神
病患者的法律表现出同样兴趣，对 19 世纪"新统治结构"的
分析和关于当前精神医学方面的《所谓细微的乌托邦》(*Une
utopie disons capillaire*) ③ 共同的分析计划。

    第三方面，马克思和阶级斗争：怎样结合或区分内战和
阶级冲突，或者更准确地说，在本课的背景下，结合监禁机构
的产生，同时考虑到普遍的惩罚权力，在这样的情况下怎样重
新思考对暴动和人民运动的惩罚？对于这个问题，1973 年的
课程与英国马克思主义历史学家做出了无声的交流，特别是
爱德华·汤普森（Edward.P.Thompson）的著作《英国工
人阶级的建立》(*The making of the English working class*)
(1963)。④ "建立"这个词显然是对谱系学的回应。重要人

---

① 德勒兹 & 加塔利，《反俄狄浦斯——资本主义和精神分裂》，Paris,
   Édition de Minuit, 1972 年。
② 福柯，《规训与惩罚》，第 29 页注 1：在此，"我无须再详述从德勒兹和加
   塔利的工作中所受到的启发，而且我还从卡斯特的《精神分析学说》中受
   到多处启发，此外我还要对诺拉（P.Nora）表示感谢"。
③ 卡斯特，《精神分析顺序——精神病学的黄金时代》，第 11 页。
④ 我们也许可以用上一年的课程《刑事理论与刑事制度》与（转下页）

授课情况简介   361

物和事件相互交流——约翰·卫斯理、卫理公会教徒、贵格会教徒、消除恶习协会、约翰·霍华德（John Howard）、乔纳斯·汉韦（Jonas Hanway）、帕特里克·考尔克洪、威廉·威尔伯福斯、勒德分子运动和戈登暴乱（Gordon Riots）。而且福柯在这里阐述的核心概念——"民众非法活动"可以同时被解读为对汤普森和其他英国马克思主义历史学家的批评和回应。

汤普森参考了乔治·吕德和其他历史学家的作品，他们重新思考并扩大了"平民阶层"（plèbe）的概念，也就丰富了"骚乱"（émeute）的概念。汤普森认为，骚乱不应该再被认为是自发的、突发的、断断续续的、不正常的运动，而是与其他抵抗组织之间具有连续性的、协调的、具有必然联系的活动。[①]事实上，汤普森认为骚乱并不代表在单一刺激

（接上页）汤普森的文章加以比较；然而在上一年福柯更专注于对苏维埃历史学家波尔舍内作品的研究。参见波尔舍内（B.Porchnev），《1623年至1648年的法国人民起义》（*Le soulèvement populaires en France de 1623 à 1648*），Paris，SEVPEN，1963，再版 Paris，Flammarion，1972。

① 参见汤普森（E.P.Thompson），《英国工人阶级的形成》，Londres，Victor Gallancz，1963年，第59—71页；参见汤普森：《18世纪英国群众的道德经济学》（*The Moral Economy of the English Crowd in the Eighteenth Century*），Past & Present，第50期，1971年2月，第76—79页："在18世纪的英国，关乎生计的骚乱是一种非常复杂民众行动——直接、有纪律性，具有明确的目标。他们的行动建立在稳固的传统概念上：规范和社会义务、共同体各部分组成各自的经济职能，我们可以把这些定义为穷人的道德经济学"；参见乔治·吕德，《历史中的人群》（*The Crowd in History*），New York，Wiley，1964年。

下（例如饥饿、饥荒）不合理的或暂时的反应；相反，骚乱表达了一种社会行为准则，或者更准确地说，在 18 世纪这是一种对"放任自由"思想的端倪所表达出的有计划性的、政治上的和道德上的对抗。他说，这样就能够解释卢德分子的运动："我们必须明白，卢德主义出现的时期正是废除家长式管理（paternaliste）法规的时候，正是不顾工人的意愿和想法向他们征税的时候，正是实行放任的经济政策的时候。"① 与此同时，对骚乱行为的镇压致使刑事体系和惩罚体系浸染了鲜血。所以，惩治体系是镇压的产品；而在 18 世纪下半叶，经济发展处于这种镇压体系的"阴影"之下——不是镇压产生的影响，也不是共同权力形式的办法：在"商业扩张、圈地运动、工业革命初期"，汤普森坚持主张，经济是"在绞架的阴影下发展的"。②

---

① 参见汤普森，《英国工人阶级的形成》，第 543 页 /《英国工人阶级的形成》(*La formation de la classe ouvrière anglaise*)，Gilles Dauvé 译，Mireille Golaszewski, Marie-Noëlle Thibault, Gallimard-Seuil (Hautes Études)，1988 年，第 491 页。

② 参见汤普森，《英国工人阶级的形成》，第 61 页 /《英国工人阶级的形成》(La formation de la classe ouvrière anglaise)，第 58 页。英国 18 世纪刑罚的严厉性和死刑的使用问题引发了历史学家之间激烈的辩论。参见哈伊 (D.Hay)，《财产、权力和刑法》(*Property, Authority and the Criminal Law*)；道格拉斯·哈伊 (Douglas Hay)，皮特·莱恩博 (Peter Linebaugh)，汤普森 (E.P.Thompson)，《阿尔比恩致命的树：18 世纪英国的犯罪和社会》(*Albion's Fatal Tree: Crime and Society in Eighteenth Century England*)，New York, Pantheon Books, 1975；朗本 (J.H. Langbein)，《阿尔比恩的瑕疵》（转下页）

　　福柯曾经研究过汤普森的文章 ①，然而从 1973 年开始，福柯开始与他保持距离——这一点我们可以从与汤普森对话中得出，特别是关于民众抵抗和镇压的报告中得出。对于这个问题："国家自身为何成了大型教养所？"福柯注意到："在一段时间以来，我曾以为我们可以用两句话来解决问题" ②——"两句话"似乎与汤普森 ③ 所说的两个词——"暴动的平民"（plèbe séditeuse）有异曲同工之处。"但是"，福柯说，"我不确定使用'暴动的平民'这个短语是否合适。其实在我看来，使惩罚体系建立起来的机制，在某种意义上，比起对暴动的平民的单纯控制更加深入广泛。" ④ 所以对于福柯来说，惩罚的社会并不是在 18 世纪民众运动的恐慌和对镇压的反应中获取根基。其原动力并不能归结于三部曲：政治经济学的改变——抵抗的道德经济——统治阶级的镇压。相比之下，福柯更倾向于展开"民众非法活动"的主题——他认为这是一种"更深广、更稳定"的现象，而"其中的骚乱只是一种特殊情

―――――――

（接上页）(*Albion's Fatal Flaws*), Past & Present, 98 (1), 1983, 第 96—120 页，大卫·苏格曼（David Sugarman），《历史中的法律：法律和社会的历史》(*Law in History: Histories of Law and society*)，New York, New York University Press, 1966 年，第 1 卷。

① 参见 1973 年 1 月 10 日的课程，第 31 页："比起摧毁权力的要素，骚乱运动更在于夺取权力并使用权力。"

② 参见 1973 年 2 月 21 日的课程，第 144 页。

③④ 参见同上。福柯是这样解释"两句话"的："一系列民众骚乱运动回应资本主义的增长，而资产阶级的权力通过新的司法和惩治体系回应民众骚乱运动。"

况"①。在福柯的观点中，1973年课程的核心主题就是，非法活动的理论组成政治经济学的基础，而后者成为他的刑事体系理论的核心，这一点在几个月之后的课程以及《规训与惩罚》中可以看到。

1973年的课程与汤普森、阿尔都塞进行了无声的对话。比起福柯其他的著作，该课程体现出了更多的马克思主义思想。它在马克思和福柯之间划出了清晰的界限——可能是福柯作品中最清晰的界限。福柯阐述了一种政治经济学，一种资本主义发展史，而其基础就是一种类似于阶级斗争的斗争——使得本课程充满了马克思主义意味——，然而最终这是一种完全不同的斗争：反对"罪犯—社会敌人"的广义上的内战，制造出一种纪律性权力，该权力贯穿整个社会并把生活时间转换为生产力。1973年的课程被看作是对资本主义历史巨著的挑战。对于那些认为道德是资本主义附带产品的观点，福柯说道：事实上，在剩余价值或"必要的劳动"中，没有什么是本性；必须用多重道德战役瞄准民众阶层，用多种行为准则战役瞄准各个阶层，以便能够让资产阶级变为非法活动的主人。②对此1973年的课程比任何其他评论都更好地与马克思确立了关系，并提出一种道德和经济之间关系的分析，这就

290

---

① 参见1973年2月21日的课程。参见格罗（F.Gros），《福柯与"惩罚的社会"》(*Foucault et "la société punitive"*)，Pouvoirs，第136期，2010/4，第5—14页，第10—11页。
② 参见上文，第290页。

对马克斯·韦伯（Max Weber）的《新教伦理与资本主义精神》（*L'Éthique protestante et l'Esprit du capitalisme*）提出了质疑。

II. 论证结构

所以，本课程与三个方面相悖——霍布斯 / 阿尔都塞，克劳塞维茨 / 戈夫曼，马克思 / 汤普森——其全部论据是围绕着五个基本的主题展开的：首先是从镇压向生产方面的转折；然后是政治经济学和非法活动理论的发展；第三点是马克思主义和意识形态分析的区别；第四点，道德谱系学；最后得出第五点，与之相伴的"规训—惩罚"。

A. 从镇压到生产

上一年的课程《刑事理论与刑事制度》充满真知灼见，以镇压和强制力为轴心，详细分析了中世纪和 18 世纪刑事司法中不同的镇压方式。目的是研究中世纪国家的建立不仅仅与司法的税收方面和军队有关系，同时列举起到纯粹镇压作用的重大事件。① 上一年的课程充满真知灼见，这是因为对于福柯关于刑罚计划的建立，"镇压"的概念曾是不可或缺的基石之一。

291　在 1972 年的课程中，刑法首先是一种反对 17 世纪骚乱的新

----

① 参见 1973 年 1 月 3 日的课程，第 19—20 页，注 13；参见 1973 年 2 月 14 日的课程，第 126 页。

模式，是对"暴动的平民"的反应："刑事体系、镇压体系的一切重大演变阶段都是回应民众抗争形式的方法①"，福柯在1972年的课程中对此作出肯定。具体来说，上一年课程的主题是："刑事—犯罪体系是镇压—暴动体系的结果。从这个角度来说，事实上这是一个产物、是维持的条件、是迁移和屏蔽。"②相反，从1973年的第一课开始，福柯就导向了刑事的生产方面。他从一开始就讲到违犯的积极用途："如果我们不研究非法活动的积极作用，就不能理解刑事体系、法律体系和禁令的运转。"③

这代表了与传统社会学之间的双重距离，被福柯称为"涂尔干式的社会学"。④第一重距离：传统社会学提出问题：社会怎样创造出道德凝聚力，对此，涂尔干通过对罪犯的惩罚作出了部分回复；而福柯首先致力于研究社会排斥的不同形式。因此，《刑事理论与刑事制度》对不同镇压模式进行分析——赤脚汉、卢德运动等。然而在1973年，第二重距离更为彻底：不再聚焦在镇压或社会排斥上。"监狱是一个太过复杂的组织，以至于我们不能把它简化为只具有排斥的负面

① 参见福柯，《刑事理论与刑事制度》，1971—1972年法兰西学院课程，第7课，第68页；参见福柯，《关于人民司法》，参见上文注释，第351页 / 第1219页。
② 参见同上，第68页。
③ 参见1973年2月21日的课程，第148—149页。
④ 参见福柯，《关于阿提卡监狱》，第527页 / 第1395页。

作用。"① 疑问转向了特别的刑事体系的积极作用，就是说，并不是关于普遍意义上社会的运行，也不是关于原始状态的道德凝聚力，而是关于现代资本主义② 社会，从更深刻的层面上来说，是关于现代资本主义社会中"权力的行使和维持"。换句话说，涉及研究不同刑事体系的权力影响，以至于我们并不能感受到刑罚减轻，或者刑罚独立于权力关系的个体化，然而我们能够区分某个时期在特定的经济组织形式中，特殊权力关系的建立过程。福柯在 1975 年再次谈到这个主题。③ 这个转变从 1972 年福柯参观完阿提卡监狱就开始了④，由此在后来的《规训与惩罚》中，福柯尤其强调对否定性的权力概念进行批判，他论证说："我们应当彻底放弃用否定词语来描述权力效应：比如，它'排斥''压抑''驱逐''抽象''掩饰''隐瞒'。实际上，权力在生产：它生产现实，它生产对象领域和真理惯例。个人和得到的知识都与这种生产相关。"⑤

B. 非法活动的政治经济学

所以说转向了刑罚的生产力问题。然而涉及的是谁的生产

---

①② 参见福柯，《关于阿提卡监狱》，第 527 页 / 第 1395 页。

③ 参见福柯，《规训与惩罚》，第 28 页。

④ 参见福柯，《关于阿提卡监狱》，第 528 页 / 第 1396 页。

⑤ 参见福柯，《规训与惩罚》，第 196 页。在《惩罚的社会》两年后出版，提出了方法论的命令：对惩罚机制的研究并不单纯限于其"镇压"效应和"惩罚"方面，而是将它们置于惩罚机制可能产生的一系列积极效应中，即使这些积极效应看似是边缘性的。（第 28 页）

力？在 1973 年，福柯起草的是 19 世纪初资本主义的政治经济学，以普遍的社会斗争为基础，其中规训劳动力占据了首要位置。我们已经知道，福柯的分析部分来自对撞——他与汤普森和其作品《英国工人阶级的建立》中思想的对撞，福柯反驳说，不应该把刑事体系描述为镇压"暴动的平民"；然而，与此同时，他的分析也出自赞赏——上一年他对苏维埃历史学家波尔舍内的作品《1623 年至 1648 年的法国人民起义》中的马克思主义主题大加赞赏。[①] 福柯思想的关键点在于非法活动理论：把监禁定位在劳动力产生的经济运动中，通过该运动，资产阶级凭借管理民众非法活动而控制劳动力行为。福柯认为关于非法活动，在严格意义上法律并不适用，然而法律作为管理工具可以处治法制的空白处。

在《惩罚的社会》中，福柯分三个阶段提出关于非法活动的理论。最初，他说非法活动是普遍的。全社会不同的社会阶层都操纵着与法律、规则、秩序、异常和混乱相关的战略性活动。"在各个体制中，不同的社会团体、不同的阶级、不同的社会等级都有各自的非法活动。"[②] 例如在 18 世纪，福柯不

---

① 参见注释。

② 参见福柯，《关于惩治监禁》(*À propos de l'enfermement pénitentiaire*)（与 A.Krywin 和 F.Ringelheim 的会谈，Pro Justitia. 政治法律期刊 *Revue politique du droit*, t.I, 注 3—4：监狱，1973 年 8 月，第 5—14 页），DE，II，注 127，1994 年，第 437 页/Quarto，第 1 卷，第 1303 页。

但区分民众非法活动、商业和商贸非法活动，还区分"特权非法活动——通过身份地位、宽容和例外特权等逃避法律的活动"①，甚至还有权力非法活动——来自总督、中尉等。不同社会阶层的非法活动之间紧密交错，经常发生矛盾，也常常互惠互利。它们共同运转。我们可以说它们是共生关系。例如，18世纪的资产阶级容许民众非法活动存在，因为资产阶级本身也从事着非法活动，而一切非法活动之间的关系对于经济体系和初生的资本主义的良好运转是必不可少的："我认为直到18世纪末"，福柯在1973年2月说，"民众非法活动不但能与资产阶级经济的发展并存，而且对其有利；然而在某一段时期，非法活动与资产阶级经济的发展之间变得不可调和。"②

在第二阶段，福柯辨认出一种断裂。在旧制度下，不同阶级的非法活动紧密联系。然而，在接近19世纪的时候，民众非法活动被商人、贵族和资产阶级看作是一种胁迫和危险，无论是在法国、还是在英国、俄国，都是这样的情况。财富新形式的积累和转换、更实体化更流动的新形式所有权、物品的商品化、商品的富足充裕——简而言之，作为财富的动产以及土地所有权都被展示在劳动者面前，他们与这些新商业财富有着直接的接触。这种积累和流动的资产使得民众非法活动变得无用——对于资产阶级的利益甚至是危险的。福柯在1973年2

---

① 参见1973年2月21日的课程，第146页。
② 参见同上，第144页。

月 21 日和 2 月 28 日的课程上对其历史转变的框架做出了明晰的阐述，对此还可以参考几个月之后的一次会谈记录，《关于惩治监禁》①。"从某一个时间段开始，在某一个时期，刚刚夺取了权力的阶级不能够再容忍该非法活动，因为他们的财富在物质性的过程中被新的形式空间化了，面临着被民众非法活动侵吞的风险，此后被冲击的不再是权力下的法律和规则体系，而是自身的财产。"②

第三个阶段，福柯察觉到刑法的转折点。③ 在 18 世纪末，资产阶级夺取了司法体系以便能够终结民众非法活动，也就是说，不但包括对物质财产的"侵吞"，而且还包括对时间和劳动者自身力量的"不守纪律"——事实上不守纪律的"形式表现为缺勤、迟到、懒惰、玩乐、放荡和流浪生活"。④ 对民众非法活动的宽容"完全变为不可能的事情：必须普遍监管一切民众阶层"。⑤ 在 18 世纪末，资产阶级夺取了行政和治安机构，并将其转变为"司法机构，负责清除民众非法活动。这种机构与非法活动的普遍体系混杂起来，而掌握了权力的资产阶级就

---

① 参见 1973 年 2 月 21 日的课程，第 144 页、第 155 页注 2。
② 参见 1973 年 2 月 28 日的课程，第 159—160 页。
③ 参见 1973 年 2 月 21 日的课程，第 144 页；参见《大监禁》，第 297/ 第 1165 页；参见《关于人民司法》，第 357 页 / 第 1225 页。
④ 参见 1973 年 3 月 14 日的课程，第 191 页。
⑤ 参见福柯，《关于惩治监禁》，第 436 页 / 第 1304 页；参见《规训与惩罚》，第 84—91 页，第 227—282 页。

把手伸向了这些非法活动，并适用起自己的法制 ①。"所以说，是物质财富的积累促使运动转向了监管、持续的控制和检查。其结果就是教养所 ②，格罗是这样解释这个概念的，"其思想是一种监禁，不是为了惩罚违法活动，而是为了惩罚不符合规则的行为。" ③ 福柯说："确切来说，一旦资产阶级不再能够容忍民众非法活动，我认为在违法行为网络中运转的教养所因素将被调动起来，并将被纳入司法体系。" ④ 与劳动者的道德化运动相关（下面会讲到），教养所会变成"一种对生产关系起到控制和维持作用的政治工具"。⑤ 所以说，资产阶级控制民众非法活动的重要性导致了新惩罚体系的确立。

C. 马克思和马克思主义之外

"就是在资产阶级和无产阶级的阶级关系中，压缩过的、改造过的教养所体系得以适用" ⑥：1973 年的课程可以被看作具有强烈的马克思主义论调。然而这并不是一本马克思主义著作。首先，我们刚刚说过，福柯把"暴动的平民"概念移向"民众非法活动"，他认为后一个概念具有"更多的操作性"。⑦ 然后，就如我们所说，福柯用内战的概念替代了阶级斗争的概

---

① 参见 1973 年 2 月 21 日的课程，第 149 页。
② 参见同上，第 143 页和注释 1。
③ 参见格罗（F.Gros），《福柯与"惩罚的社会"》，第 9 页。
④ 参见 1973 年 2 月 21 日的课程，第 149 页。
⑤⑥ 参见同上，第 159 页。
⑦ 参见 1973 年 2 月 28 日的课程，第 159 页。

念。诚然在有些情况下，他也会按照惯例使用"阶级斗争"这个表达法；例如，在 1972 年他参观阿提卡监狱后的会谈[1]，以及同年他与诺姆·乔姆斯基（Noam Chomsky）[2]的辩论。然而在 1973 年，他致力于超越这个概念。自此，福柯进行了自我修改；而且在 1973 年 3 月 21 日的手写稿中，他写下"阶级斗争"这样的短语，又划掉，并用"阶级之间的关系"[3]代替。对于福柯来说，内战并不局限于占统治地位阶级的压迫，他明确地解释说："显然，在权力得以运用的普遍战争中，有一个社会阶级占领了特权地位，因此可以强制推行自己的战略、获得一些胜利，累积起来，得到对自己有利的超权力的影响，但是这个影响不属于超支配。权力不是僵化的。从某种角度来说，权力从来都不会被某些人完全掌控。权力常常会以微小、分散的方式运转，伴随着地方的颠覆、区域的失败和胜利、暂时的报复。"[4]内战的模式应该代替以统治阶级的存在为基础的模式。

然而除此以外，1973 年的课程还对于马克思和当时统领着法国马克思主义思潮的阿尔都塞派做出了其他重要的迁移

---

[1] 参见福柯，《关于阿提卡监狱》，第 528 页 / 第 1396 页："处罚程序在阶级冲突中起到何种作用。"

[2] 参见乔姆斯基与福柯的辩论，《司法对抗权力》（*Justice contre Pouvoir*），节选刊登于 *Le Monde diplomatique*，2007 年 8 月，www.monde-diplomatique.fr/2007/08/A/15053。

[3] 参见 1973 年 3 月 21 日的课程，第 217 页注 2。

[4] 参见 1973 年 3 月 28 日的课程，第 228 页。

(déplacement)。

第一重迁移：配合内战的前景，必须研究"罪犯—社会敌人原则的政治理论影响"①。对此，福柯明确反对阿尔都塞的理论，——具体来说是在战略方面暗中反对——后者从 1948 年 10 月开始，作为辅导教师在巴黎高等师范学校授课的时候，有一篇经典的教学文章——福柯在 1946 年就读过这篇文章，作者是年轻的马克思，《关于林木盗窃法的辩论》(*Débat sur la loi relative au vol de bois*)，于 1842 年 10 月刊登在《莱茵报》上。②

阿尔都塞曾强调过压抑马克思主义思想的压制意识形态③，马克思发现了物质利益："最终，马克思发现了意识形态

---

① 参见 1973 年 1 月 24 日的课程，第 64 页。

② 参见马克思（K.Marx）《全集 I：哲学著作》(*Œuvres complètes I：Œuvres philosophiques*)，Jacques Molitor 译，Paris, Alfred Costes，第 10 册，1948 年 [1937 年]。对于该文章的讨论，参见上文，第 75—76 页，注 5（参见 1973 年 1 月 24 日的课程）；参见 P.Lascoumes & H.Zander，《马克思：从林木盗窃法到法律评论》(*Marx：du "vol de bois" à la critiques du droit*)，Paris, PUF, 1984，第 241 页。参见 M.Xifaras，《马克思，司法和判例——关于"林木盗窃法"的信札》(*Marx, justice et jurisprudence. Une lettre des "vol de bois"*)，Revue française d'histoire des idées politiques，第 15 期，2002 年 4 月。

③ 参见阿尔都塞，《关于青年马克思：理论问题》(Sur le jeune Marx：question de théorie)，*Pour Marx*，Paris, Maspero, 1968 年，第 81 页。

昏暗的现实，这曾蒙蔽了他的双眼。"① 阿尔都塞透过"摆脱幻觉"② 逻辑的棱镜解读这些文章。阿尔都塞认为，1842 年的这些文章记载了当时重要的判例，但是没有指明马克思是如何摆脱这样的意识形态。而民众的物质利益相互对抗带来的精神和实践运动，完整地反映了马克思的历史唯物主义观念。阿尔都塞在阅读中找到"真实的历史入侵到意识形态本身的逻辑"③："如果'马克思路线'是具有代表性的"，阿尔都塞说，"不是因为其源头或其细节，而是因为想从所谓真相的传说中解放的意志，因为颠覆了传说的真实历史的作用。"④10 年之后，也就是 1970 年福柯开始在法兰西学院授课的时候，阿尔都塞写道，他集中分析的问题是，"自马克思在《莱茵报》刊登的文章开始的意识形态—政治斗争，该斗争迅速对抗现实，使他必须深化自己关于意识形态的第一直觉"。⑤

相反，福柯通过对青年马克思的同一篇文章的深入思考，更倾向于"政治理论影响"的概念，对此，阿尔都塞曾探讨过"政治理论斗争"。福柯指出，他的方法是"例如，必须考虑到马克思关于林木盗窃法的讨论写了什么"⑥。福柯的目的是从"意识形态政治斗争"迁移到话语的"政治理论影响"。换句话

---

① 参见阿尔都塞，《关于青年马克思：理论问题》(Sur le jeune Marx: question de théorie)，*Pour Marx*, Paris, Maspero, 1968 年，第 79 页。

② 参见同上，第 81 页。

③④ 参见同上，第 80 页。

⑤⑥ 参见阿尔都塞，《意识形态和意识形态国家机器》，第 22 页。

说，制造一种"对政治理论讨论地位的分析"，从这种模式出发，"在特定的政治背景内部，知道我们怎样分析政治讨论、话语的对抗和斗争"。① 这一次福柯仍然没有高声地提到阿尔都塞，而其新词（néologisme）的比照和关于林木盗窃的文章并置都是明显的标志。

对此，福柯站在德勒兹和加塔利的一边——反之亦然——1972 年他们在《反俄狄浦斯——资本主义和精神分裂症》中宣称，"意识形态概念是一种有组织地掩盖真实问题的糟糕的概念"②。福柯认为德勒兹是当时少有的能够超出旧的先验主义思想的哲学家。③ 德勒兹和加塔利走在欲望方向的路途上："赖希（Reich）永远都不会成为更伟大的思想家，除非他不用忘恩和人群的妄想来解释法西斯主义，并用欲望来解释，用欲望的措辞来说：不，人群并没有被欺骗，处在当时的背景下，他们渴望法西斯主义，应该解释的就是这种聚生的欲望的倒错。"④ 在 1973 年，福柯的部分观点与他们的观点有着异曲同工之处。⑤ 然而他还有其他的方向，并没有局限于迁移意识

---

① 参见阿尔都塞，《意识形态和意识形态国家机器》，第 22 页。
② 德勒兹 & 加塔利，《反俄狄浦斯——资本主义和精神分裂症》，第 416 页。
③ 参见福柯，《米歇尔·福柯解释自己的最后一本作品》（*Michel Foucault explique son dernier livre*），（与 J.-J.Brochier 的会谈，Magazine littéraire，第 28 期，1969 年 4 月—5 月，第 23—25 页），DE，第 1 卷，第 66 期，1994 年，第 775 页 /Quarto，第 1 卷，第 803 页。
④ 德勒兹 & 加塔利，《反俄狄浦斯——资本主义和精神分裂症》，第 39 页。
⑤ 参见 1973 年 2 月 14 日的课程，第 135 页（关于"当下的欲望理论"的来源）。

形态的问题，或与阿尔都塞的区别："我宣布自己的分析不再以刑事理论与刑事实践作为目标，而是以它们与同时期的惩罚策略的关系作为目标。"① 因此，"出现了一个引人注意的现象：刑事机构内部建立起罪犯—社会敌人的原则并付诸实践，因此同时出现了一种新的惩罚方式：监禁"。② 所以应该从战略研究、策略研究和力量的关系开始分析监狱。并不是简单的衍生："我们也不能让监禁体系从一种借鉴罪犯—社会敌人的刑事理论的模式中产生。"③ 而是从"实现的权力规则"④ 开始分析。

然后是关于马克思的第二点迁移——或者更恰当地说，是某种普遍的马克思主义：必须重新考虑主题和其特点。福柯特别以马克思的理论为目标⑤，马克思的理论认为劳动是人类的具体的本质，而剥夺劳动成果是异化的源头。而福柯认为这是一个神话：劳动绝对不是人类的本质，劳动被制造成本质，这

---

① ② 参见 1973 年 1 月 24 日的课程，第 64 页。

③ ④ 参见同上，第 68 页。

⑤ 尽管福柯没有援引马克思的任何文章。在这里我们可以参考《1844 年的手写稿（政治经济学和哲学）》(*Manuiscrits de 1844. Économie politique et philosophie*)，Émile Bottigelli 译，Éditions Sociales，1962 年，其中马克思定义了同动物相比人类的本质和特点，人类能够自由完成约定的生产劳动，而动物只注重"吃、喝、繁殖"。劳动的异化，当劳动变为一种简单的生存方式，人就变为动物："动物变为人类，人类变为动物。"参见塔克（R.L.Tucker），《卡尔·马克思的哲学与神话》(*Philosophie et Mythe chez Karl Marx*) M.Matignon 译，Paris，Payot，1963 年。

就要求一个完全不同的权力概念。他在里约热内卢也对劳动是人类本质的观点做出批判，这种批评特别凸显在 1973 年的课程中："某些后黑格尔主义者认为，人类具体的本质，就是劳动，这是不对的。人类的时间和生活在本质上并不是劳动，而是乐趣、快乐、休息、需求、瞬间、偶然、暴力等。然而要把这些爆炸式的能量转化为连续的生产力，持续地提供给市场。"① 在里约热内卢，福柯继续阐述这个主题，在他看来，劳动是人类具体的本质这个理论是某些与资本主义生产关系紧密相连的实践的成果。② 福柯坚持主张就是这些实践驯服了劳动者的肉体。对此，他引用了"亚权力"(sous-pouvoir)，"通过一系列政治技巧和权力技巧，人们的肉体和实践变为了劳动时间和劳动力，可以被确实有效的用于转化成利润"，犹如"一段毛细血管般微小的政治权力"③——与"国家机制"或者"当权阶级"④ 相反。

300　　福柯认为，关于资本积累的马克思主义理论依赖于用于制造"生产者肉体"⑤ 的纪律（其本身也与资本主义生产紧密相连）。两年之后，福柯在《规训与惩罚》中再次讲到这个观点，特别引用了马克思的《资本论》(*Le Capital*)（第 1 卷，第 13 章），他坚持认为 19 世纪让资本积累实现的经济革命不能与

---

① 参见 1973 年 3 月 28 日的课程，第 232 页。
②③④　参见《真理与司法形式》，第 622 页 / 第 1490 页。
⑤ 参见 1973 年 3 月 21 日的课程，第 207 页。

驯服的肉体的产生相分离，他称其为"管理积累的方式"①。具体来说，这些方式就是《规训与惩罚》中核心的纪律："作息时间表、集体训练、练习、完整而精确的规训"②；纪律代替了更传统更仪式化的暴力和统治。对于福柯来说，这些方式与生产方式一样，对于资本主义生产和剩余价值的获取同等重要。"两个过程，对人的积累和资本积累不能分开。生产机制的技术变革、劳动分工和纪律共同把整体的关系紧密维系在一起。"③

　　这种颠倒产生了第三种也是最后一种迁移——与权力有很大区别的概念。不仅仅是资本主义权力保障生产方式；对于资本主义来说，权力对时间的控制也是不可或缺的。所以权力不能被理解成工具、或被拥有的东西，也不能被理解为意识形态工具，而是要被当作是首要的组成要素。④福柯阐述了自己的部分权力概念，这似乎再一次与阿尔都塞的观点相左。首先，他否认权力可以被拥有；而在1970年，就国家权力的主题，阿尔都塞写道："阶级之间的一切政治斗争都转向了国家。我们要知道：某一个阶级、阶级联合或阶级派别'占有'国家权

---

① 参见《规训与惩罚》，第222页。

② 参见同上，第221页。

③ 参见同上，第222页。参见《精神病学的权力》，1973年11月28日的课程，第73页。

④ 参见上文。

力，意思是说取得并且维持国家权力。"① 然后，通过摒弃权力
的暴力特点和意识形态特点；我们能够辨认出阿尔都塞作品中
的意识形态国家机器，不但与后来的定性有区分，而且与"凭
借暴力运转的国家镇压机器"和"凭借意识形态运转的意识形
态国家机器"② 也有区别。

这三种迁移配以三种重要内涵。第一种，福柯认为，没
有使用监禁镇压劳动阶级的权力统治阶级。权力不会冒着被阴
谋理论利用的风险。③ 第二点，不再会有"隐言"（non-dit）
或"言外之意"。一切总是都会被说出来。深入研究无意识或
投身于玄奥的阐释学毫无意义，只有阅读和反复阅读、钻研
资料、倾听和再发现。在 1973 年 1 月 10 日的手写稿中，福
柯把罪犯—社会敌人的形象作为"交换器"。他说这个形象不
会自我隐藏；相反，"这总是被说出。总是被说出：在文章、
法律、理论中被明确地说出。在实践、决议和机构中被预先
假定。被包含在文学作品的形象中。这不是隐言，而是过多
言谈。过分言谈 ④。"毫不需要隐秘的、秘传的解释方式。当
然，这并不意味着就不存在复杂性和晦暗不明。对一切话语
的研究既需要一定的透明度，又需要某种形式的剔除。这二

---

① 参见阿尔都塞，《意识形态和意识形态国家机器》，第 11 页；参见第 15
　页，如果在占有国家机器的同时，"没有对意识形态国家机器行使统治权，
　那么就没有任何一个阶级能够持续地占有国家机器。"
② 参见同上，第 14 页。
③ 参见 1973 年 2 月 14 日的课程，第 134 页。
④ 参见 1973 年 1 月 10 日的课程，第 37 页注 ***。

者是分析的组成部分，透明度可能会过于透明以至于变得模糊。福柯在 1969 年探讨考古学方法的时候，明确指出："我寻求的并不是秘密的、隐藏的、比人们的意识更为静默、更为深远的关系。相反，我试着定义话语表面的关系；我试着让太过于浮在事物表面的模糊不清变得清晰可见。"① 所以说，模糊不清来自过于容易、过于经常的说和听。② 总之，一切都被说出来了，但不代表一切都被听到了。第三点，也是最后一点：因此从方法论的角度来看，必须集中在话语上。正如福柯在 1973 年 2 月 28 日的课程上所述："所以我们要忽视著作、文章，宁可研究能够产生影响的论说的战略作用和战略领域。"③

D. 道德谱系学

福柯在《惩罚的社会》中阅读、聆听、研究话语，通过分析贵格会和英国不同政见者的话语的方式——说教的话语，把教养所的思想引入刑罚中，在 19 世纪资本主义的话语中引起反响。这就奠定了本课程的另一块基石，特别是英国和法国某些社会阶层为了构造资本主义建筑而使用的道

---

① 参见福柯，《米歇尔·福柯解释自己的最后一本作品》，第 773 页 / 第 800 页。
② 参见福柯，《知识分子与权力》，第 313 页 / 第 1181 页："关于'隐藏'、'抑制本能'、'隐言'，存在一系列的含混不清，能让人们轻易地用精神分析法研究（psychanalyser）斗争的目标。也许秘密比无意识更难以去除。"
③ 参见 1973 年 2 月 28 日的课程，第 169 页。

德过失和忏悔的概念。犯罪性和惩罚的道德化、基督教化（christianisation）伴随着忏悔的矫正、再教育、赎罪等因素——这种个人得以拯救的基督教观念也存在于启蒙运动时期，产生一种从惩罚到苦行（ascèse）的转变。

　　对此，1973 年的课程被道德谱系学作为推论的基础：资产阶级通过价值判断把曾经允许的、甚至是鼓励的行为转换为非法行为。这种转换是通过将其反转成在道德上应受谴责的行为、应该忏悔的行为、道德缺失的行为而完成的。福柯解释说，"民众阶层向财富上转移的是旧的非法活动，并且他们可以回应资产阶级说：我们难道不是一起触犯法律、劫掠财富的吗？对此资产阶级回复说，在旧制度下，我们共同违犯规则和法律，对政治权力的滥用进行攻击；然而现在，你们侵犯的是物品、是所有权，因此触犯了普通法、自然法。我们曾经攻击权力的滥用，而现在，对法律的触犯表现出了道德的缺失。"①在手写稿中，福柯把这一点介绍为资产阶级的反驳，并且在结尾呼吁："去忏悔吧。"

　　"去忏悔"：这里我们从考古学过渡到了谱系学。福柯认为，监狱不能以考古学的方式从 18 世纪伟大改革者的刑事理论中衍生出来。②他们的理论与监狱这种普遍的模式不能相容；其理论主要针对于保护社会、主张预防措施、"惩罚主要的相

303

---

① 参见 1973 年 2 月 28 日的课程，第 160 页。
② 参见 1973 年 1 月 24 日的课程，第 68 页："有一种理论模式被罪犯—社会敌人的刑事理论所借鉴，我们也不能让监禁体系从该理论模式中产生。"

对性"、调整、劝阻，不建议监禁作为通用的解决方式。① 不能从考古学的"原则中推断出事实上的刑事实践是怎样的，要知道监狱的普及是惩罚的普遍形式。"② 对于福柯来说，存在一种"异质"③："监狱并没有被包含在刑事理论中。监狱从别处产生，由于其他原因得以确立。"④ 尤其要用另外的方式去研究这个所谓的"其他"。

这就是监狱形式的谱系学分析：这是一种谱系学，从贵格会的苦行者开始向上，把不顺从的肉体转换成劳动力，贯穿其中的思想是过错和罪恶，其中第一次提到"教养所"——"这是一个令人感到不可思议的词"，福柯说。⑤ 这是"基督教道德在刑事司法体系中第一次移植"。⑥ 贵格会认为第一次移植 *304* 与忏悔的概念紧密相连，产生了教养所体系、犯罪记录（casier judiciaire）、"罪犯如同知识的客体"、犯罪学和精神病理学，并且神甫开始在监狱中发挥的作用。⑦ 总之，福柯在 1973 年 1 月 31 日的课程上解释说："因此，倘若监狱—形式的确不能像机构和实践一样，从贝卡里亚、布里索等的理论中衍生出来，那么它可以从贵格会的宗教、道德和权力观念中衍生出来"。⑧

通过 19 世纪资产阶级对工人生活的道德化，该第一次移

---

① 参见课程概要，第 260 页。
② 参见同上；参见 1973 年 2 月 7 日的课程，第 112—113 页，第 117—118 页。
③ 参见 1973 年 1 月 31 日的课程，第 91 页。
④ 参见课程概要，第 262 页；参见 1973 年 1 月 31 日的课程，第 85—86 页。
⑤ 参见 1973 年 1 月 31 日的课程，第 93—94 页。
⑥⑦ 参见 1973 年 1 月 31 日的课程，第 91 页。
⑧ 参见同上，第 89 页。

植得以巩固。资产阶级的监管和控制事实上代表了"道德和刑法的结合"。① "一切监管都是在试图使刑罚道德化并赋予一种道德的氛围，简而言之，使得道德秩序的控制以及刑事惩罚得以继续。我们坚持法律体系的道德化，不顾实践或话语是怎样的。"② 这种道德化延伸于治安机构和其他监管社会民众阶层的机构中。③ 所以福柯认为，忏悔因素通过犯罪性和惩罚的道德化植入刑事体系中，该因素让监狱被人们接受并得以推广。道德和忏悔的强制力因素，是"监狱被接受的条件"④。

道德化的目的：控制工人非法活动，产生更有效率的劳动者——驯服的肉体。所以说，道德化处于经济进程中。必须阻止非法活动占有物质所有权、商品和资产阶级的利益——其中包括劳动者自身，他们劳动的力量属于资产阶级："资产阶级想要得到工人和生产机构之间的东西，不仅限于法律规定'不属于你'的东西。必须另有法规进行补充，并能够使这条法律运转：必须提高工人德行。"⑤ 权力要控制时间以便能够掌握并造就肉体。

因此，从方法论上来讲，这种观点反映出福柯所谓的"朝代的"⑥ 研究方式的过渡——很快被他改称为谱系学。问题在于

---

① 参见 1973 年 2 月 7 日的课程，第 110 页。
② 参见同上，第 111 页。
③ 参见同上，第 112—113 页。
④ 参见同上，第 114 页。关于"普遍的强制力"，第 113—114 页。
⑤ 参见 1973 年 2 月 21 日的课程，第 152 页。
⑥ 参见福柯，《从考古学到朝代》(De l' archéologie à la dynastique)（与 S.Hasumi 的会谈，Paris, 1972 年 9 月 27 日，刊登在 Umi, 1973 年 3 月），DE，II，第 119 期，第 406 页/Quarto，第 1 卷，第 1274 页。

这些新的真理形式——工资—形式、监狱—形式,是怎样产生的,又是怎样被人们接受并得以普及的。[①] 该谱系学方法可以用这样的问题来概括:"哪些权力关系使得监狱等事物在历史上的出现成了可能。[②]"福柯曾在 1970 年法兰西学院的课上提及过谱系学方法[③];他在 1973 年和之后的几年[④]继续对其进行阐述,并写入《规训与惩罚》。[⑤] 但是该过程的雏形体现在《惩罚的社会》中:"至此我们研究过可能衍生的脉络:例如在刑事理论和实践体系内部,各个观念和机构是怎样连接起来的。

---

① 参见 1973 年 1 月 31 日的课程,第 86 页;1973 年 2 月 7 日的课程,第 115 页。

② 参见同上,第 86 页、第 95 页注 2。

③ 参见福柯,《话语的秩序》,Paris, Gallimard, 1971 年,第 62、68 页。

④ 参见《精神病学的权力》,第 14 页;《真理与司法形式》,第 554 页、 第 643—644 页 / 第 1422、1511—1512 页;《必须保卫社会》, 1976 年 2 月 7 日的课程,第 11 页;《关于权力的对话》(*Dialogue sur le pouvoir*)(与洛杉矶学生的对话,1975 年 5 月,in S.Wade, Chez Foucault, Los Angeles, Cirabook, 1978, 第 4—22 页; F.Durand Bogaert), DE, III, 第 221 号,1994 年版,第 468—469 页 /Quarto, 第 2 卷,第 468—469 页;"结构主义(structuralisme) 和后结构主义(poststructuralisme)"(与 J.Raulet 的会谈,Telos, 第 16 卷,第 55 号,1983 年春,第 195—211 页),DE, IV, 第 220 号,1994 年版,第 443 页 /Quarto, 第 2 卷,第 1262 页。更新的相关讨论,参见戴维森(A.Davidson),《关于认识论和考古学:从冈奎莱姆到福柯》(*On Epistemology and Archeology: From Canguilhem to Foucault*),收入《性征的出现:历史认识论和概念的形成》(*The Emergence of Sexuality: Historical Epistemology and the Formation of Concepts*), Mass, Harvard University Press, 2004, 第 192—206 页。

⑤ 参见《规训与惩罚》,第 27 页。

现在，我们要研究是哪些权力关系使得监狱等事物在历史上的出现成为了可能。通过考古学类型的研究之后，我们要从权力关系方面开始对前后的演变关系进行朝代类型的分析和谱系学的分析。"①

从理论方面来讲，这种观点是模糊和矛盾的来源，使得一切结构性阅读的微弱愿望成了问题。在分析的核心部分，训诫性的主动性、经济需求和推论性的战略结成一种张力：在占统治地位的阶级铺展开国家的力量用于教化并惩罚民众非法活动的时候，应该同时发展自由竞争——有关于工人合同和打开自由市场。该双重运动是自由主义核心悖论的源头：面对自由化和"市场自由"②的经济理论，"为了保护生产机制，为了延续其发展，资产阶级要依靠强大的国家力量。然而，当保护生产机制的需求出现的同时，资产阶级为了促使利益的运转、组建和增长，需要工人之间竞争，需要劳动自由市场以及按照自己的意愿挑选到劳动力的可能性"③。这就对于体系的协调产生了尖锐的问题，这种不协调会产生所谓的自由市场的幻觉④："为了能留更多自由的劳动力给雇主，人们规定雇主可以签订（虚

---

① 参见 1973 年 1 月 31 日的课程，第 86 页。
② 参见 1973 年 3 月 14 日的课程，第 194 页。
③ 参见 1973 年 3 月 7 日的课程，第 194 页。
④ 参见贝尔纳·哈考特（Bernard E.Harcourt），《自由市场的幻觉——自然规律的惩罚与谜团》（*The Illusion of Free Markets. Punishment and the Myth of Natural Order*），Cambridge，Harvard University Press，2011。很遗憾没能把对福柯课程的探讨纳入我上一部已经出版的作品中。

假的）自由契约。①"

从政治的角度来讲，该观点要求精密分析使得镇压机器为人们所容许并接受的条件。福柯区分两种能够让人们接受强制力的"重要的机制"②：第一种就是法西斯主义和纳粹主义，以及第二帝国的机制，后者把镇压机制的功能转移给社会阶层和处于社会边缘的团体；第二种，旧制度的机制，把镇压机制集中在"统治阶级"的手中，服务于社会其他成员的侧面利益。福柯是在法国18世纪的著作中看到这第二种机制的，其中具有代表性的如国王封印密札。事实上，比起君主专制制度对权力的运用，国王封印密札更像是由民众阶层发起，并服务于他们的利益。③ 对此，国王封印密札完全用于刑事体系的道德化："19世纪刑罚的道德化、心理学化是以它为基础的。"④

E. 全景敞视社会

在以上四点共同的作用下，产生了包含全景敞视主义特点的社会意象："惩罚的"社会，或者说"纪律的"⑤社会。本课

---

① 参见1973年3月14日的课程，第194页注＊。
② 参见1973年2月14日的课程，第128页。
③ 参见同上，第138—139页，注3。
④ 参见同上，第132页。
⑤ 最开始福柯曾把本课程命名为《纪律的社会》；参见德福尔，《年代学》，第43页。在最后一课中，福柯明确地表示："我想要通往何处？……分析一种曾被我称为'惩罚性的'权力形式，我们称其为'纪律的'更恰当。"（参见1973年3月28日的课程，第236页注＊＊）

程的主题并不是——或者说并不只是——朱利尤想象中的、由边沁展开的、催生了监狱的现代全景敞视主义①；而是把这种建筑概念延伸到全部的空间—时间上，不仅局限于监狱领域；在福柯的最后一课中，他指出全景敞视主义是"一种普遍的社会形式，很大程度上超出监狱范围"②。对于时间和生命的控制出现的观察，监狱只是一个地点，而不是优先的地点。我们社会中的这种决定性的特点，轻易地就可以在生产工业技术中看到，因为资本主义生产周期与时间控制有关。我们在监狱体系的建立中，找到的就是这些真相的影响：我们发现"把在外部掌管劳动经济和政治的基本原则引入监狱内部，由此可以看见通过［工资—形式、监狱—形式］这两种形式，'时间'被导入了资本主义权力体系和刑罚体系"。③ 该分析超出了刑法的范畴，普遍性是本课程的一个重要方面——这在《规训与惩罚》中没有明显地体现出来，但是在 1973 年的课程概要中被着重指出：福柯所发现的，准确来说就是"监管文明的第一个例子"。④

308

　　"19 世纪缔造了全景敞视主义时代⑤"：然而当其他思想者，如居伊·德波（Guy Debord）⑥描述了景观社会的产生

---

① 参见 1973 年 1 月 10 日的课程、1973 年 1 月 24 日的课程，第 39 页，注 2，第 78 页注 16。
② 参见 1973 年 3 月 28 日的课程，第 240 页注 3。
③ 参见 1973 年 1 月 14 日的课程，第 73 页。
④⑤ 课程概要，第 265 页和注 16。
⑥ 参见居伊·德波（Guy Debord），《景观社会》（*La Société du spectacle*），Paris，Buchet/Chastel，1967 年。

的时候，福柯反其道而行之。在希腊罗马文化中，我们的祖先用景观进行统治，而现代社会反而被规训所控制。福柯声称："然而这正是在现代发生的情况：景观翻转成监管。"①

Ⅲ. 规训—惩罚组合

在 1973 年，我们第一次看到了规训—惩罚组合的迹象，两年之后该组合占据了历史舞台："规训—惩罚这对组合是作为权力关系而建立的，对于把个人固定在生产机制上、生产力的组成和所谓的纪律的社会都是不可或缺的。"② 此概念性的组合在本文中是非常引人注意的，同样提到达米安③、工厂—兵营—修道院的作息时间表④、梅特赖农业移民地⑤，以及纪律权力——与统治权力、生命权力不同，后者出现在《知识意志讲稿》《必须保卫社会》《安全、领土与人口》以及《生命政治的诞生》中。1973 年课程为 1975 年的《规训与惩罚》铺平了道路，那么两者之间有何种延续和重要的不同之处？

首先，在《规训与惩罚》中，政治方面得以轻微的肯定；而《惩罚的社会》更多地强调了 18 世纪训诫在权力关系中的作用。对此，1973 年的课程不仅仅是 1975 年的著作的准备

---

① 参见 1973 年 1 月 10 日的课程，第 25 页。
② 参见 1973 年 3 月 14 日的课程，第 201 页。
③ 参见 1973 年 1 月 3 日的课程，第 12 页。
④ 参见 1973 年 3 月 21 日的课程，第 204 页。
⑤ 参见同上，第 205 页。

工作，而是可以被看作是一个完整的作品。例如在 1973 年的课程中，贵格会和英国持不同政见者确立了监狱形式的谱系学，而《规训与惩罚》对此一笔带过。① 同样，犯罪性的道德化没有费多少笔墨，而该主题被换成了罪犯的产生。1973 年的课程显然已经谈及罪犯②；然而这在 1975 年被颠覆，关于道德化的讨论失去了其在 1973 年的主导性地位："必须使工人阶级'新生'、'提高德行'"③；在 19 世纪初，刑法针对的是"不道德的言行，关乎身体、欲望、习惯和意愿等。必须想方设法把道德条件纳入刑罚之中"。④ 福柯坚持认为。刑法典因此对流浪、醉酒等使用道德控制和法律程序机制，特别是引入了减轻处罚情节和加重处罚情节，这是"刑事体系在训诫意义上的调整"。⑤ 而且，福柯在 1973 年的课程中多次提到考尔克洪和他的著作《论伦敦的治安》，并将其作为"刑罚的道德化"的典范："在该运动中我们以考尔克洪这个人物为例"⑥，福柯在 1973 年 2 月 7 日的课程上是这样说的。关于考尔克洪，福柯说："可惜的是，当人们教授道德和道德史的时候，总是解释'道德的形而上学的基础'，而没有解读这位对于我们道

---

① 参见《规训与惩罚》，第 126、241、242 页。

② 参见 1973 年 2 月 21 日的课程，第 153 页（关于罪犯犹如社会敌人理论的意识形态工具化）。

③ 参见同上，第 152 页。

④⑤ 参见 1973 年 3 月 7 日的课程，第 181 页。

⑥ 参见 1973 年 2 月 7 日的课程，第 111 页。

德观念的建树功不可没的人物。"① 然而尽管考尔克洪在《规训与惩罚》② 中多次出现，福柯并没有再讲到其作品中的道德方面。

财富的流动对民众非法活动理论产生了重要的影响。在 1973 年，资产阶级通过道德化对民众非法活动进行转化。福柯用大量篇幅阐述"这些道德化的社会"。③ 事实上在 1973 年，刑事的道德化代表了三种刑罚形式之一：（1）贝卡里亚的严格的、司法的刑法；（2）犯罪性的道德化；（3）刑法的犯罪学和科学话语。相反，从 1975 年开始，刑罚的振荡仅仅从贝卡里亚到犯罪学。④ 道德化主题代替了"民众非法活动的政治方面"⑤；在 1975 年，更多地强调了"在普遍政治范围内的"⑥ 社会斗争。他通过罪犯的产生和危险性的概念，更多地阐述了刑罚的理论，在这里危险性的概念显然触及道德，然而其中道德化起到的作用略微减小。而且福柯转向了危险性的问

---

① 参见 1973 年 2 月 7 日的课程；而且还要记住这一段："为了了解一个社会中的道德体系，必须要提出这样的问题：财富在哪里？道德史必须整体听命于这个财富的定位和流通的问题。"

② 参见《规训与惩罚》，第 88 页、第 119 页注 3，第 291 页注 1。

③ 参见 1973 年 2 月 21 日的课程，第 143 页，参见 1973 年 2 月 28 日的课程，第 170 页注 **。

④ 我们可以再加上一种刑罚的形式，参见 1978—1979 年的课程《生命政治的诞生》（Paris, Gallimard-Seuil, Hautes Études, 2004），关于美国新自由主义：盖瑞·贝克（Gary Becker）的犯罪和惩罚的经济学概念（参见 1973 年 3 月 21 日的课程，第 253—254 页）。

⑤ 参见《规训与惩罚》，第 278 页。

⑥ 参见同上，第 280 页。

题，这在 1973 年的课程中并没有出现，却成了后来研究的核心主题，特别是在 1978 年福柯的《19 世纪法律精神病学中"危险个人"概念的演变》，这一点得以体现①。总而言之，非法活动的理论改变了。然而在《惩罚的社会》中，重点在于贵格会的指令："去忏悔吧"，在《规训与惩罚》中，这样的篇章被命名为"非法活动和犯罪"，把罪犯置于核心，而不是道德化。② 道德化被轻轻地抹去，并被规范化所代替，后者在 1975 年更为重要。③

　　其次，通过阅读两本著作，我们感受到 1973 年的方法论的演变时期，向 1975 年谱系学方法影响的过渡。在《惩罚的社会》中，福柯仍然在发掘单一的考古学的不足之处。就是这一点以一种甚至是剧烈的方式，刺激了他的分析：监狱不仅

---

① 参见福柯在 1978 年的一次会议上阐述了这一主题，会议的主题是《19 世纪法律精神病学中"危险个人"概念的演变》(*L'évolution de la notion d'"individu dangereux" dans la psychiatrie légale du XIXᵉ siècle*)(*Déviance et Socitété*) 第 5 (4) 卷，1981 年，第 403—422 页，DE，III，第 220 号，1994 年版，第 443—464 页/Quarto 第 2 卷，第 443—464 页；《做错事，说真话》(*Mal faire, dire vrai*)，参见同上，1981 年 5 月 20 日的课程。显然在 1973 年课程中，危险性的概念也并未缺席（参见 1973 年 1 月 3 日的课程，第 3 页；参见 1973 年 2 月 7 日的课程，第 117 页；参见 1973 年 2 月 14 日的课程，第 127、130 页；参见 1973 年 3 月 7 日的课程，第 180、187 页注 18），但它也不是核心问题。

② 参见《规训与惩罚》，第 261—299 页。

③ 在《惩罚的社会》中，关于规范化的概念，参见 1973 年 3 月 21 日的课程，第 209、218、223 页注 28；参见 3 月 28 日的课程，第 238 页，注 *—**，第 239 页。

不能从 18 世纪下半叶的刑事理论中衍生出来，而且"从某种意义上来说，监狱是从外部被强制规定在刑事理论上的，必须要自我证明"[①]。随着《规训与惩罚》的问世，谱系学观点确立起来，它是强制规定的，而且不需要自我证明。我们处于谱系学之中：福柯几乎不须要通过考古学的欠缺来证明自己的方法。

因此，从某种程度上可以重新考虑 18 世纪的刑事理论。在 1973 年，刑事理论集中于社会的保护、社会敌人和不守纪律方面；两年之后，突出的是刑罚的戏剧化。剧院、表象和符号占据了首要的地位："在十字路口、公园、正在修缮的道路或桥梁两侧、在车间、在矿山，将会有数以百计的小型惩罚剧场"，"告示、有标记的各种颜色的帽子、标语、象征物、文字读物等"。[②] 此外，我们还可以发现伟大改革家和 19 世纪惩治体系之间的关系的轻微不同之处。1975 年，在福柯对改革家的描述中，我们能听到纪律权力微弱的回声："趋向于更敏锐更精细的司法，对社会更紧密的司法分区控制"[③]；"安排惩罚权力的策略，其原则是使之产生更稳定、更有效、更持久、更具体的效果"[④]；"使对非法活动的惩罚和镇压变成一种有规则的功能，与社会同步发展；不是要惩罚得更少些，而是

[①] 参见课程概要，第 262 页。
[②] 参见《规训与惩罚》，第 115 页。
[③] 参见同上，第 80 页。
[④] 参见同上，第 83 页。

要惩罚得更有效些；或许应减轻惩罚的严酷性，但目的在于使惩罚更具有普遍性和必要性；使惩罚权力更深地嵌入社会本身"①。同样提及的还有 19 世纪的纪律。当然不涉及从根本上的调整②，然而我们却感受到 18 世纪改革家的略微不同的欣赏之情。

再次，霍布斯和克劳塞维茨③没有出现在《规训与惩罚》中——而内战的概念趋向于模糊不清，尽管福柯在 1975—1976 年的课程《必须保卫社会》④中再次提及。在 1973 年的分析中，内战的概念非常具有操作性，例如勒特罗涅的文章，以及在 20 世纪 70 年代毛主义积极分子的逻辑中，内战"是一切权力斗争的模板，是一切权力战略的模版，由此也是一切关于权力、和反对权力的模板"⑤，这样的观点不再出现于《规训与惩罚》中。也许是因为在 19 世纪，不同的话语——包括马克思主义关于"流氓无产者"的话语——不再关于内战和社会敌人，而是关于罪犯。这种过渡——从社会事实到心理社会学、从集体到个体、从社会到组成社会的个人，与资本主义发展影响下的道德新标准结合——把对内战的分析推向种族主义、优生学（eugénisme）、生命政治等问题，福柯接下来一

---

① 参见《规训与惩罚》，第 84 页。

② 参见同上，第 116 页。

③ 参见同上，第 170 页，模糊地提到了克劳塞维茨的引文。

④ 参见同上，第 115 页。

⑤ 参见 1973 年 1 月 3 日的课程，第 14—15 页。

年的课程《不正常的人》和 1975—1976 年的课程中对这些问题进行阐述。

最后，1973 年的课程起草了与马克思主义历史学家、理论家进行交流的基本要素——例如民众非法活动、强制力的概念——用格罗（F.Gros）[1] 的话来讲，在"概念上非常清晰"，而且"不容置辩"。在《规训与惩罚》[2] 中，我们当然也能找到一些与马克思对立的段落，然而这在 1973 年的课程中更为清晰、直接。

结论

丹尼尔·德福尔认为福柯写书分为三个阶段。[3] 第一个阶段：完整的手写稿，他一边将其丢进垃圾桶一边说，他只是在做文献研究之前本能地写下了自己想到的主题。第二个阶段：新的完整手写稿，必须被修改，以便进行第三步也就是最后一步，打字文稿，手写稿最终也会问世。目前据我们所知，《规训与惩罚》最早的批注也能够在福柯的资料中找到，1972 年 9 月，福柯在写给丹尼尔·德福尔的信中说道，自己正在写一

---

① 参见格罗（F.Gros），《福柯与"惩罚的社会"》，第 5—14 页。
② 参见《规训与惩罚》，第 166、171、177、222—224、286 页。
③ 与丹尼尔·德福尔的谈话，参见德福尔（D.Defert），《我相信时间……》（I Believe in Time...），与纪尧姆·贝龙（Guillaume Bellon）的会谈，Recto/Verso，第 6 期：《思想的起源》（Genèse de la pensée），Ⅱ，Cheminements et Procédures，2010 年 9 月，http://www.revuerectoverso.com/spip.php？article186。

本"关于刑罚的书"。① 而且我们知道在 1973 年 4 月，福柯"完成关于监狱的作品的第一次编撰（《规训与惩罚》）"。② 《惩罚的社会》课程在接下来的几个月内被修改，而且阿莱桑德罗·冯塔纳（Alessandro Fontana）说，这是经福柯本人阅读并建议的。也许，这就是他写作过程的第二个阶段？但这只是一种揣测，读者要在阅读过 1973 年的课程和《规训与惩罚》之后，才能做出判断。不管怎样，对于后面的作品，《惩罚的社会》显然是一部具有深度和完整性的著作。

关于本课程的笔记

福柯用手写稿讲授的《惩罚的社会》。自 2013 年起，13 次课程的手写稿保存在法国国家图书馆。经福柯本人的同意，每课都被吉尔贝尔·布尔莱（Gilbert Burlet）录音；杰奎琳·热尔梅（Jacqueline Germé）将其机打成 213 页的打字文稿。阿莱桑德罗·冯塔纳说，录音稿是在福柯的要求下整理而成，以便转化为作品的打字文稿；福柯本人看过整理之后的文稿，并作出修改，而后才转为打字文稿。在 1984 年福柯去世之后，布尔莱向法兰西学院递交一切相关的课程资料，

314

---

① 参见《规训与惩罚》；参见德福尔，《年代学》。在 1971 年 8 月福柯曾对 Jalila Hafsia 说："如果到时候我还活着，我还没有被关进监狱，我就写一本书……"（"我感兴趣很久的一个问题，就是刑事体系"），参见上文，第 209 页 / 第 1077 页。
② 参见德福尔，《年代学》，第 43 页 / 第 58 页。

包括录音和打字文稿，其中有 9 盒磁带贴有"1973 年"的标签。这些资料被法兰西学院保存在米歇尔·福柯的遗物中。然而不知在何时，录有 1973 年课程的磁带被 1974 年的课程内容覆盖。最早是被一个美国研究者理查德·林奇（Richard A.Lynch）发现的，他向法兰西学院递交一份 1999 年 1 月 12 日的备忘录；另一位研究者马尔西奥·阿尔维斯达·丰塞卡（Marcio Alves Da Fonseca）对此确认，并于 2000 年 1 月 31 日也递交一份备忘录，收在米歇尔·福柯的遗物中。2010 年 9 月的深入调查确认法兰西学院没有 1973 年课程的录音。经过漫长的寻找，仍然无法找到录音资料的复制品。[①]所以，目前《惩罚的社会》仍然没有录音资料。

因此本课程依据的是 1973 年杰奎琳·热尔梅机打的文稿，福柯作出过修改，而机打文稿依据的吉尔贝尔·布尔莱做的录音，现已遗失。文本全部按照福柯的手写稿校对并修改。手稿中的重要段落与打字文稿并不是一模一样的，添加的部分以注释的形式在页面下端被指出。由于没有录音，我们并没有指出打字文稿中每一条着重线强调的部分，除非在手写稿中该字句也被划了着重线；相反，手写稿中的着重线即使没有出现在打字文稿中，我们也仍然将其保留，因为手写稿出自福柯本人，想必更加忠实于他的表达。而且我们还小心地添加了手写

[①]　吉尔贝尔·布尔莱对寻找磁带给予了极大的帮助，对此我表示无尽的感谢。要了解吉尔贝尔·布尔莱和杰奎琳·热尔梅更多的贡献，参见《知识意志讲稿》中德福尔的授课情况简介，第 276 页注 63。

稿中的引号。

　　我要感谢丹尼尔·德福尔、佛朗索瓦·艾华德和出版委员会中每一位成员，亨利-保罗·弗吕绍（Henri-Paul Fruchaud），弗雷德里克·格罗（Frédéric Gros），米歇尔·塞内拉尔（Michel Senellart），科朗坦·杜兰（Corentin Durand）。

贝尔纳·哈考特

索　引

术语对照

assassinat　谋杀

assujettir, assujettissement　征服

attentats　侵犯

autodéfense　自卫

autorité　权力

aveu　供认

bagne　军事苦役犯监狱

bannissement　流放

besoin　需求

besoins　（经济、社会的）需要

bien/mal　好 / 坏

biens　财产

bienfaisance　社会救济

biographie　传记

boisson　酒

bouc émissaire　替罪羊

bourgeoisie　资产阶级

318　brigandage　抢劫

capillarisation　毛细血管化

capital　资本

capitalisme　资本主义

capitalisme et coercition　资本主义和强制权

capitaliste　资本主义的

caserne　兵营

caste　社会等级

casuistique　神学理论

catégories　种类

cellule　修道院单人小室，单人牢房

centre　中心

cérémonie　仪式

comportement 行为

conception 理念

condition physique et morale des ouvriers 工人身体和道德状况

confession-pénitence 忏悔—赎罪

confession et discursivité 忏悔和话语性

conflit 冲突

connexion 连接

conscription 征兵

consommation 消费

contentieux patron-ouvrier et conseils de prud'hommes 雇主工人之间的争讼及劳资调解法院

contestation et litige 争讼

contrainte 强制

contrat 合同

contrebande 偷运

contrebandier 偷运者

continuité du travail 劳动的连续性

contrôle 控制

321 corps dociles 驯服的身体

corps et temps des hommes 人们的身体和时间

corporatisme 行会主义

correction 矫正

coupable 有罪的

couplage 联结

crime 重罪

criminalité 犯罪活动

criminel 罪犯

criminelle 刑事的

criminel-ennemi social 罪犯—社会敌人

criminologie 犯罪学

crises sociales aux XVIIes. 17世纪的社会危机

culpabilisation 产生犯罪感

dressage　矫正

droit　法律，权利

dualisme　二元论

dualité　二元性

324　dynastique　朝代的

échangeur　交换器

économie politique　政治经济

effet　影响

église　教会

émergence　产生

émeute　骚乱

emploi du temps　时间表

emprisonnement　监禁

encasernement　驻扎

enfermement　监禁

enfermement-séquestration　监禁—关押

engrenage　错综复杂的事情

ennemi public　公共敌人

ennemi social　社会敌人

325　enquête　讯问

épargne　储蓄

épreuve　考验

ère du rapport　报告时代

esclavage　奴隶制

esclave　奴隶

état　国家

état médiéval　中世纪国家

état moderne　现代国家

étatisation de la justice pénale　刑事司法的国家化

examen　检查

exclusion　社会排斥

marque　烙印

marxistes　马克思主义者

333 matérialité　物质性

mécanisme　机制

médecine　医学

méfiance　不信任

menace　威胁

mendicité　乞丐

mesure　措施

mesure punitives　惩罚措施

méthodisme　卫理公会

mise à mort　处死

mise en esclavage des vagabonds　贬游民为奴隶

misère　苦难

mobilité　流动性

mode de production capitaliste　资本主义生产方式

modèle de punition　惩罚类型

monarchie　君主制

mondialisation du marché　市场全球化

monnaie　货币

monomanie　偏狂

monosexualité　同性恋

334 monstre　怪物

morale　道德

moral　情绪

mort　死亡

mouvement　运动

mythe　神话

nomadisme　游牧生活

non-dit　隐言

normal　正常的

pouvoir disciplinaire　纪律性权力

pouvoir punitif　惩罚性权力

pouvoir judiciaire　司法权力

pouvoir législatif　立法权力

pouvoir politique　政治权力

pouvoir-savoir　权力—知识

pratique　实践

prélévement　抽取，提取

prévoyance　远见

prison　监狱

procédure　诉讼程序

processus　过程

338　production industrielle capitabliste　资本主义工业生产

prolétaires　无产者

propriété　所有权

propriété bourgeoise　资产阶级的所有权

propriété terrienne　土地所有权

psychanalyse　精神分析法

psychopathologie　精神病理学

punition　惩罚

quakers　贵格会，教友派或公谊会

rachat et compensation　赎罪和赔偿

raison　道理，理性

rapport　关系

rapport de production　生产关系

rationalité　合理性

rébellion　反抗，叛乱

rechristianisation　再基督教化

récidive　累犯，惯犯

reclusion　监禁

人名索引

（页码为原著页码，即本书边码）

Burlet（G.）/ 布尔莱　313

Burroughs（E.）/ 巴勒斯　89，100 n.13

Canguilhem（G.）/ 康吉莱姆　96 n.2，228 n.28

Cannon（J.）/ 坎农　119—120 n.4

　Carbasse（J.-M.）/ 卡尔巴思　189 n.13

Castel（R.）/ 卡斯特　9 n.3，190 n.20，248 n.20，286—287 & n.72—73

Cavaus/ 伽沃　134—134

Chabroud（J.-B.）/ 夏布鲁　79 n.18，83 n.44

Chaptal（J.-A）/ 沙普塔尔　238，246 n.11—12

Chassat（S.）/ 沙萨　227 n.16

Chenonceaux（C.D.）/ 舍农索　243，250 n.25

Chéruel（A.）/ 谢吕埃尔　246 n，11

Chevalier（L.）/ 舍瓦里耶　172 n.9，185 n.3—4，186—187 n.7—8

Chevalier（M.）/ 舍瓦利耶，193，201 n.5—7

Chomsky（N.）/ 乔姆斯基　295　& n.111

Clausewitz（C. von）/ 克劳塞维茨　274，280，283 & n.49，290，312
　　& n.213

Clément（M.）/ 克雷芒　140 n.8

Colquhoun（P.）/ 考尔克洪　111—113，122n.17，123 n.22 & 25，124
　　n.26—33，127，150 & n.c—151，156—158 n.13—16，159 n.a，
　　160，164，170 n.2，172 n.12，264，287，309

Combès（I.）/ 库姆斯　17 n.2

Conquet（A.）/ 孔凯　246 n.11

Cottereau（A.）/ 科特罗　188 n.12

Coupland（R.）/ 科普兰德　121 n.9

Cristal（M.）/ 克里斯塔尔　225 n.1

Cubells（M.）/ 库韦利斯　171 n.6

Damien（A.）/ 达米安　189 n.13

Davidson（A.）/ 戴维森　96 n.2

Debord（G.）/ 德波　40—41 n.4，308 & n.186

Saint-Fargeau　参见 Le Peletier　勒佩尔蒂埃

Saint-Jean-d'Angély（M.-L.-É.R.）/ 圣-让·当热利 179，187 n.10

Saint-Simon（L.R.）/ 圣西蒙　243，249—250 n.25

Sartine（A.）/ 萨尔堤内　238，246 n.14

Sartre（J.-P.）/ 萨特　277 & n.21

Sauzet（M.）/ 索泽　188 n.12

Sée（H.E.）/ 塞河　156 n.5

Sellin（J.T.）/ 塞林　101 n.17

Senellart（M.）/ 塞内拉尔　42 n.21，58 n.3，228 n.29，310 n.201

Serpillon（F.）/ 塞尔皮雍　65，76—77 n.7—8，255 & n.1，256

Servan/（J.M.A.）塞尔万　172 n.17，259

Shelley（M.）/ 雪莱　60 n.18

Simon（J.）/ 西蒙　225 n.1 & n.2

Smith（A.）/ 史密斯　173 n.19

Southey（R.）/ 索西　120 n.4 & n.5

Stefanovska（M.）/ 斯特凡诺斯卡　249—250 n.25

Strayer（J.R.）/ 斯特雷耶　20 n.13m 44 n.31，102 n.28，204 n.21

Sue（E.）/ 欧仁·苏　176，185 n.4，186 n.5

Tarde（G.）/ 塔尔德　97 n.4

Target（G. J.-B.）/ 塔尔热　167，178 n.b，172 n.17—18，175

Taxil（L.）/ 塔克西勒　186 n.6

Teeters（N.K.）/ 蒂特斯　101 n.17

Tessier（C.）/ 泰西埃　171 n.8

Thalamy（A.）/ 塔拉米　40 n.3

Thevet（A.）/ 特韦　17 n.2

Thompson（E.P.）/ 汤普森　42 n.20，43n.24，76n.5，120n.4，121 n.11，122
　n.17，155 n.2，157 n.7，287 & n.7—288 & n.75—77—292

Thouvenin（M.）/ 索文尼　193，201n .4

Tilly（C.）/ 堤利　172 n.13

Tocqueville（A.）/ 托克维尔　40 n.2，246 n.13

Torczyner（H.）/ 托西纳　61 n.18

Michel Foucault

LA SOCIÉTÉ PUNITIVE

Cours au Collège de France

(1972—1973)

© Seuil/Gallimard, 2013

Éditions établie sous la direction

de François Ewald et Alessandro Fontana

par Bernard E.Harcourt

图书在版编目(CIP)数据

惩罚的社会/(法)米歇尔·福柯
(Michel Foucault)著;陈雪杰译. —上海:上海人
民出版社,2018
法兰西学院课程系列. 1972 - 1973
ISBN 978 - 7 - 208 - 15505 - 3

Ⅰ.①惩… Ⅱ.①米… ②陈… Ⅲ.①监狱-理论
Ⅳ.①D916.7

中国版本图书馆 CIP 数据核字(2018)第 237466 号

责任编辑　赵　伟　屠玮涓
封扉设计　人马艺术设计·储平

法兰西学院课程系列.1972—1973
惩罚的社会
[法]米歇尔·福柯 著
陈雪杰 译

出　　版　上海人民出版社
　　　　　(201101　上海市闵行区号景路 159 弄 C 座)
发　　行　上海人民出版社发行中心
印　　刷　上海盛通时代印刷有限公司
开　　本　850×1168　1/32
印　　张　14.25
插　　页　5
字　　数　272,000
版　　次　2018 年 11 月第 1 版
印　　次　2024 年 4 月第 6 次印刷
ISBN 978 - 7 - 208 - 15505 - 3/D · 3304
定　　价　75.00 元